U0900695

KJ 会计学专业系列教材

KUAIJIXUE ZHUANYE XILIE JIAOCAI

中级财务会计（第二版）

ZHONGJI CAIWU KUAIJI

主审 ◎ 栾甫贵
主编 ◎ 王国生　于　鹏

首都经济贸易大学出版社
Capital University of Economics and Business Press
·北 京·

图书在版编目(CIP)数据

中级财务会计/王国生,于鹏主编. --2版. --北京：首都经济贸易大学出版社,2021.10

ISBN 978-7-5638-3246-0

Ⅰ.①中…　Ⅱ.①王… ②于…　Ⅲ.①财务会计　Ⅳ.①F234.4

中国版本图书馆CIP数据核字(2021)第143458号

中级财务会计(第二版)

主审　栾甫贵

主编　王国生　于　鹏

责任编辑　晓　红

封面设计　砚祥志远·激光照排 TEL：010-65976003

出版发行　首都经济贸易大学出版社

地　　址　北京市朝阳区红庙（邮编 100026）

电　　话　(010)65976483　65065761　65071505(传真)

网　　址　http://www.sjmcb.com

E-mail　publish@cueb.edu.cn

经　　销　全国新华书店

照　　排　北京砚祥志远激光照排技术有限公司

印　　刷　北京建宏印刷有限公司

成品尺寸　185毫米×235毫米　1/16

字　　数　629千字

印　　张　31.25

版　　次　2017年10月第1版　**2021年10月第2版**

2023年8月总第6次印刷

书　　号　ISBN 978-7-5638-3246-0

定　　价　59.00元

会计学专业系列教材

编审委员会

总 序

本套书是首都经济贸易大学会计学院会计学专业系列教材的第五次编写发行。首都经济贸易大学会计学专业系列教材 1989 年首次编写出版,1995 年第二次编写,2001 年第三次编写,2007 年第四次编写。多年来,为了培养更多更好的会计人才,我们编写的会计学专业系列教材紧密结合我国社会主义市场经济和资本市场的特征及运行规律,适应我国会计改革的新形势、新变化,不断地对教材加以修订,力争为学生和社会读者提供满意的学习用书。我们的努力得到了广大读者的充分肯定,在同类教材中,本系列教材保持着较高的发行总量,不仅几十所院校将本系列教材选作教学用书,更有大量在职人员将本套教材作为系统学习会计知识的良好读物。同时,本系列教材还获得了诸多荣誉,例如:1989 年版的《企业财务管理》被教育部评为全国优秀教材;1995 年版的《现代企业财务管理》被教育部确定为全国高等财经院校推荐用书;2001 年版的《审计学》被评为北京市高等教育精品教材;2001 年版全套教材获北京市教育教学(高等教育)一等奖;2007 年版的《审计学》和《会计学》被评为北京市高等教育精品教材。

在继承前四次编写成就的基础上,新版本的系列教材有了进一步的完善,具备两个突出的特点:

1.在内容上,本套教材借鉴和吸收了最新的会计、财务管理和审计领域理论与实践成果,充分反映了近年来财政部颁布及修订的企业会计准则、中国注册会计师执业准则、管理会计基本指引的精髓,体现了财政部、审计署等五部委颁布的企业内部控制基本规范的精神,同时着力阐明各种会计、财务管理及审计的基本理论和实务做法,并适当介绍一些经济发达国家和地区财务会计活动与审计工作的规范和做法,以开阔读者的视野,深化对会计、财务管理和审计的认识和理解。

2.在编写体例上,为与最新的教育教学方法(如慕课、微课、翻转课堂等)相适应,增加了较大篇幅的教学辅导资料,其内容包括教师参考资料(教学目标、教学内容),学生学习资料(专业术语、思考题、练习题)等部分。这样安排,是为了更好地体现本系列教材一贯遵循的“方便教师教学，方便学生自学”的原则。

虽然我们尽了最大的努力，但疏漏在所难免，本套教材还会存在很多不足，恳请专家和广大读者不吝指教，以便我们进一步修订和完善。

会计学专业系列教材编委会

2017年7月

第二版前言

《中级财务会计》(2017 年版)出版以来,我国企业会计规范发生了较大变化,为了满足财务会计教学以及广大读者的需要,编者对《中级财务会计》进行了修订。本次修订的主要内容如下:

(1)根据 2018 年修订后的《企业会计准则第 22 号——金融工具确认和计量》《企业会计准则第 37 号——金融工具列报》,对第五章进行了全面修订与完善。

(2)2018 年 1 月 1 日施行的《企业会计准则第 14 号——收入》涉及一些新理念和众多新概念,这是学习财务会计的难点,本次修订对第十一章损益中的"收入"一节进行了整体更新。

(3)2019 年 3 月,财政部、国家税务总局、海关总署联合发布《关于深化增值税改革有关政策的公告》,对增值税一般纳税人发生增值税应税销售行为或者进口货物适用的税率进行了调整,如原适用 16%税率的,税率调整为 13%;原适用 10%税率的,税率调整为 9% 等。为适应增值税税率的变化,本次修订对书中所有涉及增值税税率的内容进行了修改。

2019 年 4 月,财政部发布了《关于修订印发 2019 年度一般企业财务报表格式的通知》,对一般企业财务报表格式进行了修订。本次修订反映了财务报表格式的变化。

(4)基于现金流量信息的重要性,本次对现金流量表的内容进行了适当调整。

由于编者的水平有限,修改时间也较为仓促,本次修订可能存在不足之处,恭请读者批评指正。

编著者

2021 年 7 月

第一版前言

《中级财务会计》一书，历经 1989 年版、1995 年版、2001 年版和 2007 年版的发行，以其内容简明、规范、通俗及实例丰富等特点，得到了广大读者的认可、支持与厚爱。借此版出版之际，作者谨向选用本书的广大读者朋友，表示衷心的感谢！

自本书 2007 年版出版后，我国企业会计规范发生了较大的变化，财政部先后发布了《企业产品成本核算制度（试行）》、《企业会计准则第 39 号——公允价值计量》、《企业会计准则第 40 号——合营安排》和《企业会计准则第 41 号——在其他主体中权益的披露》，并对《企业会计准则第 2 号——长期股权投资》、《企业会计准则第 9 号——职工薪酬》、《企业会计准则第 30 号——财务报表列报》、《企业会计准则第 33 号——合并财务报表》和《企业会计准则第 37 号——金融工具列报》等准则进行了修订。与此同时，我国增值税、营业税等税收政策也发生了一系列变化。

一本好的教材，最基本的表现莫过于能够适应环境的变化而不断地修订再版，为读者提供更好的服务。为了进一步完善本教材的体系和内容，提高教材的质量，现修订出版《中级财务会计》（2017 年版）。与上一版相比，本版的内容发生以下变化：

1.教材调整的内容：

（1）根据国际上财务会计的研究状况和通行惯例，并适应我国财务会计教学课程体系改革的需要，本书更名为《中级财务会计》。

（2）鉴于无形资产在现代企业中的作用日益凸显，本书将无形资产单独列为一章。

（3）非流动资产减值是财务会计核算的重点和难点，《中级财务会计》对原书非流动资产减值内容的安排顺序和讲解方式作了调整，既减少了篇幅，也避免了内容的重复。

2.教材更新的内容：

（1）第三章更新了持有至到期投资有关利息调整与投资收益确定的内容。

（2）根据新修订的《企业会计准则第 9 号——职工薪酬》，更新了第九章职工薪酬的部分内容。

3.教材增加的内容：

（1）第一章增加了财务会计发展的内容，使读者对财务会计演变过程有一个概括的了解；同时，本章根据我国企业会计准则发展的现状，补充了新的内容。

（2）根据我国企业会计准则的变化，第十二章增加了“其他综合收益”的内容。

本书2017年版由首都经济贸易大学会计学院王国生、于鹏担任主编。各章编写分工如下：第一、十三章由王国生编写，第二章由叶青编写，第三章由李文编写，第四章由张凤环编写，第五、六章由于鹏编写，第七、八、十一章由尹世芬编写，第九章由申慧慧编写，第十、十二章由尤小雁编写。

本书从1989年版到2017年版，历经数年，众多老师对本书做出了重要贡献。在2017年版出版之际，向前四版的作者付磊、刘志翔、陈迈、杨鹃等老师表示衷心的感谢！由于编者的水平有限，本书仍可能存在不足之处，恭请读者给予批评指正。

作者

2017年7月

目　　录

目　录

目 录

目　录

第一章

总 论

导 论

通过本章的学习，应了解财务会计的形成与发展，理解财务会计与环境的关系，熟悉财务会计理论体系及其内容，掌握企业财务会计准则的基本内容以及财务会计的程序。

财务会计理论体系、财务会计的工作内容、财务会计的特点及其局限性是本章学习的重点。

第一节 财务会计的形成与发展

会计是伴随人类生产实践和经济管理的客观需要而产生和发展的一项管理活动。按应用范围和服务对象不同，会计可分为企业会计和非企业会计两类。

一个社会的会计，总是以企业会计为其主体，因为企业是应用的基本单位。[①] 企业是以营利为目的的经济组织，获利是企业从事经营活动的出发点和归宿。企业通过将

① 余绪缨：《管理会计》，辽宁人民出版社，1996年1月版，第1页。

所有者出资以及从资本市场上筹集的社会资源转化为现实的生产力,实现获取利润、增加社会财富、履行社会责任的目的。与企业接受投资、筹集资本、确认费用与收入、赚取与分配利润等相关的活动,构成了企业会计确认、计量和报告的核心内容,并且,企业会计利用财务报告向市场传递企业财务状况、经营成果和现金流量等财务信息,以满足投资者、债权人等与企业有经济利益关系各方评价企业经营管理者受托责任履行的情况,并据以做出合理的经济决策。企业会计处理的交易或事项在会计领域中最具代表性和典型性,财务报告所服务的对象也最为广泛,提供的财务信息也极为丰富。在会计发展的历史长河中,企业会计是会计实务和会计理论研究最为基础的部分,企业会计实务的进步与理论完善的程度,代表了整个会计领域的发展水平。

非企业会计是指适用于政府机关、不以营利为主要目的的学校、医院、科研机构、文化团体、福利机构及其他社会公用事业单位等组织的会计。非企业组织建立和运营的目的不是为了营利,它的财务资源主要来自税收、捐赠、服务收费等,而资源提供者并不期望对其所提供的资源按比例收回或获取经济利益。由于非企业组织具有与企业不同的特征,因此,非企业会计在会计核算的内容、原则、方法等方面有别于企业会计,从而形成了与之不同的会计门类。

一、企业会计的分类

企业会计可以按照不同的标准进行分类。按其应用范围和服务对象不同,可将企业会计分为财务会计、成本会计和管理会计。

(一)财务会计

财务会计主要是为企业外部提供财务报告而进行的一项管理活动。通过定期提供财务报告,主要向企业外部投资者、债权人和其他外部使用者反映企业财务状况、经营成果和现金流量等变动情况,使他们能够客观评价企业过去的经营业绩,预测未来的发展趋势,做出合理的决策。例如,向股东及潜在投资者提供财务报告,帮助他们评估企业支付股利的能力,并据以做出是否买进、持有或卖出股份的决策;向贷款人如银行等金融机构提供财务报告,使他们了解企业的经营状况和偿债能力,以便做出相关信贷的决策;向供应商和其他商业债权人提供财务报告,使他们获得所持有的债权到期能否清偿的信息;向政府及其所属机构提供财务报告,使他们获得管理企业活动、决定税收政策和作为国民收入等类似统计资料的信息,有助于他们制定宏观经济决策;向政府的证券管理机构提供报告,以便实施有效的证券管理;等等。企业内部管理部门也可以利用财务报告提供的信息,做出企业未来发展规划以及生产经营管理等方面的决策。由于财务会计的服务对象主要是企业外部与企业有经济利益关系的各方,所以,财务会计又称为“对外报告会计”。

需要说明的是，财务会计应用于不同行业，就形成了各个行业的财务会计，如工业企业财务会计、商业流通企业财务会计等。不过，各行业会计之间具有相当多的共性，这使得我们有可能对财务会计从总体上去把握。本书所论述的就是不分行业的、带有普遍性的企业财务会计。

(二)成本会计

成本会计是以成本的计划、计算、分析、报告为中心，主要为企业内部提供经营决策所需的各种成本信息，并为反映企业资产和计算损益提供依据的管理活动。

成本会计是19世纪英国工业革命时期工厂制度的产物。众所周知，工业革命孕育了纺织等轻工业，创建了大型的钢铁、煤炭、铁路等工业公司。工业革命的崛起，使工厂的规模不断扩充，生产技术迅猛发展，重型动力设备投资剧增，市场对产品品种的需求也日趋多样化，如何科学地分配间接费用成为当时需要破解的成本计算难题。与此同时，竞争也使经营管理者对产品成本等信息给予了极大的关注，他们可以据此正确制定产品的价格。科学技术、经济发展等诸多环境的变化，刺激了制造商对准确成本信息的全面需求。为了满足工厂管理者的需要，人们将账外的成本记录转入严密、科学的账簿体系之中，把成本的形成、积累与结转纳入复式簿记系统，实现了成本记录与会计记录的有机融合，为企业正确计量存货和确定收益奠定基础。

(三)管理会计

管理会计是主要为企业内部经营管理者提供经营决策所需信息而进行的管理活动。19世纪下半期至20世纪初，欧洲及北美洲等地区的工业化生产得到飞跃发展，同时，竞争也日趋激烈。为了在竞争中求生存谋发展，实现利润的最大化，一些企业将泰罗的科学管理理论广泛应用于管理实践，以提高生产效率，降低成本费用，并将独立于会计系统之外的标准成本、预算控制和差异分析等技术方法与泰罗的科学管理理论直接融合，引入成本会计体系，使成本的预算、计算和控制有机地相衔接，成本会计的工作重点也从初期的成本计量、记录和核算转向成本控制(标准成本系统的灵魂就在于控制)。“当人们的思想、行为开始由成本计量、记录方面转向成本控制方面的时候，管理会计创立便处于萌芽阶段”①。管理会计以企业生产经营活动的预测与决策、预算与控制、考核和业绩评价为主要内容，主要服务于企业内部管理的需要，并将财务与业务活动相互融合，在企业规划、决策、控制和评价等方面发挥着重要的作用。

财务会计、成本会计和管理会计是企业会计的有机组成部分，三者紧密联系、不可分割，共同形成了现代会计的统一体。财务会计进行资产计价和收益确定要依据成本会计提供的相关信息，并且成本信息的归集、分配和结转也是在以复式簿记为基础的财

---

① 郭道扬：《二十世纪会计大事评说(六)——二十世纪管理会计的产生与演进》，《财会通讯》1999年第6期。

务会计框架内实现的。管理会计制定预算目标、分析和实施不同的决策方案时，有赖于财务会计提供的相关资料，有时还需要对其进行必要的调整和延伸，使它们更有效地为加强企业内部管理服务。

企业会计无论怎样分类，终究是一个整体，事实上难以将其各部分截然割裂开来。相对的分类只是为了说明企业会计不同的内容，并不意味着它们之间绝无融合与渗透。例如，财务会计信息主要为企业外界人士所用，但对企业内部管理人员进行经营管理也是不可缺少的；成本会计信息主要用于内部管理，但也为对外报告提供依据。企业会计会同时运用一些属于财务会计的方法（如结合复式簿记系统，建立成本计算程序）和管理会计的方法（如进行成本的控制）。而且，种种会计分支（或领域）的分立与并列也只是某一历史发展阶段所形成的，随着社会经济的发展和科学认识的进步，目前的会计分类很可能有所变化，或被新的学科分类所替代。

二、财务会计的形成与发展

众所周知，会计的发展经历了古代会计、近代会计和现代会计的演进过程。而财务会计是从近代会计中分离出来的，并伴随着商业、信贷、资本积累的发展而逐步产生和发展的。

1494 年意大利数学家、会计学家卢卡·巴其阿勒（Luca Pacioli）在威尼斯出版了他的著作《算术、几何、比及比例概要》一书，其中一部分内容对以“威尼斯式簿记”为代表的复式簿记的基本内容进行了系统的总结与概括。《算术、几何、比及比例概要》是世界上第一部比较全面地论述复式簿记的著作。它的问世，开创了人类会计活动发展从以实务为基础转向理论研究的先河，同时也标志着近代会计的开始。

如前所说，财务会计的主要特征是向企业外部会计信息使用者提供其决策所需要的信息。而卢卡·巴其阿勒在《算术、几何、比及比例概要》一书中，已经将会计的分类、借与贷关系、财富来源与运用的复式簿记平衡原理、存量（余额）与流量（发生额）、实账户与虚账户理论进行了总结，也将资产负债表与损益表巧妙地融合为一个严密的核算体系，为财务会计对外提供信息奠定了基础。巴其阿勒奠基的会计系统，一开始就具有财务会计的性质，因为它所涉及的主要是基于商业活动所形成的财务关系。①

“会计的发展是反应性的，也就是说，会计主要是应一定时期的商业需要而发展的，并与经济的发展密切相关”②。19 世纪中叶，股份有限公司的出现，对财务会计的形成产生了重要的影响。一是随着股份有限公司的发展，公司所有权与经营管理权进一

① 余绪缨：《管理会计》，辽宁人民出版社，1996 年版，第 11 页。

② 【美】迈克尔·查特菲尔德：《会计思想史》，中国商业出版社，1989 年版，第 2 页。

步分化，股东将经营权委托给具有专门知识、善于经营的管理者，实现了资本经营的专业化。随着企业由独资、合伙到股份有限公司这一理想经营模式的转变，企业资本活力和运营效率得到极大的提升，与此同时，企业投资者数量不断增加，债权债务关系也日益复杂，股东关注资本安全与资本增值之趋势成为必然；因股份有限公司股东仅承担有限责任，债权人对公司的财务报表的内容和质量更为关心。财务报表成为联系股份有限公司与出资者、债权人等利益关系各方的桥梁和纽带。二是股份有限公司通过招股集资，聚集了巨额资本，并将资金投放于铁路以及昂贵的重型生产设备等，巨额投资使持续经营、保持资本完整理念深入人心；同时，只能从本期收益和累计收益中发放股利的法律①等因素的影响，使会计必须围绕正确确定"分期损益"这一中心工作，解决一系列相关问题，如会计期间的确定、资本支出和收益支出的区分、资产的计价、计提设备折旧、收入的确认、费用的摊销与预提等。对这些问题的深入研究以及制定的一系列解决措施，推动了财务会计理论和实践的发展。三是拘于当时会计发展的状况，企业对外提供的财务报表，很难满足外部各方对不同决策内容的需要，并且企业在记账、算账、报表编制等方面各行其是，带有较大随意性。四是 20 世纪 30 年代美国等发达国家的经济大萧条，陷入了公司纷纷破产、投资者大量抛售股票和债券的窘迫局面。与此同时，股权分散使企业管理者对会计披露的形式和内容有完全的控制权，这就出现一些情况，如对复杂业务采用权宜之计的处理方法，多数会计技术缺乏理论支持，企业存在相同的问题却采用不同的会计方法等。②

面对会计发展的上述状况，众多投资者认识到，上市公司缺乏统一的会计标准，信息披露制度不健全，提供虚假财务信息等问题，对经济的发展产生了不良的影响，对经济危机起到了推波助澜的作用，于是制定一套被投资者、社会公众等利益相关者广为接受的公认会计原则成为当务之急。1933 年和 1934 年美国国会先后通过了《证券法》和《证券交易法》，对公司财务信息与披露做了相当的规范与管制；同时，成立了债券管理委员会，规定所有上市公司必须提供统一的会计信息，国会授权证券交易委员会负责制订统一的会计规则或准则，即公认会计原则。该立法是使会计从自愿披露信息时代正式进入受管制时代的重要里程碑。会计史学认为，20 世纪 30 年代美国"公认会计原则(GAAP)"的出现是财务会计产生的标志。从此，以公认会计原则为依据，侧重于向企业外部有经济利益的关系人提供公开财务信息的会计系统，被称为"财务会计"。

回顾过去可以看到，财务会计的形成与发展始终是一个伴随社会环境的变化而不断发展变化的历史。展望未来，随着社会经济全球化以及金融市场、互联网等信息技术

① 【美】迈克尔·查特菲尔德：《会计思想史》，中国商业出版社，1989 年版，第 125 页。

② 【美】艾哈迈德·里亚西—贝克奥伊：《会计理论》(第 4 版)，上海财经大学出版社，2004 年版，第 5 页。

的突飞猛进,以反映受托责任履行情况、提供相关经济决策所需信息为己任的财务会计,将会有更为广阔的发展前景。

三、财务会计的特征

概括讲,财务会计的基本特征可以概括为:以复式簿记方法为核心,以权责发生制和实现原则为基础,以交易价格和历史成本为主线,以提供对外报告为目标。具体而言,财务会计的特征主要表现在以下方面:

(一)服务对象具有外向性

财务会计所提供的经济信息,既为企业内部理财决策所用,也可以作为企业外部与其有利益关系的各方进行经济决策的依据。但主要的服务对象是企业外部的财务信息使用者。就本质而言,财务会计主要侧重于向那些不具有企业管理权的投资者、债权人以及与企业有利益关系的各方提供财务信息。

(二)提供的主要是历史性和通用性财务信息

财务会计主要提供过去的、能用货币表现的经济业务的信息,因而其信息是历史性的,并且所提供的信息必须满足企业外部信息使用者在不同投资方案中进行选择与取舍的需要。为此,财务会计是以统一的、公认的会计准则作为对外财务报告的通用标准,采取通用的、公开的报表形式将财务信息传递给一切会计信息使用者。

(三)具有一套成熟和稳定的财务信息处理程序

财务会计通过对会计要素的确认、计量、记录、报告,提供信息和发挥作用。这主要是:①确认主要遵循权责发生制(但不是唯一的确认基础,如现金流量表即以收付实现制为基础编制),并将“已实现”作为收入确认的基本原则;②计量以原始(历史)成本为主要属性,但同时运用其他计量属性;③记录运用复式记账系统;④以财务报表为主要报告方式,但文字说明等其他报告手段的运用日益增多。

此外,财务会计信息不能保证绝对精确。

第二节 财务会计与环境

财务会计主要是对外提供企业财务报告的一项经济管理活动。而企业的经营管理活动总是受一定的社会经济环境的影响和制约,是在一定的社会经济环境的约束下所进行的。可见,财务会计的存在与目标乃至方法、程序,与社会经济环境息息相关,必然要受到环境的影响。

一、财务会计环境的内涵

如果把财务会计活动作为一个系统,那么,财务会计以外的,与财务会计产生、发展密切相关,并对财务会计的活动、思想、理论、组织、法规以及会计工作发展水平等有影响作用的一切系统的总和,便构成了财务会计环境。

环境对财务会计的影响是多方面的,而且各种环境因素相互交融形成了以政治、经济、文化、科技等为主的财务会计环境体系。财务会计受环境的影响不是消极和被动的,而是通过提供相关、可靠的会计信息,从众多方面影响和反作用于财务会计环境。正确认识财务会计与环境的关系,对于理解财务会计的过去、把握它的现在与未来是十分必要的。

二、经济环境

经济环境堪称影响财务会计发展的核心因素。财务会计历次重大的变革和创新,无一例外地均与当时的经济环境密切相关。对财务会计直接产生影响的经济因素主要有经济体制、经济发展水平、金融市场、通货膨胀情况、国家间的经济联系等。以经济体制为例,在计划经济体制下,财务会计的目标是为宏观经济管理服务,财务会计信息使用者主要是政府,财务会计的内容、方法的选择具有强烈的政府倾向;但在市场配置体制下,企业是市场经济的主体并具有充分的经营自主权,如投资主体的多元化,金融衍生工具的不断创新,新型交易(如融资租赁等)的产生,商业票据的迅速发展,等等,无论是在广度还是在深度上,其内容大大超越了计划经济体制下的财务会计内容。

三、法律环境

正如任何国家都要建立一定的法律体系来维护国家的正常秩序一样,法律环境规定了财务会计提供财务信息活动或过程中应遵循的原则、承担的责任等,以达到政府干预经济活动、规范经济秩序和维护各方经济利益的目的。影响财务会计的法律因素主要有会计法、公司法、商法、证券交易法、税法、破产法、民法、专利法等。在影响财务会计的诸多法律环境因素中,影响最大的当属税法。企业从筹建到清算均不能摆脱税法的影响,税种的开征、税率高低、享受税收优惠政策等,直接影响着财务会计的理论和实务。如很长一段时期,财务会计普遍采用直线法计提固定资产折旧,直至税法认可加速的折旧方法,财务会计领域才在一定范围内采用了加速折旧法。

四、科学技术环境

科学技术在推动社会经济不断创新的同时,也对财务会计诸多方面,如技术的改进、方法的革新、领域的拓展等，乃至财务会计信息处理全过程产生了深远的影响。纵观财务会计的发展史，几乎每一次生产力的飞跃，都使财务会计理论与方法登上一个新的台阶。比如，以蒸汽机和纺纱机等发明为特征的工业革命孕育了财务会计，钢铁、铁路等技术的进步使折旧成为财务会计的重要内容，专利权、非专利技术等研发活动拓宽了财务会计的内容，计算机技术使传统的财务会计手工处理被电子数据处理系统所取代，等等。

五、文化教育环境

文化教育因素对财务会计的影响主要是间接的，但其影响潜移默化，无处不在，甚至有时影响颇大。影响财务会计的文化教育因素主要有社会的进取性和竞争意识、社会人际关系、教育水平和受教育程度等。

任何国家某个阶段财务会计的运行目标、规范体系、业务内容及处理程序、处理方法等，归根到底是上述种种环境因素相互作用的综合结果，会计的现实无不可以从中得到诠释；财务会计的发展与改革，也必然要依赖于这些因素。财务会计在受到众多环境因素制约的同时，也对其所面临的环境产生了反作用，即财务会计信息有助于反映经济活动、规范经济秩序、明晰产权关系、规范收益分配、实现社会资源的优化配置。

第三节 财务会计理论体系

任何学科领域都是实践与理论相互统一的产物，财务会计也是如此。尽管财务会计基于实用而形成和发展起来了，但它是建立在理论体系的基础之上的。

一、财务会计理论的含义

财务会计理论，旨在阐述财务会计学科领域中最基本的概念及其相互关系的知识体系。它是对财务会计实践经验在理论上的科学总结和抽象概括，具有解释和说明会计实务、指导会计人员评价并选择会计实务的功能，并在解释、评价过程中形成具有启发性的认识，有助于预测会计实务发展趋势，拓展财务会计新领域。

财务会计理论由会计目标、会计假设、会计原则等要素构成。

二、财务会计目标

会计是人类一项有自觉意识的活动,具有目标性。学习和研究会计,有必要明确它的目标。这是因为,会计目标既是会计行为意欲达到的结果,又是会计行为的导向,还是衡量会计行为的最终标准;如果对目标认识不清,会计活动便会成为盲目的行为。

(一)会计目标的演变

从根本上说,管好财产是人类产生会计经济活动的动因。而财产管理的过程也是处理财产关系、财务关系的过程。不同时期、不同地区,或者说不同环境下,财产关系、财务关系不同,就存在着不同的会计目标。

财产的所有权和管理权统一或分离是人类管理财产的两种主要形式。在财产的所有权和管理权统一的情况下,财产的所有者和管理者融为一体,会计管理活动的主体就是财产所有者,此时会计的目标最为简单明了,即实现对财产的有效管理。

在财产的所有权和管理权相分离的情况下,会计活动虽然仍是一种对财产的管理,但对执行会计工作的人员来讲,却是在从事对他人财产的管理,即作为管理者的会计人员,是在接受财产所有者的委托而实施财产管理。这样,会计人员便对所管理财产负有不可推卸的受托责任(或称代理责任),其一切行为活动都要围绕完成这一受托责任展开,因此完成受托责任就成了会计带有根本性的目标。而会计的信息提供,则是其完成受托责任的基本方式或手段。

受托责任的形式因环境不同而异,会计完成受托责任目标的具体方式也就有所不同。对于非社会融资组织,就有如古代的政府会计(官厅会计)、庄园会计、寺院会计、钱庄会计(金融借贷会计)、商号会计,近现代的具有一定规模的独资、合伙企业会计,国有企业会计,直接接受具体财产委托人(国家、私人业主等企业的各类投资者、庄园主、寺院长老)的委托,其完成受托责任的具体方式是直接向委托人汇报受托财产的保值、增值等管理与使用情况(也就是向财产的直接委托人提供相关会计信息)。

对于向社会融资的上市公司,通过向社会发行股票吸收投资,投资人与被投资企业之间是一种间接、多变的财产委托—受托关系,投资人随时根据企业经营优劣、前景好坏决定投资取向。在这种情况下,会计虽然毫无疑问地仍然负有对财产委托人(或股东、投资人)的受托责任,但与前述情况相比,其完成责任的具体方式发生了变化,即通过公告财务报告,向目前和潜在的投资人、债权人等与企业有经济利益关系者提供有助于他们进行投资决策的信息。出于这种完成受托责任具体方式的考虑,会计的目标也可以直截了当地表述为:向以投资者为代表的各方提供对决策有用的信息。但应当指出的是，这样的表述并没有与会计完成受托责任的最终目标发生本质性冲突，它们实质上是一致的。

总之，完成受托责任是财产所有权与管理权相分离情况下会计的根本目标，是会计提供信息的归根结底的动因。需要指出的是，随着社会的发展，会计的受托责任已经不仅仅限于对所有者的委托财产，其责任范围和责任对象有了很大的扩展，如近年来备受关注的对环境保护的责任、对社会公众的责任等。

（二）财务会计目标的内容

我国企业会计基本准则对会计目标的表述是："向财务会计报告使用者提供与企业财务状况、经营成果和现金流量等有关的会计信息，反映企业管理层受托责任履行情况，有助于财务会计报告使用者做出经济决策。"完整的会计目标内容包括以下三个方面：

1.向谁提供会计信息，即会计信息使用者是谁。现代社会中，需要使用企业会计信息的人士很多，他们的要求也各不相同，对此可大致归纳为6点。①投资人。在企业所有权与经营权相分离的情况下，投资人不直接参与企业的经营管理，他们通过会计和其他信息了解企业的情况，以做出相应决策。②债权人，包括向企业提供贷款和其他资金的银行、非银行金融机构、其他单位、个人、债券购买者、提供商业信用的供应商等。③政府部门，是指那些履行社会管理职能、从事社会经济管理的国家机构，包括税务部门、工商行政管理部门、证券管理部门、海关、统计部门等。④企业职工与工会。⑤企业的客户。对客户来讲，企业是他们获取货品及劳务的来源，或者货品及劳务消费的去向。⑥社会公众，是指各种直接或间接受到企业影响的单位和个人。企业的存在和发展，必然对所在地区的社会、经济、自然环境产生有利或不利的影响，如扩大就业机会、繁荣商业、改善或污染环境等。

2.为何提供信息。不同的会计信息使用者对会计信息的使用方式不同。①投资人将根据这些信息衡量企业管理人员对受托责任的完成情况并对其做出选择；还将根据这些信息做出投入更多资金或者转让、撤回投资的决策。对于潜在的投资人，则依据上述信息做出是否对企业投资的决策。②债权人根据这些信息，将做出继续向企业提供贷款和信用，或是停止提供贷款和信用的决策。潜在的债权人，则根据这些信息决定是否贷给企业资金。③政府部门根据全面的会计信息，从事税收、交易、证券等各项管理，制定经济法规和政策，进行必要的宏观调控和财经监督。④企业管理当局同样需要这些信息，它们要用这些信息表现自己的责任或业绩。

3.提供什么信息。不同的会计信息使用者关心的会计信息内容不同。①投资人所关心的信息主要有：投入的资本是否安全完整（资本保值）；企业获利能力如何（资本增值）；企业获取现金的数量、时间、风险如何等。②债权人关注的主要信息有：企业是否具有充裕的财力，能否及时偿还债务；企业有无支付利息的能力等。③政府部门对企业会计信息的需要主要有：企业是否足额、及时缴纳了各种税金；企业是否按照各项法律、制度的规定开展经营活动；企业资金的来源、使用，收入与利润的形成，利润的分配等经营运转情况。④企业职工与工会所关心的信息主要有：企业经营是否稳定，能否提供持久的工作机会；企业的福利待遇能否变化；企业的获利情况和利润增加时能否增发工资和奖金等。⑤企业的客户所关心的信息主要有：企业的财力能否保证其长期提供（或者消费）货品及劳务，企业的经营政策与行为是否与客户的利益相矛盾等。⑥社会公众所关心的信息主要是表明企业兴衰、活动范围与方式、近远期发展规划的信息。⑦企业管理当局所关心的信息主要有：企业目标和计划的制订，资源的配置，销售、生产、采购的安排，人员的使用等。

现代社会中，会计以特定的方式完成受托责任，即满足上述各方人士的信息要求。在各方人士的信息要求中，投资者和债权人的要求是最主要和最具普遍性的。这是因为，其他各方对企业信息的关切大体与投资者和债权人相同；而投资者和债权人的各种决策，以及他们对信息用途的研究和论述远比其他各方人士深入，他们的决策对各种资源的分配最具影响。此外，为满足投资者和债权人的需要所提供的信息，一般对其他各方亦为有用。

三、财务会计假设与基础

（一）财务会计假设

任何理论都经过假设阶段，财务会计理论也是如此。财务会计假设是财务会计进行确认、计量和报告的先决条件，是对会计核算所处时间、空间环境等所做的合理判断和设定。财务会计对象即企业的经营活动具有不确定性，而财务会计的目的则是通过对会计对象的全面、连续、系统的记录、计算和反映，为有关方面提供有价值的信息。因此，必须对财务会计的对象及其客观环境做出必要的规定，设定财务会计的前提条件（即会计假设）。财务会计基本假设包括会计主体、持续经营、会计分期和货币计量。

这四项基本假设有着相互依存、相互补充的关系。会计主体确立了会计活动的空间范围，持续经营与会计分期确立了会计活动的时间长度，而货币计量则为提供相关决策信息、反映受托责任提供了必要手段。

（二）会计基础

会计基础是指决定交易或事项何时在财务报表中予以确认的原则。收付实现制和权责发生制是财务会计两种不同的会计基础。

权责发生制的基本理念是在交易或事项发生时，而不是在收取或支付相关现金时确认交易和事项对企业财务的影响。而财务会计分期假设，许多影响企业绩效的交易或事项的发生时间与其相关的现金收支往往不属于同一会计期间。权责发生制试图在交易和其他事项发生时(而不是在收到或支付现金或现金等价物时)确认其影响，并在相关期间的财务报表中予以列报，以此基础编制的财务报表，不仅告诉使用者过去发生的、关系到现金收付的交易，而且告诉他们未来支付现金的义务和代表未来将要收到现金的资源。①关于权责发生制应包括(但不局限于)以下内容：①完备的社会信用基础是权责发生制形成、发展的基础，也就是存在所有的权利和义务都能得到与预期一致的实现或偿付；②权责发生制的目的是让财务报表使用者及时获得企业经营活动对未来现金流量的影响；③收入与费用配比是权责发生制的灵魂，取得高于费用的收入是任何商业活动所追求的目标，复式簿记就是因这一目标而产生，更好地履行这一目标的要求，促进了会计方法的发展与完善②；④应计、递延及摊销等方法是权责发生制广为应用的技术方法。

收付实现制是以某一期间收到和支付现金的差异来计量、确定企业财务成果的会计基础。其主要特点是在企业发生现金收入或支出的期间确认相关交易或事项对财务状况、经营成果的影响。凡在本期内实际收到的现金以及实际支付的现金，无论是否归属本期，都作为本期收入和费用处理；反之，凡在本期未收到的收入或未支付的费用，即使归属本期，也不确认为本期的收入和费用。可见，收付实现制对企业应收、预收、应付(计)、预付等交易或事项都不予以反映。

需要说明的是，权责发生制与收付实现制的区分并不意味着两者的绝对对立，它们在提供有用的会计信息方面各有千秋。但在具体会计处理上，权责发生制产生的信息可能更具相关性。

四、财务状况、经营成果和现金流量

(一)财务状况

财务状况是指一定时期企业资金筹集与资金运用的状况。会计上，财务状况一般是指企业某一特定时点的资产，以及对这些资产所主张的权利。按照财务会计理论，财务状况由资产、负债和所有者权益三部分内容组成，是企业经营、投资和筹资等活动的结果。一个企业的财务状况，反映了该企业的资产总量、结构以及筹资渠道等状况，它是判断企业盈利能力、偿债能力和资金营运能力等的依据。与财务状况相关的信息主

① 《国际财务报告准则 2008》，中国财政经济出版社，2008 年版，第 78 页。

② 葛家澍：《市场经济下会计基本理论与方法研究》，中国财政经济出版社，1996 年版，第 115 页。

要是由资产负债表提供的。

（二）经营成果

经营成果是综合反映企业一定时期实现其营利目的程度的概念。利用该信息可以评价企业取得的成就是什么和多少，以及企业为取得成就所付出的代价是什么和多少，反映了一定时期企业取得收入和发生耗费的相互关系。从广义看，这种关系反映了企业在某一期间与投资者以外各方进行交易或发生其他事项和情况所引起的净资产（即综合收益）的变动，实际是经济利益流入与流出的相互配比的结果。经济利益流入包括日常活动的经营性收入与非日常活动形成的利得，而经济利益流出包括日常活动形成的经营费用和非日常活动发生的损失。可见，经营成果信息既是评价过去经营决策正确与否的依据，也是反映受托责任履行情况有力的佐证。与经营成果有关的信息主要是由利润表提供的。

（三）现金流量

前已述及，提供决策所需信息和反映受托责任履行情况是财务会计目标的统一。而对决策最为有用的是关于“企业期望的净现金流入量的数额、时机和偶然性”[①]的信息，因为，股东和债权人的利益很少是由现金以外的东西所决定，因此，能否产生持续稳定的现金流量对投资者和债权人意义非凡。企业类型不同，其受托责任的内容、要求也不同，对其评价判断的依据和标准也各异，但管理活动的效益性是评价、判断受托责任履行情况的重要内容之一。虽然利润或亏损指标是评价企业管理活动成败的依据，但不是唯一的衡量标准。鉴于利润或亏损计量的局限性（即权责发生制弊端），有关现金流入、现金流出以及现金流量净额等信息在评价企业支付能力、偿债能力和利润质量等方面发挥了不可替代的作用，为全方位评价受托责任提供了有力的工具。现金流入、流出以及流转情况关系着企业的生存与发展，这些信息构成了财务会计的重要内容，也是现金流量表反映的核心内容。

五、财务会计要素

财务会计要素是财务会计的具体对象，也是财务会计基本理论的一项重要内容。在财务会计理论体系中，会计要素的确认与计量是财务会计的核心内容；财务会计实务无非是会计要素的确认、计量、记录和报告的过程。可见，财务会计要素是财务会计理论与实务相互连接的桥梁和纽带。

我国的企业会计准则将会计要素分为：资产、负债、所有者权益、收入、费用、利润。

① 美国财务会计准则委员会：《论财务会计概念》（中译本），中国财政经济出版社，1993年版，第25页。

前三项为表现财务状况的要素，后三项为表现经营成果的要素。世界上其他一些国家对会计要素的分列与我国有别。例如：有的将利得和损失列为单独的两项要素；有的不将利润作为一项要素，认为可以由收入减去费用得出；等等。不过，各国对会计要素的认识，共性要大于差异。

六、财务会计信息质量要求

财务会计信息的质量要求（或特征），是指使财务报告提供的信息对使用者有用的那些性质，也可以说是构成有用信息的各种因素。如财务会计信息应符合可靠性、相关性要求等。财务会计信息的质量要求，不仅概括了财务会计信息应具备的基本特征，同时也为选择、评价各种会计方法的有效性或适当性提供了依据。

我国企业基本会计准则中提出的财务会计信息的质量有 8 项，分别是：客观性、相关性、可理解性、可比性、实质重于形式、重要性、谨慎性、及时性。其中，可靠性、相关性、可理解性和可比性是会计信息的首要质量要求，是企业财务报告中所提供会计信息应具备的基本质量特征。实质重于形式、重要性、谨慎性和及时性是会计信息的次级质量要求，是对可靠性、相关性、可理解性和可比性等首要质量要求的补充和完善，尤其是在对某些特殊交易或者事项进行处理时，需要根据这些质量要求来把握其会计处理原则；另外，及时性还是会计信息相关性和可靠性的制约因素，企业需要在相关性和可靠性之间寻求一种平衡，以确定信息及时披露的时间。

财务会计作为一门学科，拥有科学的概念和严密的体系，这也是该学科得以成立以及持续发展的基础。财务会计基本理论是由众多概念或要素组成的。这些概念或要素相互配合，按照一定的逻辑关系有机结合而形成一个完整的、多层次的、相互联系与制约的理论体系。

第四节　财务会计准则

一、财务会计工作与会计准则

（一）财务会计工作程序

为了实现财务会计目标，财务会计工作需要经过确认、计量、记录和报告四个相互联系的程序，如图 1-1 所示。

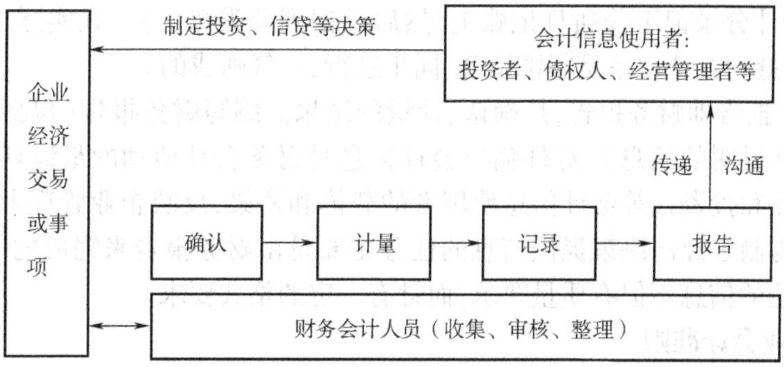

图 1-1 财务会计工作程序

1.确认。会计确认所要解决的问题是发生的某一项目是否应当记入账册,当作什么会计要素记入,应在何时记入。比如,什么是资产？判断资产的关键是能否预期为企业带来经济利益流入。不能为企业带来预期经济利益流入的资源就不是资产。什么是负债？负债强调现时义务,也就是说,某项义务形成企业的负债时,表明企业一定承担支付义务。企业发生的每一项经济活动,并不是都能记入账册的;能记入账册的,也不是可以随便记成什么,或随便什么时候记,而是要事先进行一番辨别、判断,这就是会计确认的意思。进行确认,就要有一套确认的标准。

2.计量。前已述及,会计确认的实质是解决需要处理的交易或事项的定性问题,而会计计量则是解决定量问题,即在确认的基础上确定金额。会计提供的信息是一系列经济活动数据资料,会计计量在整个会计信息的加工处理过程中无处不在。没有计量,确认便失去了意义,记录和报告也就无从谈起;计量结果构成了确认、记录和报告的内容。从这个角度讲,会计核算实质上就是会计计量的过程。所以,有人认为会计计量是会计系统的核心。进行会计计量需明确计量单位和计量属性两个问题。计量单位指的是计量尺度的量度单位。一般情况下,会计核算以货币作为会计计量单位,并且采用名义货币单位(即面值货币单位)进行计量。计量属性是指要予以计量的某一会计要素的品质。常用的计量属性有:历史成本、重置成本、可变现净值、现值、公允价值。特定的计量单位和计量属性相结合,就构成了特定的计量模式。进行会计计量,要根据具体经济环境和信息使用人的需要确定计量模式。比如,在一般情况下,对资产按名义货币单位使用原始成本计量,对盘盈的资产可用重置成本计量,对企业清理过程中的资产又适合用可变现净值计量。

3.记录。它是在确认和计量基础上对经济业务事项运用会计科目进行账务处理的方法。进行会计记录首先要设置账户,建立一套能全面、系统地反映会计要素各具体项目的账簿体系;然后将复式会计分录填写于记账凭证之上;最后根据记账凭证登记账簿

(也可以将会计分录记于普通日记账上,然后过记到分类账上)。在实际工作中,会计确认、会计计量和会计记录是紧密结合、同步进行、一气呵成的。

4.报告。报告即财务报告,是确认、计量的结果。编写财务报告(包括编写财务报表和其他文字说明的信息),对外输出会计信息是财务会计活动的最终环节。财务报告是连接企业和投资人等会计信息使用者的载体和桥梁,反映企业管理者受托责任的履行情况。为制定经济决策提供信息的任务主要是由财务报告来完成的。为此,对财务报告所传达的信息不但有质量要求,而且有一定的格式要求。

(二)企业会计准则

由图 1.1 可见,财务会计基本目标是向企业外部各类财务报表使用者制定经济决策而提供有用的会计信息。因此,会计信息必须具有客观性、可信性和决策的相关性,方能发挥应有的作用。各类财务报表使用者只有确认了企业提供的会计信息是客观与公正地表达所提供的内容,不会引起错觉,才能据以进行决策。同样,企业提供信息必须与企业外部和内部的使用者决策相关,有助于他们在不同投资、融资等方案中进行选择与取舍。为此,不少国家都制定了财务会计准则,作为财务会计核算的规范,使企业财务会计能够提供符合上述要求的会计信息。

财务会计准则是关于财务会计核算工作的规范,也是评价财务会计信息质量的准绳;是规范企业对外提供会计信息的内容、格式、分类,以及有关项目的确认和计量的标准;是指导企业正确处理任何一笔交易或事项,以保护投资者、债权人等与企业有利益关系各方,能够获得真实、可靠和可比会计信息的技术规范。同时,会计准则也是审计人员审核企业财务报告的依据。

根据准则制定机构是否被政府机构控制,将制定会计准则模式分为两类:一类是民间机构运作并制定会计准则的模式;另一类是政府机构运作并制定会计准则的模式。不论是哪种模式,通过制定会计准则,一是指导那些编制财务报表的人,使他们明白,会计上恰当地处理若干业务和事实的一致性要求和标准是什么;二是保障那些依赖会计信息,而对提供会计信息又不能直接施加影响的人,使他们所取得的信息具有一定程度的一致性和可比性。

纵观会计准则的发展,可以认识到财务会计的历史实际上是一部企图使财务会计工作准则化的历史。会计准则有助于增强会计人员职业判断能力,提高会计信息的相关性,向投资者、债权人等提供决策有用的信息,进一步提高投资和信贷决策的有效性,提升经济资源配置效率,促进市场经济健康、有序发展。

二、我国企业会计准则体系

根据会计准则适用的范围和领域,我国会计准则可分为企业会计准则和政府会计准则。在此,仅对我国企业会计准则加以说明。

我国统一的企业会计准则体系是由适用于大中型企业的《企业会计准则》和适用于小企业的《小企业会计准则》共同组成。

(一)企业会计准则

1992 年 11 月 30 日,财政部以部长令正式发布了《企业会计准则》,于 1993 年 7 月 1 日起在全国各类企业实施。制定会计准则是新中国会计发展史上的里程碑,实现了由计划经济会计模式向市场经济会计模式的转换。1997 年发布了第一项具体会计准则。2006 年 2 月 15 日,财政部正式向国内外发布了中国的企业会计准则体系,自 2007 年 1 月 1 日起在上市公司执行。这标志着适应中国市场经济发展进程、与国际财务报告准则趋同的中国企业会计准则体系正式建立。

我国企业会计准则由基本准则、具体准则以及会计准则应用指南三部分构成。

1.基本准则。它在整个准则体系中起统驭作用,主要规范会计目标、会计假设、会计信息质量要求、会计要素的确认、计量和报告原则等。基本准则是企业会计准则体系的概念基础,其作用是指导具体准则的制定和为尚未有具体准则规范的会计实务问题提供处理原则。

2.具体准则。它主要规范企业发生的具体交易或者事项的会计处理,为企业处理会计实务问题提供具体而统一的标准。具体准则分为一般业务准则、特殊行业的特定业务准则和报告准则三类。具体准则基本涵盖了我国各类企业各类经济业务的会计处理标准。目前,我国企业会计具体准则如表 1–1 所示。

表 1–1 我国企业会计具体准则

序号	名称	序号	名称	序号	名称
1	存货	11	股份支付	21	租赁
2	长期股权投资	12	债务重组	22	金融工具确认和计量
3	投资性房地产	13	或有事项	23	金融资产转移
4	固定资产	14	收入	24	套期保值
5	生物资产	15	建造合同	25	原保险合同
6	无形资产	16	政府补助	26	再保险合同
7	非货币性资产交换	17	借款费用	27	石油天然气开采
8	资产减值	18	所得税	28	会计政策、会计估计变更和差错更正
9	职工薪酬	19	外币折算		
10	企业年金基金	20	企业合并	29	资产负债表日后事项

续表

序号	名称	序号	名称	序号	名称
30	财务报表列报	35	分部报告	40	合营安排
31	现金流量表	36	关联方披露	41	在其他主体中权益的披露
32	中期财务报告	37	金融工具列报	42	持有待售的非流动资产、处置组和终止经营
33	合并财务报表	38	首次执行企业会计准则		
34	每股收益	39	公允价值计量		

3.会计准则应用指南。它是针对准则难点和关键点所做的操作性规定，主要包括具体准则解释和会计科目、主要账务处理等，为企业执行会计准则提供操作性规范。

（二）小企业会计准则

2011年财政部颁布了《小企业会计准则》，适用于在中华人民共和国境内依法设立的、符合《中小企业划型标准规定》规定的小型企业标准的企业，但不包括股票或债券在市场上公开交易的小企业、金融机构或其他具有金融性质的小企业、企业集团内的母公司和子公司。

小企业会计准则体系由小企业会计准则和应用指南两部分组成。其中：《小企业会计准则》主要规范小企业通常发生的交易或事项的会计处理原则，为小企业处理会计实务问题提供具体而统一的标准；应用指南主要规定会计科目的设置、主要账务处理，及财务报表的种类、格式及编制说明，为小企业执行《小企业会计准则》提供操作性规范。

《小企业会计准则》的颁布与实施，标志着我国由适用于大中型企业的《企业会计准则》和适用于小企业的《小企业会计准则》所共同构成的企业会计标准体系已经形成。

三、国际财务报告准则

国际财务报告准则（简称“IFRSS”）有广义和狭义之分。广义的国际财务报告准则是指一整套的国际会计准则理事会公告，包括由国际会计准则理事会（International Accounting Standards Board，简称 IASB）以及理事会的前身“国际会计准则委员会”（International Accounting Standards Committee，简称 IASC）批准的准则和解释公告，通称“国际会计准则”。狭义的国际财务报告准则仅指国际会计准则理事会发布的国际财务报告准则系列。

众所周知，不同国家或地区的政治、经济、法律、文化等不同，该国或地区的会计准则也不尽相同。随着经济全球化、国际资本市场一体化以及跨国公司数量和规模的不断扩大,国家间、地区之间的联系有必要形成一种共同商业语言,以处理日益增多的国际经济活动,国际会计准则便应运而生。1973 年澳大利亚、加拿大、法国、德国、日本、墨西哥、荷兰、联合王国和爱尔兰以及美国发起成立了国际会计准则委员会(IASC),负责制定世界范围适用的会计准则,即国际会计准则(现称为“国际财务报告准则”)。按章程规定,国际会计准则委员会的目标有两个:一是按照公众利益,制定和发布编制财务报表时应当遵循的会计准则,并促使其在全世界范围内得到认可和遵循。二是为改进和协调与列报财务报表有关的条例、准则和程序而进行广泛的工作。截至 1999 年 11 月,国际会计准则委员会已经发布了 39 项国际会计准则。这些准则大多属于影响世界范围内企业财务报表的实质问题。国际会计准则委员会也已建立了一个“财务报表编制和列报框架”,目的是帮助委员会减少可选择的会计处理的数量以及建立新的会计准则。

2001 年国际会计准则委员会重组后重新命名为国际会计准则理事会(International Accounting Standards Board,简称 IASB)。作为其特色,国际会计准则理事会发布的准则被称为“国际财务报告准则(IFRS 或者 IFRSs)”。国际财务报告准则主要包括自 1973 年至 2001 年重新命名前发布的 41 项国际会计准则和 2001 年组成国际会计准则理事会后新发布的一系列国际财务报告准则。

国际财务报告准则(国际会计准则)为许多国家制定本国适用的会计准则提供了参考,在协调各国会计准则,提高会计信息可比性等方面发挥了积极作用。一些国家以国际财务报告准则(国际会计准则)为基础制定本国的会计准则,还有的国家甚至直接以国际财务报告准则(国际会计准则)作为本国的会计准则。

纵观当今世界,经济全球化已成为世界经济发展的重要趋势。全球统一的高质量会计准则是经济全球化发展的客观要求,会计信息作为公共信息资源和国际通用商业语言,其相互可比、真实公允,对各国经济与世界经济的融合发展,起着不可或缺的作用。在这种背景下,国际财务报告准则的国际趋同化已成为财务会计准则发展的必然趋势。

案 例

2021 年 9 月 1 日,北方大学管理学院 2019 级会计专业 2 班的同学开学上的第一堂课是“中级财务会计”。担任此课程的教师刘丽雅教授,是具有 20 年教龄的骨干教师,不仅具有较强的科研能力,而且讲课效果甚佳。她语言生动、条理清楚,经常在课堂上提出一些具有启发性、需要认真仔细思考的问题。第一次课结束,刘老师将全班同学按学号分为三组，向每组同学提出一个问题，要求下次课每组派一位代表回答问题，其他同学可补充说明。

第一组：安信合伙企业是由投资者A、投资者B和投资者C三方于2019年12月31日组建的。在企业日常经营中，三方投资者分别遇到了以下问题，他们感到比较难处理，向有关人员进行了咨询，结果如下：

(1)投资者A叙述，公司是自己与投资者B、投资者C共同出资建立的，他们之间关系非常密切，企业缺少现金时从自己银行卡取现，家里用钱、用东西也从企业拿，并且没有单独记账。到了年底，投资者A问会计，安信合伙企业今年赚钱还是赔钱？会计说，无法准确回答这个问题。

(2)2020年12月31日，投资者B曾对会计讲过：我们三个人合作的不愉快，彼此有一种共识即准备于次年末散伙。2021年6月30日，投资者B查看会计账簿时，发现企业的房屋、机器仍按预计使用年限计提折旧，遂很严肃地向会计提出固定资产不应再计提折旧的要求。

根据上述资料，分别回答以下问题：

(1)会计为何无法准确回答投资者A的问题；

(2)投资者B对会计提出的要求是否妥当，说明原因。

第二组：凯悦有限责任公司在一次财务会议上，关于编制财务报表的相关问题，管理层提出了不同看法，总经理认为编制财务报表的目标只是为管理者服务，因为他们是主要政策制定者；副经理认为财务报表只需反映企业当前的财务状况和现金流量情况，不必提供反映未来情况的数据；营销经理认为财务报表只需反映当年的收入和费用，不需要披露资产、负债和所有者权益。

问题：你如果是该公司的财务经理，请判断总经理、副经理和营销经理观点是否正确，并说明理由。

第三组：如果期末“中级财务会计”试卷中有判断试题，该题要求无论判断结果如何，都必须说明理由。

(1)财务会计和管理会计虽然服务对象不同、着眼点不同，但都必须受公认会计原则的约束。

(2)可比性是企业财务会计信息质量要求之一，其内涵是同一企业不同时期的会计信息相互可比。

(3)财务状况、经营成果和现金流量这三者是企业经营优劣的综合体现。凡是企业的期末资产余额大于期初资产余额，或者本期利润总额增加、期末比期初现金流量增加，企业经营活动均会健康持续地发展。

要求：请你解释关于上述问题(1)至(3)判断结果的理由。

本章小结

财务会计运用会计学原理中揭示的概念、原则与方法，全面阐述企业重要交易或事项的会计处理的理论与方法，通过会计确认、会计计量、会计记录和财务报告等主要程序，最终提供一套具有通用目的的财务报告，来满足不同利益相关者的共同需要。

财务会计的存在必然要受到环境的影响。一个国家或地区的政治、经济、法律、文化等因素对财务会计的活动、思想、理论、组织、法规以及会计工作发展水平等有着深远的影响。

财务会计是实践与理论相互统一的产物，财务会计实践活动的首要任务是将经济活动信息转化为财务会计信息，而财务会计实践活动需要目标、假设、信息质量特征等概念所组成的理论体系的指导，并运用这些理论对未来、未知和未观察到的会计现象进行事先的预测和判断，拓展财务会计新领域。会计准则是搭建实践与理论的桥梁或纽带。

本章关键词汇（中英文）

财务会计	Financial Accounting
成本会计	Cost Accounting
管理会计	Management Accounting
会计环境	Accounting Environment
财务会计理论	Theory of Financial Accounting
财务会计目标	The Objective of Financial Reports
会计基本假设	Basic Accounting Hypothesis
财务状况	Financial Situation
财务会计要素	Financial Accounting Elements
会计信息质量要求	Qualitative Characteristics of Accounting Information
企业会计准则	Accounting Standards for Business Enterprises
财务会计准则	Financial Accounting Standards

确认	Recognition
计量	Measurement
财务报告	Financial Reporting
国际财务报告准则	International Financial Reporting Standards

思考题

1.如果你想了解一家企业的经营情况，需要知道它的哪些具体情况？其中有哪些可由会计信息提供？

2.有人说："会计是社会特定发展阶段的产物。"你认为是否有道理？为什么？

3.简述财务会计的工作内容。

4.在你学过的会计知识中，哪些与会计确认有关？哪些与会计计量有关？

5.会计计量是要确定记录的金额，那么，只要在账簿上按照个人的理解记录数额，是否就满足了计量的要求？试举例说明。

6.既然"历史成本"存在很多问题，为什么还要将它作为一项重要的会计计量属性？

7.你认为财务会计存在的局限，除了本章中讲到的之外，还有哪些？根据你的认识，财务会计今后将会发生怎样的变化？

第二章

货币资金

导　论

本章阐述了货币资金管理与核算的基本内容。通过本章的学习，要求理解现金管理的意义、掌握现金内部控制的内容，理解银行结算方式的种类、基本程序和使用范围。现金管理内容、银行转账结算方式的特点及会计处理是本章学习的重点。

第一节　资产概述

一、资产的概念和特征

资产，是指企业过去的交易或者事项形成的、由企业拥有或者控制的、预期会给企业带来经济利益的资源。其中，企业过去的交易或者事项包括购买、生产、建造行为或其他交易或者事项。预期在未来发生的交易或者事项不形成资产。企业拥有或者控制，是指企业享有某项资源的所有权，或者虽然不享有某项资源的所有权，但该资源能被企业所控制。预期会给企业带来经济利益，是指直接或者间接导致现金和现金等价物流入企业的潜力。

纵观资产概念，与其他会计要素相比，资产至少具有以下方面的特征：

(1)资产源自企业过去的交易或事项。也就是说,企业获取资产是通过过去的购买交易或生产活动,以及其他方式如政府补助等,有代价或无代价取得的。

(2)资产的实质是能够提供未来经济利益的经济资源,也就是说,资产可以单独或与其他资产相结合,生产出成品或劳务,通过出售直接或者间接导致现金和现金等价物流入企业。资产的这种服务潜力可以有多种表现形式,如转化为现金或现金等价物,用于交换生产经营所需的其他物品,因降低生产成本而减少现金流出,用于清偿债务等。如果不含有未来的经济利益或这种利益已经不能得到保持,该资源就不能确认为资产。

(3)资产应由某企业所拥有或控制,作为能带来未来经济利益的资源,就是说,对资产的占用和使用是企业具有排他性的权利。如果一种资源的未来经济利益能为各企业共同享有,那么该资源不能被确认为特定企业的资产。

二、资产的分类

为了提供与资产相关的会计信息,需要根据资产的性质和特点,对资产进行科学分类。

(一)有形资产和无形资产

按资产是否具有实物形态分类,可分为:①有形资产,是指具有实物形态并且能为企业带来经济利益的资产,如存货、固定资产等。②无形资产,是指不具有实物形态但能够为企业带来经济利益的非货币性资产,如专利权、商标权等。

(二)货币性资产和非货币性资产

按资产未来为企业带来货币资金是否可确定分类,可分为:①货币性资产,是指企业持有的货币资金和将以固定或可确定的金额收取的资产,包括现金、银行存款、应收账款和应收票据以及准备持有至到期的债券投资等。②非货币性资产,是指货币性资产以外的资产,包括存货、长期股权投资、投资性房地产、固定资产、在建工程、工程物资、无形资产等。

非货币性资产有别于货币性资产的最基本特征是未来为企业带来的经济利益是不固定或不可确定的。

(三)金融资产和非金融资产

按资产是否能够在金融市场中交易以及是否为其所有者提供即期或远期的货币流入量分类,可分为:①金融资产,一般是指现金或有价证券等可以进入金融市场交易的资产,如现金、银行存款、应收账款、应收票据、贷款、股权投资、债权投资等资产。②非金融资产,是指企业全部资产中,金融资产以外的资产,如存货、机器设备、土地、建筑物等生产经营资产。

（四）流动资产和非流动资产

按资产转化为货币的速度即流动性分类，可分为：①流动资产，通常是指可以在一年或者超过一年的一个营业周期内变现或者耗用的资产，如现金及各种存款、交易性金融资产、应收及预付款项、存货等。②非流动资产，是指企业流动资产以外的资产，如持有至到期投资、长期股权投资、固定资产和无形资产等。

（五）自有资产和租入资产

按资产的来源分类，可分为：①自有资产，是指属于企业所有并且应该入账核算的资产。②租入资产，是指企业按照合同以支付租金为代价并在合同期内拥有使用权的资产。

此外，资产还可以按照是否可辨认，分为可辨认资产和不可辨认资产。能够从企业中分离或者划分出来，并能单独用于出售或转让的资产为可辨认资产；否则，为不可辨认资产。

三、资产的确认与计量

（一）资产的确认标准

资产的确认，是指将某一资源作为资产正式列入财务报表的过程。符合资产定义的资源，在同时满足以下条件时，可确认为资产：一是与该资源有关的经济利益很可能流入企业；二是该资源的成本或者价值能够可靠地计量。

符合资产定义和资产确认条件的项目，应当列入资产负债表；符合资产定义，但不符合资产确认条件的项目，不应当列入资产负债表。

（二）资产的基本计量属性

资产的计量，是指采用货币数额确定和反映企业取得资产以及期末列报资产的过程。目前可供选择的计量属性有历史成本、重置成本、公允价值、可变现净值和未来现金流量现值等。

企业的基本活动是运用所有者或债权人资金进行资产的投资、运营活动，以实现获取利润的目的。一定意义上讲，资产是企业、所有者或债权人之间相互联系的桥梁与纽带，并且资产的增值与否是反映委托、受托责任履行情况的具体内容。任何受托责任的具体内容都需要计量，资产更是如此。为了确保会计信息的真实、完整，要求选择最为真实、可靠的计量属性。比较而言，历史成本是最为恰当的计量属性，这是因为历史成本是交易双方所认同的价格，人为估计等主观因素程度较低，其真实性、可验证性在所有计量属性中最高。我国资产计量的基础，最重要的就是历史成本。《企业会计准则——基本准则》规定：企业在对会计要素进行计量时，一般应当采用历史成本；采用重置成本、可变现净值、现值、公允价值计量的，应当保证所确定的会计要素金额能够取得并能可靠计量。

四、货币资金的内容

货币资金是指在企业生产经营过程中处于货币形态的资产。根据货币资金的存放地点及其用途的不同,货币资金分为库存现金、银行存款及其他货币资金。

(一)库存现金

在会计领域中,现金的概念有狭义和广义之分。狭义的现金是指保存在企业保险柜中的现金,即库存现金;广义的现金是指除库存现金外,还包括银行存款和其他符合现金定义的票证,如未结付支票、汇票等。西方会计所说的现金一般是指广义的现金。

库存现金,是指存放于企业财务部门并由出纳人员经管的货币,包括人民币现金和外币现金。库存现金既是企业流动性最强的货币性资产,也是对其他资产计量的基本尺度和进行相关会计处理的基础。

(二)银行存款

银行存款,是指企业存入银行或其他金融机构的货币资金。按照国家有关规定,凡是独立核算的企业都必须在当地银行开设账户,除可以使用现金的经济业务外,企业所发生的一切货币收支业务,都必须通过银行账户进行结算。

(三)其他货币资金

其他货币资金,是指企业全部货币资金中,除现金和银行存款以外的货币资金,如外埠存款、银行汇票存款、银行本票存款、信用卡存款和在途货币资金等。这些货币资金的存放地点和用途有别于现金和银行存款。

第二节 库存现金

一、库存现金的管理与控制

根据国家现金管理制度和结算制度的规定,企业各种款项的收支必须按照国务院颁发的《中华人民共和国现金管理暂行条例》的规定办理,在规定的范围内使用现金,在经批准的限额内保留库存现金,并且按照规定处理现金收支业务。

(一)库存现金的使用范围

企业可以用现金支付的款项有:①职工工资、津贴;②个人劳务报酬;③根据国家规定颁发给个人的科学技术、文化艺术、体育等各种奖金;④各种劳保、福利费用以及国家规定的对个人的其他支出；⑤向个人收购农副产品和其他物资的价款；⑥出差人员必须随身携带的差旅费；⑦结算起点以下的零星支出；⑧中国人民银行确定需要支付现金的其他支出。

属于上述现金结算范围的支出，企业可以根据需要向银行提取现金支付，不属于上述现金结算范围的款项支付一律通过银行转账结算。

（二）库存现金的限额

库存现金限额，是指为保证企业日常零星支出的需要，按规定允许留存的现金的最高数额。库存现金的限额，由开户银行根据开户单位的实际需要和距离银行远近等情况核定。其限额一般按照单位3～5天日常零星开支所需现金确定。远离银行或交通不便的企业，银行最多可以根据企业15天的正常开支需要量来核定库存现金的限额。正常开支需要量不包括企业每月发放工资和不定期差旅费等大额现金支出。

库存限额一经核定，企业必须严格遵守，对于超过限额的现金应及时存入银行，库存现金低于限额时，可以签发现金支票从银行提取现金，补足限额。如果因现金收付业务量变化而需要增加或减少现金限额时，企业应向开户银行提出申请，由开户银行核定。

（三）库存现金收支的管理要求

企业在日常经营活动中收取的不足转账起点的小额现金收入、职工交回的差旅费剩余款等，应在收到现金的当日送存银行。

企业需要支付的现金，可以从库存现金或从银行提取后予以支付，但不得从本企业的现金收入中直接支付，即不得"坐支"现金；因特殊情况需要坐支现金的企业，应事先报经银行审查批准，并在核定的范围和限额内支付，同时，收支的现金必须入账。

企业从银行提取现金时，应如实写明提取现金的用途，由本单位财会部门负责人签字盖章，并经开户银行审查批准后予以支付。因采购地点不确定、交通不便及其他特殊情况必须使用现金的单位，应向开户银行提出书面申请，经开户银行审查批准后予以支付。

此外，不准使用不符合国家统一规定的会计凭证顶替库存现金，即不得"白条顶库"；不准谎报用途套取现金；不准用银行账户代其他单位和个人存入或支取现金；不准用单位收入的现金以个人名义存入银行；不准保留账外公款，即不得"公款私存"，不得设置"小金库"；等等。

（四）库存现金内部控制的原则

库存现金是企业流动性最强的资产，也是容易出现错漏、贪污、舞弊等问题的资产。为此，应做好以下方面的工作，加强库存现金的内部控制。

1.严格职责分工。企业应将涉及库存现金不相容的职责，分由不同的人员担任。

现金收支业务不相容的职能包括：授权分级、业务经办、会计记录、财产保管、稽核检查等。不相容的职能应当由不同的人负责，以便形成严密的内部牵制制度，降低库存现金的舞弊风险。

2.实行交易分开。现金支出业务和现金收入业务应分开进行处理，防止企业发生坐支现金行为。

3.实施内部稽核。设置内部稽核单位和人员，建立对库存现金收支业务的内部稽核制度，明确检查机构或人员的职责权限，定期或不定期地进行检查，加强对库存现金管理的监督，及时发现库存现金管理中存在的问题，不断改进和完善货币资金管理控制措施。

4.实施定期轮岗制度。只要条件允许，企业应当对涉及库存现金管理和控制的业务人员实行定期轮换岗位。通过轮换岗位，减少库存现金管理和控制中产生舞弊的可能性，并可以及时发现有关人员的舞弊行为。

二、库存现金的核算

库存现金收支的核算包括总分类核算和明细分类核算。

企业通过设置"库存现金"账户进行库存现金的总分类核算。企业收到现金时，借记"库存现金"账户，贷记有关的账户；企业在现金使用范围内支付现金时，借记有关账户，贷记"库存现金"账户。

企业通过设置"现金日记账"进行现金收支的明细分类核算。"现金日记账"按照现金业务发生的先后顺序逐笔序时登记。每日终了，应根据登记的"现金日记账"结余数与实际库存数进行核对，做到账款相符。月份终了，"现金日记账"的余额必须与"库存现金"总账账户的余额核对相符，做到账账相符。

有外币现金的企业，应分别按人民币现金、外币现金设置"库存现金日记账"进行明细核算。

三、备用金的管理与核算

一般来说，企业的现金主要是由财会部门集中保管的库存现金。但有时为了满足企业内部经常使用现金的部门或人员日常零星开支的需要，会批准这些部门或个人保留一定数额的现金，即备用金。备用金的特点是先领后用，用后报销。也就是使用备用金的部门或个人，按事先核定的备用金的数额由专人领出，按规定的用途使用，使用后凭单据按规定的手续报销。

备用金有非定额管理和定额管理两种办法。其中，非定额管理，是指企业使用部门根据需要预借现金，用后及时凭单据报销，多退少补，结清款项；定额管理，是指由企业财务部门与经常使用现金的部门协商，核定备用金定额并按定额支付现金，使用现金的部门或个人按规定用途使用，用后凭单据报销，并补足现金定额。

企业备用金应通过"其他应收款"账户核算，也可以单独设置"备用金"账户对备用金进行专门核算。

采用非定额管理办法，企业应按照领用的现金，借记"其他应收款"或"备用金"账户，贷记"库存现金"账户；使用备用金的单位或个人凭单据报销时，根据审核后的报销单据，借记"管理费用"等有关账户，如有剩余现金，按交回的现金，借记"库存现金"账户，按原领用的备用金，贷记"其他应收款"或"备用金"账户。

采用备用金定额管理办法，企业内部使用备用金的部门或个人，根据事先核定的定额领取备用金，根据实际领取的金额，借记"其他应收款"或"备用金"账户，贷记"库存现金"账户；报销备用金时，应根据审核后的报销数额，借记"管理费用"等有关账户，贷记"库存现金"账户，用现金补足备用金定额，使备用金仍保持原有的定额数。

需要说明的是，采用备用金定额管理办法的企业，"其他应收款"或"备用金"账户按照核定的定额初始确认、记账后，除原核定的定额发生变动外，补足备用金时不再通过"其他应收款"或"备用金"账户核算。

【例 2-1】2020 年 10 月 10 日，某企业行政管理部门职工张红出差预借差旅费 5 000元；2020 年 10 月 16 日张红出差返回后报销出差费用 4 800 元，并交回余款 200 元，经审核后予以报销。编制会计分录如下：

(1)预借差旅费时：

借：其他应收款（或：备用金）	5 000	
贷：库存现金		5 000

(2)报销差旅费时：

借：库存现金	200	
管理费用	4 800	
贷：其他应收款（或备用金）		5 000

【例 2-2】某企业后勤部门的日常零星现金支出采用备用金定额管理办法。2020 年初，该部门核定的备用金定额为 10 000 元。2020 年 1 月份，后勤部门报销零星现金支出 8 500元（增值税略），财务部门以现金 8 500 元补足备用金定额。编制会计分录如下：

(1)首次领取备用金：

借：其他应收款（或：备用金）	10 000	
贷：库存现金		10 000

(2)以现金补足备用金定额：

借：管理费用	8 500	
贷：库存现金		8 500

四、库存现金的盘点与清查

企业应当定期或不定期地对库存现金清查与盘点，目的是为了加强对出纳工作的监督，以保证现金的安全、完整。清查现金的内容主要是检查是否有挪用现金、白条顶库、超限额留用现金，以及账款是否相符等；清点库存现金的方法是将现金实存数和现金日记账上的余额进行核对。

企业应根据现金清查的结果编制现金盘点报告单，注明现金溢缺的金额，并由出纳人员和盘点人员签字盖章。如果有挪用现金、“白条顶库”的情况，应及时予以纠正；对于超限额留用的现金要及时送存银行；如果账款不符，有待查明原因的现金短缺或溢余，应通过“待处理财产损溢”账户核算，按管理权限经批准后，分别按以下情况处理：

(1)如为现金溢余，属于应支付给有关人员或单位的，计入其他应付款；属于无法查明原因的，计入营业外收入。

(2)如为现金短缺，属于应由责任人赔偿或保险公司赔偿的部分，计入其他应收款；属于无法查明原因的，计入管理费用。

企业清查的现金损益，应于期末前查明原因，并根据管理权限，报经批准后，在期末结账前处理完毕。

【例 2-3】2020 年 6 月 25 日，某企业在现金清查中，发现库存现金较账面余额多出 100 元，其原因待查。6 月 30 日，经批准，溢余的现金计入营业外收入。编制会计分录如下：

(1)现金盘点溢余：

借：库存现金　　100

　贷：待处理财产损溢　　100

(2)经批准，转销现金长款：

借：待处理财产损溢　　100

　贷：营业外收入　　100

【例 2-4】某企业在现金清查中，发现库存现金比账面余额少 80 元，其原因待查。经查，现金短缺属于出纳人员责任，已向其索赔。编制会计分录如下：

(1)现金盘亏时：

借：待处理财产损溢　　80

　贷：库存现金　　80

(2)向出纳人员索赔时：

借：其他应收款　　80

　贷：待处理财产损溢　　80

第三节 银行存款

银行存款,是指企业存入银行或其他金融机构的各种款项。企业应当根据业务需要,按照规定在其所在地银行开设账户,运用所开设的账户进行存款、取款以及各种收支转账业务的结算。企业除按核定限额保留一定库存现金外,其余货币资金必须存入银行。

一、银行结算账户的管理

按照国家有关规定,凡是独立核算的企业都必须在银行开设账户。企业在银行开户时,应填制开户申请书,并提供当地工商管理部门核发的《营业执照》正本等有关文件。为了维护金融秩序,规范全国银行账户的开立与使用,中国人民银行制定的《人民币银行结算账户管理办法》规定,一个企业可以根据需要在银行开立4种账户,即基本存款账户、一般存款账户、临时存款账户和专用存款账户。其中:

(1)基本存款账户,是企业办理日常结算和现金收付业务的账户,企业的工资薪酬、奖金等现金的支取只能通过本账户办理。每个存款人只能在银行开立一个基本存款账户。基本存款账户是企业的主办账户,其他银行结算账户的开立必须以基本存款账户的开立为前提。

(2)一般存款账户,是企业在基本存款账户以外的银行借款转存以及在基本存款账户开户银行以外的银行营业机构开立的银行结算账户。本账户可以办理存款人借款转存、借款归还和其他结算的资金收付,以及现金的缴存,但不得办理现金支取。一个企业不得在同一家银行的几个分支机构开立一般存款账户。

(3)临时存款账户,是指存款人因临时需要并在规定期限内使用而开立的银行结算账户,如设立临时机构、异地临时经营活动、注册验资等。本账户用于办理临时机构以及存款人临时经营活动发生的资金收付,根据有关开户证明文件确定的期限或存款人的需要确定其有效期限,最长不得超过2年。临时存款账户支取现金,应按照国家现金管理的规定办理。

(4)专用存款账户,是指存款人按照法律、行政法规和规章,对其特定用途资金进行专项管理和使用而开立的银行结算账户,如基本建设资金、社会保障基金等。

银行结算账户的开立和使用应当遵循法律、行政法规,不得利用银行结算账户进行偷逃税款、逃废债务、套取现金及其他违法犯罪活动;不得出租、出借银行结算账户;不得利用银行结算账户套取银行信用;不得将单位款项转入个人银行结算账户。

二、银行结算方式

结算是引起货币收付的行为。支付结算，是指单位、个人在社会经济活动中使用票据、信用卡和汇兑、托收承付、委托收款等结算方式进行货币给付及其资金清算的行为。结算可按支付的形式不同，分为现金结算、票据结算和转账结算。

（一）票据结算方式

1.银行汇票。它是指汇款人将款项交存当地出票银行，由出票银行签发的，由其在见票时按照实际结算金额无条件支付给收款人或持票人的票据。银行汇票结算程序如图 2-1 所示。

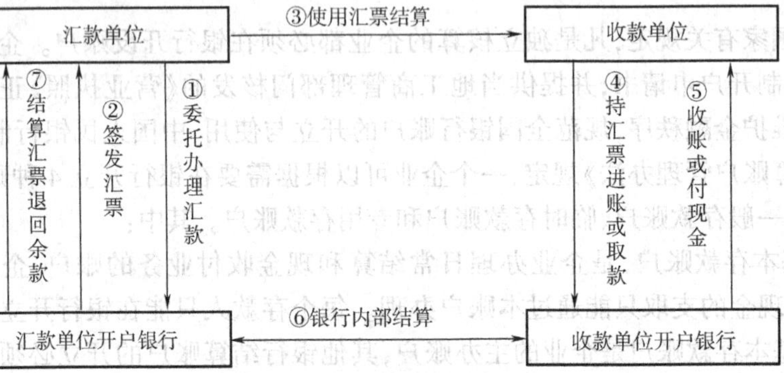

图 2-1 银行汇票结算程序

银行汇票适用于先收款后发货或钱货两清的商品交易。单位和个人的各种款项结算均可使用银行汇票。银行汇票可以用于转账，填写“现金”字样的银行汇票也可以用于支取现金。银行汇票的付款期限为自出票日起 1 个月内。

企业使用银行汇票，应向出票银行填写“银行汇票申请书”，填明收款人名称、汇票金额、申请人名称、申请日期等事项并签章，签章为其预留银行的签章。银行受理银行汇票申请书，收妥款项后签发银行汇票，并用压数机印出出票金额，然后将银行汇票和解讫通知书一并交给汇款人。企业取得银行汇票后即可持银行汇票向填明的收款人单位办理结算。

企业填写“银行汇票申请书”、将款项交存（划转）银行时，借记“其他货币资金”账户，贷记“银行存款”账户；企业持银行汇票采购商品并收到有关发票账单时，借记“材料采购”、“原材料”和“应交税费——应交增值税（进项税额）”等账户，贷记“其他货币资金”账户；采购完毕收回剩余款时，借记“银行存款”账户，贷记“其他货币资金”账户。

企业收到银行汇票、填制进账单到开户银行办理款项入账手续时，根据进账单及销货发票等，借记“银行存款”账户，贷记“主营业务收入”“应交税费——应交增值税（销项税额）”等账户。

2.银行本票。它是指银行签发的，承诺自己在见票时无条件支付确定的金额给收款人或者持票人的票据。

单位和个人在同一票据交换区域需要支付各种款项，均可以使用银行本票。银行本票可以用于转账，注明“现金”字样的银行本票可以用于支取现金。银行本票分为不定额本票和定额本票两种，定额银行本票面额为 1 000 元、5 000 元、1 万元和 5 万元。银行本票的提示付款期限自出票日起最长不得超过 2 个月。

申请人使用银行本票，应向银行填写“银行本票申请书”，填明收款人名称、申请人名称、支付金额、申请日期等事项并签章。申请人和收款人均为个人需要支取现金的，应在“支付金额”栏先填写“现金”字样，后填写支付金额。申请人或收款人为单位的，不得申请签发现金银行本票。

企业收到银行本票和银行退回的“银行本票申请书”存根联后，依据“银行本票申请书”存根联编制银行存款付款凭证，借记“其他货币资金”账户，贷记“银行存款”账户的会计分录；企业持有银行本票购货、收到有关发票账单时，借记“材料采购”、“原材料”和“应交税费——应交增值税（进项税额）”等账户，贷记“其他货币资金”账户。

企业应在收到银行本票时填制进账单到开户银行办理款项入账手续，根据进账单及销货发票等进行会计处理，其具体方法与银行汇票相同。

3.商业汇票。它是指出票人签发的，委托付款人在指定日期无条件支付确定的金额给收款人或者持票人的票据。在银行开立存款账户的法人以及其他组织之间须具有真实的交易关系或债权债务关系，才能使用商业汇票。商业汇票在同城、异地都可以使用，而且没有结算起点的限制。商业汇票按承兑人不同分为商业承兑汇票（银行以外的付款人承兑的票据）和银行承兑汇票两种，承兑即承诺兑付，是付款人在汇票上签章承诺将来在汇票到期时承担付款义务的一种行为。商业汇票可以由付款人签发并承兑，也可以由收款人签发交由付款人承兑。商业承兑汇票结算程序如图 2-2 所示。

我国商业汇票的付款期限最长不得超过 6 个月（出票人与承兑人约定的延期付款的时间）。持票人应当在汇票到期日前向付款人提示承兑。见票后定期付款的汇票，持票人应当自出票日起 1 个月内向付款人提示承兑。商业汇票可以背书转让。符合条件的商业承兑汇票的持票人可持未到期的商业承兑汇票连同贴现凭证，向银行申请贴现。

企业因销售商品等而收到商业汇票时，应借记“应收票据”账户，贷记“主营业务收入”“应交税费”等账户。

企业持有的商业汇票到期时，应将商业汇票连同填制的邮划或电划委托收款凭证，

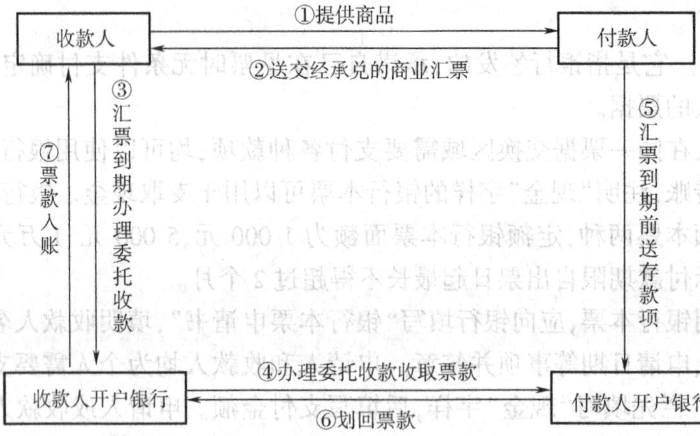

图 2-2 商业承兑汇票结算程序

一并送交银行办理收款,在收到银行的收账通知时,借记“银行存款”账户,贷记“应收票据”账户。企业因购买材料等而开出承兑商业汇票时,应借记“材料采购”“应交税费”等账户,贷记“应付票据”账户。付款单位在收到银行的付款通知时,借记“应付票据”账户,贷记“银行存款”账户。

收款单位将未到期的商业汇票向银行申请贴现时,应根据汇票填制贴现凭证,在贴现凭证上按照规定签章后,连同汇票一并送交银行,根据银行退回并加盖转讫章的贴现凭证,借记“银行存款”,借(或贷)记“财务费用”账户,贷记“应收票据”账户。

4.支票。它是单位或个人签发的,委托办理支票存款业务的银行在见票时无条件支付确定的金额给收款人或者持票人的票据。单位和个人在同一票据交换区域的各种款项结算,均可以使用支票。支票由银行统一印制,支票上印有“现金”字样的为现金支票。支票上印有“转账”字样的为转账支票,转账支票只能用于转账。未印有“现金”或“转账”字样的为普通支票,普通支票可以用于支取现金,也可以用于转账。在普通支票左上角划两条平行线的,为划线支票,划线支票只能用于转账,不得支取现金。支票的提示付款期限为自出票日起10日内,中国人民银行另有规定的除外。超过提示付款期限的,持票人开户银行不予受理,付款人不予付款。转账支票可以根据需要在票据交换区域内背书转让。

(二)非票据结算方式

1.汇兑。它是指汇款人委托银行将其款项支付给收款人的结算方式。单位和个人间各种款项的结算,均可使用汇兑结算方式。

汇兑分为信汇、电汇两种。信汇,是指汇款人委托银行通过邮寄方式将款项划转给收款人。电汇,是指汇款人委托银行通过电报将款项划给收款人。这两种汇兑方式由汇款人根据需要选择使用。汇兑结算方式适用于异地之间的各种款项结算。

采用汇兑结算方式的,付款单位委托银行办理信汇或电汇时,应向银行填制信汇或电汇凭证,根据银行盖章退回的凭证,借记有关账户,贷记“银行存款”账户;收款单位应在收到银行的收账通知时,借记“银行存款”账户,贷记有关账户。

2.托收承付。它是指根据购销合同由收款人发货后委托银行向异地付款人收取款项,由付款人向银行承认付款的结算方式。托收承付结算程序如图 2-3 所示。

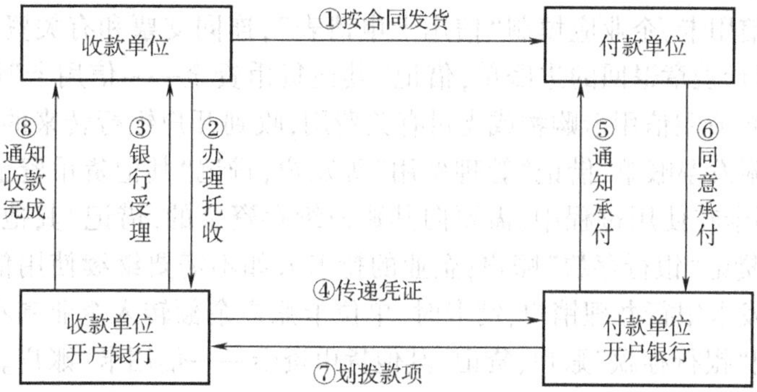

图 2-3 托收承付结算程序

使用托收承付结算方式的收款单位和付款单位,必须是国有企业、供销合作社,以及经营管理较好,并经开户银行审查同意的城乡集体所有制工业企业。使用托收承付结算必须签有符合《经济合同法》的购销合同,并在合同上订明使用托收承付结算方式。

办理托收承付结算的款项,必须是商品交易,以及因商品交易而产生的劳务供应的款项。代销、寄销、赊销商品的款项,不得办理托收承付结算。

收款人办理托收时,应在托收凭证上签章后,将有关托收凭证和有关单证提交开户银行,在收到银行转来的收账通知时,借记“应收账款”账户,贷记有关账户;付款单位收到承付付款通知和有关交易单证时,借记有关账户,贷记“银行存款”账户。

3.委托收款。它是指收款人委托银行向付款人收取款项的结算方式。单位和个人凭已承兑商业汇票、债券、存单等付款人债务证明办理款项的结算,均可以使用委托收款结算方式。委托收款在同城、异地均可以使用。

收款人办理委托收款时,应填制委托收款凭证,并在委托收款凭证上签章后,将有关委托收款凭证和债务证明提交开户银行,在收到银行转来的收账通知时,借记“应收账款”账户,贷记有关账户;付款单位根据收到的委托收款凭证和有关债务证明,借记有关账户，贷记"银行存款"账户。

4.信用卡。它是指商业银行向个人和单位发行的，凭以向特约单位购物、消费和向银行存取现金，且具有消费信用的特制载体卡片。

信用卡按使用对象分为单位卡和个人卡。凡在中国境内金融机构开立基本存款账户的单位可申领单位卡。单位卡账户的资金一律从其基本存款账户转账存入。在使用过程中，需要向其账户续存资金的，也一律从其基本存款账户转账存入，不得交存现金，不得将销货收入的款项存入其账户。单位卡一律不得用于10万元以上的商品交易、劳务供应款项的结算，不得支取现金。

为了取得信用卡，企业应填制"信用卡申请表"，连同支票和有关资料一并送存发卡银行，根据银行盖章退回的进账单，借记"其他货币资金——信用卡"账户，贷记"银行存款"账户；企业用信用卡购物或支付有关费用，收到开户银行转来的信用卡存款的付款凭证及所附发票账单，借记"管理费用"等账户，贷记"其他货币资金——信用卡"账户；企业信用卡在使用过程中，需要向其账户续存资金的，借记"其他货币资金——信用卡"账户，贷记"银行存款"账户；企业的持卡人如不需要继续使用信用卡时，应持信用卡主动到发卡银行办理销户，销卡时，单位卡账户余额转入企业基本存款户，不得提取现金，借记"银行存款"账户，贷记"其他货币资金——信用卡"账户。

5.信用证。它是指开证行依照申请人的申请开出的，凭符合信用证条款的单据支付的付款承诺。在信用证结算中，各有关当事人处理的只是单据，而不是与单据有关的货物及劳务。信用证只限于转账结算，不得支取现金。根据《国内信用证结算办法》规定，国内信用证为不可撤销、不可转让的跟单信用证。

国内信用证办理程序为：一是开证。开证分为开证申请和受理开证两个环节。①开证申请时，申请人应委托其开户银行办理开证业务。开证申请人申请办理开证业务时，应当填具开证申请书、信用证申请人承诺书并提交有关购销合同。②开证行根据申请人提交的开证申请书、信用证申请人承诺书及购销合同决定是否受理开证业务。开证行在决定受理该项业务时，应向申请人收取不低于开证金额20%的保证金，并可根据申请人资信情况要求其提供抵押、质押或由其他金融机构出具保函。二是通知。通知行（受开证行委托向受益人通知信用证的银行）收到信用证，应认真审核。审核无误的，应填制信用证通知书，连同信用证交付受益人（一般为购销合同的供方）。三是议付。这是指信用证指定的议付行（开证行指定的受益人开户行）在单证相符的条件下，扣除议付利息后向受益人给付对价的行为。议付行承担着付款的义务，只要受益人所提交的单据符合信用证要求，无论货物状况或合同状况如何，议付行都应该按照信用证进行付款。

企业填写"信用证申请书"，将信用证保证金交存银行时，应根据银行盖章退回的

"信用证申请书"回单,借记"其他货币资金——信用证保证金"账户,贷记"银行存款"账户。企业接到开证行通知,根据供货单位信用证结算凭证及所附发票,借记"材料采购"、"原材料"、"库存商品"和"应交税费——应交增值税(进项税额)"等账户,贷记"其他货币资金——信用证保证金"账户;将未用完的信用证保证金存款余额转回开户银行时,借记"银行存款"账户,贷记"其他货币——信用证保证金"账户。

需要说明的是,信用证实质上是一种银行保证付款的文件,信用证开出后,开证行负首位的付款责任,即信用证的开证行是第一付款人;信用证是一项独立文件,信用证一经开出,各当事人的责任与权利都以信用证为准,不受购销合同的约束,开证银行只凭信用证所规定的并完全符合条款的单据付款;信用证业务处理的对象是单据,实质上是一种单据的买卖,银行是凭相符单据付款,而对货物等概不负责。

三、银行存款的核算

银行存款收支的核算包括总分类核算和明细分类核算。

企业通过设置"银行存款"账户进行银行存款的总分类核算。企业将款项存入银行,借记"银行存款"账户,贷记"库存现金"等有关账户;提取或支付银行存款时,借记"库存现金"等有关账户,贷记"银行存款"账户。企业存入银行的其他款项,如外埠存款、银行本票存款、银行汇票存款、信用证存款等,在"其他货币资金"账户核算,不通过"银行存款"账户进行核算。

企业通过设置"银行存款日记账"进行银行存款收付的明细分类核算。"银行存款日记账",按照银行存款收付业务发生的先后顺序逐笔序时登记,每日终了应结出余额。

为了防止银行存款收付发生差错,准确掌握银行存款的实际金额,企业的"银行存款日记账"应定期与"银行对账单"核对,至少每月核对一次。如果双方余额核对结果不一致,其原因包括:一是双方记账错误;二是有未达账项。

对于核对账目中发现的记账有差错,应找出原因,更正错误记录。

所谓未达账项,是指企业与银行之间,由于凭证传递上的时间差,一方已登记入账,而另一方尚未入账的账项。未达账项具体可分为四种情况:①银行已记作企业存款增加,而企业尚未接到收款通知,因而尚未记账的款项。②银行已记作企业存款减少,而企业尚未收到付款通知,因而尚未记账的款项。③企业已记作银行存款增加,而银行尚未办妥入账手续。④企业已记银行存款减少,而银行尚未支付入账的款项。对于核对账目中发现的未达账项,企业应编制"银行存款余额调节表"进行调节,经过调整后的银行存款余额,即为企业可动用的银行存款数额。

【例2-5】2020年6月30日,某企业银行存款日记账余额为70 500元,银行转来对

账单的余额为127 500元,经逐笔核对,发现以下未达账项:

(1)企业送存转账支票60 000元,并已登记银行存款增加,但银行尚未记账。

(2)企业开出转账支票45 000元,但持票单位尚未到银行办理转账,银行尚未记账。

(3)企业委托银行代收某企业购货款75 000元,银行已收妥并登记入账,但企业尚未收到收款通知。

(4)银行代企业支付养路费3 000元,银行已登记企业银行存款减少,但企业未收到银行付款通知,尚未记账。

企业根据上述未达账项编制"银行存款余额调节表",如表2-1所示。

表2-1 银行存款余额调节表

2020年6月30日

项目	金额	项目	金额
银行存款日记账余额	70 500	银行对账单余额	127 500
加:银行已收,企业未收款	75 000	加:企业已收、银行未收款	60 000
减:银行已付、企业未付款	3 000	减:企业已付、银行未付款	45 000
调节后余额	142 500	调节后余额	142 500

故企业实际可用的银行存款是调节后的余额142 500,而不是银行存款日记账余额70 500元。

第四节 其他货币资金

在企业的全部经营资金中,有些货币资金,如银行汇票存款、银行本票存款等,它们的存放地点和用途有别于库存现金和银行存款。在财务会计上,这些资产被称为"其他货币资金"。

一、其他货币资金的内容

其他货币资金是指企业除库存现金、银行存款以外的各种货币资金,主要包括银行汇票存款、银行本票存款、信用卡存款、信用证保证金存款、存出投资款、外埠存款等。其中:①银行汇票存款。它是指企业为取得银行汇票按照规定存入银行的款项。②银行本票存款。它是指企业为取得银行本票按规定存入银行的款项。③信用卡存款。它是指企业为取得信用卡而存入银行信用卡专户的款项。④信用证保证金存款。它是指采用信用证结算方式的企业为开具信用证而存入银行信用证保证金专户的款项。⑤存出投资款。它是指企业已存入证券公司但尚未进行投资的资金。⑥外埠存款。它是指企业为了到外地进行临时或零星采购,而汇往采购地银行开立采购专户的款项。

上述各种其他货币资金虽然也存放在银行,但它们已经是具有专门用途的资金。因此,在管理和核算方面有别于银行存款。

二、其他货币资金的核算

企业通过设置"其他货币资金"账户进行其他货币资金的总分类核算。该账户借方登记其他货币资金的增加数,贷方登记其他货币资金的减少数,期末余额在借方,反映企业实际持有的其他货币资金。本账户应按其他货币资金的种类设置明细账户。

虽然各项其他货币资金在概念、适用范围、结算程序等诸多方面存在差异,但在会计处理上是基本相同的,包括形成、使用和其他货币资金余款转回三个方面。

(一)其他货币资金的形成

企业为了取得银行汇票、银行本票、信用卡、信用证,或向证券公司划出资金进行投资、在异地采购地设立采购专户等目的,将款项交存银行开设专户,根据银行退回已办妥转账手续的相关凭证时,借记"其他货币资金"、"银行汇票"、"银行本票"、"信用卡"、"信用证保证金"、"存出投资款"和"外埠存款"等明细账户,贷记"银行存款"账户。

(二)其他货币资金的使用

企业使用其他货币资金时,根据有关发票等账单借记"材料采购"或"原材料"、"库存商品"、"应交税费——应交增值税(进项税额)"、"交易性金融资产"、"管理费用"等账户,贷记"其他货币资金"账户及其明细账户。

(三)其他货币资金余款退回

企业使用其他货币资金交易活动结束,如有剩余款项并收到剩余款时,借记"银行存款"账户,贷记"其他货币资金"账户及其明细账户。

【例 2-6】2020 年,某企业采购员到异地采购原材料,该企业发生与其他货币资金相关的业务如下:9 月 10 日委托开户银行汇款 100 000 元到采购地设立采购专户;10 月 15 日,采购员交来从采购专户付款购入原材料的有关凭证,增值税专用发票上注明的原材料价款为 80 000 元,增值税税额为 10 400 元,原材料验收入库;10 月 25 日,收到开户银行的收款通知,该采购专户中的结余款项已经转回。根据上述经济业务,编制会计分录如下:

(1)收到银行汇款凭证回单联:

借:其他货币资金——外埠存款　　100 000

　贷:银行存款　　100 000

(2)原材料验收入库:

借:原材料　　80 000

　应交税费——应交增值税(进项税额)　　10 400

　贷:其他货币资金——外埠存款　　90 400

(3)收到采购专户的结余款项:

借:银行存款　　9 600

　贷:其他货币资金——外埠存款　　9 600

第五节　货币资金在财务报表中的列报

在资产负债表中,货币资金作为单独项目在流动资产中列示。由于货币资金变现能力最强,故排列在资产负债表第一项。货币资金反映库存现金、银行结算账户存款、其他货币资产的合计数。该项目应根据“库存现金”、“银行存款”和“其他货币资金”账户期末余额的合计数填列。

案例

有一次,中信公司宋经理与安海房地产公司洽谈一笔生意,需要一笔数额巨大的资金,遂让财务部刘部长落实资金。刘部长向宋经理汇报资金拮据情况,并让宋经理看整个公司的资产负债表。宋经理看后问颐海公司已汇来的资金哪里去了?刘部长很委屈地讲,我们根本没见到一分钱。随后,刘部长找来负责银行账的汪铃了解该笔资金情况。据汪铃讲,从银行取回的对账单中确实有这笔资金,但由于未收到银行结算凭证,所以未将颐海公司汇来的款入账。刘部长给开户银行打电话,对方说颐海公司汇款收款通知刚发出,尚在途中。

要求:根据上述资料思考以下问题:

(1)我国现行会计准则规定,对于未达账项不能以银行存款余额调节表作为原始凭证,据以调整银行存款账面记录。只有等到有关银行结算凭证到达企业时,才能进行相应的账务处理。你认为这样处理有无其合理性？指出理论依据。

(2)未达账项只有等到有关银行结算凭证到达企业时，才能进行相应的账务处理的局限性表现在哪些方面？为了提高会计信息相关性和及时性，试设想如何改进未达账项的处理方式？

本章小结

企业为了保证生产的正常进行，需要保持一定数额的货币资金。货币资金按其存放的地点和用途不同，分为库存现金、银行存款和其他货币资金。货币资金的账务处理难度不大，其重点和难点是对其管理与内部控制。安全性、完整性是库存现金管控的基本目标，落实到会计工作就是账实相符。安全、有效是银行存款管控的基本要求，前者体现在会计工作中就是做好"银行存款日记账"与"银行对账单"之间的相互核对；后者是根据企业的不同情况，采用不同的转账结算方式。由于收付款单位所在地、交易的性质等方面的不同，转账结算方式和账务处理也不同。结算按支付方式的不同分为现金结算、票据结算和转账结算。票据分为支票、银行汇票、银行本票、商业汇票；转账结算分为委托收款、托收承付、汇兑。此外，信用卡、信用证也是重要的结算方式。

本章关键词汇(中英文)

货币资金	Cash
库存现金限额	Restriction of Cash on Hand
备用金	Reserve Fund
支付结算	Payment and Settlement
未达账项	Account in Transit
其他货币资金	Funds in Other Currencies

思考题

1.若现金管理中出现差错，短缺现金需由出纳人员补齐，溢余现金则由出纳人员暂时保管，你认为此管理方法是否可取？应如何进行现金管理？

2.备用金的定额管理和非定额管理在会计处理上有何区别？

3.其他货币资金的内容与银行存款结算方式有何联系？

4.什么是未达账项？未达账项有几种情况？企业应如何编制“银行存款余额调节表”？

练习题

1.2020 年 10 月 28 日，某企业出纳员盘点保险柜中的现金为 3 850 元，现金日记账当日结存的金额为 4 000 元，两者差异原因待查。2020 年 10 月 31 日，由于无法查明现金盘点数与账面余额差异的原因，经批准计入当期损益。请编制相关会计分录。

2.2020 年 12 月 31 日，某企业已查明库存现金余额大于日记账余额 100 元的原因，属于少付职工张倩款项。当日，企业已将待处理的会计事项予以结转，但张倩未领取现金。请编制相关会计分录。

3.甲公司 2020 年 12 月份发生与银行存款有关的业务如下：

(1)①12 月 28 日，甲公司收到 A 公司开出的 480 万元转账支票，交存银行。该笔款项系 A 公司违约支付的赔款，甲公司将其计入当期损益。②12 月 29 日，甲公司开出转账支票支付 B 公司咨询费 360 万元，并于当日交给 B 公司。

(2)12 月 31 日，甲公司银行存款日记账余额为 432 万元，银行转来对账单余额为 664 万元。经逐笔核对，发现以下未达账项：①甲公司已将 12 月 28 日收到的 A 公司赔款登记入账，但银行尚未记账。②B 公司尚未将 12 月 29 日收到的支票送存银行。③甲公司委托银行代收 C 公司购货款 384 万元，银行已于 12 月 30 日收妥并登记入账，但甲公司尚未收到收款通知。④12 月份甲公司发生借款利息 32 万元，银行已减少其存款，但甲公司尚未收到银行的付款通知。

要求：

(1)编制甲公司上述业务(1)的会计分录。

(2)根据上述资料编制甲公司银行存款余额调节表。

4.某企业填送银行汇票委托书并通过转账将资金划入银行专户，取得 8 000 元的银行汇票一张。根据下列不同情况分别进行会计处理：(1)取得银行盖章的委托书存根联。(2)使用银行汇票实际采购材料，增值税专用发票注明价款为 6 500 元，税额1 105 元，余款已转入企业的基本存款账户。(3)该 8 000 元汇票因超过付款期限或其他原因未曾使用而退还银行。

第三章

应收款项

导 论

本章阐述了应收票据、应收账款、预付账款和其他应收款的核算方法。通过本章的学习，应了解应收款项的内容与核算方法，掌握应收款项的确认、计量和记录的基本理论和基本方法。应收票据取得、收回和转让的会计处理，以及带息应收票据利息的计算方法、应收票据贴现的计算和会计处理、应收账款发生和收回的会计处理、计提坏账准备的核算方法等是本章的重点。应收账款入账金额的总价法、核算坏账损失的备抵法、应收票据贴现额的计算及会计处理是本章的难点。

第一节 应收票据

企业间的商品交易除了用现金直接支付外，还可以用票据作为结算工具。应收票据是企业对外销售商品、提供劳务过程中取得的，向出票人(即签发人)或承兑人收回款项的书面证明。

一、应收票据的概念

通常，企业持有还没有到期、尚未兑现的票据包括支票、银行本票、银行汇票和商业汇票等。但在我国会计实务中,上述票据大部分为即期票据,可以即刻收款或存入银行成为货币资金,不需要作为应收票据核算。因此,应收票据,是指企业因销售商品、产品、提供劳务等而持有的,尚未到期兑现的商业汇票,包括商业承兑汇票和银行承兑汇票。

二、应收票据到期日和到期值的确定

(一)应收票据到期日的确定

票据的期限,有按月和按日计算两种方式。

1.按月计算的票据。票据期限按月表示时,应以到期月份中与出票日相同的那一天为到期日,而不论各月份实际日历天数为多少。月末签发的票据,不论月份大小,以到期月份的月末一天为到期日。如9月30日签发的、期限为3个月的商业汇票,到期日为12月31日。每月统一按30天计算,季度按90天计算,年按360天计算。

2.按日计算的票据。票据期限按日表示时,应从出票日起按实际经历天数计算。通常,出票日和到期日只能算其中的一天,即“算头不算尾”或“算尾不算头”。如5月10日签发的60天到期的商业汇票,到期日为7月9日,即5月份21天,6月份30天,7月份9天。

(二)应收票据到期价值的确定

应收票据到期价值,是指商业汇票到期应支付的金额。由于应收票据有不带息票据和带息票据之分,其到期价值的确定方法也有所不同。

不带息票据的到期价值是指票面价值(简称“面值”),即本金;如果票据为带息票据,到期价值为票据面值加上应计利息,计算公式为:

$$\text{票据到期价值}=\text{票据面值}\times(1+\text{票面利率}\times\text{票据期限})$$

式中,票面利率是指票据票面所规定的利率,一般是指年利率;期限是指签发日至支出日的时间间隔。

三、应收票据的计价和入账

应收票据计价可分两种方法:一种是按票面价值计价,另一种是按票面价值的现值计价。理论上讲,应收票据应按其票面价值的现值计价,即考虑货币时间价值等因素对票据面值的影响。计算公式如下:

$$\text{票据现值}=\frac{\text{票据到期价值}}{(1+\text{市场利率})^{\text{时期}}}$$

应收票据按其面值的现值入账是比较合理和科学的。

企业通过设置“应收票据”账户反映和监督应收票据取得、票款收回等情况。该账户的借方登记取得的应收票据的面值,贷方登记到期收回票款,期末余额在借方,反映企业尚未收回且未申请贴现的应收票据的面值。

企业取得应收票据的原因不同,其会计处理也有所区别。因债务人抵偿前欠货款而取得应收票据时,应借记“应收票据”账户,贷记“应收账款”账户;因销售商品、提供劳务等收到商业汇票时,应借记“应收票据”账户,贷记“主营业务收入”和“应交税费——应交增值税(销项税额)”账户。

【例 3-1】2020 年 9 月 1 日,某企业收到一张带息的商业承兑汇票结算货款,面值 50 000 元,其中增值税为 5 752 元,期限为 6 个月。票面利率与市场利率均为 6%,并且考虑货币时间价值因素。

$$\text{票据到期价值}=50\ 000\times(1+3\%)=51\ 500(\text{元})$$

$$\text{票据现值}=\frac{51\ 500}{(1+3\%)}=50\ 000(\text{元})$$

可见,票面利率与市场利率一致时,带息票据的现值等于面值。

如果企业按照现值入账,2020 年 9 月 1 日应编制会计分录如下:

借:应收票据　　50 000

　贷:主营业务收入　　44 248

　　应交税费——应交增值税(销项税额)　　5 752

2020 年 12 月 31 日,确认利息收入:

借:应收利息　　1 000

　贷:财务费用　　1 000

【例 3-2】承例 3-1,如果该票据为不带息票据,并且面值为 51 500 元,按面值的现值入账方法如下:

$$\text{票据面值的现值(票据现值)}=\frac{51\ 500}{(1+3\%)}=50\ 000(\text{元})$$

票据面值与其现值差额为 1 500 元,即票据利息。可见,不论商业票据是否注明利率,均要求债务人支付使用资金的成本,即利息。即使是不带息票据,到期值与面值相等,面值中实际上也已经包含了利息。综上,企业持有不带息票据,应编制会计分录如下:

(1)按现值入账:

借:应收票据　　51 500

　贷:应收票据——利息调整　　1 500

　　主营业务收入　　44 248

　　应交税费——应交增值税(销项税额)　　5 752

(2)资产负债表日确认利息收入:

借:应收票据——利息调整　　1 000

　贷:财务费用　　1 000

（3）票据到期收回票据本金：

借：银行存款　　51 500

　贷：应收票据　　51 500

但是，由于商业汇票的期限较短，利息金额相对而言不大，用现值记账烦琐，为了简化核算，应收票据一律按面值计价入账。

四、应收票据贴现与转让

（一）应收票据贴现

企业持有商业汇票未到期但需要提前使用资金时，可将未到期的票据向银行申请贴现。贴现，是指企业将未到期的商业汇票背书转让给银行，银行受理后，从到期值中扣除按银行贴现率计算确定的贴现利息后，将余额付给贴现企业。票据贴现实质上是企业的一种融通资金行为。

应收票据贴现日至票据到期日的期间称为“贴现期”；贴现中所使用的利率称为“贴现率”；贴现银行扣除的利息称为“贴现利息”；贴现银行将票据到期值扣除贴现利息后支付给企业的资金额称为“贴现净额”。它们之间的关系可用公式表示如下：

贴现利息＝票据到期值×贴现率×贴现期

贴现净额＝票据到期值－贴现利息

【例3-3】2020年4月1日，某企业将持有的2月1日开出并承兑的面值为200 000元、年利率4%、5月1日到期的商业承兑汇票向银行贴现，贴现率为5%。分别带息和不带息两种情况，其贴现利息和贴现净额计算过程和结果如下：

带息票据

到期价值＝200 000×（1+4%×90/360）＝202 000（元）

贴现利息＝202 000×5%×30/360＝842（元）

贴现净额＝202 000－842＝201 158（元）

不带息票据

到期价值＝200 000（元）

贴现利息＝200 000×5%×30/360＝833（元）

贴现净额＝200 000－833＝199 167（元）

应收票据贴现的账务处理，依据所贴现票据是否带追索权而有所不同。

1.带追索权票据的贴现。票据贴现带追索权时，贴现企业因背书而在法律上负有连带偿还责任。其会计处理方法通常有两种：一是单独设立账户，记录应收票据的贴现情况;二是直接冲减“应收票据”账户。

采用第一种方法,企业应设置“应收票据贴现”账户或“短期借款”账户。贴现时,不冲减“应收票据”账户,而是将应收票据面值记入“应收票据贴现”账户或“短期借款”账户,通过这两个账户,反映企业因票据背书行为而承担的法律上的连带付款责任,即企业存在或有负债。也就是说,不符合金融资产终止确认的条件,不转销应收票据账户。等票据到期由付款人如数兑现后,企业才可能解除这项或有负债的责任,借记“应收票据贴现”账户或“短期借款”账户,同时贷记“应收票据”账户。如果票据到期不能兑付,背书贴现的企业有责任代出票人或者付款人向银行兑付。

采用第二种方法,应收票据贴现不通过“应收票据贴现”账户,而是直接冲销“应收票据”账户。即商业汇票向银行贴现,若符合有关金融资产终止确认条件,贴现时应转销“应收票据”账户。如果应收票据到期时,付款人无力支付款项,企业应将应收票据面值连同应收未收利息一并记回“应收票据”(开出新票据取代旧票据时)或者“应收账款”账户。这种方法没有及时确认企业在贴现时所负有的法律上的连带付款责任。通常,企业将商业承兑汇票贴现,被视为带追索权的商业汇票贴现。

2.不带追索权票据的贴现。企业持有银行承兑汇票基本上不存在到期不能收回票款的风险。因此,贴现的这类票据,一般被视为不带追索权的商业汇票贴现。企业将应收票据上的风险(不可收回账款的可能性)和未来经济利益全部转让给银行,企业贴现所得收入与账面价值之间的差额,计入当期损益,贴现时,贷记“应收票据”账户。

【例 3-4】承例 3-3,假定银行对该企业贴现的带息票据拥有追索权。如表 3-1 所示。

表 3-1 不带追索权与带追索权票据贴现账务处理的比较 金额单位:元

	带追索权		不带追索权
	设置“应收票据贴现”账户	设置“短期借款”账户	
确认	借:银行存款 201 158 贷:应收票据贴现 200 000 财务费用 1 158	借:银行存款 201 158 贷:财务费用 1 158 (或短期借款——利息调整) 短期借款——成本 200 000	借:银行存款 201 158 贷:应收票据 200 000 财务费用 1 158
票据到期转销	借:应收票据贴现 200 000 贷:应收票据 200 000	借:短期借款——成本 200 000 贷:应收票据 200 000	

如果贴现息数额较大且贴现期较长,将已记入“短期借款——利息调整”账户的贴

现息摊销时，编制借记“短期借款——利息调整”账户，贷记“财务费用”账户的会计分录。

需要注意的是，企业应当设置“应收票据备查簿”，逐笔登记商业汇票的种类，号数，出票日，票面金额，交易合同号，付款人、承兑人、背书人的姓名或单位名称，到期日，背书转让日，贴现日，贴现率和贴现净额，以及收款日和收回金额、退票情况等资料。商业汇票到期结清票款或退票后，在备查簿中应予注销。

（二）应收票据转让

应收票据转让是指持票人因经营原因，将未到期的商业汇票背书转让给其他单位的业务活动。背书是指在票据背面或者粘单上记载有关事项并签章的票据行为。背书转让的背书人应当承担票据责任。企业将持有的商业汇票背书转让以取得所需物资时，按应计入取得物资成本的金额，借记“材料采购”或“原材料”、“库存商品”等账户；按专用发票上注明的可抵扣的增值税额，借记“应交税费——应交增值税（进项税额）”账户；按商业汇票的票面金额，贷记“应收票据”账户；如果有差额，借记或贷记“银行存款”等账户。

【例 3-5】2020 年 7 月 25 日，甲公司将一张应收票据 34 800 元背书转让，以取得生产用材料，该材料价款为 30 000 元，增值税税率为 13%。编制会计分录如下：

借：原材料　　30 000
　　应交税费——应交增值税（进项税额）　　3 900
　贷：应收票据　　33 900

五、应收票据到期收回

应收票据到期应如数收回票款。应收票据种类不同，收回的会计处理也不同。不带息票据到期收回时，按票面金额，借记“银行存款”账户，贷记“应收票据”账户；带息票据到期收回时，按票据的票面金额和应收利息，借记“银行存款”账户，按票据的票面额，贷记“应收票据”账户，按应收的票面利息，贷记“财务费用”账户。

【例 3-6】承例 3-3。假定该企业将票据持有至到期，5 月 1 日收到票据本息时，编制会计分录如下：

借：银行存款　　202 000
　贷：应收票据　　200 000
　　　财务费用　　2 000

如果例 3-3 的票据为不带息票据，则票据到期收回票款，编制会计分录如下：

借：银行存款　　200 000
　贷：应收票据　　200 000

六、应收票据的拒付

商业承兑汇票到期，如果承兑人违约拒付或无力支付票款，企业收到银行退回的商业承兑汇票、委托收款凭证、未付票款通知书或拒绝付款证明等，借记“应收账款”账户，贷记“应收票据”账户。

第二节 应收账款和预付账款

一、应收账款

（一）应收账款的概念

应收账款，是指企业因销售商品、产品或提供劳务而形成的短期债权。其包括应收取的价款、增值税，以及代购货单位垫付的包装费、运杂费等相关费用。

企业的应收账款不包括各种非主要经营业务发生的应收款项。例如，应收取的各种赔款和罚款，存出的保证金和押金，应向职工收取的各种垫付款项、预付款项等，以及超过一年的应收分期销货款，寄销商品的债权，采用商业汇票结算方式销售商品的债权等。

（二）应收账款的计价与入账

从理论上讲，应收账款应按未来可得现金的现值入账。因为，即使应收账款的金额一般在交易日可以合理地确定，但终究还要等待一段时间方可变现。但是，考虑到应收账款转化为现金的期限一般不会超过一年或者一个营业周期，应收账款的现值与交易发生日所确定的金额之间相差不会很大，可以略而不计。因此，应收账款一般仍以其成交价格计价，即按照交易发生日的实际发生额入账。

为了反映应收账款的增减变动及其结存情况，企业应设置“应收账款”账户。该账户的借方登记应收账款的增加，贷方登记应收账款的收回及确认的坏账损失，期末余额一般在借方，反映企业尚未收回的应收账款；如果期末余额在贷方，则反映企业预收的账款。

企业销售商品或材料等发生应收款项时，借记“应收账款”账户，贷记“主营业务收入”、“应交税费——应交增值税（销项税额）”和“其他业务收入”等账户；收回款项时，借记“银行存款”等账户，贷记“应收账款”账户。

需要说明的是，应收账款是企业已按合同约定向客户转让了商品或提供了服务

(即已履行合同义务),有权向客户收取商品或服务对价的款项。该款项是否收取仅受时间流逝(对价到期支付前的时间)因素的影响,不存在其他附加条件,企业一般应将该款项确认为应收账款。

例如,甲公司与乙企业签订设备销售合同,设备款为 3 500 000 元,合同约定价在乙企业收到设备的 15 天内支付。如果甲公司履约交付设备的同时,乙企业取得了设备控制权,甲公司应确认设备销售收入,并按照合同向乙企业主张收款的权利,即确认应收账款 3 500 000 元。

但如果双方合同约定,价款必须待乙企业将设备改造出售取得回款后支付,则甲公司在乙企业取得设备控制权确认收入时,不应确认应收账款(一般确认为合同资产)。原因是从甲公司确认收入到有权向乙企业主张债权(具备无条件收取合同的权利)之间,乙企业支付设备款是另有条件(将设备改造并出售)的,甲公司收款权利的实现,不仅取决于收款期限,还要取决于其他条件或事件。为此,甲公司应将向乙企业主张的债权确认为合同资产。合同资产的核算见第 11 章。

企业代购货单位垫付包装费、运杂费等相关费用时,借记"应收账款"账户,贷记"银行存款"等账户;收回代垫费用时,借记"银行存款"账户,贷记"应收账款"账户。

如果企业的应收账款改用应收票据结算,在收到承兑的商业汇票时,借记"应收票据"账户,贷记"应收账款"账户。

【例 3-7】2020 年 7 月 28 日,甲公司采用委托收款结算方式向乙公司销售商品一批,增值税专用发票注明的价款为 30 000 元,增值税税额为 3 900 元,该批商品成本为 25 000 元,以银行存款代垫运杂费 500 元。2020 年 8 月 10 日,甲公司接到银行收款通知,上述应收乙公司款项已收回入账。编制会计分录如下:

(1)确认应收账款:

借:应收账款　34 400

　贷:主营业务收入　30 000

　　应交税费——应交增值税(销项税额)　3 900

　　银行存款　500

结转商品销售成本:

借:主营业务成本　25 000

　贷:库存商品　25 000

(2)收回乙公司所欠款项入账:

借:银行存款　34 400

　贷:应收账款　34 400

如果 2020 年 8 月 10 日,甲公司收到乙公司交来为期两个月不带息商业汇票一张。

编制会计分录如下：

借：应收票据　　34 400

　贷：应收账款　　34 400

(三)商业折扣与现金折扣

需要说明的是，企业在确认应收账款的入账价值时，如果存在商业折扣或现金折扣等因素，企业应当考虑有关的折扣因素。

1.商业折扣。它是指企业为促进商品销售而在商品标价上给予的价格扣除。例如，某商品流通企业规定：客户若购买5件，可享受10%的商业折扣；如果购买10件以上，客户可享受20%的商业折扣。该企业某商品单位标价为1 000元，客户购买数量为15件，企业确定的销售额为12 000元[1 000×15×(1-20%)]，企业提供的商业折扣为3 000元。商业折扣是企业常用的促销手段之一，通过商业折扣可以扩大企业产品的销路，增加销售量，提高盈利水平。由于商业折扣一般在交易发生时即已确定，它仅仅是确定实际销售价格的一种手段，不需要在买卖双方任何一方的账上反映，因此，商业折扣对应收账款的入账价值没有什么实质性的影响，企业只需按扣除商业折扣后的实际销售额确认应收账款。

【例3-8】2020年8月15日，某企业销售商品一批，增值税税率为13%，按价目表标明的价格计算，金额为50 000元。由于是成批销售，该企业给予买方15%的商业折扣，全部款项尚未结算。8月20日，企业收到货款存入银行。该企业应编制会计分录如下：

(1)确认收入和应收账款：

借：应收账款　　48 025

　贷：主营业务收入　　42 500

　　　应交税费——应交增值税(销项税额)　　5 525

(2)收回款项：

借：银行存款　　48 025

　贷：应收账款　　48 025

2.现金折扣。它是指债权人为了鼓励债务人在规定的期限内付款，而向债务人提供的债务扣除。现金折扣通常发生在以赊销方式销售商品及提供劳务的交易中，企业为了鼓励客户提前偿付货款，通常与债务人达成协议，债务人在不同的期限内付款可以享受不同比例的折扣。

现金折扣一般用符号“折扣率/付款期限”来表示。例如，2/10，1/20，N/30分别表示：如果客户(即购货企业)在10天内付款，销货企业将按商品售价给客户2%的折扣；如果客户(即购货企业)在20天内付款，销货企业将按商品售价给客户1%的折扣；如果企业允许客户最长的付款期限为30天,则客户在21~30天内付款,将不能享受到现金折扣。

现金折扣使销货企业应收账款的实际数额随客户的付款时间而异。例如,某一笔300 000元的赊销账款,合同约定的付款条件为2/10,1/20,N/30。假如客户于10天内付款,扣除2%的折扣后,应收账款的数额为294 000元(300 000-300 000×2%);如果客户于20天内付款,扣除1%的折扣后,应收账款数额为297 000元;而客户在30天内付款,则需支付全款。

企业与客户的合同中如有现金折扣,该折扣属于一项可变对价,它是对最终交易价格产生影响的不确定的对价。在现金折扣的情况下,企业因向客户销售商品或服务而预期取得款项(应收账款)的多少,通常会随客户是否选择享受现金折扣而变动。适应这种变动情形,应收账款的入账方法有总价法和净价法两种方法可供选择。

(1)总价法。它是指应收账款按未扣减现金折扣前的总额(即总价)计价入账。采用总价法,客户在折扣期内付款,销售企业按照客户取得的现金折扣调减销售收入。

现金折扣采用总价法,可以较好地反映企业销售的全过程,但可能会因客户享受现金折扣而高估应收账款和销售收入。例如,期末结账时,有些应收账款还没有超过折扣期,销售企业无法准确确认客户是否会享受现金折扣,若部分客户享受了现金折扣(即客户按扣除折扣后的净价付款),已确认的应收账款和销售收入因按总价入账而虚增。

(2)净价法。它是指应收账款按扣减最大现金折扣后的净额计价入账。采用净价法,每一资产负债表日,企业应当重新估计应计入交易价格的可变对价金额。超过折扣期付款,对于已履行履约义务而导致的后续变动额(客户丧失的现金折扣),企业应当调增变动当期的销售收入。

净价法可以避免总价法的不足,但在客户没有享受现金折扣而全额付款时,必须再查对原销售总额。期末结账时,对已超过期限尚未收到的应收账款,需按客户未享受的现金折扣进行调整,操作比较麻烦。

【例3-9】2020年6月3日,甲公司采取赊销的方式向乙公司销售产品一批,并确认为应收账款。公司销售产品开具增值税专用发票,上面注明的价款为400 000元,增值税税额为52 000元,该批产品成本为350 000元。购销合同规定的现金折扣条件为:2/10,1/20,N/30;计算现金折扣不考虑增值税。乙公司当日取得产品的控制权。

采用总价法编制的会计分录如下:

(1)赊销产品,确认收入:

借:应收账款——乙公司　　452 000

贷:主营业务收入 400 000

应交税费——应交增值税(销项税额) 52 000

(2)收回货款,编制会计分录如表 3-2 所示。

表 3-2 现金折扣的会计处理(总价法)

付款时间	10 天内付款	11~20 天内付款	21~30 天内日付款
现金折扣(元)	8 000(400 000×2%)	4 000(400 000×1%)	0
会计分录	借:银行存款 444 000 主营业务收入 8 000 贷:应收账款 452 000	借:银行存款 448 000 主营业务收入 4 000 贷:应收账款 452 000	借:银行存款 452 000 贷:应收账款 452 000

采用净价法编制的会计分录如下:

(1)赊销产品,确认收入:

借:应收账款——乙公司 444 000

贷:主营业务收入 392 000

应交税费——应交增值税(销项税额) 52 000

(2)收回货款,编制会计分录如表 3-3 所示。

表 3-3 现金折扣的会计处理(净价法)

付款时间	10 天内付款	11~20 天内付款	21~30 天内日付款
现金折扣(元)	8 000(400 000×2%)	4 000(400 000×1%)	0
会计分录	借:银行存款 444 000 贷:应收账款 444 000	借:银行存款 452 000 贷:主营业务收入 4 000 应收账款 444 000	借:银行存款 452 000 贷:主营业务收入 8 000 应收账款 444 000

需要说明的是,选择总价法还是净价法进行现金折扣的会计处理,取决于客户在折扣期限内取得现金折扣的可能性。如果企业根据客户交易习惯,判断其在折扣期限内极不可能取得现金折扣,那么采用总价法,账务处理简单,资产负债表日也无须重新估计应计入交易价格的可变对价;反之,则应采用净价法核算现金折扣。

(四)应收账款的抵借与让售

应收款项同其他资产一样,可以被出售或者用于债务担保,即利用应收款项可以融通资金。利用应收款项立即获取现金,可以是直接的(直接将应收款项出售),也可是间接的(以应收款项作为借款担保品)。这些形式均属于金融资产转移范畴,包括抵押、受让、保理、应收债权证券化以及应收票据贴现等，通过这些转移方式都可以达到迅速融通资金的目的。其中，抵押和受让属于以应收款项为质押取得借款的方式；而应收款项的保理和证券化属于应收款项的让售行为。为此，可将企业利用应收账款融资分为应收账款抵借和应收账款让售两种形式。区分两者的标志是转让企业对被转让的应收款项的控制程度。

1.应收账款抵借。它是指持有应收账款的企业与金融信贷机构或代理商订立合同，以应收账款作为担保品，在规定的期限内企业有权以一定额度为限借用资金。这种融资方式的特点：一是合同具体规定信贷公司借给资金占应收账款的百分比。该项比率视抵借企业的信誉以及借款企业的财务状况而定。二是虽然订立了合同，但与应收款项有关的风险和报酬并未转移，仍由抵借企业向客户收款，并自行承担应收款项发生的风险，同时企业定期支付借入款项的本息。三是企业借入的款项少于应收款项（担保品）的数额，借款企业自然就对低于应收款项的部分保留相应的权益。凡是销货退回、销货折让及销货折扣，都会减少这项权益。

企业以应收款项取得质押借款时，企业应按照实际收到的款项，借记"银行存款"账户，按实际支付的手续费，借记"财务费用"账户，按银行贷款本金并考虑借款期限，贷记"短期借款"等账户；企业在收到客户偿还的款项时，应借记"现金""银行存款"等账户，贷记"应收账款"账户。

需要说明的是，与用于质押的应收债权相关的销售退回、销售折让及资产减值损失等的会计处理，与非质押的应收款项的会计处理相同。企业应设置备查账簿，详细记录质押的应收债权的账面余额、质押期限、收回情况等。

【例 3-10】2020 年 3 月 5 日，某企业销售一批商品，其价款 300 000 元，增值税销项税额为 39 000 元，款项尚未收到。双方约定，客户应于 2020 年 9 月 30 日付款。2020 年 6 月 1 日，该企业因急需流动资金，与某银行签订质押借款合同，以应收客户款为质押，取得期限为 3 个月的短期借款 280 000 元，年利率为 6%，每月末偿付利息。编制会计分录如下：

（1）销售货物时：

借：应收账款　　339 000

　贷：主营业务收入　　300 000

　　　应交税费——应交增值税（销项税额）　　39 000

（2）取得短期借款时：

借：银行存款　　280 000

　贷：短期借款　　280 000

（3）每月末偿付利息（以 6 月末为例）时：

借:财务费用 1 400

贷:银行存款 1 400

(4)2020 年 8 月 31 日偿付短期借款本金及最后一期利息:

借:财务费用 1 400

短期借款 280 000

贷:银行存款 281 400

2.应收款项让售。它是指企业将已持有的应收账款出售转让给他人以获得资金的一种融资方式。应收款项让售的特征是:出让企业已经放弃了对应收款项未来经济利益的控制,被转移的资产已经独立于让售企业,被转让应收款项的承让企业有权把转移的应收款项及其相应的受益权益进行抵押或者交换,出让企业不能再通过协议于到期日前购回或赎回应收款项。

目前,应收款项的保理和证券化是应收款项让售的主要方式。保理,是指应收款项让售企业将其现在或未来所产生的应收款项转让给保理商(即提供保理服务的金融机构),由保理商向应收款项让售企业提供一系列资金融通服务的方式。

应收款项的证券化,按照美国证券交易委员会定义为“将企业(卖方)不流通的存量资产或可预见的未来收入构造和转变成为资本市场可销售和流通的金融产品的过程。在该过程中存量资产被卖给一个特设载体或中介机构,然后该特设载体或中介机构通过向投资者发行资产支持证券以获取资金”。

采用让售方式进行应收款项融资时,应按照“实质重于形式”的原则,充分考虑交易的经济实质。对于有明确的证据表明有关交易事项满足销售确认条件,如与应收债权有关的风险、报酬实质上已经发生转移等,应作为应收款项让售处理,并确认相关损益。

具体来说,保理方式的会计处理方法取决于代理商所判断风险的程度以及对所购买的应收款项是否具有追索权的形式而定。

(1)无追索权。它是指所售应收款项到期无法收回时,代理商不能向出售应收款项的企业追偿,所售应收款项的风险完全由代理商承担。但与所出售的应收款项相关的销货退回及折让等仍应由出售应收款项的企业负担。因此,代理商通常支付应收款项的绝大部分但不是全部,未付部分用作备抵销货退回及折让。若实际发生的销货退回及折让少于备抵数额,应收账款到期,代理商应将余款退还给应收款项的出售企业。

企业让售应收款项实际收到款项时,借记“银行存款”等账户;按照预计的现金折扣、销售退回和销售折让,借记“其他应收款”账户;按其已提取的坏账准备金额,借记“坏账准备”账户;按照应支付的相关手续费金额,借记“财务费用”账户;按售出应收款项的账面余额,贷记“应收账款”账户;差额借记“营业外支出”或贷记“营业外收入”账户。

【例 3-11】2020 年 3 月 15 日,某企业赊销一批商品,款项为 300 000 元,销项税额为 39 000 元。双方约定客户应于 2020 年 10 月 31 日付款。2020 年 6 月 4 日该企业与某银行签订协议,将应收客户款项以 263 250 元出售给银行。如果款项到期无法收回,银行不再追偿。该企业根据以往的经验,预计发生销售退回 22 600 元,其中增值税销项税额为 2 600 元,该批商品成本为 13 000 元,实际发生的销售退回,由出售应收款项的企业承担。2020 年 8 月 3 日该企业收到客户退回的商品,价款 23 200 元。编制会计分录如下:

出售应收款项:

借:银行存款	263 250	
营业外支出	53 150	
其他应收款	22 600	
贷:应收账款		339 000

收到退回的商品入库:

借:主营业务收入	20 000	
应交税费——应交增值税(销项税额)	2 600	
贷:其他应收款		22 600
借:库存商品	13 000	
贷:主营业务成本		13 000

(2)有追索权。企业在出售应收款项的过程中如附有追索权,即在有关应收债权到期无法从债务人处收回时,银行等金融机构有权向出售应收债权的企业追偿,或按照协议约定,企业有义务按照约定金额自银行等金融机构回购部分应收款项,应收款项的坏账风险由售出应收款项的企业负担,企业应按照以应收款项为质押取得借款的核算原则进行会计处理。

二、预付账款

预付账款是指按照购销合同规定预先支付给供应单位的款项。企业预付货款后,有权要求对方按照购货合同规定发货。预付账款必须以购销双方签订的购货合同为条件,按照规定的程序和方法进行核算。

(一)预付账款核算的内容

预付账款,是指企业按照购货合同规定预付给供应单位的款项。预付账款与应收账款不同,应收账款是由销货引起的,是销货方应向购货方收取的款项;预付账款则由企业购货引起，是企业暂时被供货单位占用的资金。企业预付货款后，有权要求对方按照购货合同规定发货。预付账款必须以购销双方签订的购货合同为条件，按照规定的程序和方法进行核算。

企业通过设置"预付账款"账户核算预付账款的增减变化情况。该账户的借方登记预付的款项和补付的款项，贷方登记收到采购货物时按发票金额冲销的预付账款数和因预付货款多余而退回的款项，期末余额一般在借方，反映企业实际预付的款项。

预付账款不多的企业，可以不设"预付账款"账户，而直接将预付的款项记入"应付账款"账户。但编制"资产负债表"时，应当将"预付账款"和"应付账款"项目的金额分别反映。

（二）预付账款的账务处理

预付账款的核算包括预付账款和取得货物两方面内容。企业根据购货合同的规定向供应单位预付款项时，借记"预付账款"账户，贷记"银行存款"账户；企业收到所购货物时，根据有关发票账单金额，借记"原材料"" 应交税费——应交增值税（进项税额）"等账户，贷记"预付账款"账户；当预付货款小于采购货物所需支付的款项时，应将不足部分补付，借记"预付账款"账户，贷记"银行存款"账户；当预付货款大于采购货物所需支付的款项时，对收回的多余款项应借记"银行存款"账户，贷记"预付账款"账户。

【例 3-12】2020 年 8 月 20 日，甲公司与乙公司签订采购合同。甲公司向乙公司采购材料 3 000 千克，单价 60 元，价款总额为 180 000 元。按照合同规定，2020 年 8 月 25 日甲公司向乙公司预付货款的 40%，验收货物后补付其余款项。2020 年 9 月 25 日，甲公司收到乙公司发来的 3 000 千克材料，经验收入库，同时补付余款。增值税专用发票注明货款为 180 000 元，增值税额为 28 800 元。应编制会计分录如下：

（1）预付 40%的货款：

借：预付账款	72 000	
贷：银行存款		72 000

（2）收到采购的材料：

借：原材料	180 000	
应交税费——应交增值税（进项税额）	23 400	
贷：预付账款		203 400
借：预付账款	131 400	
贷：银行存款		131 400

第三节　其他应收款

其他应收款是指除应收票据、应收账款、预付账款以外的其他各种应收、暂付款项。其他应收款的特点是非因商品购销、提供劳务、服务等合同而引发，且通常金额较小。

一、其他应收款的内容

其他应收款的内容主要有：①应收的各种赔款、罚款，如因企业财产等遭受意外损失而应向有关保险公司收取的赔款等；②应收的出租包装物租金；③应向职工收取的各种垫付款项，如为职工垫付的水电费，应由职工负担的医药费、房租费等；④备用金，如向企业各有关部门拨出的备用金；⑤存出保证金，如租入包装物支付的押金；⑥其他各种应收、暂付款项。

二、其他应收款的账务处理

企业发生备用金以外的其他应收款时，借记“其他应收款”账户，贷记“库存现金”“银行存款”“营业外收入”等账户；收回备用金以外的其他应收款时，借记“库存现金”“银行存款”“应付职工薪酬”等账户，贷记“其他应收款”账户。

【例 3-13】2020 年 9 月 6 日，某企业以银行存款代职工王扬垫付应由个人负担的住院医药费 500 元，从工资中扣回。应编制会计分录如下：

(1)公司垫付资金时：

借：其他应收款——代垫医药费——王扬　　500

　贷：银行存款　　500

(2)公司扣款时：

借：应付职工薪酬　　500

　贷：其他应收款——代垫医药费——王扬　　500

【例 3-14】2020 年 9 月 15 日，甲公司租入包装物一批，以银行存款向出租方支付押金 5 000 元。应编制会计分录如下：

(1)支付押金时：

借：其他应收款　　5 000

　贷：银行存款　　5 000

(2)收到退回押金时：

借:银行存款　　　　　　　　　　　　　　　　　　　　　　　5 000

　贷:其他应收款　　　　　　　　　　　　　　　　　　　　　5 000

第四节　应收款项减值

企业采取赊销方式销售货物,在增加销售收入的同时,也加大了应收款项无法收回的风险。当应收款项的可收回金额低于其账面价值时,该应收款项发生了减值。如果对应收款项的减值损失不予以确认与计量或估计不足,不仅影响企业的当期损益,企业的财务状况也没有得到正确的反映。

一、应收款项减值损失的确认

竞争性的市场环境,使众多的企业广泛地采用赊销政策,以促进销售并增加利润。但赊销在为企业带来一定经济利益的同时,也会因款项无法收回,导致营运资金周转困难而使企业蒙受重大的损失。企业应收款项中,因客户拒付、破产、死亡等原因而无法收回的款项,称为"坏账"。企业因发生坏账而遭受的损失,称为"坏账损失"。坏账损失是企业资产减值损失的组成部分。

对于资产减值损失,企业可以在坏账发生时确认,也可以在发生赊销业务的期末按一定的方法先行估计坏账,并将估计无法收回的应收款项确认为当期的资产减值损失(通过"信用减值损失"账户核算)。为此,核算坏账有直接转销法和备抵法两种。

二、直接转销法

直接转销法,是指当应收款项确实无法收回时,将坏账损失直接计入当期损益,同时冲销应收款项。即借记"信用减值损失"账户,贷记"应收账款"等账户。如果已经确认的坏账因某种原因全部或部分收回,应在恢复转销坏账的会计分录的同时,反映应收账款的收回情况,即借记"应收账款"等账户,贷记"信用减值损失"账户,同时,借记"银行存款"账户,贷记"应收账款"账户。

【例 3-15】某企业 3 年前发生一笔 50 000 元的应收账款,企业已依法催收,磋商数次仍没有结果,并且 3 年内没有任何业务往来。2020 年末,经批准将该笔应收账款确认为坏账。编制会计分录如下:

借:信用减值损失——坏账损失　　　　　　　　　　　　　50 000

　贷:应收账款　　　　　　　　　　　　　　　　　　　　　50 000

直接转销法的优点是账务处理简单。但是,这种方法忽视了坏账损失与赊销业务的联系,不符合收入与费用的配比原则,而且核销手续繁杂,致使企业发生的大量陈账长年挂账得不到处理,虚计了资产负债表上应收账款的可实现价值。所以,一般不采用直接转销法。

三、备抵法

(一)备抵法的概念

备抵法,是指企业按会计准则规定确认应收款项的预期信用损失计提损失准备,当某一项应收款项被全部或部分确定为无法收回的坏账时,应根据其金额冲减损失准备,并转销应收款项的一种方法。采用备抵法,需要设置"信用减值损失"账户和"坏账准备"账户,分别核算(以摊余成本计量的应收款项等金融资产)确认的预期信用减值损失和以预期信用损失为基础计提的损失准备,待实际发生坏账时冲销坏账准备和应收款项,使资产负债表中的"应收账款"等应收项目反映扣减坏账准备后的净额,提供应收款项等金融资产的变现价值。

前已述及,应收票据、应收账款和其他应收款属于金融资产范畴。根据《企业会计准则第 22 号——金融工具确认和计量》的规定,企业对金融工具减值的核算采用"预期信用损失法"①。采用预期损失法核算金融资产减值,不是以金融资产实际发生减值为前提,而是在企业对金融资产初始确认时就需要考虑未来的信用损失,并在其存续期内及时确认预期损失的变化,在报告日更新预期损失金额,以便及时、足额地计提金融资产减值准备,提供与金融资产信用风险相关的信息。

(二)预期信用损失法

采用预期信用损失法核算金融资产减值,是以未来可能违约事件造成损失的期望值来计量当前(资产负债表日)金融资产应确认的信用减值损失和计提的减值准备。

预期信用损失是以发生违约的风险(即违约的概率)为权重的金融工具信用损失的加权平均值。其中:发生的违约风险可以理解为发生违约的概率;信用损失是企业根据合同应收现金流量与预期收到现金流量之间的差额(又称现金流缺口)的现值,即全部现金短缺的现值。确定预期信用损失需要考虑付款的金额和时间分布,即使企业能够全额收款合同约定的金额,如果收款时间晚于合同规定的时间,也会产生信用损失。

如何准确计量预期信用损失是正确应用预期信用损失法的关键。出于简化会计处理的考虑,企业会计准则规定,对于《企业会计准则第 14 号——收入》所规定的、不含

---

① 《企业会计准则第 22 号——金融工具确认和计量》应用指南(2018)规定,预期信用损失法适用范围,不仅包括金融资产,还包括资产(如合同资产)、某些金融负债或者尚未确认的确定承诺。将该方法适用范围统称金融工具。

重大融资成分的应收票据、应收账款和合同资产,不需要判断初始确认后信用风险是否显著增加,而是始终按照相当于整个存续期内(生命周期)预期信用损失的金额计量其损失准备。也就是这些金融资产初始确认后,其信用风险已显著增加但尚未发生信用减值(违约事件尚未实际发生),企业应当在利润表中确认该金融资产相当于整个存续期内预期信用损失金额,在资产负债表中建立相应的损失准备,按其账面余额(即未扣除减值准备)和实际利率计算利息收入。

企业应设置"坏账准备"账户,核算应收款项的损失准备计提、转销等情况。该账户的贷方登记当期计提的损失准备金额,借方登记实际发生的信用损失和冲减的损失金额,期末余额一般在贷方,反映企业已计提但尚未转销的损失准备。

企业应当在资产负债表日计算应收款项预期信用损失。如果预期信用损失大于其当前损失准备的账面金额,企业应当将其差额确认为减值损失,借记"信用减值损失"账户,贷记"坏账准备"账户;如果资产负债表日计算的预期信用损失小于其当前损失准备的账面金额,则应当将差额确认为利得,编制相反的会计分录。

企业实际发生信用损失,认定相关应收款项无法收回,经批准予以核销的,应当根据批准的核销金额,借记"坏账准备"账户,贷记"应收账款"等账户;若核销金额大于已计提的损失准备,还应按其差额借记"信用减值损失"账户。

如果已经确认的坏账又收回时,企业应根据收回的数额,借记"应收账款"等账户,贷记"坏账准备"账户;同时借记"银行存款"等账户,贷记"应收账款"账户。

1.单项应收款项预期信用损失的核算。单项应收款项预期信用损失的核算,是指企业对某项应收款项按照整个存续期预期信用损失的金额计量其损失准备的一种方法。

【例 3-16】2020 年,M 公司确认应收 N 企业销售款 1 000 000 元。应收账款入账时,M 公司通过对 N 企业财务状况、具有相似信用风险应收款项的分析,以及未来存续期经济前景的预期,M 公司预计该笔应收款在整个存续期内的违约率为 0.5%(即不发生拖欠或逾期的概率为 99.5%)。在报告日(该款项还款到期之前),M 公司认为自初始确认后至合同到期前违约率不会发生显著变化,如果未来期间应收款违约,会损失账面总额的 25%(即违约损失率为 25%)。在未来存续期间,M 公司对应收账款是以 0.5%计量预期信用损失的损失准备。报告日,M 公司预期信用损失的损失准备计算方法如下:

预期信用损失 = 1 000 000×0. 5%×25% = 1 250(元)

根据计算结果,编制会计分录如下:

借:信用减值损失　　1 250

　贷:坏账准备——应收账款　　1 250

该笔账款到期时,N 企业发生严重财务困难,经过双方协商,该企业以银行存款

950 000 元偿还欠款，M 公司已全部收到并存入银行。编制会计分录如下：

借：银行存款　　950 000

　坏账准备——应收账款　　1 250

　信用减值损失　　48 750

贷：应收账款——N 企业　　1 000 000

2.组合金融资产预期信用损失的核算。对于单项应收账款，若无法以合理成本评估预期信用损失，企业应当对客户群体进行恰当的分组，在分组基础上计算其预期信用损失。资产分组标准有：企业或客户类型（如批发和零售客户）、地理区域、产品类型、客户评级、担保物等。

在对客户群体进行恰当的分组基础上，建立应收账款逾期天数（或账龄）与预期信用损失率的减值矩阵。计算组合应收账款预期损失率，根据资产负债表日该组合的账龄分布，即可计算出该组合坏账准备金额。

【例 3-17】M 公司通过对 1 200 个客户的信用状况调查和分析，根据初始确认时的不同客户信用风险特征，将全部客户划分为 A、B、C、D 四个单独的组合，并首次单独计量该组合的预期信用损失。

2020 年末，A 组合应收账款余额 20 000 000 元（未包含重大融资成分），按照相当于整个存续期内预计信用损失的金额计量其损失准备。该公司采用"预期信用损失法"确认预期信用减值损失并计提其损失准备，其过程如下：

（1）根据实际损失金额计算历史损失率：

①M 公司从 A 组选取部分客户，追踪历史期间内赊销总额及坏账总额，其结果为追踪期内应收账款总额为 14 000 000 元，累计损失总额为 480 000 元，历史损失率为 3.42%。

②M 公司根据追踪的历史期间赊销总额，将观察期应收账款按其账龄长短划分为六组，确定每组应收账款余额如表 3-4 所示。

（2）根据前瞻性信息调整损失率：

由于受疫情影响，M 公司考虑宏观经济环境趋差，2021 年将预期损失 520 000 元，预期信用损失率为 3.71%。其他账龄预期损失率如表 3-4 所示。

表 3-4　信用损失率计算表

账龄	应收账款余额（元）	信用损失（元）		信用损失率（%）	
		历史	预期	历史	预期
1 年以内	14 000 000			3.42	3.71
1~2 年	11 200 000			4.29	4.64

续表

账龄	应收账款余额(元)	信用损失(元)		信用损失率(%)	
		历史	预期	历史	预期
2~3 年	6 720 000			7.14	7.74
3~4 年	3 220 000			14.91	16.15
4~5 年	1 470 000			32.65	36.37
5 年以上	525 000			91.42	99.05
——	——	480 000	520 000	——	——

(3)根据预期信用损失率计提坏账准备:

预期信用损失率确定后,M 公司根据资产负债表日应收账款总额 20 000 000 元及其账龄分布,计算预期损失和损失准备如表 3-5 所示。

表 3-5 预期信用损失准备计算表

账龄	应收账款余额(元)	预期信用损失率(%)	计提信用损失准备(元)
1 年以内	5 200 000	3.71	192 920
1~2 年	5 600 000	4.64	259 840
2~3 年	4 800 000	7.74	371 520
3~4 年	2 800 000	16.15	452 200
4~5 年	960 000	36.37	349 152
5 年以上	640 000	99.05	633 920
合计	20 000 000	——	2 259 552

根据表 3-5 计提信用损失准备合计数额,编制会计分录如下:

借:信用减值损失 2 259 552

　　贷:坏账准备 2 259 552

如果下一个资产负债表日,预期信用损失准备计算表中“计提信用损失准备”合计数额为 2 236 152 元,该资产负债表日应补提预期信用损失准备 23 400 元(2 236 152-2 259 552),编制会计分录如下:

借:信用减值损失 23 400

　　贷:坏账准备 23 400

如果预期信用损失准备计算表中“计提信用损失准备”合计数额为 2 282 952 元，该资产负债表日应转销预期信用损失准备 23 400 元(2 282 952−2 259 552)，编制会计分录如下：

借：坏账准备 23 400

　贷：信用减值损失 23 400

如果在 2021 年有一笔已核销的应收账款 35 000 元又如数收回，存入银行。编制会计分录如下：

借：应收账款 35 000

　贷：坏账准备 35 000

同时

借：银行存款 35 000

　贷：应收账款 35 000

需要说明的是，收回已核销的应收账款需要编制两组会计分录，其原因是通过借记和贷记应收账款账户，提供分析债务人财务状况的信息，决定将来是否与债务人进行财务往来，并能反映出债务人企图重新建立其信誉的愿望；收回已作为信用损失核销的应收账款时，不直接冲减“信用减值损失”账户而贷记“坏账准备”账户，目的是使“信用减值损失”账户仅反映企业提取或冲回多提的信用损失准备，而通过“坏账准备”账户则集中反映信用损失准备的提取、信用损失的核销、收回已核销的应收账款情况，有助于对信用损失准备的提取、核销、收回、结余等信息的分析和利用。

与直接转销相比，备抵法将预计不能收回的应收款项作为坏账损失及时确认费用，避免企业虚增利润，同时，在报表上列示应收款项净额，使报表阅读者能够了解企业真实的财务状况，应收款项实际占用资金也接近真实，消除了虚列应收款项之嫌。

第五节　应收款项在财务报表中的列报

在资产负债表中，应收款项各部分作为单独项目在流动资产中列示。

“应收票据”项目反映企业收到的未到期收款也未向银行贴现的应收票据，包括商业承兑汇票和银行承兑汇票。“应收账款”项目反映企业因销售商品、提供劳务等而应向购买单位收取的各种款项，减去已计提的坏账准备后以净额填列；如果“预收账款”账户所属明细账有借方余额的，也应包括在本项目内。“其他应收款”项目反映企业对其他单位和个人的应收和暂付的款项,减去已计提的坏账准备后以净额填列。"预付账款"项目反映企业预付给供应单位的款项,应按其账户期末借方余额或按"应付账款"项目所属明细账借方余额填列。

在财务报表附注中,还应当对已贴现的商业承兑汇票单独披露,并对应收项目当年提取的坏账准备金予以单独披露。

案 例

北方公司是A股上市公司,主要从事钢材加工,产品主要在国内市场销售。随着国内房地产、汽车行业的发展,钢材需求有不断增加的趋势,根据近6个月销售统计,其销售收入总额增长了2%,据销售部和财务部反映赊销比重也在上升。从销售部提供的数据看,客户欠款时间在延长。北方公司董事会决定通过催收货款和财务部采取必要的会计处理方法加强应收款项的管控,并责成公司经理层做好相关准备工作。为此,北方公司总经理杨某于近日召集有关人员进行了专题讨论,相关人员发言要点如下:

总经理杨某:第一,销售部要对客户的信用进行重新评估,确定赊销规模;第二,建立完善应收账款的内控制度;第三,加大清欠力度,制定积极的收款政策;第四,充分发挥会计部门的监督职能,定期配合销售部门做好同应收账款客户对账、寄送对账单等工作。

总会计师朱某:第一,完全同意总经理杨某的意见;第二,会计部门要分析目前采用坏账核算方法的适应性,提供相关、可靠的应收账款信息。

财务部经理王某:赞同总会计师朱某的意见,但目前公司所属不同子公司赊销情况并不相同,有些公司基本是现销业务,应收款几乎为零,但鉴于企业会计准则要求采用备抵法核算坏账,并采用折现方法,核算成本太高,也没有必要。总公司是否考虑对于这些子公司的坏账采用直接转销法。

主管会计刘某:我不同意财务部经理王某的意见,一是会计准则规定方法,公司必须执行;二是可以考虑对折现方法做些调整,采用估计方法,如应收账款余额百分比法等;三是建议简化以前已确认坏账又收回的会计分录由二笔改为一笔,即借记"银行存款"科目,贷记"坏账准备"科目;四是确定坏账提取比例时,应该考虑公司的增长率。

要求:根据上述资料,逐项判断北方公司总经理杨某、总会计师朱某、财务部经理王某、主管会计刘某的观点是否存在不当之处;如存在不当之处,分别指出不当之处,并逐项说明理由。

本章小结

企业应收款项包括应收账款、应收票据、其他应收款和预付账款，是企业的主要流动资产之一，其核算质量直接影响着企业的资产质量和资产营运能力。

应收票据是企业因销售商品、提供劳务等收到商业汇票而形成的短期债权。商业汇票分为商业承兑汇票和银行承兑汇票、带息和不带息票据。无论何种票据，一律按其票面金额入账。

应收账款通常按照实际发生的交易价格入账，但若存在商业折扣和现金折扣等商业政策，按扣除商业折扣后的实际销售额确认。在现金折扣条件下，应收账款入账的方法有总价法和净价法。

企业在清查核实的基础上，对确实不能收回的各种应收款项应当作为坏账损失，并及时进行处理。坏账损失核算有直接法和备抵法，前者是当应收账款确实无法收回时，将坏账损失直接记入资产减值损失，同时转销应收账款；后者则是企业按期估计可能产生的坏账损失，并将其列入信用减值损失，形成坏账准备，实际发生坏账时再冲销坏账准备和应收账款。

其他应收款是指企业除应收票据、应收账款、预付账款等以外的其他各种应收及暂付款项。

本章关键词汇（中英文）

应收票据	Notes Receivable
应收票据贴现	Notes Receivable Discounted
应收账款	Accounts Receivable
商业折扣	Trade Discount
现金折扣	Cash Discount
应收债权质押	Accounts Receivable Creditor's Rights Pledge
预付账款	Advance Payment
其他应收款	Receivable Other

坏账损失　　Loss on Dad Debts

备抵法　　Allowance Method

思考题

1.商业折扣和现金折扣对应收账款入账金额有何影响？

2.在会计实务中，坏账损失估计有几种方法？其各自的特点是什么？

3.如何判定资产负债表日应收款项是否客观上发生了减值？

4.带息应收票据与不带息应收票据在会计处理上有何不同？

5.应收款项让售与融资有哪几种方式？

练习题

1.甲公司和乙公司均为增值税一般纳税企业，2020年3月31日，甲公司向乙公司销售一批商品，增值税专用发票上注明的商品价款为200 000元，增值税额为26 000元。当日收到乙公司签发的带息商业承兑汇票一张，该票据的期限为6个月，票面年利率为6%。乙公司于当日收到商品，验收入库，并将购入的商品作为原材料使用，原材料按实际成本计价核算。

2020年5月31日，甲公司因资金需要，持乙公司签发的商业汇票到银行贴现，银行的年贴现率为9%，贴现收入存入银行。

2020年9月30日，甲公司已贴现的商业承兑汇票到期，因乙公司的银行账户无款支付，贴现银行将已贴现的票据退回甲公司，同时从甲公司的账户中将票据款划回。

要求：

(1)编制甲公司收到票据、票据贴现和银行退回已贴现票据的会计分录。

(2)编制乙公司签发票据、中期期末计提利息和到期无力支付票据款注销应付票据的会计分录。

2.甲公司为增值税一般纳税企业。2020年3月份发生下列销售业务：

(1)3日，向A公司销售商品1 000件，每件商品的标价为80元。为了鼓励多购商品，甲公司同意给予A公司10%的商业折扣。开出的增值税专用发票上注明的售价总额为72 000元，增值税额为9 360元。商品已发出，货款已收存银行。

(2)5日，向B公司销售商品一批，开出的增值税专用发票上注明的售价总额为60 000元，增值税额为7 800元。甲公司为了及早收回货款，在合同中规定的现金折扣条件为：2/10，1/20，N/30。

(3)13日，收到B公司的扣除享受现金折扣后的全部款项，并存入银行。假定计算现金折扣时不考虑增值税。

要求：编制甲公司上述销售业务的会计分录。

3.甲股份有限公司(以下简称甲公司)为增值税一般纳税企业，适用的增值税税率为13%；商品销售价格不含增值税；除特别说明外，采用应收款项余额百分比法于每年6月30日和12月31日计提坏账准备，计提比例为1%。2020年5月31日，“应收账款”账户借方余额为5 000 000元，全部为向戊公司赊销商品应收的账款，“坏账准备”账户贷方余额为50 000元；“应收票据”和“其他应收款”账户无余额。

甲公司2020年6月至12月有关业务资料如下：

(1)6月1日，向乙公司赊销一批商品，开出的增值税专用发票上注明的销售价格为10 000 000元，增值税为1 300 000元，合同规定的收款日期为2020年12月1日。该商品销售符合收入确认条件。

(2)6月10日，向丙公司赊销一批商品，开出的增值税专用发票上注明的销售价格为2 000 000元，增值税为260 000元，合同规定的收款日期为2020年10月10日。该商品销售符合收入确认条件。

(3)6月20日，向丁公司赊销一批商品，开出的增值税专用发票上注明的销售价格为5 000 000元，增值税为650 000元；收到丁公司开具的不带息商业承兑汇票，到期日为2020年12月20日。该商品销售符合收入确认条件。

(4)6月25日，收到应收戊公司账款4 000 000元，款项已存入银行。

(5)6月30日，甲公司对各项应收账款计提坏账准备。其中，对应收乙公司账款采用个别认定法计提坏准备，计提比例为5%。假定6月份除上述业务外，甲公司没有发生其他有关应收款项的业务。

(6)9月1日，将应收乙公司的账款质押给中国工商银行，取得期限为3个月的流动资金借款10 800 000元，年利率为4%，到期一次还本利息。假定甲公司月末不预提流动资金借款利息。

(7)9月10日，将应收丙公司的账款出售给中国工商银行，取得价款1 900 000元。协议约定，中国工商银行在账款到期日不能从丙公司收回时，不得向甲公司追偿。

(8)10月20日，将6月20日收到的丁公司商业承兑汇票向中国工商银行贴现，贴现金额5 600 000元。协议约定，中国工商银行在票据到期日不能从丁公司收到票款时，可向甲公司追偿。假定贴现利息于票据到期日一并进行会计处理。

(9)12月1日，向中国工商银行质押借入的流动资金借款到期，以银行存款支付借款本息。至12月31日，甲公司尚未收到6月1日向乙公司赊销商品的账款。

(10)12月20日，丁公司因财务困难未向中国工商银行支付票款。当日，甲公司收到中国工商银行退回已贴现的商业承兑汇票，并以银行存款支付全部票款；同时将应收票据转为应收账款。至12月31日，甲公司尚未收到6月20日向丁公司赊销商品的账款。

(11)12 月 31 日,甲公司对各项应收账款计提坏账准备,其中,对应收乙公司账款采用个别认定法计提坏账准备,计提比例为 20%。假定 2020 年下半年除上述业务外,甲公司没有发生其他有关应收款项的业务。

要求:根据上述资料,编制甲公司上述相关业务的会计分录。

第四章

存　货

导　论

本章阐述了存货的基本理论和方法。通过本章的学习，应了解存货的范围、分类，理解存货的确认标准、成本构成，存货数量的确定方法、存货的清查方法；掌握存货取得、发出和期末的计价方法。在此基础上，要求能运用所掌握的某些概念、原理及其方法解决实际工作中存在的问题。存货的概念和确认标准、存货计价原理、存货实际成本计价法的会计处理、存货计划成本计价法的会计处理、材料成本差异的计算与分摊、存货估价方法、成本与可变现净值孰低法运用等内容为本章学习的重点。存货计划成本计价法的会计处理、材料成本差异的计算与分摊、成本与可变现净值孰低法运用为本章学习的难点。

第一节　存货概述

存货在企业流动资产中占有较大的比重，储备适量的存货是企业维持生产经营正常运转的前提；同时，存货核算质量如何，不仅关系到资产负债表上资产价值的确定，也关系到利润表上收益的确定，对能否提供与存货相关的信息也会产生重要的影响。

一、存货的概念与特征

存货是指企业在日常活动中持有的以备出售的产成品或商品、处在生产过程中的在产品、在生产过程或提供劳务过程中耗用的材料和物料等。存货是经营活动中最为活跃的因素,企业通过存货的购进、生产和销售等循环往复的生产经营活动,达到获取利润的目的。

与其他资产相比,存货具有以下特点:一是存货属于流动资产,具有较快的变现能力和明显的流动性;二是存货是有形资产,有别于专利权、商标权等无形资产;三是存货有别于固定资产,能够在 1 年内有规律地转换为货币资金或其他资产,而固定资产使用周期长,其价值需要分期转移;四是企业持有存货的最终目的是为了出售(不论是可供直接出售,还是需经过进一步加工后才能出售),而不是自用或消耗。

二、存货的确认与分类

(一)存货的确认

存货应同时满足下列条件,才能予以确认:

1.与该存货有关的经济利益很可能流入企业。企业通常以法人财产权的归属作为界定与存货有关的经济利益很可能流入的判断标准。凡法定产权已转移到本企业的各种物品,不论其所在何处,均属企业存货。例如:企业购入并持有法定产权的在途原材料;作为样品、展品陈列或出租的商品;委托其他单位加工或代销的产品;未确认收入的发出商品;等等。这些商品物资虽未存放于企业仓库,但因其法定产权仍属企业,故应列为企业存货。而有些存放于仓库中的商品物资,因未持有其法定产权,则不属于企业的存货。例如:受托为其他单位代管的商品;按合同规定已开出销货发票并办理了货款结算取得销售收入,但暂未出库的商品物资;等等。只有判明存货确认条件,才能对企业生产经营中种类繁多、不断增减变化的商品物资进行正确的核算管理,才有利于及时反映存货变动状况以及划清企业间权责关系,保证不同时期的核算资料具有可比性。

2.该存货的成本能够可靠地计量。存货作为企业资产的重要组成部分,其成本必须能够可靠地计量。成本能够可靠地计量,是指成本的计量必须以取得的确凿、可靠的证据为依据,并且具有可验证性。如果存货成本不能可靠地计量,则存货不能予以确认,例如企业承诺购买的存货,由于购买行为尚未实际发生,不能取得存货成本的可靠证据,因此不能确认为企业购买的存货。

(二)存货的分类

企业存货的内容、品种繁多,各自的用途、特点也不尽相同。为了做好存货的核算工作,加强存货的管理,应从经营管理需要出发,对存货按不同标准加以科学分类。

1.制造业存货、商品流通企业存货和其他行业存货。按企业性质和范围划分，可将存货分为制造业存货、商品流通企业存货及其他行业存货。

制造业存货是指企业购入直接用于生产加工并构成产品实体的各种物资。制造业存货按经济用途可做如下分类：

(1)原材料。它是指在生产过程中经加工改变其形态或性质并构成产品主要实体的各种原料及主要材料、辅助材料、外购半成品(外购件)、修理用备件(备品备件)包装材料、燃料等。

(2)在产品。它是指仍处于生产过程中、尚未完工入库的生产物，包括正在各个生产工序加工的产品，以及虽已加工完毕但尚未检验或虽已检验但尚未办理入库手续的产品。

(3)半成品。它是指在本企业已经过一定生产过程的加工并经检验合格交付半成品仓库保管，但尚未最终制造完成为产成品，仍需进一步加工的中间产品。不包括从一个生产车间转给另一个生产车间待继续加工的在产品以及不能单独计算成本的在产品。

(4)产成品。它是指已经完成全部生产过程并验收入库，可以按照合同规定的条件送交订货单位，或者可以作为商品对外销售的产品。企业接受外来原材料加工制造品和为外单位加工修理的代修品，制造和修理完成验收入库后，应视同企业的产成品。

(5)周转材料。它是指企业能够多次使用、逐渐转移其价值但仍保持原有形态，不确认为固定资产的材料，如低值易耗品、包装物、模板、脚手架等。

商品流通企业存货，是指企业购入以备转销，并保持其原有实物形态的商品物资。

其他行业存货，是指除上述行业以外的，主要不是从事生产和流通行业的存货。这类存货的主要特点是为了满足消耗性需要，如服务行业的物料用品、办公用品等。

2.库存存货、在途存货和委托加工存货。按存放地点划分，可将存货分为库存存货、在途存货和委托加工存货。

(1)库存存货。它是指企业存放在自库及寄存在外库或委托其他单位代管代销的全部自有商品货物。

(2)在途存货又可分为运入在途存货和运出在途存货。运入在途存货，是指已支付货款取得其所有权，但尚未运达或点验的处于运输途中的外购存货；运出在途存货，是指企业按合同规定已发运，但其所有权尚未转移，销售收入并未实现的发出存货。

(3)委托加工存货指企业委托外单位加工，但尚未完工收回的各种存货。

三、存货的初始计量

我国企业会计准则明确规定，存货应当按照成本进行初始计量。这与国际会计准则中存货以历史成本计价的基本原则相一致。存货成本的构成内容,因其来源不同而有所区别,主要包括采购成本、加工成本和其他成本。

(一)外购存货

外购存货的采购成本应从购买价款及附带成本两方面加以计算确定。

1.购买价款。它是指外购存货时的购进价格,是外购存货采购成本的主要组成部分,应以销售方开具的专用发票注明的价款为依据,但不包括按规定可以抵扣的增值税税额;同时,必须考虑折扣因素。购货折扣分为商业折扣和现金折扣,这里所说的折扣是指现金折扣。企业发生现金折扣,就可能出现发票金额与实际付款数额不一致的情况,从而影响购入存货的入账价值。

在会计实务中,现金折扣的会计处理主要有总价法和净价法,其中:总价法,是指存货购进时,按折扣前发票货价作为存货购价入账,实际支付货款时,将取得的现金折扣作为财务收益冲减"财务费用"账户;净价法,是指存货购进时,按已扣除最大数额现金折扣后的发票货价作为存货购价反映其采购成本,并按折扣后的货款净额记录应付账款,实际支付货款时,对因超过允许提取折扣的期限而未能享有的购货折扣,即丧失的购货折扣,应视为企业信贷费用支出,列入"财务费用"账户。

【例 4-1】某公司购入商品一批,商品销售专用发票开列:商品价款 8 000 元,增值税额 1 040 元。货款未付,共计 9 040 元。付款条件为不含税价 2/10,1/20,N/30。

现金折扣的总价法和净价法的会计处理结果如表 4-1 所示。

表 4-1 总价法和净价法的比较

业务	总价法		净价法	
商品已购进尚未支付货款	借:库存商品	8 000	借:库存商品	7 840
	应交税费——应交增值税(进项税额)	1 040	应交税费——应交增值税(进项税额)	1 040
	贷:应付账款	9 040	贷:应付账款	8 880
若 10 天内偿付货款	借:应付账款	9 040	借:应付账款	8 880
	贷:银行存款	8 880	贷:银行存款	8 880
	财务费用	160		
若 20 天内偿付货款	借:应付账款	9 040	借:应付账款	8 880
	贷:银行存款	8 960	财务费用	80
	财务费用	80	贷:银行存款	8 960

续表

业务	总价法	净价法
若超过20天偿付货款	借:应付账款 9 040 贷:银行存款 9 040	借:应付账款 8 880 财务费用 160 贷:银行存款 9 040
若折扣期限已过,期末仍未偿付货款		借:财务费用 160 贷:应付账款 160
下期实际付款	借:应付账款 9 040 贷:银行存款 9 040	借:应付账款 9 040 贷:银行存款 9 040

在总价法下,由于取得的购货折扣并未冲减购货成本,存货的采购成本与应付账款按发票原价计算入账,因此,导致企业存货成本和应付账款的账面价值出现虚增数额,这有悖于存货应按实际成本计价的原则。但其在核算处理上比较简便,易于操作。在净价法下,由于购货成本和应付账款均按净额计算入账,企业的存货价值及债务责任反映真实,体现了存货按实际成本计价原则;同时,将企业超期限占用销售方资金而丧失的购货折扣,列为财务费用支出,也较符合资金使用的时间价值规律,可促使企业提高财务管理效率。在会计实务中,若期末已确定丧失的购货折扣数额不大,也可以简化核算而不需编制有关调整分录。

2.附带成本。它是指在购入存货过程中所需支付的各种附带费用、税金。例如,购入商品货物需要支付或者负担的有关税金(如消费税、关税和不能从增值税销项税额中抵扣的进项税等)、运杂费、运输保险费、采购过程中的仓储费用、运输途中的合理损耗等。从理论上讲,这些附带费用都是伴随存货的购进而发生的必要支出,应作为存货价值组成部分计入存货成本之中。

为简化核算手续,依据重要性原则,在实务中将发生时可以确认受益成本计算对象的附带成本项目,直接计入受益商品货物采购成本;而对那些发生时无法明确受益成本计算对象的附带成本项目,应选择合理的分配方法(如存货的重量或价格比例等),分配计入有关存货的采购成本。目前,我国企业的做法是:从国内购进,一般存货采购成本包括购货价款及存货入库前发生的附带成本,商品流通企业可先行归集日常采购发生的附带成本,期末再根据所购商品的存销情况进行分摊;从国外进口,应按进口商品货物有关政策规定,货价以到岸价为计算基础,进口环节的应纳关税、消费税(不包括可抵扣的进口增值税)及有关费用等附带成本计入相关进口存货采购成本,以全面反映进口存货价值。

(二)加工制造存货

加工制造存货的成本应由采购成本、加工成本以及为使存货到达目前场所和状态所发生的其他成本构成。

采购成本,是指所使用或消耗的原材料的采购成本。

存货加工成本,由直接人工和制造费用构成,其实质是企业在进一步加工存货的过程中追加发生的生产成本。其中,直接人工,是指企业在生产产品过程中直接从事产品生产的工人的职工薪酬。制造费用是指企业为生产产品和提供劳务而发生的各项间接费用。制造费用是一种间接生产成本,包括企业生产部门(如生产车间)管理人员的职工薪酬、折旧费、办公费、水电费、机物料消耗、劳动保护费、季节性和修理期间的停工损失等。

企业在加工存货过程中发生的直接人工和制造费用,如果能够直接计入有关的成本核算对象,则应直接计入该成本核算对象。否则,应按照合理方法分配计入有关成本核算对象。分配方法一经确定,不得随意变更。

需要说明的是,某些存货还包括使存货达到目前场所和状态所发生的其他成本,如可直接认定的产品设计费用等。

(三)其他方式取得存货

投资者投入存货的成本,应按投资合同或协议约定的公允价值确定。(详见本书第十二章)

通过非货币性资产交换、债务重组和企业合并等方式取得的存货成本,参见本系列教材之《高级财务会计》。

第二节　实际成本计价法

存货按实际成本计价法进行收入、发出和结存核算时,其使用的有关凭证、存货的明细分类核算和总分类核算均按实际入账成本计价核算。

一、存货收入的账务处理

存货来源不同,其成本构成及核算内容也有所不同。

(一)外购存货

前面已介绍了存货初始成本的确定。为了核算购入存货的实际成本,应设置有关存货及在途存货账户。例如：工业生产企业可设置“原材料”或“在途物资”账户，商品流通企业可设“库存商品”账户，并根据货款结算方式和存货验收的几种不同情况，分别进行核算。

1.存货验收并承付货款。在外购存货到达并验收入库的同时支付货款的，应根据购货发票、付款结算凭证及存货入库单证的有关数量金额，反映存货入账价格及货款的承付。

【例4-2】某工厂从本市购入甲材料800千克，签发支票支付货款总计90 400元，其中：价款80 000元，增值税税额10 400元，材料已验收入库。另以现金支付提货费用190元。根据支票存根及专用发票、存货入库单等凭证，编制会计分录如下：

借：原材料	80 190
应交税费——应交增值税（进项税额）	10 400
贷：银行存款	90 400
库存现金	190

如果款项采用商业汇票方式结算，上述分录中贷记“银行存款”账户应改为贷记“应付票据”账户。

2.货款已承付而存货未运抵。一般情况下，在外埠购进存货时，由供货方发运货物并通过银行办理货款结算。购货方根据已收到的全部单证，按购货合同审核并承付进货款。若有尚未到达的货物，即属企业在途存货，应根据存货购进发票、运单等单证反映在途存货的成本。

【例4-3】某厂从外埠购入乙材料15吨，收到银行转来结算凭证及发票运单，结算金额货款总计24 100元，其中：价款20 000元，增值税税额2 600元，保险费700元及其增值税42元。审核后予以承付，但材料尚未运到。编制会计分录如下：

借：在途物资	20 700
应交税费——应交增值税（进项税额）	2 642
贷：银行存款	23 342

上述材料运达并全部验收入库时，编制会计分录如下：

借：原材料	20 700
贷：在途物资	20 700

3.货已验收而尚未付款。当购进存货已先期运达并验收入库，而其货款尚未支付时，应对入库存货价值及企业应付货款进行核算。从简化核算考虑，对此也可以暂不进行总分类核算，待实际支付货款后，一并作付款收货的账务处理。但月末尚有未付款的收货业务，则应按存货购入合同价或暂估价入账，以便正确反映期末存货和应付款项的情况，下月初再用红字编制相同的会计分录予以冲转，便于支付货款时，按钱货两清方

式处理此项存货业务。

【例 4-4】(1)2020 年 9 月 25 日,某工业企业收到外购配件 100 箱已验收入库,至 9 月 30 日仍未收到货款结算凭证,该批存货合同价 15 000 元。编制会计分录如下:

借:原材料　　15 000

　贷:应付账款　　15 000

(2)10 月 1 日用红字编制相同分录,入账冲转:

借:原材料　　[15 000]

　贷:应付账款　　[15 000]

(3)10 月 10 日收到上述购入配件结算凭证,金额共计 15 080 元,其中:价款 13 000 元,增值税税额 1 690 元,运输费用 500 元及其增值税 45 元,予以承付。编制会计分录如下:

借:原材料　　13 500

　应交税费——应交增值税(进项税额)　　1 735

　贷:银行存款　　15 235

4.预付货款购进存货。企业如果采用预付货款或定金的方式购入某些紧缺存货,应在购货合同有关条款中注明,同时需要通过“预付账款”账户核算。

购入存货若在验收入库时发现有短缺及损耗现象,应及时给予反映,查明原因,并根据不同情况分别处理。属合理的损耗,应计入存货采购成本;属应由供应单位、运输机构、保险公司或其他过失人负责赔偿的损失,应向有关单位或过失人交涉索赔,其索赔款项作为企业短期债权同时冲减存货的采购成本。其他损耗应暂作为待处理财产损益进行核算,查明原因后按不同情况区别处理:属自然灾害等非正常原因造成的损失,应将扣除残料价值和过失人、保险公司赔款后的净损失,作为企业正常生产经营业务以外的支出处理;属于无法收回的其他损失,作为企业管理费用开支而计入当期损益。

(二)加工制造存货

企业根据生产经营的需要加工制造的存货主要包括:完成全部加工制造过程并已验收入库可供对外出售的产品;已完成部分加工制造过程并已验收入库,以备下一个生产步骤领用的半成品。对完成全部加工制造并已验收入库可供对外出售的产品存货,主要通过“库存商品”账户加以核算。在对产成品或半成品验收入库时,应根据成品或半成品交库单及成本计算单等单证,按实际成本结转入账,借记“库存商品”账户,贷记“生产成本”及“委托加工物资”等账户。

尚未完成生产过程的产品和不经过半成品仓库验收而直接移交给下一生产工序的半成品,均属企业的在产品,所发生的实际成本仍停留在“生产成本”账户中,不予转出。

委托加工物资是指企业为满足生产经营的需要,委托外单位加工的各种材料、商品等存货资产。委托加工物资的实际成本主要包括:实际耗用原材料或半成品的实际成本、加工费、往返运杂费和保险费,以及按规定应计入成本的有关税金。

企业通过设置“委托加工物资”账户核算企业委托外单位加工物资的实际成本。该账户的借方登记委托加工物资的实际成本;贷方登记加工完毕入库物资的实际成本和退回物资的实际成本;借方余额反映尚未加工完成物资的实际成本。本账户可按加工合同、受托加工单位及加工物资的品种等进行明细核算。

委托加工物资的主要核算内容:

1.发出加工物资,按实际成本借记“委托加工物资”账户,贷记“原材料”“库存商品”等账户;按计划成本或售价核算的企业,还应同时结转材料成本差异或商品进销差价。

2.支付加工费、运杂费等,借记“委托加工物资”账户,贷记“银行存款”等账户;需要缴纳消费税的委托加工物资,由受托方代收代缴的消费税,借记“委托加工物资”(收回后用于直接销售的)或“应交税费——应交消费税”(收回后用于继续加工的),贷记“应付账款”“银行存款”等账户。

3.加工完成验收入库的物资和剩余材料物资收回入库时,按加工收回物资的实际成本和剩余材料物资的实际成本,借记“原材料”“库存商品”等账户,贷记“委托加工物资”账户。采用计划成本或售价核算的企业,按计划成本或售价,借记“原材料”“库存商品”等账户;按实际成本,贷记“委托加工物资”账户;按实际成本与计划成本或售价之间的差额,借记或贷记“材料成本差异”,或贷记“商品进销差价”账户。

二、存货发出

存货的发出通常是用于产品加工制造过程中的消耗或直接对外投资、销售等。

(一)存货发出的计价

存货发出的成本计价,原则上应当按取得时的实际成本计价。但在现实经济活动中,存货始终处于流动状态,在一个会计期间内,同一种存货可以分不同批次购入,而受产地、市价、运费等变动因素影响,各次购入存货的单价或单位采购成本又有所不同。如何对发出存货合理计价,不仅关系到结存存货的成本计价,对企业经营成果的确定也有直接影响。根据我国会计准则规定,企业在确定发出存货成本时,可以采用个别计价法、加权平均法和先进先出法。企业可以根据实际情况,选择使用不同存货发出的计价方法。

【例 4-5】2020 年 9 月 1 日,某企业材料结存数量 200 件,成本 420 元。本月材料收发情况如下:9 月 4 日,购入 200 件,单价 2.2 元;9 月 5 日领用 100 件,9 月 7 日领用 200 件;9 月 16 日购入 300 件,单价 2.3 元;9 月 29 日销售 300 件;9 月 30 日购入 100

件，单价 2.5 元。本月购入合计 600 件，共发出 600 件。

根据上述资料，企业存货采用不同的方法计价，其结果如表 4-2 至表 4-8 所示。

1.个别计价法（又称个别认定法或分批计价法）。它是指存货结存及发出成本以该批存货收入时的实际成本计价。这就要求存货应分批存放，设置标签，并注明进货批次、单价及入库凭证号等；同时，存货明细账也相应进行详细记载，以便确认每批存货的实际成本。采用这种方法，有利于具体、准确地掌握存货储存情况及时间，存货的成本计价符合实际情况。它可在不同的存货盘存制中使用。但存货分批次逐笔计价核算比较烦琐，且易导致任意选用发出批次，人为地调整当期损益。因此，这种方法一般只适用于为特定项目专门购买或制造数量不多、单位价值较高或体积较大、不能替代使用并单独存放的存货。

以例 4-5 资料为例，该企业采用分批认定法对存货计价。9 月份发出存货 600 件，其中 9 月 1 日结存 100 件、9 月 4 日购入 200 件、9 月 16 日购入 300 件。采用分批认定法计价的结果如表 4-2 所示。

表 4-2 材料明细账

月	日	凭证		摘要	收入			发出			结存		
		收料	领料		数量（件）	单价（元）	金额（元）	数量（件）	单价（元）	金额（元）	数量（件）	单价（元）	金额（元）
9	1			期初余额							200	2.10	420
	4	101		购入	200	2.20	440				400		860
	5		245	领用				100	2.10	210	300		650
	7		276	领用				200	2.20	440	100		210
	16	121		购入	300	2.30	690				400		900
	29		288	销售				300	2.30	690	100		210
	30	128		购入	100	2.50	250				200		460
				合计	600		1 380	600		1 340	200		460

2.加权平均法。它是指存货结存及发出成本以各批平均单位成本进行计价的方法。这种方法一般适用于储存地点集中、性能形态相同的大量存货。按其计算存货平均单价的时间不同，又可具体分为月末一次加权平均法和移动加权平均法两种方法。

（1）月末一次加权平均法。它是指每月月末，以存货期初数量和本期收入数量之和作为权数，加权计算本期期初结存及收入存货的平均单价，从而确定本期发出和期末结存存货成本的方法。其计算公式如下：

$$加权平均单价=\frac{期初结存存货的实际成本+本期收入存货的实际成本}{期初结存存货的数量+本期收入存货的数量}$$

发出存货的成本=本期发出存货数量×加权平均单价

期末结存存货成本=期末结存存货数量×加权平均单价

以例4-5的资料为例，该企业对存货采用加权平均法计价，结果如表4-3所示。

表4-3 材料明细账

月	日	凭证		摘要	收入			发出			结存		
		收料	领料		数量（件）	单价（元）	金额（元）	数量（件）	单价（元）	金额（元）	数量（件）	单价（元）	金额（元）
9	1			期初余额							200	2.10	420
	4	101		购入	200	2.20	440				400		
	5		245	领用				100			300		
	7		276	领用				200			100		
	16	121		购入	300	2.30	690				400		
	29		288	销售				300			100		
	30	128		购入	100	2.50	250				200		
				合计	600		1 380	600	2.25	1 350	200	2.25	450

$$本期材料加权平均单价=\frac{420+1\ 380}{200+600}=2.25（元）$$

月末一次加权平均法在存货品种、数量较多的情况下，简化了计价核算手续，存货计价结果也较均衡，可用于不同的存货盘存制，是企业选择使用率较高的一种计价方法。但因加权平均单价只于月末计算一次，不能随时计算、登记存货的发出和结存成本，因此不利于存货在永续盘存制下的日常管理。

（2）移动加权平均法。它是指每收入一批存货，就需根据现有存货总额及总量计算一次新的平均单价，并以此作为随后发出存货及结存存货的计价依据的方法。其计算公式如下：

$$移动加权平均单价=\frac{以前结存存货总成本+本批收入存货实际成本}{以前结存存货数量+本批收入存货数量}$$

发出存货成本=本次发出存货数量×移动加权平均单价

期末结存存货成本=期末结存存货数量×移动加权平均单价

以例4-5资料为例,该企业对存货采用移动加权平均法计价,结果如表4-4所示。

表4-4 材料明细账

月	日	凭证		摘要	收入			发出			结存		
		收料	领料		数量(件)	单价(元)	金额(元)	数量(件)	单价(元)	金额(元)	数量(件)	单价(元)	金额(元)
9	1			期初余额							200	2.10	420
	4	101		购入	200	2.20	440				400	2.15	860
	5		245	领用				100	2.15	215	300	2.15	645
	7		276	领用				200	2.15	430	100	2.15	215
	16	121		购入	300	2.30	690				400	2.262 5	905
	29		288	销售				300	2.2625	678.75	100	2.262 5	226.25
	30	128		购入	100	2.50	250				200	2.381 25	476.25
				合计	600		1 380	600		1 323.75	200	2.381 25	476.25

$$第一批购货后的平均单价=\frac{420+440}{200+200}=2.15(元)$$

$$第二批购货后的平均单价=\frac{215+690}{100+300}=2.262\ 5(元)$$

$$第三批购货后的平均单价=\frac{226.25+250}{100+100}=2.381\ 25(元)$$

采用移动加权平均法,可在日常发出存货时,随时对其进行计价登记,因此,只适用于存货永续盘存制,而且发出存货的成本比较准确;但在存货收入批次较多的情况下,经常计算移动加权平均单价,计算工作量较大。

3.先进先出法。它是指以最先购入的存货最先发出为假定前提,据此按先后顺序对发出存货成本和结存存货价值进行计价的方法。采用此法,结存存货价值反映的是最近期的现实成本,因此,适用于经营活动受存货形态影响较大或存货容易腐烂变质的企业。这种方法在永续盘存制和实地盘存制下均可采用。

先进先出法用于永续盘存制时,可于每批存货发出时计算确定发出存货的成本,并随时结出存货结存价值。如果发出存货按先后顺序属几批购进且单价不同,就要依次用几个不同单价按存货发出数量进行计价。

以例4-5资料为例,企业采用这种方法对存货计价,其结果如表4-5所示。

表 4-5 材料明细账

月	日	凭证		摘要	收入			发出			结存		
		收料	领料		数量（件）	单价（元）	金额（元）	数量（件）	单价（元）	金额（元）	数量（件）	单价（元）	金额（元）
9	1			期初余额							200	2.10	420
	4	101		购入	200	2.20	440				200 200	2.10 2.20	860
	5		245	领用				100	2.10	210	100 200	2.10 2.20	650
	7		276	领用				100 100	2.10 2.20	430	100	2.20	220
	16	121		购入	300	2.30	690				100 300	2.20 2.30	910
	29		288	销售				100 200	2.20 2.30	680	100	2.30	230
	30	128		购入	100	2.50	250				100 100	2.30 2.50	480
				合计	600		1 380	600		1 320	100 100	2.30 2.50	480

当企业存货收发购销业务频繁、进货单价经常变动时，采用此法计价比较烦琐。先进先出法用于实地盘存制时，应于期末按照实际盘点的存货数量，以最后购入存货单价计算，依次向前推算，直到相应结存数量计算完为止；所得的结存存货金额合计，即为期末存货的实际成本；之后，再倒挤计算本期发出存货的数量及成本。

以例 4-5 资料为例，企业采用这种方法对存货计价，其结果如表 4-6 所示。

表 4-6 材料明细账

月	日	凭证		摘要	收入			发出			结存		
		收料	领料		数量（件）	单价（元）	金额（元）	数量（件）	单价（元）	金额（元）	数量（件）	单价（元）	金额（元）
9	1			期初余额							200	2.10	420

续表

月	日	凭证		摘要	收入			发出			结存		
		收料	领料		数量（件）	单价（元）	金额（元）	数量（件）	单价（元）	金额（元）	数量（件）	单价（元）	金额（元）
	4	101		购入	200	2.20	440						
	5		245	领用									
	7		276	领用									
	16	121		购入	300	2.30	690						
	29		288	销售									
	30	128		购入	100	2.50	250						
				合计	600		1 380	650		1 435	50 100	2.30 2.50	365

在表 4-6 中，期末存货实地盘存数量为 150 件。

期末实际存货成本＝100×2.50+50×2.30＝365（元）

倒挤本期发出存货数量＝200+600－150＝650（件）

倒挤本期发出存货成本＝420+1 380－365＝1 435（元）

上述的几种存货计价方法各有其优缺点及适用范围，企业可根据不同情况选择使用。但一经确定，不得随意变更，以保证各期核算资料的可比性。

如果以物价不断上涨为前提对存货的不同计价方法加以比较，不难看出，存货的不同计价方法的选择使用，不仅关系到企业存货价值的核算确定，而且也直接影响到企业各个会计期间损益的计算、财务报表数据的客观正确性及企业税利的上缴、分配等。

存货发出的核算，应根据发出存货的实际成本，按照存货发出的不同用途分别记入有关账户。发出存货直接用于产品生产的，应借记“生产成本”账户；车间管理部门耗用的，借记“制造费用”账户；企业管理部门耗用的，借记“管理费用”账户；用于对外投资的，借记有关投资账户；直接发出销售的，借记“主营业务成本”等账户；贷记有关存货账户。

（二）周转材料

周转材料，是指企业能够多次使用、逐渐转移其价值但仍保持原有形态，不确认为固定资产的材料，如低值易耗品、包装物、模板、脚手架等。其中：低值易耗品，是指与企业生产经营有关的、使用年限较短或单位价值较低的设备物品，如工具器具、替换设备、管理用具、劳动保护用品等；包装物，是指为了包装本企业商品而储备的各种包装容器，如桶、箱、瓶、坛、袋等。

周转材料可以在企业生产经营过程中多次周转使用而不改变其原有的实物形态，但其价值会逐渐转移到有关的成本费用中。这些特点决定了周转材料价值的转移方式有别于一般发出存货的成本结转方式。在会计实务中，通常采用一次摊销法、分次摊销法以及五五摊销法，确定发出周转材料的转移价值；同时，为了具体反映监督周转材料在使用期间的情况，可按周转材料的种类，分别“在库”、“在用”和“摊销”进行明细核算。

1.一次摊销法。采用一次摊销法，应在周转材料领用时，将其全部价值一次列入有关的成本费用账户，按领用周转材料的不同用途，借记“制造费用”、“管理费用”、“生产成本”及“工程施工”等账户，贷记“周转材料”账户。当周转材料报废时，将其残料价值作为当期周转材料摊销额的减少，冲减有关的成本费用账户。这种方法一般适用于数量少、价值低、使用期短的周转材料。

2.分次摊销法。分次摊销法是在周转材料领用时，先将其全部账面价值从“周转材料——在库”转入“周转材料——在用”账户；此后，根据周转材料使用时限，将其价值均等分次摊入有关的成本费用账户，按不同用途借记“制造费用”“管理费用”“生产成本”等账户，贷记“周转材料——摊销”账户。周转材料报废时的核算与一次摊销法相似，最后转销全部已提摊销额，借记“周转材料——摊销”，贷记“周转材料——在用”账户。这种方法适用于数量较多、价值较高、使用期较长的周转材料。

3.五五摊销法。五五摊销法是在周转材料领用时，将其成本的50%摊销记入有关的成本费用账户，待周转材料报废时，再以同样方法摊销其余下的50%成本。由于周转材料在报废之前其价值一直在相应账户中有所反映，有利于加强对这部分资产的监督管理。因此，这种方法适用于周转材料用量大，且各期领用、报废情况比较稳定的企业。

【例4-6】某企业基本生产车间本月领用一批专用工具，实际成本120 000元，采用五五摊销法进行摊销。该批工具报废时，残料估价2 000元，作为原材料入库。编制会计分录如下：

(1)领用专用工具时：

借：周转材料——低值易耗品——在用	120 000	
贷：周转材料——低值易耗品——在库		120 000

(2)领用时摊销其账面价值的50%时：

借：制造费用	60 000	
贷：周转材料——低值易耗品——摊销		60 000

(3)报废一般工具摊销剩余成本时:

借:制造费用 58 000

　贷:周转材料——低值易耗品——摊销 58 000

同时,

借:原材料 2 000

　周转材料——低值易耗品——摊销 118 000

　贷:周转材料——低值易耗品——在用 120 000

存货按实际成本计价核算,其收入、发出和结存价值均比较准确、直观;但存货收发过程中计价核算工作较繁重且及时性较差,对存货采购成本、制造成本的管理以及控制各项费用开支等方面有其局限性。

第三节 其他计价法

为适应存货在核算及管理方面不同的需求,企业在不违反实际成本计价原则的前提下,可以选用其他计价方法对存货进行核算,主要有计划成本计价法、毛利法、售价金额法等。这些计价方法的运用,首先要符合企业日常经营特点及管理要求,其次要适当简化核算方法,以保证及时提供会计信息。

一、计划成本计价法

计划成本计价法,是指存货的收入、发出和结存的总分类核算和明细分类核算都按照计划成本进行的一种方法。该种方法在有关账户的设置、存货的明细分类核算和总分类核算以及对存货的管理要求等方面,均与存货的实际成本计价法有所不同。但期末,应将存货的计划成本调整为实际成本,并列示于资产负债表中的"存货"项目。可见,存货按实际成本计价的原则并未改变。

存货按计划成本计价的前提条件,是企业应根据实际情况和管理要求按存货的名称、品种、规格、编号制定相应的计划单位成本,并要求保持相对稳定。

存货购入成本应通过"材料采购"账户,以两种不同的成本计价方法进行核算:存货购进,按其实际成本记入"材料采购"账户的借方;存货验收入库,按其计划成本从"材料采购"账户贷方转入有关的存货账户。同时,设置存货成本差异(如"材料成本差异")账户,以反映存货购入时实际成本计价与计划成本计价的差额。实际成本大于计划成本的差额,为存货采购成本超支差异,应从"材料采购"账户转至存货成本差异账户借方；实际成本小于计划成本的差额，为存货采购成本节约差异，应从“材料采购”账户转至存货成本差异账户的贷方。平时有关存货的收发业务，均按计划成本计价核算，期末应将存货成本差异额在发出存货和结存存货之间进行分摊，将发出存货的计划成本调整为实际成本，同时确定结存存货的真实价值，以保证财产物资按实际成本计价原则的落实。

由于采用相对固定的计划成本进行存货日常收发的核算，使得存货在每次收发时不需要反复计算单价。因此，简化了存货明细核算的计价工作。

(一)存货取得

前已述及，按计划成本进行存货收入的核算，应将购入存货实际发生的采购成本记入“材料采购”账户的借方；将已验收入库的购入存货，按计划成本从“材料采购”账户的贷方转入有关存货账户的借方，并将购入存货发生的成本差异额转入“材料成本差异”账户。期末，“材料采购”账户借方如留有余额，即表示已经付款但尚未验收入库的在途存货实际成本。

【例4-7】2020年5月10日，某企业购入3吨生产用原料，开出支票支付原料款共计33 900元，其中货物价款30 000元，增值税额3 900元。5月20日财会部门收到材料入库单，该批原料已验收入库，计划成本为30 300元。编制会计分录如下：

(1)支付材料等款项：

借：材料采购　　30 000

　　应交税费——应交增值税(进项税额)　　3 900

　贷：银行存款　　33 900

(2)收到材料并验收入库：

借：原材料　　30 300

　贷：材料采购　　30 300

(3)结转验收入库材料的成本差异：

借：材料采购　　300

　贷：材料成本差异　　300

(二)存货发出

按计划成本计价进行存货发出的核算时，平时发出存货一律以计划成本计价，并于期末集中将发出存货的计划成本调整为实际成本。

在会计实务中，一般采用存货成本差异率将存货成本差异在本期发出和期末结存存货之间进行分摊，以贯彻存货按实际成本计价原则。存货成本差异率可分为期初存货成本差异率和本期存货成本差异率。其计算公式如下：

$$\text{期初存货成本差异率}=\frac{\text{期初结存存货的成本差异}}{\text{期初结存存货的计划成本}}\times 100\%$$

$$本期存货成本差异率=\frac{期初结存存货成本差异+本期收入存货成本差异}{期初结存存货的计划成本+本期收入存货的计划成本}\times100\%$$

公式中,期初结存存货成本差异和本期收入存货成本差异,应以正数或负数表示其超支差异或节约差异。

企业可根据核算管理需要,选择上述方法计算发出存货应负担的存货成本差异,并以此确定发出存货和结存存货的实际成本。其计算公式如下:

发出存货的实际成本=发出存货的计划成本±发出存货的成本差异

式中:发出存货的成本差异=发出存货的计划成本×本期(或期初)存货成本差异率。

结存存货的实际成本=结存存货的计划成本±结存存货的成本差异

式中:结存存货的成本差异=结存存货的计划成本×本期(或期初)存货成本差异率。

存货成本差异率的计算方法一经确定,应保持相对稳定,不得任意变更。同时,为提高存货成本差异率的准确性,存货种类较多的企业,不宜采用单一综合差异率来计算全部发出存货应负担的成本差异,可按存货类别或品种计算成本差异率,并据此计算发出该类存货应负担的成本差异。下面举例说明存货成本差异率的计算与使用,见表4-7。

表4-7 材料成本差异明细账

材料类别:A材料 单位:元

月	日	凭证		摘要	收入材料计划成本	发出材料计划成本	差异率(%)	借方差异(超支)	贷方差异(节约)
		名称	编号						
8	31	(略)	(略)	余额	7 230				550
				外购材料	21 720			220	
				自制材料	1 050				120
				发出材料		25 100	-1.5		376.50
9	30			余额	4 900				73.50

表4-7中的有关数字计算如下:

$$本月A类材料成本差异率=\frac{-550+(220-120)}{7\ 230+(21\ 720+1\ 050)}\times100\%=-1.5\%$$

本月发出A类材料应负担的成本差异=25 100×(-1.5%)=-376.50(元)

本月发出A材料的实际成本=25 100-376.5=24 723.5(元)

本月结存A材料的实际成本=4 900-73.50=4 826.5(元)

按计划成本计价发出存货时,应根据存货发出的用途、去向,借记有关账户,贷记存货账户。对于发出存货应负担的存货成本差异,按实际成本大于计划成本的差异,借记有关账户,贷记存货成本差异账户。实际成本小于计划成本的差异编制相反的会计分录。

【例 4-8】某企业月末对发出材料按计划成本计价核算。根据本期发料凭证按用途归类汇总,并计算发出材料应负担的成本差异(见上例),填列发料凭证汇总表(见表 4-8),并编制相应的会计分录。

表 4-8 发料凭证汇总表

2016 年 9 月　　　　单位:元

应借科目	应贷科目:原材料					
	A 类材料		B 类材料		合计	
	计划成本	差异额	计划成本	差异额	计划成本	差异额
生产成本	14 030	-210.45			14 030	-210.45
制造费用	9 200	-138			9 200	-138
管理费用	420	-6.30			420	-6.30
其他业务成本	650	-9.75			650	-9.75
委托加工物资	800	-12			800	-12
合计	25 100	-376.50			25 100	-376.50

(1)结转发出材料计划成本:

借:生产成本　　14 030

　　制造费用　　9 200

　　管理费用　　420

　　其他业务成本　　650

　　委托加工物资　　800

　贷:原材料　　25 100

(2)结转发出材料成本差异:

借:生产成本　　[210.45]

　　制造费用　　[138]

　　管理费用　　[6.30]

　　其他业务成本　　[9.75]

委托加工物资 12

贷:材料成本差异 376.5

存货按计划成本计价核算,不仅可以考核各项存货购进成本的目标计划完成情况,分析成本超支或节约的原因,也有利于排除存货价格变动的影响,考核分析企业内部各生产部门的存货成本耗费状况,从而提高成本管理水平;同时,还可简化存货计价、登账工作及对产品成本的计算。这种计价核算方法一般适用于存货品种、规格较多,日常收发业务较频繁,且存货计划成本比较稳定的企业。

二、毛利法

毛利法是根据上期销售毛利率及本期存货销售额,估计本期存货销售毛利及销售成本,再据以确定存货结存价值的方法。这种方法通常用于商品流通企业。毛利法计算公式推导如下:

$$毛利率=\frac{销售毛利}{销售收入}\times 100\%$$

$$销售成本=销售收入-销售毛利$$

$$或=销售收入-销售收入\times 毛利率$$

$$=销售收入\times(1-毛利率)$$

$$期末存货成本=期初存货成本+本期购货成本-销售成本$$

$$或=期初存货成本+本期购货成本-[销售收入\times(1-毛利率)]$$

从以上公式中不难看出,销售毛利率一经确定,根据其他有关数据资料,便可进一步计算出期末存货结存价值,且计算过程比较简便。

为使毛利法的计算结果更具客观代表性,企业可将用于全部存货的统一毛利率,分解为适用于各类存货的分类毛利率,据以确定各类获利能力不同的期末存货价值。此外,由于各期存货购销情况不尽相同,依据上期销售毛利率确定本期存货销售成本及结存价值,将导致计算结果与实际有较大出入。为消除各种变动因素的影响,可只在每季前两个月采用毛利法,而在第三个月(季度末)仍采用加权平均法等进行计算予以调整。举例说明如下。

【例 4-9】某商业批发企业鞋帽类商品第二季度实际毛利率 10%,第三季度实际销售额分别为:7 月份 65 000 元,8 月份 80 000 元,9 月份 74 000 元。9 月末以加权平均法计算的鞋帽类商品期末结存额为 12 090 元。鞋帽类商品存货类目账见表 4-9。

表 4-9　商品存货类目账

类别：鞋帽类　　　　单位：元

月份	凭证号	摘要	借方	贷方	余额
7	（略）	月初余额			10 000
		购货	24 000		34 000
		购货	45 000		79 000
		结转销售成本		58 500	20 500
		本月合计	69 000	58 500	20 500
8		购货	60 000		80 500
		结转销售成本		72 000	8 500
		本月合计	60 000	72 000	8 500
9		购货	50 000		58 500
		购货	18 000		76 500
		结转销售成本		64 410	12 090
		本月合计	68 000	64 410	12 090
		季结	197 000	194 910	12 090

在表 4-9 中：

7 月份鞋帽类商品销售成本＝65 000×（1-10%）＝58 500（元）

根据计算结果编制会计分录如下：

借：主营业务成本　　58 500

　贷：库存商品　　58 500

8 月份鞋帽类商品销售成本＝80 000×（1-10%）＝72 000（元）

9 月份鞋帽类商品销售成本＝10 000+197 000-58 500-72 000-12 090＝64 410（元）

8、9 月份结转商品销售成本的会计分录同 7 月份，略。

第三季度销售毛利＝（65 000+80 000+74 000）-（58 500+72 000+64 410）

＝219 000-194 910＝24 090（元）

第三季度销售毛利率＝（24 090÷219 000）×100%＝11%

三、售价金额法

售价金额法适用于商品品种繁多且单价较低，逐一计算各项存货成本价格有一定困难的商业零售企业。其基本计算程序是：在掌握期初结存和本期购入商品的成本价和售价及本期商品销售额等资料数据的基础上，先求出按售价计算的期末存货结存额，再以商品成本与售价的比率，计算出期末存货的成本价值。有关基本计算公式如下：

可供销售商品总额=期初存货额+本期购货额

按售价计算的期末存货额=按售价计算的可供销售商品总额-本期销货额

$$成本率=\frac{按成本价计算的可供销售商品总额}{按售价计算的可供销售商品总额}\times 100\%$$

期末存货的成本价值=按售价计算的期末存货×成本率

采用实物盘点并以售价计算确定期末存货的零售企业，可以直接以盘点结果及成本率进行计算，估算出期末存货的成本价值。售价金额法的基本计算过程如表 4-10 所示。

表 4-10 售价金额法的计算过程 单位：元

项 目	成本价	零售价
期初存货	38 985	42 000
本期购货	103 800	125 000
可供销售商品总额	142 785	167 000
成本率：142 785÷167 000=85.5%		
减：销货净额		125 000
期末存货		
零售价		42 000
成本价：42 000×85.5%=35 910	35 910	

在会计实务中，零售企业一般按商品售价金额核算库存商品的购销及结存情况，并将商品售价与成本价之间的进销差价记入单独设置的“商品进销差价”账户。商品购进时，售价大于进价的价差，即为商品尚待实现的销售毛利，记入“商品进销差价”账户的贷方；商品售出后，先按售价金额计算结转其销售成本；期末再根据本期进销差价率计算分配结存商品和已售商品应负担的进销差价，将商品销售成本调整为进价成本。其计算程序如表 4-11 所示（未考虑标价变动影响因素）。

表 4-11 单位：元

项 目	进销差价	零售价
期初存货	3 015	42 000
本期购货	21 200	125 000
可供销售商品总额	24 215	167 000
进销差价率：24 215÷167 000=14.5%		
减：销货净额		125 000
进销差价：125 000×14.5%=18 125		

续表

项　目	进销差价	零售价
进销差价:125 000×14.5% = 18 125 期末存货 零售价 进销差价:42 000×14.5% = 6 090	6 090	42 000

采用售价金额法核算时要注意以下几个方面。

其一,"库存商品"科目按售价金额记录,同时设置"商品进销差"账户用以核算商品售价与商品成本的差额。这里的售价是指含增值税的销售价格。"商品进销差价"也是含增值税的销售价格与商品成本的差额。

其二,购进商品时,按商品的进价及相关的进货费用,借记"在途物资"科目,按增值税专用发票上注明的增值税额,借记"应交缴税费——应交增值税(进项税额)"科目,按实际支付的价款,贷记"银行存款"或"应付票据"等科目;购进商品验收入库时,则应按商品的含税售价,借记"库存商品",按商品的进价贷记"在途物资"科目,将商品的含税售价与进价之差,记入"商品进销差价"科目的贷方。

其三,商品销售时,按含税销售价注销已售商品,借记"主营业务成本"科目,贷记"库存商品"科目。

其四,月末按一定方法计算已销商品的进销差价后,冲减按含税售价记录的"主营业务成本",将其调整为已销商品的成本。

采用售价金额法核算有关计算公式如下:

$$商品进销差价率=\frac{期初结存商品进销差价+本期购入商品进销差价}{期初结存商品售价+本期购入商品售价}\times 100\%$$

本期已销商品应分摊的进销差价 = 本期商品销售收入×进销差价率

本期销售商品的实际成本 = 本期商品销售收入 − 本期已销商品应分摊的进销差价

期末结存商品的实际成本 = 期初结存商品的进价成本 + 本期购进商品的进价成本 − 本期销售商品的实际成本

【例 4-10】某零售企业是一般纳税人,采用售价金额核算,6 月初"库存商品"余额 16 290 元,商品进销差价月初余额 4 190 元,本月发生有关商品购销业务如下:

(1)6 月 2 日,购入一批商品,进价 6 000 元,增值税额为 780 元,运杂费 300 元及其增值税 27 元,以银行存款支付货款及运杂费,商品已验收入库,商品售价总额(含税)为 8 560 元。

借:在途物资　　6 300

　　应交税费——应交增值税(进项税额)　　807

贷:银行存款 7 107

借:库存商品 8 560

贷:在途物资 6 300

商品进销差价 2 260

(2)6月9日,销售商品一批,收到货款17 400元(含税)存入银行。

借:银行存款 17 400

贷:主营业务收入 (17 400/1.13)15 398.23

应交税费——应交增值税(销项税额) 2 001.77

借:主营业务成本 17 400

贷:库存商品 17 400

(3)6月15日,购入商品一批,进价18 000元,增值税额2 340元,运费800元及其增值税72元,以银行存款支付货款及运杂费,商品已验收入库,商品售价总额(含税)为24 750元。

借:在途物资 18 800

应交税费——应交增值税(进项税额) 2 367

贷:银行存款 21 167

借:库存商品 24 750

贷:在途物资 18 800

商品进销差价 5 950

(4)6月20日,销售商品一批,收到货款15 080元(含税)存入银行。

借:银行存款 15 080

贷:主营业务收入 (15 080/1.13)13 345.13

应交税费——应交增值税(销项税额) 1 734.87

借:主营业务成本 15 080

贷:库存商品 15 080

(5)计算并结转已销商品的进销差价。

$$商品进销差价率=\frac{4\ 190+2\ 260+5\ 950}{16\ 290+8\ 560+24\ 750}\times100\%=25\%$$

本期已销商品应分摊的进销差价=(17 400+ 15 080)× 25%=8 120(元)

会计分录为:

借:商品进销差价 8 120

贷:主营业务成本 8 120

本期销售商品的实际成本=(17 400+ 15 080)-8 120=24 360(元)

本期销售收入=15 398.33+13 345.13=28 743.36(元)

本期销售利润=28 743.36-24 360=4 383.36(元)

由于售价金额法核算对商品增减变动情况只以售价金额反映、控制，而不能准确掌握各种商品的实有数量，所以售价金额法的使用必须以实物负责制为基础，将会计核算方法与商品管理责任制紧密结合起来。商业企业内部划分的各营业柜组，即为实物负责人，对其所经营的以零售价格反映的商品承担全部责任；有关账户也应按各实物负责人做进一步划分，以明确责任并为分类计算进销差价率提供具体的资料数据。同时，对结存商品还应进行定期盘点稽核，发现问题及时查明原因，进行相应的账户调整，以保证账实相符。

除以上介绍的几种存货计价方法外，还有重置成本法、可变现净值法等其他计价方法，但均未建立在历史成本计价基础之上。

第四节　存货清查与期末计量

为确保存货实物资产安全完整、价值信息真实相关，企业应对存货实物资产进行必要的清查盘点；同时，为体现资产属性及会计谨慎性原则，在资产负债表日对存货按成本与可变现净值孰低计量，并对存货盘亏(盈)及减值损失进行相应会计处理。

一、存货的清查

(一)存货的清查盘点

企业储存的各类存货，品种、规格繁多，收发业务频繁。由于自然条件、管理水平及人为因素等原因，在对存货进行永续盘存制下的收发保管过程中，会发生一些差错及存货的毁损。为保障企业财产物资的安全完整，保证存货核算的真实性，必须对存货进行定期或不定期的清查，如实反映企业各种存货的实际数额，查明盘盈、盘亏及毁损存货的品种、规格、数量及原因，并按规定程序报批处理。

存货清查应有准备、有计划、有组织地进行。清查内容不仅要核实存货实物数量是否与永续盘存账面记录相符，而且还应注意存货的质量，检查是否有毁损变质、超储积压等现象，并根据清查结果中账实不符的情况，及时调整存货的账面记录，使其与实际清查结果相吻合。同时，分析原因，分清责任，提出处理意见，按规定报批后，进行相应的账务处理。

(二)存货清查结果的会计处理

根据清查盘点结果，应将盘盈、盘亏的存货按其实际成本或其他计价方法，相应调整(增加或减少)其存货的账面记录；同时，依据不同的原因，调整有关的成本费用或损益账户。如果盘盈、盘亏的存货原因待查,还应设置“待处理财产损溢”账户进行核算。待处理存货的盘亏、毁损数额及转销的盘盈数额记入该账户借方,待处理存货的盘盈数额及转销的盘亏、毁损数额记入该账户贷方;期末,将各种待处理财产的损益处理完毕后,本账户无余额。

在对存货清查结果核算时,如果盘盈、盘亏的存货是按计划成本计价或按零售价核算的,对存货账面进行增减调整的同时,还应结转调整存货的成本差异。

企业发生存货盘盈时,应按盘盈存货的计划成本或估计成本借记有关存货账户,贷记“待处理财产损溢”账户。按管理权限报经批准后处理时,应转销待处理存货盘盈数额,借记“待处理财产损溢”账户,贷记“管理费用”等账户。

企业发生存货盘亏及毁损时,应按盘亏存货成本及转出不能抵扣的增值税进项税额,借记“待处理财产损溢”账户,贷记有关存货及应交税金账户。按管理权限报经批准后处理时,应转销待处理存货盘亏数额,并根据具体情况分别处理:①对于入库的残料价值,记入“原材料”账户。②对于可收回的保险赔偿或过失人赔偿,记入“其他应收款”账户。③属于自然原因产生的定额内损耗及管理原因造成的净损失,记入“管理费用”账户。④属于自然灾害或意外事故等非常原因造成的净损失,记入“营业外支出”账户。

企业清查的各种财产的损益,应于期末前查明原因,并根据企业的管理权限,经股东大会或董事会,或经理(厂长)会议或类似机构批准后,在期末结账前处理完毕。

如果清查的各种财产的损益,在期末结账前尚未经批准的,在对外提供财务会计报表时先按上述规定进行处理,并在会计报表附注中做出说明;如果其后批准处理的金额与已处理的金额不一致,则要调整会计报表相关项目的年初数。

【例 4-11】2020 年 6 月 30 日,某增值税一般纳税企业盘点毁损材料 100 千克,单位计划成本为 10 元,材料成本差异为 3%。根据清查结果调整材料账簿,并将盘亏情况及原因上报审批,不考虑相关税费。编制会计分录如下:

借:待处理财产损溢	1 030
贷:原材料	1 000
材料成本差异	30

经批准,毁损材料处理结果如下:应由过失人赔偿 300 元;毁损材料入库 180 元;其余部分为经营管理不善造成的损失。编制会计分录如下:

借:其他应收款	300
原材料	180
管理费用	550
贷:待处理财产损溢	1 030

二、存货的期末计量

(一)存货期末计量原则

资产负债表日,存货应按成本与可变现净值孰低计量。当期末存货的成本低于可变现净值时,存货按成本计量;当期末存货可变现净值低于成本时,存货按可变现净值计量。其中,存货成本,是指期末存货的实际成本;如果企业在存货日常核算中是采用计划成本计价的,应调整为实际成本。可变现净值,是指在日常活动中,存货的估计售价减去至完工时估计将要发生的成本、估计的销售费用以及相关税费后的金额。其特征表现为存货的预计未来净现金流量。企业应当以取得的确凿证据为基础确定存货的可变现净值。当存货可变现净值低于其成本时,就会形成企业存货价值的减损。对此,应在损失发生期内予以确认,计入当期损益。

(二)存货可变现净值的确定

企业确定存货的可变现净值,应当以取得的确凿证据为基础,并且考虑持有存货的目的、资产负债表日后事项的影响等因素。其中,企业持有存货的目的:一是以备出售,如持有的库存商品等;二是以备继续加工或耗用,如库存原材料、半成品等。持有目的不同,存货可变现净值的确定方法也有所不同。

在确定其可变现净值时,最关键的问题是确定估计售价。企业应当区别如下情况确定存货的估计售价:

1.无销售合同的库存商品。企业直接用于出售,且没有销售合同约定的产成品、商品等(不包括用于出售的材料),其可变现净值应当以产成品或商品的市场销售价格减去估计的销售费用和相关税费等之后的金额确定。

2.有销售合同的库存商品。为执行销售合同或者劳务合同而持有的存货,其可变现净值应当以合同价格作为计量基础,减去估计的销售费用和相关税费等后的金额确定。

如果企业持有存货的数量大于销售合同订购的数量,应分别确定其可变现净值,在合同订购数量之内的按合同价格计算,超出合同部分的存货,应当以市场销售价格作为计量基础。

如果企业持有存货的数量少于销售合同订购数量,实际持有的与该销售合同相关的存货应以合同价格作为可变现净值的计量基础。

【例 4-12】2020 年 11 月 8 日,甲公司与乙公司签订了一份不可撤销的销售合同,双方约定,2021 年 2 月 8 日,甲公司应按 40 000 元/台的价格向乙公司提供 N 型机器 30 台。2020 年 12 月 31 日,甲公司 N 型机器的账面价值为 1 260 000 元,数量为 36 台,单位成本为 35 000 元/台。2020 年 12 月 31 日 N 型机器的市场销售价格为 42 000 元/台。

计算结果如下：

(1)符合合同部分库存商品的可变现净值=40 000×30=1 200 000(元)

(2)超出合同部分库存商品的可变现净值=42 000×6=252 000(元)

3.用于出售的材料等。其可变现净值应当以市场销售价格减去估计的销售费用和相关税费等之后的金额确定。

4.为生产而持有的存货。如原材料、在产品、委托加工材料等，由于持有的目的是生产产品，其价值体现在所生产的产成品中。因此，在确定需要加工的材料存货的可变现净值时，需要以其生产的产成品的可变现净值与该产品的成本进行比较，如果该产品的可变现净值高于其成本，则该材料应按照成本计量，不提存货的跌价准备。如果该产品的可变现净值低于成本，则该材料应按照可变现净值计量，并相应地计提存货的跌价准备。

【例 4-13】2020 年 12 月 31 日，某企业持有专为生产甲型产品的 M 材料 10 000 件，单位成本为 2 000 元，当前市场购买价为每件 1 700 元。预计生产每套甲型产品还需发生加工成本 800 元。由于产品材料价格下降等原因，甲型产品市场销售价格总额由 30 000 000 元下降为 29 000 000 元。估计销售费用及税金为其售价的 10%。2020 年 12 月 31 日，M 材料可变现净值确定方法如下：

(1)计算耗用 M 材料生产出产成品的可变现净值。

甲型产品的可变现净值=29 000 000-2 900 000=26 100 000(元)

(2)产成品成本与可变现净值进行比较：

甲型产品成本=28 000 000(元)

甲型产品的可变现净值=26 100 000(元)

甲型产品的可变现净值低于其成本。

(3)计算 M 材料可变现净值，并确定其期末价值。

M 材料的可变现净值=29 000 000-8 000 000-2 900 000=18 100 000(元)

M 材料的可变现净值 18 100 000 元低于其成本 20 000 000 元。因此，M 材料的期末价值应为其可变现净值 18 100 000 元，即 M 材料应按 18 100 000 元列示在 2020 年 12 月 31 日资产负债表的存货项目之中。

(三)存货跌价准备的账务处理

企业应当设置“存货跌价准备”账户，核算存货跌价准备的计提、冲销等情况。该账户作为“存货”账户的备抵调整账户，贷方反映存货跌价准备的提取，借方反映实际发生存货跌价时冲销的存货跌价准备，贷方余额反映已提取但尚未冲销的存货跌价准备。

资产负债表日，应当根据计算确定的存货可变现净值与其成本比较的结果，分别进行账务处理。

1.存货可变现净值<存货成本。具体又分为以下三种情况：

一是计提存货跌价准备前，“存货跌价准备”账户无余额。企业应按存货可变现净值<存货成本的差额计提存货跌价准备，借记“资产减值损失”账户，贷记“存货跌价准备”账户。

二是存货可变现净值<存货成本的差额>“存货跌价准备”账户余额，表明存货价值进一步降低，应按二者之差补提存货跌价准备，借记“资产减值损失”账户，贷记“存货跌价准备”账户。

三是存货可变现净值<存货成本的差额<“存货跌价准备”账户余额，表明存货价值回升，应按两者之间的差额转回已计提的存货跌价准备，借记“存货跌价准备”账户，贷记“资产减值损失”账户。

【例 4-14】承例 4-13，2020 年 12 月 31 日，该企业开始采用成本与可变现净值孰低对期末存货进行计价。2020 年 12 月 31 日，M 材料预计可变现净值为 18 100 000 元；2021 年 3 月 31 日，M 材料预计可变现净值为 17 000 000 元。M 材料的成本为 20 000 000元。每期资产负债表日，根据成本与可变现净值之间关系，分别进行账务处理如下：

（1）2020 年 12 月 31 日：

M 材料的成本为 20 000 000 元，该日的可变现净值为 18 100 000 元，发生跌价损失 1 900 000元。

借：资产减值损失　　1 900 000

　贷：存货跌价准备　　1 900 000

（2）2021 年 3 月 31 日：

M 材料的成本为 20 000 000 元，该日预计可变现净值为 17 000 000 元，期末账面价值为 17 000 000 元，发生跌价损失 3 000 000 元，当期应补提存货跌价准备 1 100 000 元（3 000 000−1 900 000）。

借：资产减值损失　　1 100 000

　贷：存货跌价准备　　1 100 000

需要说明的是，企业已计提了跌价准备的存货项目，在其因销售等原因转出存货成本时，也应同时结转其已计提的存货跌价准备。

2.存货可变现净值>存货成本。如果存货可变现净值>存货成本，一般而言，是指以前减记存货价值的影响因素已经消失，对此，应转回计提的存货跌价准备。

需要注意的是，一是存货跌价准备转回的金额是以前存货价值变化影响的部分，而不是当期因素的影响；二是转回的存货跌价准备与计提该准备的存货项目或类别应当存在直接对应关系，但转回的金额以将存货跌价准备的余额冲减至零为限。

【例4-15】承例4-14。2021年6月30日，M材料成本为20 000 000元，因其市场价格大幅回升，预计可变现净值为20 100 000元，期末M材料账面价值应为20 000 000元。当期应转回存货跌价准备3 000 000元。编制会计分录如下：

借：存货跌价准备　　3 000 000

　贷：资产减值损失　　3 000 000

企业计提了存货跌价准备，如果其中有部分存货已经销售，则企业在结转销售成本时，应同时结转对其已计提的存货跌价准备。编制借记"存货跌价准备"账户，贷记"主营业务成本""生产成本"等账户的会计分录。

【例4-16】2020年6月1日，M公司库存甲机器8台，每台成本6 000元。该存货已经计提的存货跌价准备为8 000元。该年6月30日，M公司出售甲机器5台，单位售价为7 500元。编制会计分录如下：

借：主营业务成本　　25 000

　　存货跌价准备　　5 000

　贷：库存商品——甲机器　　30 000

如果按存货类别计提存货跌价准备，也应按比例结转相应的存货跌价准备。应结转的存货跌价准备金额，可按照以下公式进行计算：

因销售等原因应结转的存货跌价准备＝上期末该类存货所计提的存货跌价准备账面余额/上期末该类存货的账面余额×因销售等而转出的存货的账面余额

第五节　存货在财务报表中的列报

在资产负债表中，存货作为单独项目在流动资产中列示。在报表附注或附表中，还应对存货做出分类反映，以表达每一主要类别存货的金额。

采用存货备抵法核算存货跌价损失的企业，应将存货跌价准备抵减有关存货项目余额后，以存货账面价值列示。采用计划成本计价核算的企业，应将存货的计划成本调整为实际成本。采用售价核算的企业，应将存货的售价调整为进价。

在会计报表附注中，还应当以简单格式分别披露各类存货及其跌价准备的期初、期末及本期增减变动具体数额。这将有助于报表使用者进一步分析企业资产变动的原因和对财务状况及财务成果的影响。

案 例

甲公司主营机器设备生产制造与销售,其总会计师通过审查,对2020年度公司存货业务的会计处理提出疑问:

2020年2月甲公司与乙公司签订不可撤销合同,根据合同要求,2020年12月31日前,甲公司为乙公司加工制造A型机器设备100台,合同价为每台50 000元。根据市场供需环境分析,甲公司预计A型机器设备市场销售前景良好,因此在乙公司订购数量外又多加工制造50台A型机器设备。150台A型机器设备于2020年12月31日全部完工,A型机器设备的成本价为每台30 000元,市场销售价为每台53 000元,预计销售每台A型机器设备需支付500元销售费用及相关税金。另外,甲公司存货中还包括生产A型机器设备的剩余原材料AN钢材2吨和生产B型机器设备的BW钢材3吨。由于仓库进水,AN钢材有50%腐蚀变质,AN钢材成本价每吨120 000元,市场价每吨100 000元,预计使用AN钢材加工A型机器设备,每台尚需加工费用8 000元;由于B型机器设备市场销售前景恶化,甲公司决定自2021年1月1日起全面停止B型机器设备的生产,将生产B型机器设备的BW钢材全部出售,BW钢材成本价每吨110 000元,市场价每吨90 000元,销售BW钢材估计发生销售费用及相关税费5 000元。

甲公司2020年12月31日资产负债表列示存货金额为506.5万元,且没有计提存货跌价准备。

根据上述资料,逐项分析以下问题:

(1)判断甲公司2020年12月31日资产负债表列示存货金额是否正确,并简要说明理由及计算过程。

(2)判断甲公司有关存货是否需要计提存货跌价准备,简要说明理由,并进行相关账务处理。

(3)简要概述甲公司存货相关经济业务所涉及的不同情况下存货可变现净值计量之间的差异。

本章小结

存货是企业经营活动最为活跃的因素,也是企业利润的主要来源。存货核算的基本目的是正确确定营业成本,恰当地反映企业的净利润、提供资产负债表的存货信息、反映企业财务状况。企业必须严格规范存货核算范围以及确认标准,并依据其相关成本构成进行初始计量。存货日常核算，可采用实际成本计价，也可以采用计划成本计价，也可以采用简化方法对存货进行估价。发出存货可选择与企业自身经营特点及管理需求相适应的核算方法。为确保存货信息真实相关，企业对存货实物资产进行清查盘点的同时，还应在资产负债表日对存货按成本与可变现净值孰低计量，并对存货盘亏及减值损失进行相应的会计处理。存货应以其账面价值在资产负债表流动资产项目中列示，相关信息需在报表附注中加以披露。

本章关键词汇(中英文)

存货	Inventory
存货采购成本	Inventory Purchase Cost
实际成本法	Actual Costing
加权平均法	Weighted-Average Method
先进先出法	First-in, First-out
周转材料	Supplies Inventory
五五摊销法	Fifty percent Amortization Method
计划成本计价法	Planned Cost Valuation
存货成本差异率	Inventory Cost Variance Rate
毛利法	Gross Margin Percentage
零售价法	Retail Price Method
存货可变现净值	Net Realizable Value of Inventory
存货备抵法	Inventory Allowance Method

思考题

1.明确存货确认标准的意义何在？

2.存货采购成本与存货采购支出相同吗？为什么？

3.企业为什么选择不同的存货计价方法？不同的计价方法对财务报表信息有何影响？

4.存货期末清查与存货期末计量有何异同？

5.资产负债日，计提存货跌价准备的目的是什么？该信息对于财务报表信息使用者的意义表现在哪些方面？

6.如何确定存货的可变现净值?

练习题

1.甲企业为增值税一般纳税人,增值税税率为13%。原材料采用实际成本核算,原材料发出采用月末一次加权平均法计价。运输费的增值税税率为9%。

2020年4月,与A材料相关的资料如下:

(1)1日,“原材料—A材料”科目余额20 000元(共2 000千克,其中含3月末验收入库但因发票账单未到而以2 000元暂估入账的A材料200千克)。

(2)5日,收到3月末以暂估价入库A材料的发票账单,货款1 800元,增值税额234元,对方代垫运输费400元,增值税额36元,全部款项已用转账支票付讫。

(3)8日,以汇兑结算方式购入A材料3 000千克,发票账单已收到,货款36 000元,增值税额4 680元,运输费用1 000元,增值税额90元。材料尚未到达,款项已由银行存款支付。

(4)11日,收到8日采购的A材料,验收时发现只有2 950千克。经检查,短缺的50千克确定为运输途中的合理损耗,A材料验收入库。

(5)18日,持银行汇票80 000元购入A材料5 000千克,增值税专用发票上注明的货款为49 500元,增值税额为6 435元,另支付运输费用2 000元、增值税额180元,材料已验收入库,剩余票款退回并存入银行。

(6)21日,基本生产车间自制A材料50千克验收入库,总成本为600元。

(7)30日,根据“发料凭证汇总表”的记录,4月份基本生产车间为生产产品领用A材料6 000千克,车间管理部门领用A材料1 000千克,企业管理部门领用A材料1 000千克。

要求:

(1)计算甲企业4月份发出A材料的单位成本。

(2)根据上述资料,编制甲企业4月份与A材料有关的会计分录。

2.某工业企业H材料计划成本为每千克50元,2020年4月1日的H材料明细账内库存数量为800千克,“材料成本差异”借方余额为650元。该企业4月份发生经济业务如下:

(1)4月3日,购入H材料200千克,以转账支票支付货款共计9 594元。其中:价款8 200元,增值税额1 066元。材料已验收入库。

(2)4月7日,车间生产产品领用H材料500千克。

(3)4月10日,购入一批H材料600千克已验收入库。购货发票中价税合计总额为36 160元。其中:货价32 000元,增值税额4 160元。已于上月预付了材料货款30 000元。以银行存款补付全部料款差额。

(4)4月16日，车间生产领用H材料800千克。

(5)4月22日购入一批H材料400千克，以银行存款支付全部货款及运杂费共计20 776元。其中：材料货价18 000元，增值税额2 340元，运费400元，运费增值税税额36元，材料尚未验收入库。

(6)4月24日，400千克H材料已运达并验收入库。

(7)4月25日，企业行政部门领用H材料100千克，用于一般性建筑维修。

要求：

(1)根据以上经济业务编制会计分录。

(2)计算结转本月入库H材料的成本差异额。

(3)计算本期H材料成本差异率。

(4)计算结转本期出库H材料应负担的成本差异额。

(5)计算月末结存H材料的实际成本。

3.乙公司属于商品流通企业，为增值税一般纳税人，售价中不含增值税。该公司只经营甲类商品并采用毛利率法对发出商品计价，季度内各月份的毛利率根据上季度实际毛利率确定。该公司2020年第一季度、第二季度甲类商品有关的资料如下：

(1)2020年第一季度累计销售收入为6 000 000元、销售成本为5 100 000元，3月末库存商品实际成本为4 000 000元。

(2)2020年第二季度购进甲类商品成本8 800 000元。

(3)2020年4月份实现商品销售收入3 000 000元。

(4)2020年5月份实现商品销售收入5 000 000元。

(5)假定2020年6月末按一定方法计算的库存商品实际成本4 200 000元。

要求：根据上述资料计算下列指标：

(1)计算乙公司甲类商品2020年第一季度的实际毛利率。

(2)分别计算乙公司甲类商品2020年4月份、5月份、6月份的商品销售成本。

4.某企业按单项存货、按年计提跌价准备。2020年12月31日，该企业期末存货资料如下：

(1)甲产品年末库存100台，单位成本为160 000元，甲产品市场销售价格为每台190 000元，预计平均运杂费等销售税费为每台10 000元，未签订不可撤销的销售合同。2020年1月1日甲产品“存货跌价准备”余额为0。

(2)乙产品年末库存300台，单位成本为45 000元，乙产品市场销售价格为每台44 000元。甲公司已经与长期客户某企业签订一份不可撤销的销售合同，约定在2021年2月10日向该企业销售乙产品200台，合同价格为每台50 000元。向长期客户销售的乙产品平均运杂费等销售税费为每台3 000元；向其他客户销售的乙产品平均运杂费等销售税费为每台 4 000 元。2020 年 1 月 1 日乙产品"存货跌价准备"余额为 100 000元(均为未签订合同部分计提)。

要求:

(1)根据资料(1),指出甲产品期末资产负债表"存货"项目应列示的金额是多少?

(2)根据资料(2),编制确认存货跌价准备的会计分录。

(3)根据资料(2),如果 2021 年 2 月销售未签订合同的乙产品 60 台,编制结转销售成本和转销存货跌价准备的会计分录。

第五章

投 资

导 论

本章阐述了企业对外投资的基本理论和基本方法。通过本章的学习,应了解对外投资的性质、目的、内容;掌握各种投资的初始确认、后续计量、减值、出售、重分类等相关内容,以摊余成本计量的金融资产的溢价和折价的原理,及其摊销的直线法和实际利率法的运用,长期股权投资权益法与成本法的核算内容等。

投资的分类以及其管理、以摊余成本计量的金融资产的溢价和折价的原理及其摊销的直线法和实际利率法的运用、以公允价值计量且其变动计入其他综合收益的金融资产及以公允价值计量且其变动计入损益的金融资产的确认与计量、长期股权投资入账价值的确定方法、长期股权投资权益法与成本法的核算等内容为本章学习重点。长期股权投资权益法和成本法下投资收益的确认及计量、以摊余成本计量的金融资产的溢价与折价摊销的实际利率法为本章学习难点。

第一节 投资概述

企业进行投资活动,有的是为了维持企业经营安全,保持一定的流动性投资余额,确保企业即使面临极端的逆境,也能够随时将投资变现扩大资金的来源;有的是将企业处在经营活动淡季而闲置的资金,投放于权益性、债权性证券,以获得高于存款利息的回报率;有的是通过证券市场买卖证券取得其差价收入;有的是为积累整笔资金以供特定用途需要;有的是通过参与其他企业经营决策、控制其他企业业务活动来配合本身的经营;还有的是为将来扩展经营规模而预先做准备。但无论何种目的、何种性质的投资,其活动必须遵守国家法律、法规的规定。

一、投资的概念

投资有广义和狭义之分,广义的投资包括债权性投资、权益性投资、期货投资、房地产投资、存货投资、固定资产投资等。广义的投资基本上可以分为两类:一类是对外投资,如权益性投资等;另一类是对内投资,如存货投资、固定资产投资等。狭义的投资一般仅包括对外投资,而不包括对内投资。本章仅讲狭义的投资。

关于投资的定义,可以这样界定:投资是企业为了增加财富,或为谋求其他利益,而将资产让渡给其他单位所获得的另一项资产。这个定义将投资的目的和方式进行了分析。从目的来看,一是增加财富,二是谋求其他利益。从方式来看,取得投资的方式是将资产让渡给其他单位。

二、投资的分类

按照不同分类的标准,投资可以分为不同的类别。

(一)债权性投资、权益性投资和混合性投资

按照投资的性质不同,可将投资分为以下三类:

1.债权性投资。它是指为取得债权所做的投资,如购买公司债券,属于债权性投资。这种投资的目的不是为了获得另一企业的剩余资产,而是为了获取高于银行存款利率的利息,并保证按期收回本息。

2.权益性投资。它是指为获取另一企业的股权或净资产所做的投资。这种投资的目的是为了获得另一企业的控制权,或对另一企业实施重大影响,或为其他目的而进行的。如对另一个企业的普通股股票投资,属于权益性投资。

3.混合性投资。它是既有债券性投资性质,又有权益性投资性质的投资。如购买另一企业发行的优先股股票、购买可转换公司债券,属于混合性投资。

(二)以摊余成本计量的金融资产、以公允价值计量且其变动计入其他综合收益的金融资产、以公允价值计量且其变动计入当期损益的金融资产和长期股权投资

企业根据其管理金融资产的业务模式和金融资产的合同现金流量特征,可将金融资产划分为三类:①以摊余成本计量的金融资产;②以公允价值计量且其变动计入其他综合收益的金融资产；③以公允价值计量且其变动计入当期损益的金融资产。

按照投资的目标不同，投资可分为：

1.以摊余成本计量的金融资产（债权投资）。

2.以公允价值计量且其变动计入其他综合收益的金融资产（其他债权投资、其他权益工具投资）。

3.以公允价值计量且其变动计入当期损益的金融资产（交易性金融资产）。

4.长期股权投资。

第二节 以摊余成本计量的金融资产

一、概述

（一）以摊余成本计量的金融资产

金融资产同时符合下列条件的，应当分类为以摊余成本计量的金融资产：①企业管理该金融资产的业务模式以收取合同现金流量为目标；②该金融资产的合同条款规定，在特定日期产生的现金流量，仅为对本金和以未偿付本金金额为基础的利息的支付。

例如，银行向企业客户发放的固定利率贷款，在没有其他特殊安排的情况下，贷款通常可能符合本金加利息的合同现金流量特征。如果银行管理该贷款的业务模式是以收取合同现金流量为目标，该贷款可以分类为以摊余成本计量的金融资产。

企业一般应当设置“贷款”“应收账款”“债权投资”等账户，核算以摊余成本计量的金融资产。

（二）债权投资

债权投资是指业务管理模式为以特定日期收取合同现金流量为目的的金融资产，具体来说是指企业购入的到期日固定、回收金额固定或可确定，且企业有明确意图和能力持有至到期的国债和企业债券等各种债券投资。债券按照不同的标准可分为不同的类别，例如，按付息情况可以分为分期付息债券和到期一次付息债券。

对于债权投资，从企业管理金融资产的业务模式来看，由于管理者的意图是长期持有到期，而不是准备随时出售，因此其主要目的是收取合同现金流量。债权投资的合同现金流量特征，是在到期日收取的合同现金流量仅为本金和以未偿付本金金额为基础的利息。根据债权投资的业务模式和合同现金流量的特征判断，应将其划分为以摊余成本计量的金融资产。

本金是指金融资产在初始确认时的公允价值，本金金额可能因提前还款等原因在金融资产的存续期内发生变动。利息包括对货币时间价值、与特定时期未偿付本金金额相关的信用风险，以及其他基本借贷风险、成本和利润的对价。其中，货币时间价值是利息要素中仅因为时间流逝而提供对价的部分，不包括为所持有金融资产的其他风险或成本提供的对价，但货币时间价值要素有时可能存在修正。在货币时间价值要素存在修正的情况下，企业应当对相关修正进行评估，以确定其是否满足上述合同现金流量特征的要求。此外，金融资产包含可能导致其合同现金流量的时间分布或金额发生变更的合同条款（如包含提前还款特征）的，企业应当对相关条款进行评估（如评估提前还款特征的公允价值是否非常小），以确定其是否满足上述合同现金流量特征的要求。

二、债权投资的取得

通常情况下，企业投资的对象主要是债权性投资，如国债、企业债券等各种债券。债券价格是根据到期票面金额及每期支付利息，按市场利率折现而确定的。票面上所列明的金额为面值，它代表了债券到期时企业需要偿还债券投资者的本金；债券所附的利率称为票面利率或名义利率，是发行债券企业根据债券的性质、公司的信用程度以及当时资金市场供需情况等而载明于债券票面上的一种利率；投资人所要求的投资报酬率称为市场利率，它是参照目前资金供需情况、未来市场利率变动及发行债券企业风险等因素而由市场所决定的。

因受债券票面利率、市场利率和债券兑付期的影响，购入债券支付的价款与其票面价值不一定相同。当票面利率等于市场利率时，投资企业按面值购入债券，即平价购入债券。当债券票面利率高于市场利率时，由于发行债券企业每期会以高于市场利率的水平支付利息，为弥补多付的利息支出，发行债券企业则以超过债券面值的价格发售，以调整其利息负担。这时，投资企业要以高于面值的价格购入债券，即溢价购入。超过债券面值部分，为债券溢价。对投资企业来说，债券溢价相当于以后每期多取得利息而事前付出的代价。相反，在债券票面利率低于市场利率时，发行债券企业会以低于债券面值的价格发售债券，投资企业则以低于债券面值购入债券，即折价购入。低于债券面值部分，即为债券折价。债券折价，对投资企业来讲，它相当于以后每期少取得利息而事先得到的补偿。可见，债券溢价或折价实质上是为平衡债券投资人的利息收入和债券发行人的利息费用，据以保障双方利益而事先对利息收支做出的调整。

企业取得债权投资，不论是以什么价格购入，均按取得时实际支付的价款作为其初始投资成本，并计入“债权投资”账户。该账户下设三个二级账户：“成本”“利息调整”“应计利息”。其中：

(1)“成本”二级账户。它反映债券到期时企业需要偿还给债券投资者的本金。从会计信息使用者的角度(特别是企业内部管理的角度)来看,债券面值是重要的信息,对其进行专门核算具有特殊意义。

(2)“应计利息”二级账户。它反映的是一次还本付息债券的利息。无论是在发行日后购入的债券中包含尚未到期应计利息,还是在到期前确认的债券应计利息,由于债券尚未到期且应计利息只有至到期日才能取得,因此,应计利息是债权投资成本的组成部分。

(3)“利息调整”二级账户。它反映了债权投资的初始投资成本扣除债券面值、应计利息后的差额。为了表达方便,我们将该差额称为利息调整,它是全部投资成本的一部分。

三、债权投资的初始确认

债权投资初始计量时,应当按照公允价值和相关交易费用之和作为初始入账金额。其中,交易费用,是指可直接归属于购买、发行或处置金融工具的增量费用。增量费用是指企业没有发生购买、发行或处置相关金融工具的情形就不会发生的费用,包括支付给代理机构、咨询公司、券商、证券交易所、政府有关部门等的手续费、佣金、相关税费以及其他必要支出,不包括债券溢价、折价、融资费用、内部管理成本和持有成本等与交易不直接相关的费用。支付的价款中包含的已宣告但尚未发放的债券利息或现金股利,应单独确认为应收项目进行处理。

企业取得债权投资时,应按该投资的面值,借记“债权投资——成本”账户,按实际支付的价款中包含的利息,借记“应收利息”账户,按实际支付的金额,贷记“银行存款”等账户,按其差额,借记或贷记“债权投资——利息调整”账户。值得注意的是,“债权投资——利息调整”账户不仅包括折价或溢价,还包括交易费用。

【例 5-1】2018 年 1 月 1 日,北方公司从活跃市场上购入通达公司同日发行的 4 年期债券,面值 20 000 000 元,准备持有至到期,债券票面年利率为 6%,实际支付价款 18 000 000元(含交易费用)。编制会计分录如下:

借:债权投资——成本	20 000 000
贷:债权投资——利息调整	2 000 000
银行存款	18 000 000

四、债权投资的后续计量

企业拥有债权投资期间主要会涉及三个方面的会计问题:一是在资产负债表日,根据权责发生制会计基础,确认债券利息收入;二是取得持有至到期投资,如形成利润调整,对其予以调整,确定投资收益;三是在资产负债表日核算发生的减值损失。

(一)债券利息收入的确认

企业购入债权投资,由于持续期较长,为正确计算企业实现的投资损益,应当以权责发生制为确认基础,对于属于当期(月、季、年)债权投资的应计利息,无论是否收到均应计入当期损益,作为该期投资收益处理。债券利息收入根据债券面值、票面利率计算确定。根据计算结果,编制借记"应收利息""债权投资——应计利息"账户、贷记"投资收益"账户的会计分录。

(二)利息调整的摊销

企业取得作为债权投资的债券,由于受债券票面利率、市场利率以及交易费用的影响,债券的面值与支付的款项可能不一致,将两者之间的差额称为"利息调整"。利息调整包括两项:一是债券溢价或折价;二是交易费用,如支付给代理机构、咨询公司、券商等的手续费和佣金及其他必要支出。与债券溢价或折价不同,交易费用不是支付给债券提供者,而是支付给了提供与债券投资相关服务的中介机构,是对投资方获取的利息总额的抵减。

企业对利息调整进行账务处理时,可能借记利息调整也可能贷记利息调整。将借记的利息调整,称为"利息调整借差",而将贷记的利息调整,称为"利息调整贷差"。

利息调整借差反映的是企业取得债权投资支付的全部价款扣除一次付息债券应计利息后的金额大于债券面值的差额,为债券溢价金额(不含一次付息债券应计利息)与交易费用之和,它是债券投资者为以后逐期多得利息收入而预先付出的代价;利息调整贷差是反映企业取得债权投资支付的全部价款扣除一次付息债券应计利息后的金额小于债券面值的差额,是债券折价金额(不含一次付息债券应计利息)减去交易费用的差额,其实质是债券投资者为以后逐期少计利息收入而预先得到的补偿。

可见,无论是利息调整借差还是利息调整贷差,投资者都需要在债券持有期间内分期对利息收入予以调整。具体来说,利息调整借差是投资者进行投资预付的代价,需要从每期利息收入中扣回;利息调整贷差是投资者进行投资预先得到的补偿,需要加计每期利息收入。将利息调整扣回或加计过程,称为"利息调整摊销",其目的是通过对利息收入(票面利息)的调整,以此来确定投资收益。

利息调整摊销的方法有直线法和实际利率法。我国现行会计准则要求采用实际利率法确定摊余成本。

1.直线摊销法。它是将利息调整借差或利息调整贷差按债券偿还期限平均摊销的一种方法。其特点是:按债券持有期将利息调整借方差额或贷方差额,根据持有债券期限或付息次数,分成若干等份,从各期利息收入中平均摊销。经过摊销,投资企业各期获得的实际利息收益保持不变。

需要说明的是,利息调整的摊销工作与前述的"(一)债券利息收入的确认"一般是同步完成的。

【例5-2】承例5-1,北方公司债券投资利息调整贷方差额为200 000元,若采用直线法摊销,每年应摊销50 000元,确认投资收益为1 250 000元(20 000 000×6%+50 000)。编制会计分录如下:

(1)确认债券投资收益:

借:应收利息　　1 200 000

　债权投资——利息调整　　50 000

　贷:投资收益　　1 250 000

(2)收到债券利息:

借:银行存款　　1 250 000

　贷:应收利息　　1 250 000

直线摊销法易于理解,计算简便,但计算出的各期投资收益额不甚合理,原因是债券的账面价值随溢价摊销而递减、随折价摊销而递增,其每期的收益理应依这一变化而变化,但直线法下的各期投资收益是等额的。

2.实际利率法。它是指计算金融资产或金融负债的摊余成本以及将利息收入或利息费用分摊计入各会计期间的方法。其中,实际利率,是指将金融资产或金融负债在预计存续期的估计未来现金流量折现为该金融资产账面余额(不考虑减值)或该金融负债摊余成本所使用的利率。在确定实际利率时,应当在考虑金融资产或金融负债所有合同条款(如提前还款、展期、看涨期权或其他类似期权等)的基础上估计预期现金流量,但不应当考虑预期信用损失。

需要说明的是,如果企业取得债权投资未发生交易费用,这里所说的实际利率与上述所讲的市场利率是一致的;如果企业取得投资支付了相关的交易费用,实际利率与市场利率就不同了。

采用实际利率法计算利息调整摊销额的步骤:

(1)计算债权投资的票面利息,计算公式如下:

票面利息(应收利息)=面值×票面利率

(2)确定债权投资购入时的实际利率。实际利率,是指将金融资产或金融负债在预计存续期的估计未来现金流量折现为该金融资产账面余额(不考虑减值)或该金融负债摊余成本所使用的利率。通常需要采用插值法确定。

(3)以实际利率乘以每期期初债权的账面价值(或摊余成本),确定当期的实际利息收益即投资收益,计算公式如下:

实际利息收益=期初摊余成本×实际利率

式中,摊余成本是指该金融资产的初始确认金额经下列调整后的结果:①扣除已偿还的本金;②加上或减去采用实际利率法将该初始确认金额与到期日金额之间的差额进行摊销形成的累计摊销额;③扣除计提的累计信用减值准备(仅适用于金融资产)。

(4)将各期的利息收益与票面利息相抵,其差额即为各期利息调整摊销数额。

利息调整借差摊销=应收利息-实际利息收益

利息调整贷差摊销=实际利息收益-应收利息

【例5-3】承例5-1,假设北方公司按年支付利息,最后一次支付本金,且不会提前赎回债券。计算北方公司持有该债券期间的实际利息收入,并编制会计分录。

每年按票面利率计算的利息收入=20 000 000×6%=1 200 000(元)

不考虑所得税、价值损失等因素。设该债券的实际利率为 r,有如下等式:

$$18\,000\,000=12\,000\,000\times(1+r)^{-1}+12\,000\,000\times(1+r)^{-2}+12\,000\,000\times(1+r)^{-3}+12\,000\,000\times(1+r)^{-4}+20\,000\,000\times(1+r)^{-4} \quad (5-1)$$

采用插值法,可以计算出实际利率 r:

设 $r=9\%$,式(5-1)等号右边=18 055 600 (5-2)

设 $r=10\%$,式(5-1)等号右边=17 460 390 (5-3)

将式(5-2)、式(5-3)代入下式:

$$\frac{10\%-9\%}{10\%-r}=\frac{1\,746.039-1\,805.56}{1\,746.039-1\,800}$$

得:$r=9.09\%$。

为了能在各期使计提利息与利息调整摊销同时进行并方便会计处理,企业应在持有投资期间的资产负债表日编制利息调整摊销表,如表5-1所示。

表5-1 利息调整摊销表(实际利率法) 单位:元

年份	期初摊余成本	实际利息收入	现金流入	期末摊余成本
	(1)	(2)=每期(1)×9.09%	(3)	(4)=(1)+(2)-(3)
2018.1.1	18 000 000			
2018.12.31	18 000 000	1 636 200	1200 000	18 436 200
2019.12.31	18 436 200	1 675 900	1200 000	18 912 100
2020.12.31	18 912 100	1 719 100	1200 000	19 431 200
2021.12.31	19 431 200	1 768 800*	1200 000	0

*含尾差调整。

根据上述数据,北方公司有关的账务处理如下:

(1)持有投资期间确认投资收益:

	2018 年	2019 年	2020 年	2021 年
借:应收利息	1 200 000	1 200 000	1 200 000	1 200 000
债权投资				
——利息调整	436 200	475 900	519 100	568 800
贷:投资收益	1 636 200	1 675 900	1 719 100	1 768 800

(2)2018 年至 2021 年每年收到债券利息时:

借:银行存款 1 200 000

贷:应收利息 1 200 000

(3)2021 年债券到期收回债券本金时:

借:银行存款 20 000 000

贷:债权投资——成本 20 000 000

【例 5-4】承例 5-1,假定北方公司购买的债券不是分次支付利息,而是到期一次还本付息,且利息不是以复利计算。

此时,假设北方公司购买债券的实际利率为 r,可以计算如下:

(1)(1 200 000×4+20 000 000)×$(1+r)^{-4}$ =18 000 000 元,由此可以得出 r=8.34%。

根据计算的实际利率,编制利息调整摊销表如表 5-2 所示。

表 5-2 利息调整摊销表 单位:元

年份	期初摊余成本	实际利息收入	现金流入(3)	期末摊余成本
	(1)	(2)= 每期(1)×8.34%		(4)=(1)+(2)-(3)
2018.1.1	18 000 000			
2018.12.31	18 000 000	1 501 200	0	19 501 200
2019.12.31	19 501 200	1 626 400	0	21 127 600
2020.12.31	21 127 600	1 762 000	0	22 889 600
2021.12.31	22 889 600	1 910 400*	24 800 000	0

*含尾差调整。

(2)根据表 5-2,北方公司在投资持有期间确认应计利息和摊销利息调整的会计分录如下：

	2017 年	2018 年	2019 年	2020 年
借：债权投资				
——应计利息	1 200 000	1 200 000	1 200 000	1 200 000
——利息调整	301 200	426 410	562 000	710 400
贷：投资收益	1 501 200	1 626 410	1 762 000	1 910 400

(3)2021 年债券到期收回债券本金和利息，编制会计分录如下：

借：银行存款　　24 800 000

　贷：债权投资——成本　　20 000 000

　　　　　　——应计利息　　4 800 000

实际利率摊销法的结果是：各期债券溢价摊销数额不等，每期实际利息收益随着债权投资账面价值的变化而变动。

五、债权投资的减值

企业应当在资产负债表日对债权投资的账面价值进行全面检查，有客观证据表明该债权投资发生减值的，应当将该债权投资的账面价值低于预计未来现金流量现值的金额，确认为资产减值损失。预计未来现金流量现值，可以按照该债权投资初始确定的实际利率折现计算，也可以采用合同规定的现行实际利率折现计算。确认债权投资减值损失时，按应减记的金额，借记“信用减值损失”账户，贷记“债权投资减值准备”账户。

债权投资确认减值损失后，如有客观证据表明该投资的价值得以恢复，且客观上与确认该损失后发生的事项有关，原确认的减值损失应当予以转回，在原已计提的减值准备金额内，按恢复增加的金额，借记“债权投资减值准备”账户，贷记“信用减值损失”账户。

但应注意的是，债权投资转回后的账面价值，不应超过假定不计提减值准备情况下该债权投资在转回日的摊余成本。

【例 5-5】承例 5-3，2019 年 12 月 31 日，经过计算，北方公司所持通达公司债券的现值为 15 000 000 元。编制会计分录如下：

应计提减值准备＝18 912 100－15 000 000＝3 912 100(元)

借：信用减值损失　　3 912 100

　贷：债权投资减值准备　　3 912 100

六、债权投资的出售

企业出售债权投资，应终止确认该金融资产，将实际收到的金额与账面价值之间的差额确认为投资收益。企业应根据实际收到的款项，借记“银行存款”“债权投资减值准备”等账户，贷记“债权投资——成本”“债权投资——利息调整”“债权投资——应计利息”账户，根据其差额贷记或借记“投资收益”。

【例 5-6】承例 5-5，假设北方公司在 2021 年 5 月 20 日将该项金融资产出售，实际收到 20 200 000 元价款，且之前已计提了 100 200 的减值准备，其他条件均不变。编制会计分录如下：

借：银行存款　　20 200 000
　　债权投资减值准备　　100 200
　　债权投资——利息调整　　568 800
　贷：债权投资——成本　　20 000 000
　　　投资收益　　869 000

七、以摊余成本计量的金融资产（债权投资）的重分类

（一）以摊余成本计量的金融资产重分类为以公允价值计量且其变动计入当期损益的金融资产

企业对一项债权投资做如此重分类时，应当按照该资产在重分类日的公允价值进行计量，原账面价值与公允价值之间的差额计入当期损益。

【例 5-7】2×18 年 10 月 15 日，甲银行以公允价值 500 000 元购入一项债券投资，并按规定将其分类为以摊余成本计量的金融资产，该债券的账面余额为 500 000 元。2×19年 10 月 15 日，甲银行变更了其管理债券投资组合的业务模式，其变更符合重分类的要求，因此，甲银行于 2×20 年 1 月 1 日将该债券从以摊余成本计量的金融资产重分类为以公允价值计量且其变动计入当期损益的金融资产。2×20 年 1 月 1 日，该债券的公允价值为 490 000 元，已确认的减值准备为 6 000 元。假设不考虑该债券的利息收入。

2×20 年 1 月 1 日，甲银行的会计处理如下：

借：交易性金融资产　　490 000
　　债权投资减值准备　　6 000
　　公允价值变动损益　　4 000
　贷：债权投资　　500 000

（二）以摊余成本计量的金融资产重分类为以公允价值计量且其变动计入其他综合收益的金融资产

企业对一项债权投资做如此重分类时，应当按照该金融资产在重分类日的公允价值进行计量，原账面价值与公允价值之间的差额计入其他综合收益。该金融资产重分

类不影响其实际利率和预期信用损失的计量。

【例5-8】承例5-7,甲银行于2×20年1月1日将该债券从以摊余成本计量的金融资产重分类为以公允价值计量且其变动计入其他综合收益的金融资产,其他条件均不变。

2×20年1月1日,甲银行的会计处理如下:

借:其他债权投资	490 000
其他综合收益——其他债权投资公允价值变动	10 000
贷:债权投资	500 000
借:债权投资减值准备	6 000
贷:其他综合收益——信用减值准备	6 000

第三节　以公允价值计量且其变动计入其他综合收益的金融资产

一、概述

(一)以公允价值计量且其变动计入其他综合收益的金融资产

金融资产同时符合下列条件的,应当分类为以公允价值计量且其变动计入其他综合收益的金融资产:①企业管理该金融资产的业务模式既以收取合同现金流量为目标,又以出售该金融资产为目标;②该金融资产的合同条款规定,在特定日期产生的现金流量,仅为对本金和以未偿付本金金额为基础的利息的支付。

例如,企业持有的普通债券的合同现金流量是到期收回的本金及按约定利率在合同期间按时收取的固定或浮动利息。在没有其他特殊安排的情况下,普通债券仅收取合同现金流量,如果企业管理该债券的业务模式以收取合同现金流量和出售该债券为目标,则该债券应当分类为以公允价值计量且其变动计入其他综合收益的金融资产。

以公允价值计量且其变动计入其他综合收益的金融资产主要包括其他债权投资和其他权益工具投资。

企业应当设置"其他债权投资""其他权益工具投资"账户核算分类为以公允价值计量且其变动计入其他综合收益的债权投资。

（二）其他债权投资

其他债权投资是指既可能持有至到期收取合同现金流量，也可能在到期之前出售的债券投资。企业取得其他债权投资，应将其划分为以公允价值计量且其变动计入其他综合收益的金融资产。采用实际利率计算的利息应当计入当期损益，计入各期损益的金额应当与债权投资按摊余成本计量而计入各期损益的金额相等；该金融资产由于公允价值变动产生的所有利得或损失应当计入其他综合收益；该金融资产发生的减值损失或利得应计入当期损益；该金融资产终止确认时之前计入其他综合收益的累计利得或损失，应当从其他综合收益中转出计入当期损益。

（三）其他权益工具投资

其他权益工具投资主要是指非交易性股票以及不具有控制、共同控制和重大影响的股权等。企业取得其他权益工具投资，一般应指定为以公允价值计量且其变动计入其他综合收益的金融资产。其他权益工具投资公允价值变动应计入其他综合收益，终止确认时，之前计入其他综合收益的累计利得或损失，应当从其他综合收益中转出，计入留存收益。其他权益工具投资不需要计提减值准备。

二、其他债权投资

（一）其他债权投资的初始确认

企业如将购买的债券划分为其他债权投资，应按该债券的公允价值和交易费用之和作为该金融资产的初始入账价值，分别借记"其他债权投资——成本""应收利息"账户，借记或贷记"其他债权投资——利息调整"账户，并根据实际支付的款项贷记"银行存款"等账户。需要注意的是：若购买的债券为到期一次还本付息债券，购买价款中包含的利息，应记入"其他债权投资——应计利息"账户。

（二）其他债权投资的后续计量

1.资产负债表日债券利息收入的确认。资产负债表日，其他债权投资为分期付息、一次还本的债券，企业应按票面利率计算确定的应收未收利息，借记"应收利息"账户，按债券的摊余成本和实际利率计算确定的利息收入，贷记"投资收益"账户，按其差额，借记或贷记"其他债权投资——利息调整"账户；如果为一次还本付息的债券，资产负债表日应按票面利率计算确定的应收未收利息，借记"其他债权投资——应计利息"账户，按债券的摊余成本和实际利率计算确定的利息收入，贷记"投资收益"账户，按其差额，借记或贷记"其他债权投资——利息调整 "账户。

2.资产负债表日其他债权投资金融资产的计量。资产负债表日，其他债权投资应当以公允价值计量，且公允价值变动计入其他综合收益。

资产负债表日，其他债权投资的公允价值高于其账面余额的差额，借记"其他债权投资——公允价值变动”账户，贷记“其他综合收益——其他债权投资公允价值变动”账户；公允价值低于其账面余额的差额编制相反的会计分录。

【例 5-9】2020 年 1 月 2 日，甲公司从活跃市场购买乙公司债券面值 18 000 000 元，年限 5 年，实际支付价款为 18 999 180 元（含交易费用为 999 180 元），次年 1 月 10 日按票面利率 6%支付利息，实际利率为 4%。2020 年 12 月 31 日乙公司债券公允价值为 19 080 000 元，甲公司将购入的债券分类为其他债权投资。编制如下相关会计分录：

（1）购入债券：

借：其他债权投资——成本　　18 000 000

　　　　　　　——利息调整　　999 180

　贷：银行存款　　18 999 180

（2）2020 年 12 月 31 日确认债券的应收利息和公允价值变动：

①确认债券的应收利息：

应收利息＝18 000 000×6%＝1 080 000（元）

投资收益＝18 999 180×4%＝759 967（元）

利息调整摊销额＝1 080 000－759 967＝320 033（元）

借：应收利息　　1 080 000

　贷：投资收益　　759 967

　　其他债权投资——利息调整　　320 033

②确认债券公允价值变动：

债券摊余成本＝18 999 180－320 033＝18 679 147（元）

公允价值变动＝19 080 000－18 679 147＝400 853（元）

借：其他债权投资——公允价值变动　　400 853

　贷：其他综合收益——其他债权投资公允价值变动　　400 853

（三）其他债权投资的减值

企业应当在资产负债表日计算其他债权投资预期信用损失。如果该预期信用损失大于该金融资产当前减值准备的账面余额，企业应当将其差额确认为减值损失，借记“信用减值损失”账户，贷记“其他综合收益——信用减值准备”账户。

【例 5-10】承例 5-9，2021 年，乙公司因投资决策失误，发生严重财务困难，但仍能支付该债券的票面利息。2021 年 12 月 31 日，该债券的公允价值下降为 15 000 000 元。编制会计分录如下：

2021 年 12 月 31 日摊余成本＝18 679 147×（1+4%）－18 000 000×6%＝18 346 312.88（元）

计提资产减值准备前的账面价值＝18 346 312.88+400 853＝18 747 165.88（元）

借：应收利息　　1 080 000

贷:其他债权投资——利息调整 332 834.12

投资收益 747 165.88

借:其他综合收益——其他债权投资公允价值变动 3 747 165.88

贷:其他债权投资——公允价值变动 3 747 165.88

假设2021年12月31日,乙公司预计到期时该债券的现金流量现值为14 600 000元,且逆转的可能性较小,确认其他债券投资减值,减值金额为400 000元(15 000 000-14 600 000)。会计分录如下:

借:信用减值损失 400 000

贷:其他综合收益——信用减值准备 400 000

(四)其他债权投资的出售

企业出售其他债权投资时,应终止确认该金融资产,将实际收到的金额与其账面价值的差额确认为投资收益,同时将原累计计入其他综合收益的公允价值变动转到投资收益。企业应根据实际收到的价款,借记"银行存款"等账户,根据其账面价值,贷记"其他债权投资"账户,按其差额,贷记或借记"投资收益"账户。同时,根据累计公允价值变动原计入其他综合收益的金额,借记或贷记"其他综合收益——其他债权投资公允价值变动"账户,贷记或借记"投资收益"。

【例5-11】承例5-10,2021年1月5日,甲公司出售所持乙公司的全部债权,取得款项14 000 000元,假设无交易费用,并全部存入银行。

借:银行存款 14 000 000

其他债权投资——公允价值变动 3 346 312.88

投资收益 1 000 000

贷:其他债权投资——成本 18 000 000

——利息调整 346 312.88

将原直接计入其他综合收益的公允价值变动累计额对应处置部分的金额转出,转入投资损益,会计分录如下:

借:投资收益 3 346 312.88

贷:其他综合收益——其他债权投资公允价值变动 3 346 312.88

(五)以公允价值计量且其变动计入其他综合收益的金融资产(其他债权投资)的重分类

1.企业将一项以公允价值计量且其变动计入其他综合收益的金融资产重分类为以摊余成本计量的金融资产。会计处理办法是:应当将之前计入其他综合收益的累计利得或损失转出,调整该金融资产在重分类日的公允价值,并以调整后的金额作为新的账面价值,即视同该金融资产一直以摊余成本计量。该金融资产重分类不影响其实际利率和预期信用损失的计量。

【例5-12】2×18年10月15日,甲银行以公允价值500 000元购入一项债券投资,并按规定将其分类为以公允价值计量且其变动计入其他综合收益的金融资产,该债券的账面余额为500 000元。2×19年10月15日,甲银行变更了其管理债券投资组合的业务模式,其变更符合重分类的要求,因此,甲银行于2×20年1月1日将该债券从以公允价值计量且其变动计入其他综合收益的金融资产重分类为以摊余成本计量的金融资产。2×20年1月1日,该债券的公允价值为490 000元,已确认的减值准备为6 000元。假设不考虑该债券的利息收入。

2×20年1月1日,甲银行的会计处理如下:

借:债权投资　500 000
　其他债权投资——公允价值变动　10 000
　其他综合收益——信用减值准备　6 000
　贷:其他债权投资——成本　500 000
　　其他综合收益——其他债权投资公允价值变动　10 000
　　债权投资减值准备　6 000

2.企业将一项以公允价值计量且其变动计入其他综合收益的金融资产重分类为以公允价值计量且其变动计入当期损益的金融资产。会计处理办法是:应当继续以公允价值计量该金融资产。同时,企业应当将之前计入其他综合收益的累计利得或损失从其他综合收益转入当期损益。

【例5-13】承例5-12,若甲银行于2×20年1月1日将该债券从以公允价值计量且其变动计入其他综合收益的金融资产重分类为以公允价值计量且其变动计入当期损益的金融资产,其他条件均不变。

2×20年1月1日,甲银行的会计处理如下:

借:交易性金融资产　490 000
　贷:其他债权投资　490 000
借:投资收益　4 000
　其他综合收益——信用减值准备　6 000
　贷:其他综合收益——其他债权投资公允价值变动　10 000

三、其他权益工具投资

(一)其他权益工具投资的初始确认

企业如将购买的股票划分为其他权益工具投资,应按该股票的公允价值和交易费用之和作为该金融资产的初始入账价值,借记"其他权益工具投资——成本"账户,根据实际支付的款项贷记“银行存款”等账户。需要注意的是:如果支付的价款中包含了已宣告但尚未发放的现金股利,应确认为应收项目,借记“应收股利”账户。

【例5-14】2020年1月10日,甲公司以银行存款3000 000元(其中包含已宣告但尚未发放的现金股利60 000元)从二级市场购入丙公司10万股普通股,另支付相关交易费用18 000元。甲公司将该股票投资划分为可供出售金融资产。该年6月30日,丙公司股票收盘价跌至每股26元,甲公司预计丙公司股价下跌是暂时性的。编制会计分录如下:

(1)甲公司购入普通股股票:

借:其他权益工具投资——成本　　2 958 000

　应收股利　　60 000

　贷:银行存款　　3 018 000

(2)6月30日确认股票公允价值下跌损失:

借:其他综合收益　　358 000

　贷:其他权益工具投资——公允价值变动　　358 000

(二)其他权益工具投资的后续计量

1.持有期间被投资单位宣告发放现金股利。企业将股权投资划分为其他权益工具投资,对于收到的属于取得该股权支付价款中包含的已宣告发放的现金股利,应视为该债权的收回,借记“银行存款”等账户,贷记“应收股利”账户。在该股权持有期间被投资单位宣告发放的现金股利,应将其确认为“投资收益”,宣告日,应借记“应收股利”账户,贷记“投资收益”账户。收到现金股利时,应借记“银行存款”等账户,贷记“应收股利”账户。

2.资产负债表日股票公允价值变动的确认。资产负债表日,其他权益工具投资应当按照公允价值计量,按照我国企业会计准则的规定,其他权益工具投资公允价值变动不得计入当期损益,而应计入其他综合收益。借记或贷记“其他权益工具投资——公允价值变动”账户,贷记或者借记“其他综合收益——其他权益工具投资公允价值变动”。

【例5-15】承例5-14,从2021年1月起,丙公司股票价格持续下跌,至12月31日,丙公司股票收盘价跌至每股25元。编制相关会计分录如下:

借:其他综合收益　　100 000

　贷:其他权益工具投资——公允价值变动　　100 000

(三)其他权益工具投资的出售

企业出售其他权益工具投资时,应将实际收到的价款与其账面价值的差额计入其他综合收益,同时将累计确认的其他综合收益转为留存收益,不计入当期损益。企业应根据实际收到的出售价款借记“银行存款”账户，根据其账面价值，贷记“其他权益工具投资”账户，根据其差额，贷记或借记“盈余公积”“利润分配——未分配利润”账户，同时根据累计公允价值变动原计入其他综合收益的金额，借记或贷记“其他综合收益账户”，贷记或借记“盈余公积”“利润分配——未分配利润”账户。

【例 5-16】承例 5-15，2022 年 2 月 10 日，甲公司以每股 28 元的价格在二级市场售出所持丙公司的全部股票，同时支付相关交易费用 16 800 元。会计分录如下：

借：银行存款　　2 783 200

　　其他权益工具投资——公允价值变动　　458 000

　贷：其他权益工具投资——成本　　2 958 000

　　　利润分配——未分配利润　　(283 200×90%)254 880

　　　盈余公积——法定盈余公积　　(283 200×10%)28 320

借：利润分配——未分配利润　　(458 000×90%)412 200

　　盈余公积——法定盈余公积　　(458 000×10%)45 800

　贷：其他综合收益　　458 000

【例 5-17】2×18 年 5 月 6 日，甲公司支付价款 1 016 万元（含交易费用 1 万元和已宣告发放现金股利 15 万元），购入乙公司发行的股票 200 万股，占乙公司有表决权股份的 0.5%。甲公司将其指定为以公允价值计量且其变动计入其他综合收益的非交易性权益工具投资。甲公司 2×18 年度和 2×19 年都发生的交易如下：

2×18 年 5 月 10 日，甲公司收到乙公司发放的现金股利 15 万元。

2×18 年 6 月 30 日，该股票市价为每股 5.2 元。

2×18 年 12 月 31 日，甲公司仍持有该股票，当日该股票市价为每股 5 元。

2×19 年 5 月 9 日，乙公司宣告发放股利 4 000 万元。

2×19 年 5 月 13 日，甲公司收到乙公司发放的现金股利。

2×19 年 5 月 20 日，甲公司由于某种特殊原因，以每股 4.9 元的价格将股票全部转让。

假定不考虑其他因素，甲公司的账务处理如下：

(1) 2×18 年 5 月 6 日，购入股票：

借：应收股利　　150 000

　　其他权益工具投资——成本　　10 010 000

　贷：银行存款　　10 160 000

(2) 2×18 年 5 月 10 日，收到现金股利：

借：银行存款　　150 000

　贷：应收股利　　150 000

(3)2×18 年 6 月 30 日,确认股票价格变动:

借:其他权益工具投资——公允价值变动 390 000

贷:其他综合收益——其他权益工具投资公允价值变动 390 000

(4)2×18 年 12 月 31 日,确认股票价格变动:

借:其他综合收益——其他权益工具投资公允价值变动 400 000

贷:其他权益工具投资——公允价值变动 400 000

(5)2×19 年 5 月 9 日,确认应收现金股利:

借:应收股利 200 000

贷:投资收益 200 000

(6)2×19 年 5 月 13 日,收到现金股利:

借:银行存款 200 000

贷:应收股利 200 000

(7)2×19 年 5 月 20 日,出售股票:

借:盈余公积 1 000

利润分配——未分配利润 9 000

贷:其他综合收益——其他权益工具投资公允价值变动 10 000

借:银行存款 9 800 000

其他权益工具投资——公允价值变动 10 000

盈余公积 20 000

利润分配——未分配利润 180 000

贷:其他权益工具投资——成本 10 010 000

第四节 以公允价值计量且其变动计入当期损益的金融资产

一、概述

(一)以公允价值计量且其变动计入当期损益的金融资产

按照上述第二、三节对金融资产的分类,除以摊余成本计量的金融资产、以公允价值计量且其变动计入其他综合收益的金融资产之外的金融资产,企业应当将其分类为以公允价值计量且其变动计入当期损益的金融资产。例如,企业常见的股票、基金、可转换债券等通常应当分类为以公允价值计量且其变动计入当期损益的金融资产。

企业应当设置"交易性金融资产"科目,核算分类为以公允价值计量且其变动计入当期损益的金融资产。

(二)交易性金融资产

以公允价值计量且其变动计入当期损益的金融资产称为"交易性金融资产",具体是指企业为了近期内出售而持有的金融资产,如企业以赚取差价为目的从二级市场购入的股票、债券、基金等;或者是在初始确认时属于集中管理的可辨认金融工具组合的一部分,且有客观证据表明近期实际存在短期获利模式的金融资产等,如企业管理的以公允价值进行业绩考核的某项投资组合。

交易性金融资产是"交易性"与"金融资产"复合而成的一个概念。金融资产涵盖了资产负债表资产的主要部分,但不包括存货、机器设备、土地、建筑物等生产经营资产。金融资产能在现实或未来直接、间接地产生经济利益,但多数金融资产是以信用为基础的所有权凭证(如贷款、股权投资、债权投资等资产),持有这些金融资产获得的收益来源于它所代表的生产经营资产创造的业绩(利润)。

二、交易性金融资产的初始确认

交易性金融资产通常是企业以赚取差价为目的,利用闲置资金,从二级市场购入并能随时变现的股票、债券、基金等。作为交易性金融资产应当符合以下条件:

(1)取得交易性金融资产的目的,主要是为了近期内出售或回购,通过这些金融资产短期价格差异获取利润。

(2)存在活跃的交易市场和公开报价,这种资产能够在证券市场上随时变现。

(3)该资产的公允价值能够持续可靠地获得。公允价值,是指市场参与者在计量日发生的有序交易中,出售一项资产所能收到或者转移一项负债所需支付的价格。

企业通过设置"交易性金融资产"账户核算企业为交易目的所持有的债券投资、股票投资、基金投资等交易性金融资产的公允价值。该账户可按交易性金融资产的类别,分别设置"成本""公允价值变动"等明细账。

企业在取得交易性金融资产时,应当按照公允价值作为其初始确认金额,记入"交易性金融资产——成本"账户,相关交易费用应当直接计入当期损益。取得交易性金融资产所支付价款中包含了已宣告但尚未发放的现金股利或已到付息期但尚未领取的债券利息的,应当单独确认为应收项目,记入"应收股利"或"应收利息"账户。

【例 5-18】2021 年 1 月 3 日,甲公司从深圳证券交易所购入乙公司股票 1 000 000

股，占乙公司有表决权股份的5%，支付价款合计5 080 000元，其中，证券交易税等交易费用8 000元、已宣告未发放现金股利72 000元。甲公司将乙公司股票划分为交易性金融资产。编制会计分录如下：

（1）购入乙公司股票：

借：交易性金融资产——乙公司股票——成本　　5 000 000
　　应收股利——乙公司　　72 000
　　投资收益　　8 000
　贷：银行存款　　5 080 000

（2）1月5日，收到乙公司发放的现金股利：

借：银行存款　　72 000
　贷：应收股利——乙公司　　72 000

【例5-19】2021年1月3日，甲公司从二级市场购入丙公司债券，支付价款合计2 100 000元，其中，已到付息期但尚未领取的利息80 000元、交易费用20 000元。该债券面值为2 000 000元，剩余期限为3年，票面年利率为4%，每年末付息一次。甲公司将其划分为交易性金融资产。2021年1月15日，收到丙公司债券2020年利息80 000元。编制会计分录如下：

（1）购入丙公司债券：

借：交易性金融资产——丙公司债券——成本　　2 000 000
　　应收利息——丙公司　　80 000
　　投资收益　　20 000
　贷：银行存款　　2 100 000

（2）收到债券利息：

借：银行存款　　80 000
　贷：应收利息——丙公司　　80 000

三、交易性金融资产持有期间的后续计量

（一）持有期间的股利或利息

企业持有交易性金融资产期间依法获得的相关的现金股利或债券利息收入，除取得时已计入应收股利或应收利息外，对于被投资单位宣告发放了现金股利，应当借记“应收股利”账户，贷记“投资收益”账户；对于企业在资产负债表日按照分期付息、一次还本债券投资的票面利率计算的利息，应当借记“应收股利”账户，贷记“投资收益”账户。

【例5-20】承例5-18，2021年5月20日，乙公司宣告发放2020年现金股利2 000 000

元。2021 年 6 月 10 日，甲公司收到乙公司发放的 2020 年现金股利。编制会计分录如下：

(1) 确认股票投资收益：

甲公司应享有现金股利的份额 = 2 000 000×5% = 100 000（元）

借：应收股利——乙公司　　100 000

　贷：投资收益　　100 000

(2) 收到乙公司发放的现金股利：

借：银行存款　　100 000

　贷：应收股利——乙公司　　100 000

【例 5-21】承例 5-19，2021 年 12 月 31 日确认债券利息收益。2022 年 1 月 10 日收到丙公司债券利息。编制会计分录如下：

(1) 确认债券投资收益：

债券投资收益 = 2 000 000×4% = 80 000（元）

借：应收利息——丙公司　　80 000

　贷：投资收益——丙公司债券　　80 000

(2) 收到丙公司债券 2021 年利息：

借：银行存款　　80 000

　贷：应收利息——丙公司　　80 000

（二）资产负债表日公允价值变动的确认

在资产负债表日，企业持有的交易性金融资产应当按照公允价值计量。交易性金融资产的公允价值可能高于或低于其账面余额，两者之间的差额计入当期损益。当交易性金融资产的公允价值高于其账面余额，借记"交易性金融资产——公允价值变动"账户，贷记"公允价值变动损益"账户，反之，则借记"公允价值变动损益"账户，贷记"交易性金融资产——公允价值变动"账户。

【例 5-22】承例 5-18，2021 年 12 月 31 日，甲公司仍持有乙公司股票，当日，乙公司股票收盘价为每股 5.20 元。编制会计分录如下：

乙公司股票公允价值变动的金额 = (5.20-5.00)×1 000 000 = 200 000（元）

借：交易性金融资产——乙公司股票——公允价值变动　　200 000

　贷：公允价值变动损益——乙公司股票　　200 000

【例 5-23】承例 5-19，2021 年 12 月 31 日，丙公司债券的公允价值为 1 900 000 元（不含利息）。编制会计分录如下：

丙公司债券公允价值变动的金额 = 1 900 000-2 000 000 = -100 000（元）

借：公允价值变动损益——丙公司债券　　100 000

贷:交易性金融资产——丙公司债券——公允价值变动　　100 000

四、交易性金融资产的出售

企业出售交易性金融资产时,应当将该金融资产出售时的公允价值与其账面余额之间的差额作为投资损益,按照实际收到的金额,借记“银行存款”等账户,按照该金融资产的账面余额,贷记“交易性金融资产——成本、公允价值变动”账户,按照其差额,贷记或借记“投资收益”账户。

需要说明的是:①如果是出售部分交易性金融资产,其账面余额和原已经计入公允价值变动损益的金额,均应按出售的交易性金融资产占该交易性金融资产的比例计算;②目前,出售交易性金融资产时,不将交易性金融资产持有期间形成的公允价值变动损益转入投资收益。

【例 5-24】承例 5-22,2022 年 5 月 10 日,甲公司以每股 4.50 元的价格将股票全部转让,同时支付证券交易税等交易费用 7 200 元。假定不考虑其他因素。编制会计分录如下:

股票出售价格 = 4.50×1 000 000 = 4 500 000(元)

股票出售取得价款 = 4 500 000-7 200 = 4 492 800(元)

股票持有期间公允价值变动损益 = 200 000 (元)

股票出售时的账面余额 = 5 000 000+200 000 = 5 200 000(元)

股票出售损益 = 4 492 800-5 200 000 = -707 200(元)

借:银行存款　　4 492 800

　投资收益　　707 200

　贷:交易性金融资产——乙公司股票——成本　　5 000 000

　　交易性金融资产——乙公司股票——公允价值变动　　200 000

【例 5-25】承例 5-23,2022 年 1 月 20 日,甲公司通过二级市场出售丙公司债券,取得价款 2 360 000 元。假定不考虑其他因素。编制会计分录如下:

出售丙公司债券取得的价款 = 2 360 000(元)

持有丙公司债券期间公允价值变动损益的金额 = -100 000(元)

出售丙公司债券时的账面余额 = 1 900 000 (元)

借:银行存款　　2 360 000

　交易性金融资产——丙公司债券——公允价值变动　　100 000

　贷:交易性金融资产——丙公司债券——成本　　2 000 000

　　投资收益——丙公司债券　　460 000

五、以公允价值计量且其变动计入当前损益的金融资产(交易性金融资产)的重分类

(一)以公允价值计量且其变动计入当前损益的金融资产重分类为以摊余成本计量的金融资产

企业做此分类时,应当以其在重分类日的公允价值作为新的账面余额。

【例 5-26】甲银行于 2021 年 1 月 1 日以公允价值 500 000 元购入一项债券投资组合,将其分类为以公允价值计量且其变动计入当期损益的金融资产。2022 年 1 月 1 日,甲银行将该债券重分类为以摊余成本计量的金融资产。重分类日,该债券组合的公允价值为 490 000 元,12 个月预期信用损失为 6 000 元。假设不考虑该债券的利息收入。

2022 年 1 月 1 日,甲银行的会计处理如下:

借:债权投资	490 000	
贷:交易性金融资产		490 000
借:信用减值损失	6 000	
贷:债权投资减值准备		6 000

(二)以摊余成本计量的金融资产重分类为以公允价值计量且其变动计入其他综合收益的金融资产

企业将一项资产做此分类时,应当按照该金融资产在重分类日的公允价值进行计量。原账面价值与公允价值之间的差额计入其他综合收益。该金融资产重分类不影响其实际利率和预期信用损失的计量。

【例 5-27】承例 5-26,若甲银行 2022 年 1 月 1 日将该债券重分类为以公允价值计量且其变动计入其他综合收益的金融资产。其他条件均不变。

2022 年 1 月 1 日,甲银行的会计处理如下:

借:其他债权投资	490 000	
贷:交易性金融资产		490 000
借:信用减值损失	6 000	
贷:其他综合收益——信用减值准备		6 000

第五节　长期股权投资

一、长期股权投资的类型

按投资企业对被投资单位影响力的大小,长期股权投资主要分为以下类别。

(一)对子公司投资

对子公司投资,是指投资方持有的能够对被投资单位施加控制的权益性投资。

控制,是指投资方拥有对被投资方的权力,通过参与被投资单位的相关活动而享有可变回报,并且有能力运用对被投资单位的权力影响其回报金额。

(二)对合营企业投资

对合营企业投资,是指投资方与其他合营者方对被投资单位实施共同控制且对被投资单位净资产享有权利的权益性投资。

共同控制,是指按照合同约定对某项经济活动所共有的控制,仅在与该项经济活动相关的重要财务和生产经营决策需要分享控制权的投资方一致同意时存在。共同控制的基本特征是:①两方或多方共同决定某项经济活动的财务和经营政策,合营中的任何一方都不能单方面做出决定。②共同控制的基本方式是:合营各方所持表决权资本的比例相同,并按合同约定共同控制;合营各方虽然所持表决权资本的比例不同,但按合同约定共同控制。③共同控制是以合营合同来约束的。投资企业与其他方对被投资单位实施共同控制的,被投资单位为其合营企业。

(三)对联营企业投资

对联营企业投资,是指投资方能够对被投资单位施加重大影响的股权投资。

重大影响,是指投资方对被投资单位的财务和经营政策有参与决策的权力,但并不能够控制或者与其他方一起共同控制这些政策的制定。

实务中,较为常见的重大影响体现为在被投资单位的董事会或类似权力机构中派有代表,通过在被投资单位财务和经营决策制定过程中的发言权实施重大影响。参与决策的途径主要包括:在董事会或类似的权力机构中派有代表;参与政策的制定过程;互相交换管理人员;使其他企业依赖于本企业的技术资料等。从股权比例来看,当一方拥有另一方20%以上但低于50%表决权资本,或者一方虽然只拥有另一方20%以下表决权资本,但实际上具有参与财务和经营决策的能力,一般认为对另一方具有重大影响。除非有明确的证据表明该种情况下不能参与被投资单位的生产经营决策,不形成重大影响。

二、初始投资成本的确定

(一)对子公司投资的初始计量

1.同一控制下控股合并形成的对子公司长期股权投资。同一控制下企业合并中,考虑到构成同一控制下企业合并的有关条件,即交易发生前后合并方、被合并方均在相同的最终控制方控制之下,从能够对参与合并各方在合并前及合并后均实施最终控制的一方来看,最终控制方在企业合并前及合并后能够控制的资产并没有发生变化,只是由于合并方的加入，其所控制子公司相互的层级、直接或间接关系的变化。合并方通过交易取得对被合并方的长期股权投资，应按照通过该项交易取得的被合并方账面净资产的份额确认。具体处理如下：

(1)合并方以支付现金、转让非现金资产或承担债务方式作为合并对价的。在该种方式下，合并方应当在合并日按照取得被合并方所有者权益在最终控制方合并财务报表中的账面价值的份额作为长期股权投资的初始投资成本。长期股权投资的初始投资成本与支付的现金、转让的非现金资产及所承担债务账面价值之间的差额，应当调整资本公积(资本溢价或股本溢价)；资本公积（资本溢价或股本溢价)的余额不足冲减的，调整留存收益。

具体进行会计处理时，合并方在合并日按取得被合并方所有者权益在最终控制方合并财务报表中账面价值的份额，借记“长期股权投资”账户，按应享有被投资单位已宣告但尚未发放的现金股利或利润，借记“应收股利”账户，按支付的合并对价的账面价值，贷记有关资产或负债账户。如为贷方差额，贷记“资本公积——资本溢价或股本溢价”账户，如为借方差额，应借记“资本公积——资本溢价或股本溢价”账户，资本公积(资本溢价或股本溢价)不足冲减的，借记“盈余公积”“利润分配——未分配利润”账户。

(2)合并方以发行权益性证券作为合并对价的。在该种方式下，合并方应按合并日取得被合并方所有者权益在最终控制方合并财务报表中的账面价值的份额确认长期股权投资，按发行权益性证券的面值总额作为股本，长期股权投资初始投资成本与所发行权益性证券面值总额之间的差额，应当调整资本公积(资本溢价或股本溢价)，资本公积(资本溢价或股本溢价)不足冲减的，调整留存收益。

具体进行会计处理时，在合并日应按取得被合并方所有者权益在最终控制方合并财务报表中的账面价值的份额，借记“长期股权投资”账户，按应享有被投资单位已宣告但尚未发放的现金股利或利润，借记“应收股利”账户，按发行权益性证券的面值，贷记“股本”账户。如为贷方差额，贷记“资本公积——资本溢价或股本溢价”账户；如为借方差额，应借记“资本公积——资本溢价或股本溢价”账户，资本公积（资本溢价或股本溢价)不足冲减的，借记“盈余公积”“利润分配——未分配利润”账户。

(3)形成同一控制下控股合并的长期股权投资的。如果子公司按照改制时确定的资产、负债经评估确认的价值调整资产、负债账面价值的，合并方应当按照取得子公司经评估确认的净资产的份额，作为长期股权投资的初始投资成本。

(4)通过多次交换交易，分步取得股权最终形成同一控制下控股合并的。在个别财务报表中，应当以持股比例计算的合并日应享有被合并方所有者权益在最终控制方合并财务报表中的账面价值份额，作为该项投资的初始投资成本。初始投资成本与其原长期股权投资账面价值加上合并日为取得新的股份所支付对价的现金、转让的非现金资产及所承担债务账面价值之和的差额,调整资本公积(资本溢价或股本溢价),资本公积不足冲减的,冲减留存收益。

此外,需要注意的是:在企业合并中,合并方发生的审计、法律服务、评估咨询等中介费用以及其他相关管理费用,应当于发生时计入当期损益(管理费用)。

【例5-28】甲公司于2021年4月1日自其母公司(P公司)取得B公司100%股权并能够对B公司实施控制。该项交易中,以2020年12月31日为评估基准日,B公司全部股权经评估确定的价值为15亿元,其个别财务报表中净资产账面价值为6.4亿元,以P公司最初从独立第三方取得B公司时点确定的B公司有关资产、负债价值为基础,考虑B公司后续有关交易事项的影响。2021年4月1日,B公司净资产价值为9.2亿元。甲公司用以支付购买B公司股权的对价为其账面持有的一项土地使用权,成本为7亿元,已摊销1.5亿元,评估价值为10亿元,同时该项交易中甲公司另支付现金5亿元。当日,甲公司账面所有者权益项目构成为:股本6亿元,资本公积3.6亿元,盈余公积2.4亿元,未分配利润8亿元。

问题:甲公司应如何确认对B公司长期股权投资的成本及其会计处理?

分析:本例中甲公司对B公司的合并属于同一控制下企业合并。按照会计准则规定,该类合并中投资方应当按照合并取得应享有被合并方账面净资产的份额确认对被合并方的长期股权投资。该长期股权投资与所支付对价账面价值之间的差额应当调整资本公积,资本公积余额不足的,应当依次调整盈余公积和未分配利润。

对B公司长期股权投资为9.2亿元,甲公司应进行的会计处理为:

借:长期股权投资	920 000 000	
累计摊销	150 000 000	
资本公积	130 000 000	
贷:无形资产		700 000 000
银行存款		500 000 000

本例中应当注意以下问题:

一是甲公司取得对B公司长期股权投资,应以所取得B公司账面净资产的份额确认。该账面净资产并非是B公司个别财务报表中体现的6.4亿元,而应以B公司有关资产、负债在最终控制方P公司的账面价值9.2亿元为基础确定。

二是在确认长期股权投资时,对于合并方为取得该项投资支付的对价原则上应以账面价值结转,无论其公允价值与账面价值是否相同,均不确认损益。取得长期股权投资的入账价值与所支付对价账面价值之间的差额应当全部调整所有者权益,本例中因甲公司资本公积的余额足够,相关差额均调整了资本公积。根据同一控制下企业合并作为企业集团内资产和权益整合的处理理念,该类交易确认时不应当产生损益。

三是如果本例中在确认甲公司对B公司长期股权投资时,因该长期股权投资按照会计准则规定确定的初始投资成本与支付对价账面价值之间的差额冲减资本公积(资本溢价)时,资本公积(资本溢价)的余额不足的,应当依次冲减甲公司的盈余公积和未分配利润。

2.非同一控制下控股合并形成的对子公司长期股权投资。非同一控制下企业合并本质上为市场化购买,其处理原则与一般的单项资产购买有相同之处,同时亦有区别。相同之处在于因为交易本身是按照市场化原则进行的,购买方在支付有关对价后,对于该项交易中自被购买方取得的各项资产、负债应当按照其在购买日的公允价值计量;与单项资产购买的不同之处在于,企业合并是构成业务的多项资产及负债的整体购买,由于在交易价格形成过程中购买方与出售方之间议价等因素的影响,交易的最终价格与通过交易取得被购买方持有的有关单项资产、负债的公允价值之和一般会存在差异。具体处理办法如下:

(1)非同一控制下的控股合并中,购买方应当按照确定的企业合并成本作为长期股权投资的初始投资成本。企业合并成本包括购买方付出的资产、发生或承担的负债、发行的权益性证券的公允价值之和。

具体进行会计处理时,对于非同一控制下控股合并形成的长期股权投资,应在购买日按企业合并成本(不含应自被投资单位收取的现金股利或利润),借记"长期股权投资"账户,按享有被投资单位已宣告但尚未发放的现金股利或利润,借记"应收股利"账户,按支付合并对价的账面价值,贷记有关资产或负债账户,按其差额,贷记或者借记"资产处置损益"或"投资收益"等账户。购买方以发行权益性证券作为合并对价的,应在购买日按照发行的权益性证券的公允价值,借记"长期股权投资"账户,按照发行的权益性证券的面值总额,贷记"股本"账户,按其差额,贷记"资本公积——资本溢价或股本溢价"账户。企业发生的直接相关费用,应借记"管理费用"账户,贷记"银行存款"等账户。非同一控制下控股合并涉及以库存商品等作为合并对价的,应按库存商品的公允价值,贷记"主营业务收入"或"其他业务收入"账户,并同时结转相关的成本。以公允价值计量且其变动计入其他综合收益的债权性金融资产作为合并对价的,原持有期间公允价值变动形成的其他综合收益应一并转入投资收益,借记"其他综合收益"账户,贷记"投资收益"账户。

【例5-29】A公司于2022年3月31日取得B公司70%的股权。为核实B公司的资产价值,A公司聘请专业资产评估机构对B公司的资产进行了评估,并支付了评估费用300万元。合并中,A公司支付的有关资产在购买日的账面价值与公允价值如表5-3所示。

表 5-3 资产账面价值与公允价值

2022 年 3 月 31 日　　　　单位:万元

项目	账面价值	公允价值
土地使用权(自用)	6 000	9 600
专利技术	2 400	3 000
银行存款	2 400	2 400
合计	10 800	15 000

假定合并前 A 公司与 B 公司不存在任何关联关系,且 B 公司所持有资产、负债构成业务,A 公司用作合并对价的土地使用权和专利技术原价为 9 600 万元,至控股合并发生时已累计摊销 1 200 万元。

分析:本例中因 A 公司与 B 公司在合并前不存在任何关联方关系,应作为非同一控制下的控股合并处理。

A 公司对于控股合并形成的对 B 公司的长期股权投资,应按确定的企业合并成本作为其初始投资成本。A 公司应进行如下账务处理:

借:长期股权投资　　150 000 000
　　累计摊销　　12 000 000
　贷:无形资产　　96 000 000
　　　银行存款　　24 000 000
　　　资产处置损益　　42 000 000
借:管理费用　　3 000 000
　贷:银行存款　　3 000 000

(2)通过多次交换交易,分步取得股权最终形成非同一控制下控股合并的,购买方在个别财务报表中,应当以购买日之前所持被购买方的股权投资的账面价值与购买日新增投资成本之和,作为该项投资的初始投资成本。其中,形成控股合并前对长期股权投资采用权益法核算的,购买日长期股权投资的初始投资成本,为原权益法下的账面价值加上购买日为取得新的股份所支付对价的公允价值之和,购买日之前因权益法形成的其他综合收益或其他资本公积暂时不做处理,待到处置该项投资时将与其相关的其他综合收益或其他资本公积采用与被购买方直接处置相关资产或负债相同的基础进行会计处理;形成控股合并前对股权投资采用金融工具准则以公允价值计量的(例如,原分类为以公允价值计量且其变动计入其他综合收益金融资产的非交易性权益工具投资),长期股权投资在购买日的初始投资成本为原公允价值计量的账面价值加上购买日取得新的股份所支付对价的公允价值之和，购买日之前持有的被购买方的股权涉及其他综合收益的，计入留存收益，不得转入当期损益。

【例5-30】A公司于2021年3月以2 000万元取得B上市公司5%的股权，对B公司不具有重大影响，A公司将其指定为以公允价值计量且其变动计入其他综合收益的金融资产，按公允价值计量。2022年4月1日，A公司又斥资25 000万元自C公司取得B公司另50%股权。假定A公司在取得对B公司的长期股权投资后，B公司未宣告发放现金股利。A公司原持有B公司5%的股权于2022年3月31日的公允价值为2 500万元（与2022年4月1日的公允价值相等），累计计入其他综合收益的金额为500万元。A公司与C公司不存在任何关联方关系。

本例中，A公司是通过分步购买最终达到对B公司控制的，因A公司与C公司不存在任何关联方关系，故形成非同一控制下的控股合并。在购买日，A公司应进行如下账务处理：

借：长期股权投资　　275 000 000
　贷：其他权益工具投资　　25 000 000
　　银行存款　　250 000 000

借：其他综合收益　　5 000 000
　贷：留存收益　　5 000 000

假定A公司于2021年3月以12 000万元取得B公司20%的股权，并能对B公司施加重大影响，采用权益法核算该项股权投资。当年度确认对B公司的投资收益450万元。2022年1月，A公司又斥资15 000万元自C公司取得B公司另外30%的股权，自取得该股权时刻起控制B公司。A公司除净利润外，无其他所有者权益变动，按净利润的10%提取盈余公积。A公司对该项长期股权投资未计提任何减值准备。其他资料同上。购买日，A公司应进行如下账务处理：

借：长期股权投资　　150 000 000
　贷：银行存款　　150 000 000

购买日对B公司长期股权投资的账面价值=（12 000 +450）+15 000 =27 450（万元）

3.投资成本中包含的已宣告但尚未发放的现金股利或利润的处理。企业无论以何种方式取得长期股权投资，取得投资时，对于投资成本中包含的被投资单位已经宣告但尚未发放的现金股利或利润，应作为应收项目单独核算，不构成取得长期股权投资的初始投资成本。即企业在支付对价取得长期股权投资时，对于实际支付的价款中包含的对方已经宣告但尚未发放的现金股利或利润，应作为预付款，构成企业的一项债权，其与取得的对被投资单位的长期股权投资应作为两项金融资产。

4.一项交易中同时涉及自最终控制方购买股权形成控制及自其他外部独立第三方

购买股权的会计处理。某些股权交易中，合并方除自最终控制方取得集团内企业的股权外，还会涉及自外部独立第三方进一步购买被合并方的股权。该类交易中，一般认为自集团内取得的股权能够形成控制的，相关股权投资成本的确定按照同一控制下企业合并的有关规定处理，而自外部独立第三方取得的股权视为在取得对被投资单位的控制权、形成同一控制下企业合并后少数股权的购买，该部分少数股权的购买不管与形成同一控制下企业合并的交易是否同时进行，在与同一控制下企业合并不构成一揽子交易的情况下，有关股权投资成本即应按照实际支付的购买价款确定。该种情况下，在合并方最终持有对同一被投资单位的股权中，不同部分的计量基础会存在差异。

（二）对合营企业、合营企业投资的初始计量

1.以支付现金方式取得长期股权投资。企业以支付现金方式取得的长期股权投资，应当按照实际支付的购买价款作为长期股权投资的初始投资成本，包括与取得长期股权投资直接相关的费用、税金及其他必要支出，但所支付的价款中包含的被投资单位已宣告但尚未发放的现金股利或利润应作为应收项目单独核算，不计入取得长期股权投资的成本。其原因为该现金股利属于投资前被投资单位实现盈余的分配额，而非投资成本。

【例 5-31】2021 年 1 月 5 日，甲公司从公开市场中买入乙公司 20%的股份，实际支付价款 20 000 000 元。另外，在购买过程中支付手续费等相关费用 500 000 元。上述款项均以银行存款付讫。甲公司取得股权后，能够对乙公司的生产经营决策施加重大影响。编制会计分录如下：

借：长期股权投资——成本	20 500 000
贷：银行存款	20 500 000

有时，企业支付一笔资金购入两种以上的证券，如普通股与优先股、普通股与债券，应将购入总成本按照各种证券的公允价值占公允价值总额的比重，在各种证券之间进行合理分摊，以确定长期股权投资的初始投资成本。若购入的证券中，只有一种证券有公允价值，以其公允价值作为该证券成本，另一证券成本则按照总成本减去该证券公允价值确定。若购入证券均无公允价值，可先按各种证券面值比例进行分配，待取得公允价值资料后再予以调整。

【例 5-32】华远公司一次购入红星公司普通股股票 10 000 股、优先股股票 3 500 股，共支付资金 185 000 元。购入股票时，红星公司普通股股票每股市价 20 元、优先股股票每股市价 16 元。成本分摊过程如下：

$$\text{普通股股票总成本：}185\ 000\times\frac{10\ 000\times20}{10\ 000\times20+3\ 500\times16}=144\ 531.25\text{（元）}$$

$$\text{优先股股票总成本：}185\ 000\times\frac{3\ 500\times16}{10\ 000\times20+3\ 500\times16}=40\ 468.75\text{（元）}$$

根据计算结果编制如下会计分录：

借：长期股权投资——成本（红星公司普通股股票）　144 531.25
　　长期股权投资——成本（红星公司优先股股票）　40 468.75
　贷：银行存款　185 000

2.以发行权益性证券方式取得长期股权投资。有时，企业以发行权益性证券的方式取得长期股权投资。根据《企业会计准则第2号——长期股权投资》的规定，以发行权益性证券方式取得的长期股权投资，应当按照发行权益性证券的公允价值作为初始投资成本，但不包括被投资单位已宣告但尚未发放的现金股利或利润。

企业为发行权益性证券支付给有关证券承销机构等的手续费、佣金等与权益性证券发行直接相关的费用，不构成取得长期股权投资的成本。按照《企业会计准则第37号——金融工具列报》的规定，手续费、佣金以及与证券发行直接相关的费用，应自权益性证券的溢价发行收入中扣除，权益性证券的溢价收入不足冲减的，应冲减盈余公积和未分配利润。投资企业按享有被投资企业已宣告但尚未发放的现金股利或利润作为应收项目入账。

【例5-33】2021年2月，M公司通过增发45 000 000股本公司普通股（每股面值1元）置换取得N公司20%的股权。该批股份的公允价值为78 000 000元。为增发股份，M公司向证券承销机构支付2 000 000元的佣金和手续费。M公司取得股权后，能够对N公司的生产经营决策施加重大影响。M公司编制会计分录如下。

（1）发行股份确认长期股权投资成本：

借：长期股权投资——成本　78 000 000
　贷：股本——N公司　45 000 000
　　资本公积——股本溢价　33 000 000

（2）支付发行权益性证券的佣金和手续费：

借：资本公积——股本溢价　2 000 000
　贷：银行存款　2 000 000

此外，企业还可以通过债务重组、非货币性资产交换等方式取得长期股权投资，其初始投资成本应按照《企业会计准则第12号——债务重组》和《企业会计准则第7号——非货币性资产交换》的规定确定，具体确定方法见本系列教材《高级财务会计》。

三、长期股权投资损益的确认与计量

（一）关于长期股权投资损益的两种观点

获取高额投资回报是企业长期股权投资的主要目的之一，但由于长期股权投资具有收益和风险并存的特点，因此，如何确认长期股权投资收益和损失，是股权投资会计中的重要问题。基于人们对长期股权投资收益的不同看法,由此产生长期股权投资损益的两种确认方法。

1.收到利润或现金股利时确认收益。这种观点认为,股权投资的初始投资成本是企业取得被投资单位股权时的实际支出,一项投资能够获得多少利益,很大程度上取决于能分回多少利润或现金股利。处置某项股权投资时,该项投资累积获得的收益是实际分回的利润或现金股利,以及处置该项投资时实际收回金额与投资成本的差额的合计。在这种观点下,长期股权投资以投资成本计价,收到利润或现金股利时确认为投资收益。这种方法通常称为成本法。在这种方法下,期末长期股权投资一般按投资成本计价。采用这种损益观点确认收益,能反映企业实际获得的利润或现金股利的情况。

2.按所持股权所代表的所有者权益的增减变动确认收益。这种观点认为,股权代表股东应享有或应分担被投资单位的利益或损失,当被投资单位产生利润而增加所有者权益时,投资企业应按投资比例确认投资收益,同时增加投资的账面价值;反之,若被投资单位发生亏损而减少所有者权益时,投资企业应按投资比例计算应分担的份额,确认为投资损失,同时减少投资的账面价值。这种确认损益的方法,通常称为权益法。在这种方法下,期末长期股权投资反映的是股东应享有投资后被投资单位所有者权益的份额。

上述两种收益确认方法,在实际运用中还需视投资企业对被投资单位所具有的控制或影响能力而定。我国企业会计准则对应当作为长期股权投资核算的联营企业、合营企业和子公司投资的处理方法进行了选择并做出明确规定。其中,对子公司投资在投资方作为母公司的个别财务报表中采用成本法核算,对联营企业、合营企业的长期股权投资,在投资方的个别财务报表中应当采用权益法核算。实务中对于该种选择一直存在争议,即相较于对联营企业和合营企业投资,企业持有的对子公司投资,因能够控制被投资单位,影响程度更深一些,在个别财务报表中反而采用成本法,与联营企业、合营企业的核算理念不尽一致,也无法类比。

(二)长期股权投资的成本法

所谓成本法,就是指长期股权投资以取得股权时的成本计价,除持有过程中发生减值、投资企业追加投资、收回投资等外,长期股权投资的账面价值一般保持不变。被投资单位宣告分派利润或现金股利,投资企业按应享有的份额确认为当期投资收益。当投资企业能够对被投资单位实施控制,长期股权投资应当采用成本法核算。

【例 5-34】2021 年 1 月 5 日,华远公司购入乙公司股份 150 000 股,每股价格 12 元,另支付相关税费 35 000 元,取得乙公司 30%的股权,并准备长期持有。根据章程或协议,华远公司有权控制乙公司的财务和经营政策。2022 年度,乙公司实现净利润 1 000万元。2022 年 4 月,乙公司宣告分派现金股利每股 0.30 元。2022 年 5 月,华远公司收到现金股利。华远公司编制如下会计分录：

(1)2021 年 1 月 5 日取得乙公司股份：

借：长期股权投资——乙公司股票　　(150 000×12+35 000)1 835 000

　贷：银行存款　　1 835 000

(2)2021 年度，乙公司实现净利润 1 000 万元，华远公司不用做任何会计处理。

(3)2022 年 4 月乙公司宣告分派股利：

借：应收股利——乙公司　　(150 000× 0.30)45 000

　贷：投资收益　　45 000

(4)2022 年 5 月华远公司收到现金股利：

借：银行存款　　45 000

　贷：应收股利——乙公司　　(150 000× 0.30)45 000

成本法以历史成本作为长期投资计价基础，将投资双方作为独立法人来反映各自的经济关系，比较符合法律规范。同时，采用成本法以实际获得利润或现金股利作为投资收益，既能反映利润或现金股利与其流入现金在时间上的同步性，又避免了应纳税所得额与投资收益之间的差异，账务处理也较为简单易懂、稳健。但在投资企业账上，成本法未能反映该企业占被投资企业权益的比重，投资双方的经济联系反映得不够充分。

(三)长期股权投资的权益法

所谓权益法，是指长期股权投资按照实际成本入账后，在持有期间内，根据被投资单位所有者权益的变动，投资企业按应享有(或应分担)被投资企业所有者权益的份额调整其投资账面价值的方法。被投资企业当期发生收益，投资企业按比例相应调高“长期股权投资”账户；发生亏损，投资企业则按比例调低“长期股权投资”账户；收到发放的股利，也要减少“长期股权投资”账户。在权益法下，“长期股权投资”账户的账面价值已不是长期股权投资的原始成本，而是投资者按其持股比例应享有被投资单位净资产变动的份额。

通常情况下，投资企业对被投资单位具有共同控制或重大影响的长期股权投资，应当采用权益法核算。

采用权益法核算长期股权投资涉及的主要内容有：

1.初始投资成本的调整。权益法的核心是长期股权投资账面价值反映了投资企业在被投资单位所有者权益中享有的份额。因此，该投资的初始投资成本以及按照持股比例对投资的后续计量，应与享有被投资单位可辨认净资产公允价值的份额相一致。其中，可辨认净资产的公允价值，是指被投资单位可辨认资产的公允价值减去负债及或有负债公允价值后的余额。

当长期股权投资的初始投资成本与投资时应享有被投资单位可辨认净资产公允价

值份额不一致时，应根据其差额性质分别处理：一是初始投资成本大于取得投资时应享有被投资单位可辨认净资产公允价值份额的，该部分差额是投资企业在取得投资过程中通过作价体现的与所取得股权份额相对应的商誉及被投资单位不符合确认条件的资产价值，这种情况下不要求对长期股权投资的成本进行调整；二是初始投资成本小于取得投资时应享有被投资单位可辨认净资产公允价值份额的，两者之间的差额体现为双方在交易作价过程中转让方的让步，该部分经济利益流入应作为收益处理，计入取得投资当期的营业外收入，同时调整增加长期股权投资的账面价值，编制借记“长期股权投资——成本”账户、贷记“营业外收入”账户的会计分录。

【例 5-35】2022 年 1 月 1 日，甲公司以银行存款 21 000 000 元取得联营企业乙公司 25%的股权，能够对乙公司的财务和经营政策施加重大影响。购买日，乙公司所有者权益均为可辨认净资产，其账面价值为 60 000 000 元，公允价值为 80 000 000 元。

分析：甲公司享有乙公司可辨认净资产公允价值份额＝80 000 000×25%＝20 000 000（元），长期股权投资的初始投资成本 21 000 000 元大于被投资时应享有被投资单位可辨认净资产公允价值份额，不调整长期股权投资的初始投资成本。

甲公司编制会计分录如下：

借：长期股权投资——成本　　21 000 000

　贷：银行存款　　21 000 000

【例 5-36】2022 年 1 月 1 日，甲公司以银行存款 17 000 000 元取得联营企业乙公司 25%的股权，能够对乙公司的财务和经营政策施加重大影响。购买日，乙公司所有者权益均为可辨认净资产，其账面价值为 60 000 000 元，公允价值为 80 000 000 元。根据上述资料编制会计分录如下：

借：长期股权投资——成本　　17 000 000

　贷：银行存款　　17 000 000

同时，

甲公司享有乙公司可辨认净资产公允价值份额＝80 000 000×25%＝20 000 000（元）

甲公司调增长期股权投资成本＝20 000 000－17 000 000＝3 000 000（元）

借：长期股权投资——成本（乙公司）　　3 000 000

　贷：营业外收入　　3 000 000

或者：

借：长期股权投资——成本（乙公司）　　20 000 000

　贷：营业外收入　　3 000 000

　　银行存款　　17 000 000

2.被投资单位实现净利润或发生净亏损的处理。在权益法下，被投资单位当年实现的净利润或发生的净亏损均影响所有者权益变动，因此，长期股权投资的账面价值也需要做出相应的调整。属于被投资单位当年实现的净收益而影响的所有者权益变动，投资企业应根据享有或应分担的被投资单位实现的净收益的份额，借记“长期股权投资——损益调整”账户，贷记“投资收益”等账户；属于被投资单位当年发生的净损失和其他损失净额而影响的所有者权益的变动，投资企业应当根据被投资单位发生的净损失和其他损失净额计算应享有的份额，借记“投资收益”等账户，贷记“长期股权投资——损益调整”账户。

需要说明的是，投资企业计算应享有或应分担被投资单位的净损益时，与联营企业、合营企业之间发生的未实现内部交易损益按照应享有的比例计算归属于投资方的部分，应当予以抵销，在此基础上确认投资收益。

投资企业确认被投资单位发生的净亏损，应当以长期股权投资的账面价值以及其他实质上构成对被投资单位净投资的长期权益减记至零为限（投资企业负有承担额外损失的情况除外），以反映其承担有限责任的性质。这里所讲的“其他实质上构成对被投资单位净投资的长期权益”，通常是指长期性的应收项目。比如，企业对被投资单位的长期债权，该债权没有明确的清理回收计划，且在可预见的未来期间不准备收回，实质上构成对被投资单位的净投资。可见，投资企业在确认应分担被投资单位发生的亏损时，应当按照以下顺序进行处理：

首先，冲减长期股权投资的账面价值。

其次，如果长期股权投资的账面价值不足以冲减的，应当以其他实质上构成对被投资单位净投资的长期权益账面价值为限继续确认投资损失，冲减长期应收项目等的账面价值。

最后，经过上述处理，按照投资合同或协议约定投资企业仍承担额外义务的，应按预计承担的义务确认预计负债，计入当期投资损失。

被投资单位以后期间实现净利润的，投资方在其收益分享额弥补未确认的亏损分担额后，按与上述顺序相反的顺序处理，减记已确认预计负债的账面余额，恢复其他实质上构成对被投资单位净投资的长期权益及长期股权投资的账面价值，同时确认投资收益。

3.被投资单位宣告分派利润或现金股利的处理。在权益法下，投资企业长期股权投资账面价值会随着被投资单位净资产的变动而变动。当被投资单位宣告分派利润或现金股利时，由于投资企业的长期股权投资已包含应享有被投资单位净资产的份额，被投资单位分派利润或现金股利必然使净资产减少，因此，投资企业按持股比例计算应分得的利润或现金股利时，借记“应收股利”账户，贷记“长期股权投资——损益调整”账户。

收到被投资单位宣告发放的股票股利,不进行账务处理,但应在备查簿中登记。

【例 5-37】2020 年 1 月 5 日,华远公司以银行存款购入天龙公司股票 100 000 股,每股面值 8 元,市价 9.20 元。华远公司的投资占天龙公司有表决权资本的 35%,其投资成本与应享有天龙公司所有者权益份额相等,采用权益法核算长期股权投资。2020 年天龙公司全年实现净利润 800 000 元。2021 年 3 月天龙公司宣告分派现金股利 1 000 000 元。2021 年该公司全年发生巨额亏损 4 000 000 元。截至 2021 年末,华远公司拥有天龙公司长期应收款 450 000 元,属于实质上构成对天龙公司净投资的长期权益。2022 年天龙公司全年实现净利润 380 000 元。天龙公司确认上述净利润或净亏损额是以其可辨认净资产公允价值为基础确定的。华远公司编制会计分录如下:

(1)2020 年 1 月 5 日投资时:

借:长期股权投资——成本(天龙公司股票) 920 000

  贷:银行存款 920 000

(2)2020 年 12 月 31 日确认投资收益:

借:长期股权投资——损益调整(天龙公司股票) (800 000×35%)280 000

  贷:投资收益 280 000

(3) 2020 年年末"长期股权投资"账户的账面余额=920 000+280 000=1 200 000(元)。

(4)2021 年天龙公司宣告分派股利:

借:应收股利——天龙公司 (1 000 000×35%)350 000

  贷:长期股权投资——损益调整(天龙公司股票) 350 000

宣告分派股利后"长期股权投资"账户的账面余额=1 200 000-350 000=850 000(元)。

(5)2021 年年末相关会计处理:

应承担投资损失=4 000 000×35%= 1 400 000(元)

以股权投资账面价值和长期权益为限确认投资损失=850 000+450 000=1 300 000(元)

根据投资合同约定,华远公司仍对未确认的巨额亏损 100 000 元(1 400 000-1 300 000)继续承担责任。华远公司编制会计分录如下:

借:投资收益 1 400 000

  贷:长期股权投资——损益调整(天龙公司股票) 850 000

    长期应收款——天龙公司 450 000

    预计负债 100 000

(6)2022 年年末相关会计处理:

应确认投资收益=380 000×35%=133 000(元)

借:预计负债 100 000

　长期应收款——天龙公司 33 000

　贷:投资收益 133 000

需要说明的是,无论是投资企业确认投资收益还是承担投资损失,都应当以取得投资时被投资单位各项可辨认净资产等的公允价值为基础,对被投资单位的净损益进行调整后确认。比如,以取得投资时被投资单位固定资产、无形资产的公允价值为基础计提的折旧额或摊销额,相对于被投资单位已计提的折旧额、摊销额之间存在差额的,应按其差额对被投资单位净损益进行调整,并按调整后的净损益和持股比例计算确认投资损益。

如果无法可靠确定投资时被投资单位各项可辨认资产等的公允价值,或投资时被投资单位可辨认资产等的公允价值与其账面价值之间的差额较小以及其他原因导致无法对被投资单位净损益进行调整的,也可以按照被投资单位的账面净损益与持股比例计算确认投资损益,但应在附注中说明这一事实及其原因。

【例 5-38】承例 5-37,假定华远公司投资时天龙公司可辨认净资产账面价值与其公允价值之间的差额为 200 000 元。2020 年年末,华远公司确认投资损益时,需要对此差额进行调整。其中,固定资产公允价值比其账面价值高 140 000 元,存货公允价值比其账面价值高 60 000 元。天龙公司对存货采用先进先出法计价,对固定资产采用直线法折旧(固定资产尚可使用 10 年)。根据上述资料,华远公司编制会计分录如下:

(1)根据天龙公司账面净利润,按权益法确认投资收益:

借:长期股权投资——损益调整 (800 000×35%)280 000

　贷:投资收益 280 000

(2)按公允价值调整投资收益:

借:投资收益 [(60 000+140 000÷10)×35%]25 900

　贷:长期股权投资——损益调整 25 900

可见,如果天龙公司以公允价值为基础编制利润表,2020 年净利润应当为 726 000 元(800 000-60 000-140 000÷10),华远公司确认的投资收益为 254 100 元(726 000×35%)。

4.被投资单位其他综合收益变动。被投资单位其他综合收益发生变动的,投资方应当按照归属于本企业的部分,相应调整长期股权投资的账面价值,同时增加或减少其他综合收益。即编制借(或贷)记"长期股权投资——其他综合收益"账户、贷(或借)记"其他综合收益"账户的会计分录。

5.被投资单位净损益、其他综合收益以及利润分配外引起的所有者权益变动。投资企业对于被投资单位除净损益、其他综合收益以及利润分配以外的所有者权益的其他变动,在持股比例不变的情况下,企业按照持股比例计算应享有或承担的部分,调整长期股权投资的账面价值,同时计入资本公积(其他资本公积)。即编制借(或贷)记“长期股权投资——其他权益变动”账户、贷(或借)记“资本公积——其他资本公积”账户的会计分录,并在备查簿中予以登记。

【例5-39】承例5-37,2020年,天龙公司因持有以公允价值计量且其变动计入其他综合收益的金融资产的公允价值变动而计入其他综合收益为200 000元,除该事项外,天龙公司当期实现净利润800 000元。假定不考虑其他因素,华远公司在确认应享有被投资单位所有者权益的变动时,编制会计分录如下:

借:长期股权投资——损益调整(天龙公司股票) 280 000

——其他权益变动 70 000

贷:投资收益 280 000

其他综合收益 70 000

6.股票股利的处理。被投资单位分派的股票股利,投资企业不做账务处理,但应于除权日注明所增加的股数,以反映股份的变化情况。权益法下对于被投资单位分派股票股利的处理,与成本法下的讨论相一致,实务中有不同的意见:有意见认为股票股利与现金股利应采用同样的处理方法,即投资方应在确认应收股利的同时,减少长期股权投资(损益调整),同时将应收股利相关价值量调整增加长期股权投资(投资成本);另有意见认为股票股利不影响被投资单位所有者权益总额,投资方不应进行会计处理。目前我国会计准则及实务中均采用第二种做法。

(四)长期股权投资减值

在第3、第4章中分别介绍了应收账款和存货等流动资产减值损失的核算。本章第二节和第三节分别介绍了以摊余成本计量的金融资产(债权投资)和以公允价值计量且其变动计入其他综合收益的金融资产(其他债权投资)减值的核算。需要说明的是,企业资产性质不同,减值会计处理也有差异。本节开始介绍非流动资产中部分资产(如固定资产、无形资产、采用成本模式计量的投资性房地产以及商誉等)减值会计处理的一般程序,之后再举例说明长期股权投资减值的核算。

1.资产减值的内涵。这里所说的“资产”即上述非流动资产。资产减值,是指资产的可收回金额低于其账面价值所发生的损失。对于已经发生的资产减值损失如果不予以确认,必然导致企业资产价值虚增,企业表现为虚盈实亏。这既不符合真实性的原则,也有悖于稳健性原则。因此,对那些已经没有经济价值、不能给公司带来经济利益的资产,在确认资产减值损失的同时,要计提相应的资产减值准备。

2.资产减值确认与计价的程序。

(1)资产是否发生减值的认定。企业确认资产减值损失,首先应判断资产是否发生了减值。在资产负债表日,如果发现资产市价大幅度下跌,预计在近期内不可能恢复,企业所处的经营环境发生重大变化,影响企业计算资产可收回金额的同期市场利率大幅度提高,资产陈旧过时或发生实体损坏,以及由于资产预计使用方式发生重大不利变化等情况时,企业应当计算资产的可收回金额,据此确定资产是否已经发生了减值。

(2)确定资产可收回金额。由于资产账面价值是已知的,因此确定资产可收回金额成为资产减值计价的核心。为了正确确定资产的可收回金额,必须掌握资产公允价值的确定方法。资产的公允价值,应当根据公平交易中有法律约束力的销售协议价格确定。如果没有有法律约束力的销售协议但存在资产活跃市场时,其公允价值应当按照市场价格确定,该市场价格应当根据资产的买方出价确定。如果既没有有法律约束力的销售协议,又不存在资产的活跃市场,应当以可获取的最佳信息(如同行业类似资产的最近交易价格或者结果)为基础,估计资产的公允价值。

企业按照上述规定仍然无法可靠估计资产的公允价值减去处置费用后的净额的,应当以该资产未来现金流量的现值作为其可收回金额。

(3)资产减值的确定。可收回金额的计量结果表明,资产的可收回金额低于其账面价值的,应当将资产的账面价值减记至可收回金额,减记的金额确认为资产减值损失,计入当期损益,同时计提相应的资产减值准备。即编制借记"资产减值损失"账户、贷记相关资产减值准备账户的会计分录。资产减值损失一经确认,在以后会计期间不得转回。

3.长期股权投资减值的账务处理。投资企业计提的长期股权投资减值准备,应当通过"长期股权投资减值准备"账户进行核算。企业在资产负债表日,根据计算确定的长期股权投资减值的金额,编制借记"资产减值损失"账户、贷记"长期股权投资减值准备"的会计分录。

【例 5-40】2021 年 1 月 1 日,甲企业取得乙股份有限公司股票 150 000 股,该投资的账面价值为 900 000 元,按权益法核算。同年 6 月 20 日,乙股份有限公司所在地区发生洪水,公司的大部分资产已损失,并难有恢复的可能,其股票市价下跌至每股 4 元。甲企业编制会计分录如下:

计提投资减值准备 = 900 000 − 150 000×4 = 300 000(元)

借:资产减值损失　　300 000

　贷:长期投资减值准备　　300 000

四、长期股权投资核算方法的转换

长期股权投资在持有期间,因各方面情况的变化,可能导致其核算需要由一种方法转换为另外一种方法,或者某些情况下因出售股权等原因对被投资单位丧失了控制、共同控制或重大影响,会由长期股权投资转为金融资产核算。

(一)成本法转换为权益法

投资方因处置投资导致持股比例下降,导致对被投资单位的影响由控制转为具有重大影响或与其他投资方共同控制的情况,在投资方的个别财务报表中应当按处置投资的比例结转应终止确认的长期股权投资,并对剩余部分进行追溯调整。其具体步骤如下:

1.关于投资处置部分。企业出售投资所得价款与处置部分长期股权投资账面价值之间的差额,应确认为处置损益。应按实际收到的金额,借记“银行存款”,贷记“长期股权投资”账户,如有差额,贷记或借记“投资收益”账户。

2.剩余部分的追溯调整,具体做法如下:

(1)投资时点商誉的追溯,剩余的长期股权投资初始投资成本大于被投资单位可辨认净资产公允价值份额的差额,不调整长期股权投资的账面价值。剩余的长期股权投资初始投资成本小于被投资单位可辨认净资产公允价值份额的差额,应调整长期股权投资的账面价值,同时调整留存收益。

(2)剩余股权投资的追溯调整。①原投资时刻至处置当期期初,投资单位剩余股权应享有被投资单位实现的净损益中应享有的份额,一方面调整长期股权投资的账面价值,同时调整留存收益。②处置当期期初至处置日,投资单位剩余股权应享有被投资单位实现的净损益中应享有的份额,一方面调整长期股权投资的账面价值,同时调整当期损益(投资收益)。③因投资方其他综合收益或其他所有者权益变动导致的投资单位剩余股权长期股权投资价值调整,在调整长期股权投资账面价值的同时,调整“其他综合收益”或“资本公积——其他资本公积”。

【例 5-41】M 公司原持有 N 公司 60%的股权,其账面余额为 48 000 000 元,未计提减值准备。2022 年 4 月 5 日,M 公司将其持有的对 N 公司长期股权投资中的 1/3 出售给 G 公司,取得价款 28 800 000 元,当日 N 公司可辨认净资产公允价值总额为 112 000 000 元。M 公司原取得 N 公司 60%股权时,N 公司可辨认净资产公允价值总额为 72 000 000 元(假定公允价值与账面价值相同)。自 M 公司取得对 N 公司长期股权投资后至部分处置投资前,N 公司实现净利润 40 000 000 元。其中,自 M 公司取得投资日至 2022 年初实现净利润 32 000 000 元。假定 N 公司一直未进行利润分配。除上述资料外,不考虑其他因素。M 公司按净利润的 10%提取盈余公积。

在出售 20%的股权后,M 公司对 N 公司的持股比例为 40%,在 N 公司董事会中派有代表,但不能对 N 公司生产经营决策实施控制,对 N 公司长期股权投资应由成本法改为按权益法核算。

要求:做出 M 公司的相关账务处理。

(1)确认长期股权投资处置损益:

借:银行存款　　　　28 800 000

　　贷:长期股权投资——成本(N公司)　16 000 000

　　　投资收益　12 800 000

(2)调整长期股权投资账面价值:

剩余长期股权投资的账面价值为32 000 000元,与原投资时应享有被投资单位可辨认净资产公允价值份额之间的差额3 200 000元(32 000 000-72 000 000×40%)为商誉,该部分商誉的价值不需要对长期股权投资成本进行调整。

处置投资以后按照持股比例计算享有被投资单位自购买日至处置投资日期间实现的净损益为16 000 000元(40 000 000×40%),应调整增加长期股权投资的账面价值,同时调整留存收益。企业应进行以下账务处理:

借:长期股权投资——损益调整　(40 000 000×40%)16 000 000

　　贷:盈余公积　(32 000 000×40%×10%)1 280 000

　　　利润分配——未分配利润　(32 000 000×40%×90%)11 520 000

　　　投资收益　3 200 000

(二)权益法转换为成本法

投资方原持有的对联营企业、合营企业的长期股权投资,因追加投资等原因,能够对被投资单位实施控制的,长期股权投资账面价值的调整应分为同一控制下企业合并和非同一控制下企业合并区别处理。

1.追加投资形成同一控制下企业合并的,在投资方个别报表中,应当将取得的被合并方所有者权益账面价值的份额,作为改按成本法核算的初始投资成本。

2.追加投资形成非同一控制下企业合并的,在投资方个别报表中,应当将原持有的股权投资账面价值与新增投资成本之和,作为改按成本法核算的初始投资成本。

【例5-42】假设北方公司原来持有通达公司发行在外的普通股的35%,对通达公司有重大影响。后来由于战略调整,北方公司又以1 000 000元的价格购买了通达公司35%的股份,最终持股比例为70%,对通达公司形成非同一控制下企业合并,改按成本法核算。原来北方公司持有的35%股份的账面价值为900 000元。

北方公司应进行以下账务处理:

借:长期股权投资　1 900 000

　　贷:长期股权投资——成本　900 000

　　　银行存款　1 000 000

五、长期股权投资处置

企业处置长期股权投资时,应相应结转与所售股权相对应的长期股权投资的账面价值,出售所得价款与处置长期股权投资账面价值之间的差额,应确认为处置损益。应按实际收到的金额，借记“银行存款”“长期股权投资减值准备”账户，贷记“长期股权投资”“应收股利（尚未领取的现金股利或利润）”账户，如有差额，贷记或借记“投资收益”账户。

企业处置采用权益法核算的长期股权投资时，原计入其他综合收益（不能结转损益的除外）或资本公积（其他资本公积）中的金额，如处置后因具有重大影响或共同控制仍然采用权益法核算的，在处置时亦应进行结转，将出售股权相对应的部分在处置时自其他综合收益或资本公积转入当期损益。如处置后对有关投资终止采用权益法的，原计入其他综合收益（不能结转损益的除外）或资本公积（其他资本公积）中的金额应全部结转。

【例5-43】M公司原持有N公司40%的股权，2022年12月20日，M公司决定出售其持有的N公司股权的1/4。出售时，M公司对N公司长期股权投资的账面价值构成为：投资成本9 600 000元、损益调整2 560 000元、其他权益变动1 600 000元，出售取得价款3 760 000元存入银行。编制会计分录如下：

（1）M公司确认处置损益：

借：银行存款	3 760 000	
贷：长期股权投资——成本（N公司）		2 400 000
——损益调整		640 000
——其他权益变动		400 000
投资收益		320 000

（2）同时，将原计入资本公积的部分转入投资收益：

借：资本公积——其他资本公积	400 000	
贷：投资收益		400 000

与成本法相比，权益法可以反映投资企业与被投资企业之间的重大经济关系、投资方在被投资企业中所享有的权益以及被投资企业所有者权益的变化，并且通过投资收益账户可以反映企业真正实现的投资收益。但这种方法，把投资方和被投资方两个单独的经济和法律实体合二为一，与法律规定和客观事实不符。

第六节 投资在财务报表中的列报

投资列报包括投资在资产负债表的列示和披露两部分内容。

一、投资的列示

为了详细反映投资的构成,企业投资在资产负债表的流动资产和非流动资产上分项予以列示。

"交易性金融资产"项目,在资产负债表上流动资产类下以其账面价值反映。金融资产相关项目、"长期股权投资"等项目,其金额分别按该账户余额扣除相应减值准备后的余额,在资产负债表非流动资产类下分项列示。对于股票、债券等有市价的投资项目,可在该表与其相关项目中以"括号"形式标明市价。对于长期投资中有将于一年内到期的投资项目,应从对应的投资中扣除,在"流动资产"类下"一年内到期的非流动资产"中单独反映。

在利润表上,应予以揭示的与投资有关的事项有:当期发生的投资收益净额(扣除投资损失),对联营企业和合营企业的投资收益等,均应作为非常项目单独列示。

二、投资的披露

(一)以公允价值计量的投资

在编制财务报表时,以公允价值计量投资,如交易性金融资产、以公允价值计量且其变动计入其他综合收益的金融资产,应当披露其具体内容。例如,交易性金融资产是债券投资、权益工具投资,还是指定为以公允价值计量且其变动计入当期损益的金融资产等;以公允价值计量且其变动计入其他综合收益的金融资产是债务工具(其他债权投资)还是权益工具(其他权益工具投资)。在财务报表附注中还应披露它们期末和年初的公允价值。

(二)以摊余成本计量的投资

以摊余成本计量的投资主要是指债权投资,企业应当在附注中披露投资项目期末、年初账面余额。

(三)长期股权投资

企业应当在附注中披露与长期股权投资有关的下列信息:

1.子公司、合营企业和联营企业清单,包括企业名称、注册地、业务性质、投资企业的持股比例和表决权比例。

2.合营企业和联营企业当期的主要财务信息,包括资产、负债、收入、费用等的合计金额。

3.被投资单位由于所在国家或地区及其他方面的影响,其向投资企业转移资金的能力受到限制的,应当披露受限制的具体情况。

4.当期及累计未确认的投资损失金额。

5.与子公司、合营企业及联营企业投资相关的或有负债。

案 例

2022 年 1 月 1 日,甲公司从二级市场购入乙公司分期付息、到期还本的债券 12 万张,以银行存款支付价款 10 500 000 元,另支付相关交易费用 120 000 元。该债券系乙公司于 2021 年 1 月 1 日发行,每张债券面值为 100 元,期限为 3 年,票面年利率为 5%,每年年末支付当年度利息。甲公司拟长期持有。不考虑其他因素。

案例思考题:

1.甲公司购入乙公司债券的入账价值是多少?

2.甲公司持有乙公司债券至到期累计应确认的投资收益是多少呢?

本章小结

根据企业管理层持有投资的目的,可以将投资分类为以摊余成本计量的金融资产(债权投资)、以公允价值计量且其变动计入综合收益的金融资产(其他债权投资、其他权益工具投资)、以公允价值计量且其变动计入当期损益的金融资产(交易性金融资产)、长期股权投资。

债权投资的初始投资成本应当按照取得投资时的公允价值及相关交易费用计价。企业应当以摊余成本对债权投资进行后续计量。在资产负债表日,企业应当对债权投资的账面价值进行检查,如有客观证据表明该投资发生了减值,应当计提减值准备。以后期间公允价值上升,该减值可以转回。

企业取得其他债权投资、其他权益工具投资时,应当按照取得投资时的公允价值及相关交易费用计价。在资产负债表日,应按照其他债权投资的公允价值计量,将其与账面价值差额计入其他综合收益。在资产负债表日,企业应当对其他债权投资的账面价值进行检查,如有客观证据表明该投资发生了减值,应当计提减值准备。以后期间公允价值上升,该减值可以转回。

交易性金融资产在初始确认时按照公允价值计量,相关交易费用计入投资收益。在资产负债表日,应按照交易性金融资产的公允价值计量,将其与账面价值差额计入公允价值变动损益。交易性金融资产出售时,将出售所得的全部价款与其账面价值的差额确认为当期收益。

企业的长期股权投资应当根据不同的情况，分别采用成本法或权益法。企业对被投资单位实施控制的，应当采用成本法；企业对被投资单位具有共同控制或重大影响的，应当采用权益法。在资产负债表日，企业应当对长期股权投资的账面价值进行检查，如有客观证据表明该投资发生了减值，应当计提减值准备。长期股权投资的减值损失一经确认，在以后会计期间内不得转回。

本章关键词汇

交易性金融资产	Trading Financial Assets
长期股权投资	Long-Term Equity Investments
摊余成本	Amortized Cost
直线摊销法	Straight Line Method
实际利率法	Effective Interest Rate Method

思考题

1.交易费用在以摊余成本计量的金融资产、以公允价值计量且其变动计入综合收益的金融资产、以公允价值计量且其变动计入当期损益的金融资产和长期股权投资的初始确认时各计入什么科目？

2.什么是摊余成本？摊余成本与历史成本是否相同？

3.在不同的情况下如何确认长期股权投资的初始投资成本？

4.长期股权投资核算的成本法包括哪些内容？

5.长期股权投资核算的权益法包括哪些内容？

练习题

1.2022年3月至5月，甲上市公司发生的以公允价值计量且其变动计入当期损益的金融资产业务如下：

(1)3月2日，甲公司购入A公司股票1 000 000股，每股面值1元，公允价值8元，另发生相关交易费用20 000元，全部以银行存款支付，并将该股票划分为交易性金融资产。

(2)3月31日，该股票在证券交易所的收盘价格为每股7.70元。

(3)4月30日，该股票在证券交易所的收盘价格为每股8.10元。

(4)5 月 10 日,将所持有的该股票全部出售,所得价款 8 250 000 元,已存入银行。假定不考虑相关税费。

要求:逐笔编制甲公司上述业务的会计分录。

2.甲股份有限公司为上市公司(以下简称甲公司),有关购入、持有和出售乙公司发行的不可赎回债券的资料如下:

(1)2021 年 1 月 1 日,甲公司支付价款 11 000 000 元(含交易费用),从活跃市场购入乙公司当日发行的面值 10 000 000 元、5 年期的不可赎回债券。该债券票面年利率为 10%,利息按单利计算,到期一次还本付息,实际年利率为 6.4%。当日,甲公司将其划分为以摊余成本计量的金融资产,按年确认投资收益。2021 年 12 月 31 日,该债券尚未发生减值迹象。

(2)2022 年 1 月 1 日,该债券市价总额为 12 000 000 元。当日,为筹集生产线扩建所需资金,甲公司出售债券的 80%,将扣除手续费后的款项的 9 550 000 元存入银行;该债券剩余的 20%重分类为以公允价值计量且其变动计入综合收益的金融资产。

要求:

(1)编制 2021 年 1 月 1 日甲公司购入该债券的会计分录。

(2)计算 2021 年 12 月 31 日该债券的投资收益、应计利息和利息调整摊销额,并编制相应的会计分录。

(3)计算 2022 年 1 月 1 日甲公司出售该债券的损益,并编制相应的会计分录。

(4)计算 2022 年 1 月 1 日该债券剩余部分的摊余成本,并编制重分类为以公允价值计量且其变动计入综合收益的金融资产的会计分录。

3.甲公司为上市金融企业,2020 年至 2022 年期间有关投资如下:

(1)2020 年 1 月 1 日,按面值购入 100 万份乙公司公开发行的分次付息、一次还本债券,款项已用银行存款支付,该债券每份面值 100 元,票面年利率 5%,每年年末支付利息,期限 5 年。甲公司将该债券投资分类为以公允价值计量且其变动计入综合收益的金融资产。

2020 年 6 月 1 日,自公开市场购入 1 000 万股丙公司股票,每股 20 元,实际支付价款 200 000 000 元。甲公司将该股票投资分类为以公允价值计量且其变动计入综合收益的金融资产。

(2)2020 年 10 月,受疫情影响,丙公司股票价格开始下跌,2020 年 12 月 31 日丙公司股票收盘价为每股 16 元。2021 年,丙公司股票价格持续下跌,2021 年 12 月 31 日收盘价为每股 10 元。

2020 年 11 月,受疫情影响,乙公司债券价格开始下跌。2020 年 12 月 31 日乙公司债券价格为每份 90 元。2021 年,乙公司债券价格持续下跌,2021 年 12 月 31 日乙公司债券价格为每份50元,但乙公司仍能如期支付债券利息。

(3)2022年宏观经济形势好转,2022年12月31日,丙公司股票收盘价上升至每股18元,乙公司债券价格上升至每份85元。

本题不考虑所得税及其他相关税费。甲公司对以公允价值计量且其变动计入综合收益的金融资产计提减值的政策是:价格下跌持续时间在1年以上或价格下跌至成本的50%以下(含50%)。假设不考虑减值因素对摊余成本的影响。

要求:

(1)编制甲公司取得乙公司债券和丙公司股票时的会计分录。

(2)计算甲公司2020年因持有乙公司债券和丙公司股票对当年损益或权益的影响金额,并编制相关会计分录。

(3)计算甲公司编制2021年12月31日对持有的乙公司债券和丙公司股票应确认的减值损失金额,并编制相关会计分录。

(4)计算甲公司2022年调整乙公司债券和丙公司股票账面价值对当期损益或权益的影响金额,并编制相关会计分录。

4.甲公司、乙公司2021年度和2022年度的有关交易或事项如下:

(1)2021年6月12日,经乙公司股东会同意,甲公司与乙公司的股东签订股权转让协议。有关资料如下:

①2021年6月20日,经有关资质的评估公司评估后,以乙公司净资产的评估价值为基础,甲公司以38 000 000元的价格取得乙公司15%的股权。

②该协议于6月20日分别经甲公司、丙公司股东会批准。7月1日,甲公司向丙公司支付了全部价款,并于当日办理股权变更手续,且向乙公司董事会派出一名董事。当日,乙公司可辨认净资产的公允价值为220 000 000元。

③2021年6月至12月,乙公司实现净利润12 000 000元。除所实现净利润外,乙公司于2017年8月购入某公司股票作为以公允价值计量且其变动计入综合收益的金融资产核算,实际成本6 500 000元,至2021年12月31日尚未出售,公允价值为9 500 000元。

(2)2022年1月1日,甲公司从丁公司处又购买了丁公司持有的乙公司40%的股权。至此,甲公司可以对乙公司实施控制。

①甲公司以一宗土地使用权和一项交易性金融资产作为对价,上述资产在2022年1月1日的账面价值和公允价值如下:

金额单位:元

项目	历史成本	累计摊销	减值准备	公允价值
土地使用权	80 000 000	10 000 000		130 000 000

项目	成本	累计已确认公允价值变动损益	公允价值
交易性金融资产	8 000 000	2 000 000	12 000 000

②当日，乙公司可辨认净资产的公允价值为 300 000 000 元。

(3)其他有关资料：

①不考虑所得税及其他税费的影响。

②假定甲、乙、丙、丁四个公司不存在关联方关系。

要求：

(1)根据资料(1)，①判断该长期股权投资应采用的核算方法，并说明理由；编制甲公司取得对乙公司长期股权投资的会计分录。②计算甲公司对乙公司长期股权投资2021 年度应确认的投资收益、该期股权投资 2021 年 12 月 31 日的账面价值，并编制相关会计分录。

(2)根据资料(2)的交易和事项，编制甲公司取得乙公司 40%长期股权投资形成企业合并时的相关会计分录。

第六章

固定资产

导　论

本章阐述了固定资产的确认、计量、后续支出及处置等会计理论与方法。通过本章的学习,应了解固定资产的内容、分类、决定固定资产折旧的因素;理解固定资产价值构成、计价标准、计提折旧的范围;掌握固定资产初始计量、固定资产折旧、固定资产后续计量以及固定资产处置的会计处理。

固定资产的内容、固定资产价值构成和固定资产的计价标准、固定资产增加的会计处理方法、折旧的计算方法、固定资产后续支出的会计处理、固定资产出售与清理的会计处理方法等内容为本章学习的重点。分期购置固定资产的会计处理、购入需要安装固定资产的会计处理、固定资产折旧的方法、固定资产出售、固定资产清理和固定资产减值的会计处理为本章学习的难点。

第一节　固定资产概述

固定资产代表着企业的生产能力,也是企业资产负债表的重要项目。固定资产核算正确与否,关系到资产负债表和利润表所反映信息的质量,进而影响到会计信息使用者做出恰当的决策。

一、固定资产的概念及其特征

"固定资产"一词在会计文献中有广义和狭义之分。广义的固定资产包括有形固定资产和无形固定资产;狭义的固定资产仅指有形固定资产,如土地、房屋和建筑物、机器设备、运输工具、工具器具等。本章所讲的固定资产为狭义的固定资产。按照我国《企业会计准则第 4 号——固定资产》的规定,固定资产是指同时具有下列两个特征的有形资产:①为生产商品、提供劳务、出租或经营管理而持有的;②使用寿命超过 1 个会计期间,其中,使用寿命是指企业使用固定资产的预计期间,或者该固定资产所能生产产品或提供劳务的数量。

从上述概念可见,固定资产具有以下特征。

(一)固定资产是有形资产

企业的资产按其是否具有实物形态分为有形资产和无形资产。固定资产是指房屋、建筑物、机器设备、运输工具、工具和器具等有形实物资产,不包括专利权、商标权等无形资产。作为具有实物形态的固定资产,可以多次参加企业的生产经营过程,在若干生产周期内发挥作用,并保持其原有的实物形态,其价值也会随着固定资产的使用而逐渐、分次地转移到产品成本或所提供的劳务成本以及相应费用中去,并通过企业的最终收入得到补偿。

(二)固定资产的使用期限超过 1 年或长于 1 年的 1 个经营周期

企业在生产经营过程中,都要持续不断地补充和耗用现金、存货等流动资产。然而,房屋、建筑物、机器设备等固定资产则与流动资产不同,它们不会在 1 年内或超过 1 年的 1 个营业周期内变现或者耗用。也就是说,随着企业生产经营活动的进行,固定资产不会在 1 个生产经营周期内加工生产完一批产品就因此而消失,而是继续存在,能在较长的时期内发挥作用。

(三)持有固定资产的目的是用于经营而非销售

获取固定资产的目的是为了用于生产、提供商品或服务、出租给他人或用于行政管理,而不是出售。这一特征是固定资产区别于流动资产或其他长期资产的重要标志。企业取得某些资产的价值可能较高,并且占有的时间也可能较长,如果只是为未来生产经营做准备,或对外投资或准备出售,则不能列入固定资产,前者列入在建工程,而后者分别列入对外投资和存货。

二、固定资产的确认

关于固定资产的确认,需要解决的问题主要有:固定资产的确认条件是什么;如何运用其确认条件。一项资产在符合固定资产的定义的前提下,应当同时满足以下两个条件才能予以确认。

(一)该固定资产包含的经济利益很可能流入企业

资产最重要的特征是预期会给企业带来经济利益。企业在确认固定资产时,需要判断与该固定资产有关的经济利益是否很可能流入企业。会计实务中,判断固定资产包含的经济利益是否很可能流入企业,主要依据是,与该固定资产所有权相关的风险和报酬是否转移到了企业。凡是所有权已属于企业,无论企业是否收到或持有该固定资产,均应作为企业的固定资产核算入账;反之如果企业没有取得所有权,即使存放在企业,也不能作为企业的固定资产。但有时,企业虽然不能取得固定资产的所有权,可是能够控制并且使该项固定资产所包含的经济利益流入企业,也可以将其确认为企业的固定资产。融资租入固定资产就是典型的例子。有些资产的使用(如企业购置的环保设备和安全设备等),虽然不能直接为企业带来经济利益,但是它们有助于企业从相关资产中获得经济利益,或者将减少企业未来经济利益的流出,企业也应将这些设备确认为固定资产。如果构成固定资产的各组成部分,各自具有不同的使用寿命或者以不同的方式为企业带来经济利益,从而适用不同的折旧率或者折旧方法,企业应将其各组成部分单独确认为固定资产。

(二)该固定资产的成本能够可靠地计量

成本能够可靠计量是资产确认的一项基本条件。企业在确定固定资产成本时必须取得确凿证据,但有时需要根据所获得的最新资料,对固定资产的成本进行合理的估计。如企业对已达到预定可使用状态但尚未办理竣工决算的固定资产,需要根据工程预算、工程造价或工程实际发生的成本等资料,按估计价格确定其成本,办理竣工决算后,再按照实际成本调整原来的暂估价值。此外,与固定资产有关的后续支出,满足固定资产确认条件的,应当计入固定资产成本;不满足固定资产确认条件的,应当在发生时计入当期损益。

三、固定资产的计价

在我国企业基本会计准则规定的5种可供选择的计量属性中,除可变现净值外,企业可以根据固定资产取得的不同方式,分别采用历史成本、重置成本、现值和公允价值计量属性计价。如企业购置、建造、改建及扩建某项固定资产达到预定可以使用状态计价入账的依据为历史成本;固定资产盘盈入账的依据为采用重置成本;超过正常信用条件延期支付取得的固定资产入账的依据为现值;债务重组、非货币性资产交换方式取得固定资产一般按公允价值计价入账。其中历史成本应用的最为广泛。因为固定资产采用历史成本计价具有以下优点:一是历史成本是取得固定资产时所发生的一切合理、必要的支出,具有真实性。二是取得固定资产所发生的支出,均有原始凭证来证明,具有可验证性;三是历史成本反映了企业取得固定资产的原始支出,它是计算折旧的依据。

四、固定资产的分类

为了加强固定资产的管理,便于组织会计核算,有必要对固定资产进行科学、合理的分类。按照不同的管理要求和不同的分类标准,固定资产可以有多种分类。

(一)生产经营用固定资产和非生产经营用

按固定资产的经济用途分类,固定资产可分为:①生产经营用固定资产。它是指直接服务于企业生产、经营全过程的固定资产,如厂房、机器设备、仓库、销售场所、运输车辆等。②非生产经营用固定资产。它是指不直接服务于生产、经营过程的固定资产,如职工宿舍、食堂、浴室、医务室、图书馆等使用的房屋、设备和其他固定资产。

(二)使用中固定资产、未使用固定资产和不需用固定资产

按固定资产使用情况分类,固定资产可分为:①使用中固定资产。它是指在使用中的经营性和非经营性固定资产。由于季节性经营或大修理等原因,暂停使用的固定资产,企业以经营租赁方式出租给其他单位使用的固定资产,内部替换使用的固定资产,均属于使用中的固定资产。②未使用的固定资产。它是指尚未投入使用的新增固定资产和经批准停止使用的固定资产。③不需用的固定资产。它是指企业不需用或准备处置的固定资产。

(三)自有固定资产和融资租入固定资产

按固定资产所有权分类,可分为:①自有固定资产。它是指企业拥有的可供企业自由支配使用的固定资产。②融资租入固定资产。它是指企业在租赁期间不拥有所有权但拥有实质控制权的固定资产。

此外,按固定资产的经济用途和使用情况综合分类,可把企业的固定资产分为七大类:生产经营用固定资产;非生产经营用固定资产;租出固定资产,指在经营性租赁方式下出租给外单位使用的固定资产;不需用固定资产;未使用固定资产;土地;融资租入固定资产。

第二节　固定资产的取得

固定资产可以以不同方式取得,如购买、自行建造、投资者投入、非货币性资产交换、债务重组、企业合并、融资租赁等。取得方式不同,固定资产成本的具体确定方法也不尽相同。

一、现金购置

现金购置固定资产应当按取得时的成本入账。取得固定资产的成本是由购买价款、进口关税和其他税费,以及使固定资产达到预定可使用状态前所发生的可归属于该项资产的场地整理费、运输费、装卸费、安装费和专业人员服务费等构成的。

由于现金不存在计价问题,因此确定现金购置方式取得固定资产成本较为简单,将购置固定资产所发生的必要支出全部计入固定资产成本即可。

如果企业为增值税一般纳税人,购进机器设备等固定资产的进项税额、与运输费用相关的进项税额不计入固定资产成本,可以在销项税额中抵扣。

【例 6-1】2021 年 1 月 5 日,某企业购入一台不需要安装的生产用设备,取得增值税专用发票上注明的设备价款为 350 000 元,增值税税额为 45 500 元;取得增值税发票注明的运输费 5 000 元、增值税税额为 450 元,支付保险费 1 600 元,上述款项均以银行存款付讫。编制如下会计分录:

购置设备的成本=350 000 +5 000+1 600=356 600(元)

借:固定资产——设备　　356 600

　应交税费——应交增值税(进项税额)　　46 046

　贷:银行存款　　402 646

有时,企业为了降低购买成本或享受批量购货的折扣,或因为无法分别购买资产(如房屋和土地),可能用一笔款项购入多项没有单独标价可独立使用的资产,即"一揽子购货"。由于各种资产的价格、新旧程度及使用寿命有所不同,所以需要按照一定的标准将整笔款项在取得的各种资产之间进行分摊,分别确定各项资产的成本,以便区分固定资产与非固定资产、不需要计提折旧的资产与需要计提折旧而折旧率不同的资产。其分摊标准是每项资产公允价值占所购买全部资产公允价值总额的百分比。

【例 6-2】甲企业以一揽子价格 40 000 000 元购买乙企业,不考虑增值税等相关税费。该购买价格包括建筑物、制造设备、与设备使用相关的专利权及原材料。这些资产的公允价值分别为 17 600 000 元、13 200 000 元、8 800 000 元和 4 400 000 元。为确定各项资产的成本,一揽子购买价格需要在各个资产之间进行分配,如表 6-1 所示。

表 6-1　资产成本分摊表　　金额单位:元

资产	公允价值	比例(%)	分摊成本
建筑物	17 600 000	40	16 000 000
制造设备	13 200 000	30	12 000 000

续表

资产	公允价值	比例(%)	分摊成本
专利权	8 800 000	20	8 000 000
原材料	4 400 000	10	4 000 000
合计	44 000 000	100	40 000 000

根据分摊结果,编制会计分录如下:

借:固定资产——建筑物　16 000 000
　　　　　——制造设备　12 000 000
　无形资产——专利权　8 000 000
　原材料　4 000 000
　贷:银行存款　40 000 000

企业购入的固定资产分为不需要安装的固定资产和需要安装的固定资产两种情形。前者的取得成本为企业实际支付的购买价款、包装费、运杂费、保险费、专业人员服务费和相关税费(不含可抵扣的增值税进项税额)等,后者的入账成本是在取得成本的基础上,加上安装、调试等成本之后,予以确定。发生的购置、安装等成本通过“在建工程”账户核算,待安装完毕,再转入固定资产,其账务处理方法见自行建造固定资产的内容。

二、分期付款购置

企业购买固定资产通常在正常信用条件期限内付款,但也会发生超过正常信用条件购买固定资产的经济业务。有时企业为了降低筹措资金的压力,会采取分期付款方式购买固定资产,而不会采用现款交易方式去购买固定资产。这种方式一般付款期限较长,超过正常的信用条件,其实质是融资租赁固定资产。采用这种方式取得资产的成本应以各期付款额的现值之和为依据,而不是各期付款额之和。取得时,要视不同情况分别处理:一是如果存在现款支付的价格,该资产按应此价格计价入账;二是如果不存在与类似该资产的市场价格,固定资产成本应按照各期支付的价款选择恰当的折现率进行折现后的金额加以确定。各期实际支付的价款之和与其现值之间的差额,符合《企业会计准则第17号——借款费用》中规定的资本化条件的,应当通过“在建工程”计入固定资产成本,其余部分应当在信用期间内确认为财务费用,计入当期损益。在延期付款赊购固定资产方式下,企业除设置“固定资产”账户外,还应设置“长期应付款”和“未确认融资费用”账户。

固定资产入账时,按现款支付的价格或购买价款的现值,借记“固定资产”或“在建工程”等账户；按应支付的金额，贷记“长期应付款”账户；按其差额，借记“未确认融资费用”账户。采用实际利率法分期摊销未确认融资费用，借记“在建工程”“财务费用”等账户，贷记“未确认融资费用”账户。

【例 6-3】2019 年 1 月 1 日，某企业购入一幢有递延付款合同的房屋，合同规定在未来的 3 年内，于每年年末付款一次。2019 年支付 2 000 000 元，2020 年支付 1 500 000 元，2021 年支付 1 500 000 元，共需支付价款 5 000 000 元。假定资本市场利率为 5%，无其他相关税费。其相关会计处理如下。

(1)计算房屋的入账成本：

$$\text{房屋入账成本}=\frac{2\ 000\ 000}{(1+5\%)^{1}}+\frac{1\ 500\ 000}{(1+5\%)^{2}}+\frac{15\ 00\ 000}{(1+5\%)^{3}}$$

$$=1\ 904\ 762+1\ 360\ 544+1\ 295\ 784=4\ 561\ 090(\text{元})$$

2019 年 1 月 1 日取得资产编制会计分录如下：

借：固定资产——房屋　　4 561 090

　　未确认融资费用　　438 910

　贷：长期应付款　　5 000 000

(2)确定信用期间未确认融资费用的分摊额，如表 6-2 所示。

表 6-2　未确认融资费用分摊表　　单位：元

日期	分期付款额	确认的融资费用	应付本金减少额	应付本金余额
	②	③=期初⑤×5%	④=②-③	期末⑤=期初⑤-④
2019.1.1				4 561 090
2019.12.31	2 000 000	228 055	1 771 945	2 789 145
2020.12.31	1 500 000	139 458	1 360 542	1 428 603
2021.12.31	1 500 000	71 397*	1 428 603	0
合计	5 000 000	438 910	4 561 090	—

* 尾数调整：71 397=1 500 000-1 428 603。

(3)根据表 6-2，以 2019 年为例，编制会计分录如下：

借：财务费用　　228 055

　贷：未确认融资费用　　228 055

借：长期应付款　　2 000 000

　贷：银行存款　　2 000 000

其他年份会计分录依此类推，最后一年“长期应付款”账户结平。

三、自行建造

有时，企业利用自己的技术力量、设备和人力，采用自建方式建造特殊质量要求的资产或者自建一些较外购低廉的资产。企业自行建造固定资产，可分为自营工程和出包工程两种形式。无论采用何种方式，所建工程都应当按照实际发生的支出确定其工程成本并单独核算。

（一）自营工程

自营工程，指企业自行组织工程物资采购、自行组织施工人员从事工程施工完成固定资产建造。对于自营工程成本如何计量，需要研究以下问题，但关于自营工程借款费用是否计入工程成本问题将在第十章讨论。

1. 自营工程直接成本。直接成本是指那些为建造自营工程而发生的成本，如建造固定资产领用工程物资、原材料或库存商品，直接人工成本以及直接机械施工费等。一般认为，自建过程中发生的所有直接成本均应计入自制固定资产资本。但应注意：不能把某些原因造成长期闲置、不能投入使用的自制固定资产的支出作为建造期间支出而计入固定资产成本，否则，会造成固定资产成本的虚增。在会计实务中，通常将这些支出列作递延费用（长期待摊费用）处理。

2. 自营工程固定间接费用的处理。自营工程固定间接费用包括动力费、热力费、电费、保险费、厂房建筑物和设备的财产税、厂房监督工人工资、固定资产的折旧费、耗用品成本。关于自营工程固定间接费用的归属的处理有以下两种做法。

（1）自营工程不分摊固定间接费用。其依据是间接费用在本质上一般是固定发生的，不论企业是否发生这项资产的建造，都将发生同样的成本。因此，将间接费用的一部分分摊到建造资产成本中，将会减少当期正常的费用，因此会高估当期的收益。然而，企业应将由于建造资产发生的变动间接费用如设计费、工程费等分摊到该自建资产成本中。

（2）自营工程分摊部分固定间接费用。其依据是如果没有分配固定间接费用至自营资产，那么将会低估这些资产的初始计量成本，从而使得将来的摊配不准确。具体分摊可采用：①增支费用法，即自建固定资产成本只负担在建造固定资产过程中专门为该项资产而发生的建造费用的方法。采用这种方法的依据是：在固定资产建造过程中，有些费用的发生是建造固定资产所必需的，自制固定资产成本应当负担这些制造费用。采用增支费用的分摊办法，关键在于要划清自制固定资产发生的固定间接费用与正常产品生产而发生的制造费用的界限；否则，就会造成自制固定资产成本和产品成本不真实的结果。②比例分摊法。它是指将固定间接费用按相同的基础和比例在自制固定资产与制造销售的产品之间予以分配的方法。这将使成本与收入更好地配比。采用这种方法的关键是需要选择合理的分配标准。

3.自营工程损益问题。我国企业会计准则规定,企业以自营方式建造固定资产,建设期间发生的工程物资盘亏、报废及毁损,减去残料价值以及保险公司、过失人等赔款后的净损失,计入所建工程项目的成本;盘盈的工程物资或处置净收益,冲减所建工程项目的成本。工程完工后发生的工程物资盘盈、盘亏、报废、毁损,计入当期营业外收支。

除按照我国企业会计准则所规定的自营工程损益确定方法外,如果企业自营工程分配了固定间接费用后,使建造成本超过了外部独立生产商提供的成本,企业应该将超过的这部分间接费用确认为损失,而不能再进行资本化处理,这也就避免以超过该资产可能的市场价值的金额确认自营工程价值。

自营的在建工程领用工程物资、原材料或库存商品的,借记"在建工程"账户,贷记"工程物资""原材料""库存商品"等账户,涉及增值税的,还应进行相应的处理;在建工程应负担的职工薪酬,借记"在建工程"账户,贷记"应付职工薪酬"账户;辅助生产部门为工程提供的水、电、设备安装、修理、运输等劳务,借记"在建工程"账户,贷记"生产成本——辅助生产成本"等账户;在建工程发生的借款费用满足借款费用资本化条件的,借记"在建工程"账户,贷记"长期借款""应付利息"等账户。工程达到预定可使用状态并交付使用时,借记"固定资产"账户,贷记"在建工程"账户。

【例6-4】2021年1月,甲公司自行建造一座仓库,购入工程物资一批,价款为200 000元,支付增值税进项税额为26 000元,款项以银行存款支付。该年1月至6月,工程领用工程物资218 000元,剩余工程物资转为该公司的存货;领用生产用原材料一批,实际成本为25 600元,增值税进项税额为3 328元,未计提存货跌价准备;应支付工程人员薪酬52 640元;该年6月底,工程达到预定可使用状态并交付使用。假定甲公司适用的增值税税率为13%,不考虑其他相关税费。编制会计分录如下:

(1)购入为工程准备的物资:

借:工程物资	226 000	
贷:银行存款		226 000

(2)工程领用物资:

借:在建工程——仓库工程	218 000	
贷:工程物资		218 000

(3)工程领用原材料:

借:在建工程——仓库工程	28 928	
贷:原材料		25 600
应交税费——应交增值税(进项税额转出)		3 328

(4)计提工程人员薪酬:

借:在建工程——仓库工程	52 640	

贷：应付职工薪酬　　52 640

(5)工程达到预定可使用状态并交付使用：

借：固定资产——仓库　　299 568

贷：在建工程——仓库工程　　299 568

(6)剩余工程物资转作存货：

借：原材料　　7 079.65

应交税费——应交增值税(进项税额)　　920.35

贷：工程物资　　8 000

(二)出包工程

出包方式下，企业通过招标方式将工程项目发包给建造承包商，由建造承包商(即施工企业)组织工程项目施工。企业以出包方式建造固定资产，其成本由建造该项固定资产达到预定可使用状态前所发生的必要支出构成，包括发生的建筑工程支出、安装工程支出，以及需分摊计入各固定资产价值的待摊支出。

其中，待摊支出是指建设期间发生的，不能直接计入某项固定资产价值而共同负担的相关费用，包括管理费、征地费、可行性研究费、临时设备费、公证费、监理费、应负担的税金、符合资本化条件的借款费用、工程物资盘亏、报废及毁损净损失，以及负荷联合试车费等。待摊支出计算公式如下：

待摊支出分配率＝累计发生的待摊支出÷(建筑工程支出＋安装工程支出＋在安装设备支出)×100%

单项工程应分配的待摊支出＝(该项工程的建筑工程支出＋该项工程的安装工程支出＋该项工程的在安装设备支出)×待摊支出分配率

在出包方式下，“在建工程”科目实际成为企业与承包单位的结算科目，企业应按实际支付给建造承包商的工程价款，借记“在建工程”科目，贷记“银行存款”科目。按合理估计的工程进度和合同规定结算的进度款，借记“在建工程——建筑工程(××工程)”和“在建工程——安装工程(××工程)”账户，贷记“银行存款”“预付账款”科目。工程完工时，按合同规定补付的工程款，借记“在建工程”科目，贷记“银行存款”科目。

企业将需安装设备运抵现场安装时，借记“在建工程——在安装设备(××设备)”科目，贷记“工程物资——××设备”科目；企业为建造固定资产发生的待摊支出，借记“在建工程——待摊支出”科目，贷记“银行存款”“应付职工薪酬”等科目。

【例6-5】2021年1月，甲公司以出包方式建造仓库一座，根据工程预算仓库造价估计为5 000 000元，工程款分三次支付给乙建造承包商，首次支付工程款3 000 000元、增值税300 000元，后两次每次支付1 000 000元、增值税100 000元。2021年10月，工程完工决算，根据竣工工程决算表，仓库全部建造成本为5 035 000元，甲公司还需补付工程价款35 000元、增值税3 500元。上述款项均以银行存款支付。编制会计分录如下：

(1)首次预付工程款：

借：在建工程——建筑工程(仓库)　　3 000 000

　应交税费——应交增值税(进项税额)　　300 000

　贷：银行存款　　3 300 000

(2)第二、三次每次预付工程价款：

借：在建工程——建筑工程(仓库)　　1 000 000

　应交税费——应交增值税(进项税额)　　100 000

　贷：银行存款　　1 100 000

(3)根据竣工工程决算表，结转工程成本：

借：固定资产——仓库　　5 035 000

　贷：在建工程——建筑工程(仓库)　　5 035 000

(4)补付工程价款：

借：在建工程——建筑工程(仓库)　　35 000

　应交税费——应交增值税(进项税额)　　3 500

　贷：银行存款　　38 500

企业为建造固定资产发生的待摊支出，借记"在建工程——待摊支出"科目，贷记"银行存款""应付职工薪酬""长期借款"等科目；分摊待摊支出时，借记"在建工程——建筑工程(××工程)"等科目，贷记"在建工程——待摊支出"科目。

【例6-6】甲公司经批准新建一个火电厂，包括建造发电车间、冷却塔、安装发电设备3个单项工程，建设工期为10个月。2021年3月1日，甲公司与乙公司签订合同，将火电厂新建工程出包给乙公司。双方约定，建造发电车间的价款为2 500 000元，建造冷却塔的价款为1 400 000元，安装发电设备的安装费用为225 000元(不考虑增值税)。建设期间发生的经济业务及编制会计分录如下：

(1)将已购进的发电设备交付安装，其成本为1 900 000元：

借：在建工程——在安装设备(发电设备)　　1 900 000

　贷：工程物资——发电设备　　1 900 000

(2)以银行存款支付工程发生的管理费、可行性研究费、公证费、监理费58 000元：

借：在建工程——待摊支出　　58 000

　贷：银行存款　　58 000

(3)因台风造成冷却塔在建工程毁损225 000元，已向保险公司索赔150 000元，其余确认为非常损失：

借：营业外支出　　75 000

其他应收款　150 000

贷:在建工程——建筑工程(冷却塔)　225 000

(4)结算工程款并补付剩余工程款。发电车间建筑工程款 2 500 000 元、冷却塔建筑工程款 1 400 000 元、发电车间安装工程款 225 000 元,合计 4 125 000 元,其中以预付账款结算发电车间工程款 1 500 000 元、冷却塔工程款 700 000 元,其余工程款以银行存款付讫:

借:在建工程——建筑工程(发电车间)　2 500 000

——建筑工程(冷却塔)　1 400 000

——安装工程(发电车间)　225 000

贷:银行存款　1 925 000

预付账款——建筑工程(发电车间)　1 500 000

——建筑工程(冷却塔)　700 000

(5)分摊待摊支出:

待摊支出分摊率 = 58 000/(2 500 000+1 400 000−225 000+1 900 000+225 000)×100%
= 1%

发电车间应分配的待摊支出 = 2 500 000×1% = 25 000(元)

冷却塔应分配的待摊支出 = (1 400 000−225 000)×1% = 11 750(元)

发电设备(安装工程)应分配的待摊支出 = 225 000×1% = 2 250(元)

发电设备(在安装设备)应分配的待摊支出 = 1 900 000 ×1% = 19 000(元)

根据计算结果,编制如下会计分录:

借:在建工程——建筑工程(发电车间)　25 000

——建筑工程(冷却塔)　11 750

——安装工程(发电设备)　2 250

——在安装设备(发电设备)　19 000

贷:在建工程——待摊支出　58 000

(6)结转固定资产建造成本:

发电车间 = 2 500 000+25 000 = 2 525 000(元)

冷却塔 = 1 400 000+11 750−225 000 = 1 186 750(元)

发电设备 = 1 900 000+225 000+19 000+2 250 = 2 146 250(元)

借:固定资产——发电车间　2 525 000

——冷却塔　1 186 750

——发电设备　2 146 250

贷:在建工程——建筑工程(发电车间)　2 525 000

——建筑工程(冷却塔)　1 186 750

——安装工程(发电设备)　227 250

——在安装设备(发电设备)　　1 919 000

四、接受投资

投资者投入固定资产的成本,应当按照投资合同或协议约定的价值确定,但合同或协议约定价值不公允的除外。在投资合同或协议约定价值不公允的情况下,按照该项固定资产的公允价值作为入账价值,借记"固定资产"账户,贷记"实收资本"或"股本"账户,涉及增值税的,还应进行相应的处理。

【例6-7】M公司属于工业企业,为增值税一般纳税人,由股东甲、乙各出资4 000 000元设立,经过5年经营后已有留存收益2 000 000元。经协商同意,现有丙投资者向该公司出资一台新设备,合同约定的价值2 500 000元,占有M公司注册资本20%,已取得丙投资者开出的增值税专用发票,增值税税额为325 000元,有关的法律手续已经办妥。M公司注册资本增至10 000 000元。

M公司确认的固定资产价值为:2 500 000元

M公司确认的实收资本金额:10 000 000×20% = 2 000 000(元)

编制如下会计分录:

借:固定资产——设备　　2 500 000

　应交税费——应交增值税(进项税额)　　325 000

　贷:实收资本——丙投资者　　2 000 000

　　资本公积——资本溢价　　825 000

除上述固定资产取得方式外,企业还可以通过债务重组、非货币性资产交换、融资租赁等方式取得固定资产,其账务处理将在《高级财务会计》中详细阐述。

五、固定资产弃置费用

弃置费用,是指企业承担环境保护和生态恢复等义务所确定的支出。而弃置义务通常是指根据国家法律和行政法规、国际公约等规定,企业承担的环境保护和生态恢复等义务,如石油天然气企业油气水井及相关设施的弃置、核电站核设施的弃置等。

对于这些特殊行业的特定固定资产,企业应当按照弃置费用的现值计入相关固定资产的成本。在固定资产的使用寿命内,按照预计负债的摊余成本和实际利率计算确定的利息费用,应当在发生时计入财务费用。

需要说明的是,一般工商企业的固定资产发生的报废清理费用,不属于弃置费用,应当在发生时作为固定资产处置费用处理。

【例6-8】某化工产品生产企业的一套生产线达到预定可使用状态并投入使用,其建造成本40 000 000元,预计使用寿命为15年。根据有关法律规定,该生产线使用寿命届满时应对环境进行复原,预计将发生弃置费用4 000 000元。企业采用的折现率为10%。与弃置费用有关的账务处理如下:

生产线投入使用时,按弃置费用的现值计入固定资产原价:

固定资产原价=40 000 000+4 000 000×0.239 4=40 957 600(元)

(注:0.239 4是折现率为10%、期限15年的复利现值系数。)

借:固定资产　　40 957 600

　贷:在建工程　　40 000 000

　　预计负债　　957 600

前3年利息费用的计算如下:

第1年利息费用=957 600×10%=95 760(元)

第2年利息费用=(957 600+95 760)×10%=105 336(元)

第3年利息费用=(957 600+95 760+105 336)×10%=115 870(元)

以后年份利息的计算方法同上。以第一年为例,确认利息费用的会计分录如下:

借:财务费用　　95 760

　贷:预计负债　　95 760

第2年至第15年,确认利息费用的会计分录可比照第一年编制。实际履行义务时,应减少银行存款,转销预计负债。

第三节　固定资产折旧

固定资产折旧是固定资产由于损耗而减少的价值。企业应对固定资产损耗价值在其收益期内以计提折旧的方式予以摊配,实现收支配比。企业分期计提折旧时,应考虑固定资产折旧基数、预计使用寿命和预计净残值等因素。常用的固定资产折旧方法有年限平均法、工作量法和加速折旧法。

一、固定资产折旧的性质

我们知道,固定资产的特点是可以连续多次参加生产经营活动,并始终基本上保持其原来的实物形态;而其价值则会随着固定资产的损耗而逐渐减少。固定资产在使用过程中由于逐渐损耗而转移的价值称为折旧。引起固定资产折旧的原因可归结为两个方面:一是固定资产的有形损耗;二是固定资产的无形损耗。有形损耗是指固定资产由于使用和自然力的影响而引起的使用价值和价值的损失;无形损耗是指固定资产由于科学技术进步而引起的在价值上的损失。根据配比原则,对固定资产损耗应在固定资产的预计有效使用期内,以计提折旧的方式计入成本费用,从各期营业收入中逐步得到补偿。可见,折旧核算的目的就是将固定资产成本在其预计使用年限内系统、合理地进行分配,实现当期收入与其相关费用的合理配比。

二、计提固定资产折旧的范围

计提折旧要明确哪些固定资产应当提取折旧,哪些固定资产不计提折旧。根据有关规定,应计提折旧的固定资产包括:房屋和建筑物、机器设备、仪器仪表、运输车辆、工具器具;季节性停用和修理停用的设备;以经营租赁方式租出的固定资产;以融资租赁方式租入的固定资产。不提折旧的固定资产包括:已提足折旧继续使用的固定资产;未提足折旧提前报废的固定资产;经营租赁方式租入的固定资产;破产、关停企业的固定资产。

企业一般应根据月初应计提折旧固定资产账面原值和月折旧率,按月计提折旧。当月增加的固定资产,当月不计提折旧;当月减少的固定资产,当月照提折旧,从下月起不计提折旧。

三、固定资产折旧的因素

影响固定资产折旧的因素主要有以下 4 个。

(一)固定资产折旧基数

固定资产折旧基数一般为固定资产的取得成本(原始价值),是指为取得某项固定资产而发生的一切必要支出(或资本性支出)。必要时,也可以以重置成本作为固定资产的折旧基数。

(二)固定资产使用寿命

固定资产的使用寿命,是指企业使用固定资产的预计期间,或者该固定资产所能生产产品或提供劳务的数量。企业确定固定资产使用寿命时,应当考虑该项资产的预计生产能力或实物产量,该项资产预计有形损耗和无形损耗,固定资产使用中修理、维护措施,以及法律或者类似规定对该项资产使用的限制等因素。由于固定资产的有形损耗和无形损耗很难精确估计,因此,固定资产的使用寿命只能预计。

目前,国际上对固定资产的使用年限采取两种做法:一是有些国家在有关法规制度中对固定资产的使用年限做了明确规定;二是有些国家对其不做规定。

(三)固定资产减值准备

固定资产减值准备,是指固定资产已计提的固定资产减值准备累计金额。固定资产计提减值准备后,应当在剩余使用寿命内根据调整后的固定资产账面价值(固定资产账面余额扣减累计折旧和累计减值准备后的金额）和预计净残值，重新计算确定折旧率和折旧额。

（四）固定资产预计净残值

多数固定资产在其服务有效期末都有一些回收价值，在其搬移、出售或报废时也可能发生一些处置费用。预计净残值，是指假定固定资产预计使用寿命已满并处于使用寿命终了时的预期状态，企业目前从该项资产处置中获得的扣除预计处置费用后的金额。鉴于固定资产净残值估计中固有的困难，并防止人为通过调整净残值而调整折旧额，计算折旧时，通常是根据固定资产原值乘以预计净残值率计算。预计净残值率是预计净残值与固定资产原值的比率。

四、固定资产折旧的方法

（一）年限平均法

年限平均法也称直线法，是指将固定资产的应计折旧额按均等的数额在其预计使用期内分配于每一会计期间的一种方法。

年限平均法建立在固定资产服务潜力随时间的延续而减退，与其使用程度无关的假设上。因此，固定资产的折旧费可以均衡地摊配于其使用年限内的各个期间。年限平均法是目前会计实务中应用最为广泛的折旧计算方法。采用年限平均法计算固定资产年折旧额的公式为：

固定资产年折旧额＝（固定资产原值－预计净残值）÷固定资产预计使用年限

固定资产月折旧额＝固定资产年折旧额÷12

在实际工作中，为了反映固定资产在一定时期内的损耗程度并简化核算，各期折旧额一般根据固定资产原值乘以该期折旧率计算确定。固定资产折旧率是指一定时期内固定资产折旧额与固定资产原值的比率。其计算公式为：

固定资产年折旧率＝固定资产年折旧额÷固定资产原值

或＝（1－预计净残值率）÷固定资产预计使用年限×100%

月折旧率＝年折旧率÷12

月折旧额＝固定资产原值×月折旧率

【例6-9】甲公司某生产设备的原值为86 000元，预计使用年限为5年。该设备预计使用寿命已满时，目前可预计的残值收入为3 000元，预计清理费用为2 000元，假设该公司未对该设备计提减值准备。采用年限平均法计提折旧，该设备折旧计算过程如下：

固定资产年折旧额＝［86 000－（3 000－2 000）］÷5＝17 000（元）

固定资产年折旧率＝（17 000÷86 000）×100%＝19.77%

或

预计净残值率＝（3 000－2 000）÷86 000＝1.16%

$$固定资产年折旧率=(1-1.16\%)\div 5=19.77\%$$

$$固定资产月折旧额=86\ 000\times 19.77\%\div 12=1\ 417(元)$$

年限平均法的优点是直观、计算简单，并且是以固定资产的使用时间为计算折旧的基础，所以能够较好地反映无形损耗对固定资产的影响。但这种折旧方法也存在着一些缺点：①由于该方法侧重于时间因素，忽视了固定资产利用程度的影响，没有考虑各期磨损程度不同的事实，因此，不能充分反映有形损耗因素的影响。②随着固定资产的连续使用，固定资产的磨损程度不同，其相应修理、维护等费用逐年增加，但由于各期所提折旧额相同，因而导致各期成本负担的固定资产使用成本不均衡。

(二)工作量法

工作量法是按照固定资产实际完成的工作总量计算折旧的一种方法。采用这种方法，每期计提的折旧随当期固定资产提供工作量的多少而变动，提供的工作量多，就多提折旧，反之，则少提折旧，而每一工作量所负担的折旧费是相同不变的。这里所讲的工作量可以是车辆行驶的里程数，也可以是机器完成的工作时数或生产产品的产量数。

采用工作量法计提折旧，应先以固定资产在使用年限内预计总工作量(如总工作时数或总产量)去除应计折旧总额，算出每一工作量应分摊的折旧，然后乘以当期的实际工作量，求出该期应计提的折旧额。其计算公式为：

单位折旧额=固定资产原值×(1-预计净残值率)÷预计总工作量(总里程、总工时、总产量)

当期折旧额=当期工作量×单位折旧额

【例6-10】某企业的一台机器设备原价为600 000元，预计生产产品产量为500 000件，预计净残值率为5%，本月生产产品15 000件。假设该公司未计提设备减值准备。采用工作量法计提折旧，该设备的本月折旧额计算如下：

$$单位(件)折旧额=600\ 000\times(1-5\%)\div 500\ 000=1.14(元/件)$$

$$本月折旧额=15\ 000\times 1.14=17\ 100(元)$$

工作量法的优点是简单明了、容易计算，且计提的折旧额与固定资产的使用程度相联系，既充分考虑了固定资产有形损耗因素的影响，也符合配比原则。其缺点是：只重视有形损耗对固定资产的影响，而忽视了无形损耗对固定资产的作用。另外，要准确预计固定资产在其使用期间的总工作量也比较困难。

工作量法主要适用于车辆、船舶等运输工具，以及大型精密设备的折旧计算。

(三)加速折旧法

加速折旧法，是指将应计折旧额按前期多提后期少提的原则，分摊于各受益期间，从而使各期应负担的折旧费用逐期减少的方法。采用加速折旧法的依据是：①许多固定资产在其使用初期提供的效益较多，因此，折旧费用(或固定资产使用成本)也应较高，这样能使固定资产的成本与其所获得的收入正确配比，符合收支配比的会计原则。②在科技迅猛发展的今天，固定资产更新速度很快，采用加速折旧法可使企业固定资产成本的绝大部分在较短的时间内得以收回，从而避免无形损耗对固定资产造成的损失，有利于企业加快固定资产的更新能力和提高企业技术装备水平。③由于固定资产逐渐陈旧，其使用成本逐年增加，采用加速折旧法可使固定资产的成本在其整个使用寿命期内比较均衡。④加速折旧法使固定资产在初期负担的折旧费用较多，因而在这期间就会少缴所得税，后期则正好与此相反。实质上，前几年的税款推迟到若干年后缴纳，是国家对企业的优惠贷款，其额度则是推迟缴纳的税款。采用此法显然起到了鼓励投资、刺激经济增长的作用。加速折旧的计提方法有多种，常用方法有年数总和法和双倍余额递减法等。

1.年数总和法。它是指将固定资产应计折旧额乘以一个逐年递减的分数，从而计算每年折旧额的一种方法。这一分数即为年折旧率，其分子代表固定资产在各会计期期初尚可使用的年限，分母代表固定资产使用年数逐年相加的总和。由于分母不变，分子每年递减，依此计算的每年折旧费也呈递减趋势。其计算公式为：

$$某年折旧率=尚可使用的年数\div预计使用年数总和$$

或者：

$$某年折旧率=\frac{预计使用年限-已使用年限}{预计使用年限\times(预计使用年限+1)\div2}\times100\%$$

$$月折旧率=年折旧率\div12$$

$$某月折旧额=(固定资产原价-预计净残值)\times该月折旧率$$

【例 6-11】某企业一项固定资产原值为 25 000 元，预计使用年限为 5 年，净残值率为 4%。采用年数总和法计算的各年折旧额如表 6-3 所示。

表 6-3　年数总和法折旧计算表　　单位：元

年份	尚可使用年数	原值-净残值	年折旧率	年折旧额	累计折旧
1	5	24 000	5/15	8 000	8 000
2	4	24 000	4/15	6 400	14 400
3	3	24 000	3/15	4 800	19 200
4	2	24 000	2/15	3 200	22 400
5	1	24 000	1/15	1 600	24 000

采用加速折旧法，其折旧费用是按各个完整的经济使用年限计算的，而企业的固定资产有时是在年度内取得的，这将使取得年份与使用期满年份的折旧额不足一年，在年数总和法下较为合理的办法是计算出每一个完整年度的折旧额，然后分配到两个不同的会计年度内。

2.双倍余额递减法。它是指按双倍直线折旧率计算固定资产折旧的方法。计算折旧时，是以固定资产每期期初账面折余价值乘以双倍直线折旧率计算确定各期的折旧。采用双倍余额递减法确定折旧率时，一般不考虑固定资产净残值。其计算公式为：

$$年折旧额=期初固定资产账面净值折余价值\times双倍直线年折旧率$$

式中：

$$双倍直线年折旧率=(2\div预计固定资产使用年限)\times100\%$$

应该注意：采用双倍余额递减法的目的是为了加速折旧，因此，后期计提的折旧额不应该比前期多。在固定资产使用年限期末，其账面余额也不能超过或低于其预计的净残值，而应与其预计净残值相同。为防止折旧期终了时出现账面折余价值与预计净残值不一致的情况，在使用年限后期计提折旧时要注意，当符合下列条件时，应转换为直线法计提折旧：

$$\frac{账面折余价值-预计净残值}{剩余年限}>该年按此方法计算的折旧额$$

为简化核算，我国企业的现行做法是：实行双倍余额递减法计提折旧的固定资产，在其固定资产折旧年限到期前两年内，将固定资产净值扣除预计净残值后的净额平均摊销。

【例 6-12】某公司有一项固定资产的原值为 35 000 元，预计净残值率为其原值的 5%，使用年限为 5 年，采用双倍余额递减法计算折旧。各年折旧额计算如下：

$$双倍直线年折旧率=(2\div5)\times100\%=40\%$$

$$预计净残值=35\,000\times5\%=1\,750(元)$$

$$第\ 1\ 年应计提的折旧额=35\,000\times40\%=14\,000(元)$$

$$第\ 2\ 年应计提的折旧额=(35\,000-14\,000)\times40\%=8\,400(元)$$

$$第\ 3\ 年应计提的折旧额=(35\,000-14\,000-8\,400)\times40\%=5\,040(元)$$

从第 4 年起按年限平均法计提折旧。

$$第\ 4、5\ 年的年折旧额=(35\,000-14\,000-8\,400-5\,040-1\,750)\div2=2\,905(元)$$

采用双倍余额递减法也存在年度内取得固定资产如何分摊折旧的问题，但与年限总和法所不同的是，无须将各个完整会计年度的折旧额在两个会计年度内进行分摊，因为双倍余额递减法是以年初账面价值乘以固定折旧率为计算折旧的依据的，按此原理即可算出取得固定资产年限内分月的折旧额，在固定资产的最后一个年度，以该期期初账面价值扣除净残值就能得到该年度内分月的折旧额。

从上述固定资产折旧结果可以看出，虽然计算折旧的方法不止一种，但从折旧的全程看，任何一种折旧方法最终的结果都是相同的，即均将固定资产全部折旧额作为估计使用年限的费用。所不同的是，各种折旧方法会使各期分摊的费用有所不同。

除上述介绍的主要折旧方法外，还有其他一些折旧方法，如盘点法、废弃法、重置法、偿债基金法、年金法等，由于它们的适用性有限，这里不再一一介绍。

（四）折旧的账务处理

固定资产应当按月计提折旧，计提的折旧额应通过“累计折旧”账户核算，并根据用途计入相关资产的成本或者当期损益:企业基本生产车间所使用的固定资产,其计提的折旧应计入制造费用;行政管理部门所使用的固定资产,其计提的折旧应计入管理费用;销售部门所使用的固定资产,其计提的折旧应计入销售费用;自行建造固定资产过程中使用的固定资产,其计提的折旧应计入在建工程成本;经营租出的固定资产,其计提的折旧应计入其他业务成本。企业计提固定资产折旧时,借记"制造费用"、"管理费用"、"销售费用"、"在建工程"和"其他业务成本"等账户,贷记"累计折旧"账户。在会计实务中,需要根据"固定资产折旧汇总计算表"(如表6-4所示)编制计提折旧的会计分录。

【例6-13】甲公司属于工业企业,2021年7月份"固定资产折旧汇总计算表"编制结果如表6-4所示。

表6-4 固定资产折旧汇总计算表 单位:元

	上月固定资产折旧额	上月增加固定资产折旧额	上月减少固定资产折旧额	本月固定资产折旧额
基本生产车间	8 500	1 360	330	9 530
专设销售机构	5 160	370	190	5 340
行政管理部门	11 600	1 780	660	12 720
资产管理部门——经营出租设备	1 130	180	210	1 100
总计	26 390	3 690	1 390	28 690

根据表6-4"固定资产折旧汇总计算表",编制如下会计分录:

借:制造费用 9 530
　　销售费用 5 340
　　管理费用 12 720
　　其他业务成本 1 100
　贷:累计折旧 28 690

五、分类折旧法和综合折旧法

上述所讲的固定资产折旧方法通常是按单个项目计提折旧的。但在会计实务中,有时出于简化计算折旧工作量之考虑,可能按固定资产类别或总体计提折旧额。由此,形成了分类折旧法和综合折旧法。

(一)分类折旧法

分类折旧法是把同一类(特性、耐用年限相近)的固定资产合起来看作一项资产,采用每类平均折旧率计算折旧。每年以分类折旧率乘以同类固定资产成本总额,即可算出当年应计提的折旧额。分类折旧率及折旧额的计算公式如下：

分类折旧率＝单项固定资产年折旧额之和÷该类固定资产原值之和

分类折旧额＝该类固定资产原值之和×分类折旧率

采用分类折旧法时，可为每类固定资产设一个"固定资产"和"累计折旧"账户。

分类折旧法主要考虑到企业固定资产数量繁多且同一类固定资产折旧率基本一致，故每类固定资产使用同一个分类折旧率计算折旧，可以简化折旧计算工作量。但采用分类折旧法计算折旧比较粗略，不能获知各项固定资产的折旧情况。同时，对固定资产类别划分要求比较严格，否则，就会影响计提折旧的准确性。

（二）综合折旧法

综合折旧法是把全部固定资产不分类别、不分使用年限合在一起看作一项资产，采用总的平均折旧率计算折旧。综合折旧率及折旧额计算原理同分类折旧法，与其不同的是将计算固定资产折旧的范围由其类别扩大为全部。采用综合折旧法时，可以以全部固定资产设账。

采用综合折旧法计提折旧具有设账简单、节省会计处理成本之优点，但折旧的计算比较粗略，不能反映各种固定资产折旧和清理损益。因为，各种固定资产购置的时间有前后，使用年限也不同，采用综合折旧率就无法反映各种固定资产的情况。

【例 6-14】某企业根据各类固定资产有关资料计算的分类折旧率和综合折旧率情况如表 6-5 所示。

表 6-5　分类折旧率和综合折旧率计算表

资产类别	历史成本	预计净残值	应计折旧额	预计使用年限	单项年折旧额	年分类折旧率（%）	年综合折旧率（%）
甲类固定资产							
A	60 000	0	60 000	12	5 000		
B	150 000	2 000	148 000	10	14 800		
小计	210 000	2 000	208 000	—	19 800	9.43	
乙类固定资产							
C	15 000	1 000	14 000	10	1 400		
D	19 000	1 000	18 000	12	1 500		
小计	34 000	2 000	32 000		2 900	8.53	
合计	244 000	4 000	240 000	—	22 700	—	9.3

表 6-5 中，年分类折旧率计算方法如下：

甲类固定资产折旧率＝19 800÷210 000×100%＝9.43%

乙类固定资产折旧率＝2 900÷34 000×100%＝8.53%

全部固定资产综合折旧率＝22 700÷244 000×100%＝9.3%

第四节　固定资产的后续支出

固定资产投入使用后，企业为了适应新技术发展的需要，或者为维护或提高固定资产的使用效能，往往需要对现有固定资产进行维护、改建、扩建或者改良。通常，将固定资产投入使用后再发生的支出，称为固定资产的后续支出。

一、后续支出的分类

（一）增置、改良、换新和修理

按支出的经济内容分类，固定资产后续支出可分为：

1.增置。增置是指在原有固定资产的基础上进行延伸、扩充或扩大等。如，房屋加层扩充、安装自动报警系统等。增置一般可以扩充固定资产的服务潜力，增强固定资产获取未来经济利益的能力。

2.改良。改良是指用新质量、高效能的新资产替代旧资产的行为。如将房屋的原有通风设备改成中央空调，商场的楼梯改为电梯等。改良不同于增置，增置是固定资产数量的增加，而改良则是固定资产质量的提高。

3.换新。换新是指固定资产某项目或某个零件的替换。如，以新齿轮替换旧齿轮。固定资产换新与上述固定资产的增置及改良不同，换新一般是相同资产的替换，只是恢复其资产某项目或某个零部件的原有性能或质量，在固定资产的质量和功能上并无任何大的改善，一般也不会提高固定资产预计的使用年限和生产能力。

4.修理。恢复固定资产原有性能的行为，称为固定资产修理。固定资产在其使用过程中，往往会发生局部损坏，为了保持固定资产正常运转和使用，充分发挥其使用效能，就必须对固定资产进行必要的修理。固定资产修理一般不能延长其预先估计的使用年限，也不能提高其预计的服务能力。

（二）资本化后续支出和费用化后续支出

按支出是否计入固定资产账面价值分类，固定资产后续支出可分为：资本化后续支出和费用化后续支出。

1.资本化后续支出。固定资产投入使用后发生的、需要计入固定资产账面价值的支出,称为固定资产的“资本化后续支出”。固定资产增置或改良支出一般为资本化后续支出,其支出可以延长固定资产的使用寿命、使产品质量有实质性的提高或使产品成本发生实质性降低。也就是说,资本化后续支出提高了固定资产的性能,增强了固定资产获取未来经济利益的能力,使未来可能流入企业的经济利益超过了预先的估计。

2.费用化后续支出。固定资产投入使用后发生的、需要计入当期损益的支出,称为固定资产的“费用化后续支出”。固定资产的修理及维护支出,一般为费用化后续支出,其支出可以使固定资产保持良好的工作状态,发挥其正常生产能力。

二、资本化后续支出的确认与计价

(一)资本化后续支出

固定资产后续支出的原因极为复杂,其支出数额相当悬殊,对固定资产效能的影响也很难合理地计价,严格区分资本化支出与费用化支出的界限也有一定的困难。与固定资产有关的后续支出,在满足固定资产确认条件时,应将该支出确认为固定资产的资本化后续支出,并计入固定资产成本。

1.增置。增置本质上类似于新资产的购置。增置后可以扩充固定资产的服务潜力,增强固定资产获取未来经济利益的能力,因此,增置支出应予以资本化,计入固定资产成本。

在对固定资产增置核算时,企业应将该固定资产的原价、累计折旧和减值准备转销,将固定资产的账面价值转入在建工程。与固定资产增置有关的支出应计入增置工程成本。当增置工程达到预定可使用状态,并符合固定资产确认条件时,将在建工程成本转入固定资产。

【例 6-15】M 公司是一家从事供热生产服务的企业,2018 年 12 月 31 日,该公司自行建成了一条供热系统,建造成本为 2 568 000 元;采用年限平均法计提折旧;预计净残值率为 5%,预计使用年限为 8 年。为满足周边办公、生活发展的需要,2021 年 1 月该公司决定对现有供热系统进行改扩建。假定该生产线未发生减值。2021 年 1 月 1 日至 6 月 30 日,该供热系统的改扩建工程共发生支出 241 900 元,全部以银行存款支付。该供热系统改扩建工程达到预定可使用状态后,预计使用年限将延长 2 年。假定改扩建后该系统其他条件均未发生变化。为简化计算过程,整个过程不考虑其他相关税费。公司按年度计提固定资产折旧。该供热系统改扩建账务处理如下:

(1)2021 年 12 月 31 日累计折旧=[2 568 000×(1-5%)÷8]×2=609 900(元)

固定资产账面价值=2 568 000-609 900=1 958 100(元)

(2)2021 年 1 月 1 日,固定资产转入改扩建:

借:在建工程　　　　　　　　1 958 100

累计折旧　609 900

贷:固定资产　2 568 000

(3)2021 年 1 月 1 日至 6 月 30 日,发生改扩建工程支出,以银行存款支付:

借:在建工程　241 900

贷:银行存款　241 900

(4)2021 年 6 月 30 日,供热系统改扩建工程达到预定可使用状态:

固定资产的入账价值=1 958 100+241 900=2 200 000(元)

借:固定资产　2 200 000

贷:在建工程　2 200 000

(5)2021 年 6 月 30 日,转为固定资产后,按重新确定的使用寿命、预计净残值和折旧方法计提折旧。

应计折旧额=2 200 000×(1-5%)=2 090 000(元)

月折旧额=2 090 000÷(7×12+6)=23 222(元)

2019 年应计提的折旧额=23 222×6=139 332(元)

借:制造费用　139 332

贷:累计折旧　139 332

2.改良。通常,通过改良能够延长原有固定资产的使用年限,提高原有固定资产的效率,降低固定资产运行费用。固定资产改良支出,如果符合固定资产的确认条件,应作为资本化后续支出,计入被改良的固定资产成本;而被替换的旧项目成本,应从原固定资产成本中转出。

固定资产的改良支出,先计入在建工程成本,待工程完毕交付使用并符合固定资产确认标准时,再将在建工程成本转出计入固定资产。固定资产改良过程中发生的工程材料等变价收入,冲减在建工程成本。

【例 6-16】某商业贸易公司决定将其营业大厅的旧式电梯更换为一部新型电梯,以方便顾客。旧电梯成本为 160 000 元,未单独确认为固定资产。2021 年 1 月,开始改良工程,该贸易公司支付新电梯购买价款 299 520 元(含增值税),另以银行存款支付安装费用 24 800 元。旧电梯回收价格为 80 000 元,款项尚未收到。营业厅原始成本为 1 440 000元,截至改良工程开始时,已累计折旧 335 200 元。编制会计分录如下:

(1)购入新电梯:

借:工程物资　256 000

应交税费——应交增值税(进项税额)　33 280

贷:银行存款　289 280

(2)将营业厅的账面价值转入在建工程:

借：在建工程　　1 104 800

　累计折旧　　335 200

　贷：固定资产　　1 440 000

(3)转销旧电梯的账面价值：

$$旧电梯的账面价值 = 160\ 000 - 160\ 000 \div 1\ 440\ 000 \times 335\ 200$$
$$= 160\ 000 - 37\ 244 = 122\ 756(元)$$

借：其他应收款　　80 000

　营业外支出　　42 756

　贷：在建工程　　122 756

(4)安装新电梯：

借：在建工程　　280 800

　贷：工程物资　　256 000

　　银行存款　　24 800

(5)电梯投入使用：

借：固定资产　　1 262 844

　贷：在建工程　　1 262 844

(二)费用化的后续支出

如前所述，固定资产的费用化后续支出主要是修理支出。一般情况下，固定资产投入使用后，因磨损以及各组成部分耐用程度不同，可能导致固定资产的局部损坏。为了维护固定资产的正常运转和使用，充分发挥其使用效能，企业要对固定资产进行必要的维护和保养，并发生一定的维护支出。发生固定资产维护支出只是确保固定资产的正常工作状况，它并不导致固定资产性能的改变或固定资产未来经济利益的增加。因此，与固定资产有关的修理费用等后续支出，不符合固定资产确认条件的，应当根据不同情况分别在发生时计入当期管理费用或销售费用。

企业生产车间(部门)和行政管理部门等发生的固定资产修理费用等后续支出计入"管理费用"账户；企业专设销售机构的，其发生的与专设销售机构相关的固定资产修理费用等后续支出，计入"销售费用"账户。

【例 6-17】2021 年 1 月 3 日，甲公司对现有的一台生产用机器设备进行修理，修理过程中领用本企业原材料一批，价值为 64 000 元，为购买该批原材料支付的增值税进项税额为 8 320 元；应支付维修人员的工资为 36 000 元。编制如下会计分录：

借：管理费用　　100 000

　贷：原材料　　64 000

　　应付职工薪酬　　36 000

第五节 固定资产的清查与减值

一、固定资产的清查

在固定资产的使用过程中,由于客观或人为的原因,可能出现固定资产账实不符的情况。为了保护企业固定资产的安全完整,应定期或不定期地对固定资产进行清查。

企业于每年编制年度财务报表前,应当对固定资产进行全面的清查。平时,可根据需要进行局部清查或抽查。对于企业清查中盘盈、盘亏的固定资产,按规定应经过一定的程序后方能处理。在尚未处理前,为了使固定资产的账面数额与实存数保持一致,在调整固定资产账户的同时,应将盘盈固定资产价值记入"以前年度损益调整"账户,盘亏固定资产价值记入"待处理财产损溢"账户,处理时,再转入营业外支出账户。

(一)固定资产盘盈

在固定资产清查过程中,如果发现盘盈固定资产,应填制固定资产盘盈盘亏报告表,确认盘盈资产价值;应及时查明原因,并按照规定程序报批处理。由于盘盈的固定资产往往在企业以前的会计账簿上没有记载或记载的相关资料不全面,无法有效确定其历史成本,该资产应以同类固定资产的重置成本计价入账,同时作为以前年度损益调整处理。盘盈固定资产按其重置成本,借记"固定资产"账户,贷记"以前年度损益调整"账户。

【例 6-18】2021 年 12 月份,某公司在财产清查过程中,发现一台未入账的设备,重置成本为 60 000 元(假定与其计税基础一致)。根据企业会计准则规定,该盘盈固定资产作为前期差错进行处理。假定该公司适用的所得税税率为 25%,按净利润的 10%计提法定盈余公积。编制会计分录如下:

(1)固定资产盘盈:

借:固定资产——设备　　60 000

　贷:以前年度损益调整　　60 000

(2)确定应缴纳的所得税时:

借:以前年度损益调整　　15 000

　贷:应交税费——应交所得税　　15 000

(3)结转为留存收益:

借:以前年度损益调整　　45 000

　贷:盈余公积——法定盈余公积　　4 500

利润分配——未分配利润 40 500

(二)固定资产盘亏

对于盘亏的固定资产,应该根据固定资产盘存盈亏表所列固定资产原值和已提折旧额等资料,填制固定资产注销凭证,经签证后,抽出固定资产卡片,另行保管,并按盘亏固定资产的净值,借记"待处理财产损失——待处理固定资产损失"账户;按已提折旧额,借记"累计折旧"账户;按已计提的减值准备,借记"固定资产减值准备"账户;按固定资产原值,贷记"固定资产"账户。按管理权限报经批准后处理时,按可收回的保险赔偿或过失人赔偿,借记"其他应收款"账户,按应计入营业外支出的金额,借记"营业外支出——盘亏损失"账户,贷记"待处理财产损溢"账户。

【例6-19】某企业进行财产清查时发现短缺一台打印机,原价为15 000元,已计提折旧7 000元。企业未计提资产减值准备。编制会计分录如下:

(1)固定资产盘亏:

借:待处理财产损溢 8 000
　　累计折旧 7 000
　贷:固定资产——打印机 15 000

(2)报经批准转销盘亏的固定资产:

借:营业外支出——盘亏损失 8 000
　贷:待处理财产损溢 8 000

二、固定资产减值

固定资产减值,是指由于损坏、技术陈旧或其他经济原因而引起的固定资产可收回金额低于其账面价值。有关资产减值核算一般程序在"投资"一章已有说明,不再赘述。

需要说明以下四点:一是对固定资产分别计提减值准备和折旧额都是对固定资产价值变动的综合反映,但二者之间具有本质的区别。固定资产减值表明,固定资产作为一项资产,其为企业创造经济利益的能力已经下降,对固定资产计提相应的减值准备是对这种能力下降的合理反映。而计提折旧则是将固定资产损耗的价值逐步转移到企业的产品成本或费用的过程。二是计提固定资产减值准备时,编制借记"资产减值损失"账户,贷记"固定资产减值准备"账户的会计分录。三是对已计提减值损失的固定资产折旧额的调整。固定资产减值损失确认后,减值固定资产的折旧应当在未来期间做相应调整,以使该固定资产在剩余使用寿命内,系统地分摊调整后的固定资产账面价值(扣除预计净残值)。四是固定资产减值损失一经确认,在以后会计期间不得转回。

【例 6-20】2021 年 12 月 31 日，南方公司根据有关迹象判断，该公司购进的加工设备可能发生减值。该设备于 2017 年 12 月 25 日购入并投入使用，其原值 1 625 000 元，使用寿命为 8 年，预计净残值为 81 250 元，采用年限平均法计提折旧。该设备以前未曾计提减值准备。2021 年 12 月 31 日，其公允价值减去处置费用后的净额为 255 000 元，未来 4 年内形成的现金流量现值为 351 000 元。根据上述资料，南方公司会计处理如下：

(1)2017 年 12 月 25 日取得加工设备的会计分录略。

(2)2018 年 1 月 1 日至 2021 年 12 月 31 日，公司每年计提的折旧金额分别为 192 968.75元[(1 625 000-81 250)÷8]，累计折旧金额为 771 875 元(192 968.75×4)。每年提取加工设备折旧的会计分录略。

(3)2021 年 12 月 31 日，固定资产账面净值为 853 125 元(1 625 000-771 875)。由于预期未来形成现金流量的现值 351 000 元大于公允价值减去处置费用后的净额 255 000元，因此，该公司确定的可收回金额为 351 000 元，应计提固定资产减值准备金额为 502 125 元(853 125-351 000)。编制计提固定资产减值准备会计分录如下：

借：资产减值损失　　502 125

　贷：固定资产减值准备　　502 125

(4)2022 年至 2025 年的 4 年间，每年计提的固定资产折旧金额为 67 437.50 元[(351 000-81 250)÷4]，会计分录略。

第六节　固定资产的处置

固定资产的处置方式通常有出售、报废、毁损，以及由于技术进步等原因而提前报废，遭受自然灾害等造成的非常损失等。

一、固定资产处置概述

固定资产处置的原因是多方面的，大致可分为固定资产的主动退出与被动退出两类。固定资产主动退出，是指企业为了满足某种需要而把固定资产主动转让出去，一般有对外投资、对外捐赠和交换其他资产等。固定资产被动退出，即通常所说的固定资产清理。固定资产清理可分为以下几种情况：①由于技术过时等原因，固定资产不再适用，而被变卖；②因火灾、自然灾害、法庭判决等原因，固定资产必须退出现有的工作状态；③固定资产预计的使用年限到期，折旧也已计提完毕，不能再为企业提供未来的经济利益，从而退出企业的经营活动。

固定资产的处置核算主要包括以下两方面内容。

(一)确定固定资产的账面价值

确定固定资产账面价值会涉及3个因素,即固定资产原始价值、累计折旧和固定资产减值准备。其中,确定截止固定资产处置日的累计折旧是重点核算内容。

固定资产处置日的账面价值是确定其处置损益的基础。通常是根据固定资产原始价值减去截止处置日为止累计折旧后的余额计算确定。如果处置的是已计提减值准备的固定资产,在计算处置日的固定资产账面价值时,还应当扣除已计提的固定资产减值准备累计金额。

(二)固定资产处置损益

从理论上讲,如果在固定资产取得日就能准确地对固定资产处置时的可实现价值或发生的处置费用进行预测,那么在固定资产收益期间的折旧额也就会准确无误,也就不会产生固定资产的处置损益,但实际上并非如此。当固定资产处置日的账面价值与因固定资产处置而流入的资金不一致时,就会出现固定资产处置损益。该损益的性质是对固定资产收益期内应计折旧额的调整。

固定资产处置损益是通过"固定资产清理"账户加以确定的。企业因出售、报废和毁损、对外投资、非货币性资产交换、债务重组等原因处置固定资产发生的清理费用和清理收入均记入"固定资产清理"账户。该账户借方反映转入清理的固定资产的账面价值和发生的清理费用,贷方反映清理固定资产的变价收入和应由保险公司或过失人承担的损失等。处置净损益由"固定资产清理"账户的贷(借)方转入"资产处置损益"、"营业外收入"或"营业外支出"账户。"固定资产清理"账户期末借方余额,反映企业尚未处置完毕的固定资产清理净损失。

二、固定资产的出售

企业因调整经营方针或因考虑技术进步等因素,可以将不需用和不适用的固定资产转让出售。如果出售全新的固定资产,按双方协议价增加货币资金,减少固定资产。如果协议价值大于或小于固定资产原值,应将差额计入当期损益。

如果企业出售使用过的固定资产,应先将"累计折旧"、"固定资产减值准备"和"固定资产"账户转销,计算确定该项资产的账面价值,记入"固定资产清理"账户;出售固定资产实际收到的收入贷记"固定资产清理"账户,出售固定资产实际发生的实际支出借记"固定资产清理"账户。清理完毕,"固定资产清理"账户借方或贷方余额,转入"资产处置损益"账户。企业销售本企业已使用过的可抵扣增值税的设备,如果该项设备原取得时,其增值税进项税额已计入增值税进项税额,销售时还要计算确定增值税销项税额,借记"固定资产清理"账户,贷记"应交税费——应交增值税

（销项税额）”账户。

【例 6-21】某企业出售一座 2017 年取得的建筑物，其原值为 5 000 000 元，已提折旧额为1 400 000元，固定资产减值为 36 000 元。出售该建筑物发生清理费用 20 000 元（不考虑增值税），售价为 3 800 000 元，增值税 342 000 元（应计提的城建税和教育费附加略），其款项均通过银行转账结算。编制会计分录如下：

（1）结转固定资产账面价值：

借：固定资产清理 3 564 000
　累计折旧 1 400 000
　固定资产减值准备 36 000
　贷：固定资产 5 000 000

（2）支付固定资产清理费用：

借：固定资产清理 20 000
　贷：银行存款 20 000

（3）收到出售固定资产价款时：

借：银行存款 4 142 000
　贷：固定资产清理 3 800 000
　　应交税费——应交增值税（销项税额） 342 000

（4）结转固定资产清理损益时：

借：固定资产清理 216 000
　贷：资产处置损益 216 000

三、固定资产的报废

固定资产报废是指固定资产由于使用而不断磨损直至最终报废，或由于技术进步等原因发生的提前报废，或由于遭受自然灾害等被毁损等。固定资产的报废有的属于正常报废，有的属于非正常报废。使用磨损和因技术进步而发生的固定资产提前报废，属于正常报废；由于自然灾害和责任事故所致固定资产的报废，则属于非正常报废。无论是何种原因引起的固定资产报废，其核算内容主要包括 3 个方面：一是在确定了固定资产已提折旧额的基础上，将其账面价值转入固定资产清理账户；二是核销与该资产有关的固定资产、累计折旧、固定资产减值准备等账户；三是计算并确定固定资产报废净损失，将其转入营业外支出。

【例 6-22】某公司一项固定资产提前报废，固定资产原值 54 000 元，预计净残值率为 5%，规定折旧年限为 10 年，已经使用 7 年零 6 个月，以银行存款支付清理费用 300 元，残料价值 800 元入库，应收赔款 2 000 元。有关账务处理如下。

(1)计算固定资产已提折旧额:

累计折旧=[54 000×(1-5%)÷10]×7.5=38 475(元)

(2)结转固定资产账面价值:

借:固定资产清理　15 525

　累计折旧　38 475

　贷:固定资产　54 000

(3)支付固定资产清理费:

借:固定资产清理　300

　贷:银行存款　300

(4)收回固定资产残料入库:

借:原材料　800

　贷:固定资产清理　800

(5)应收赔款时:

借:其他应收款　2 000

　贷:固定资产清理　2 000

(6)结转固定资产清理损益:

借:营业外支出　13 025

　贷:固定资产清理　13 025

需要说明的是,对于已提足折旧但仍继续使用的固定资产,在办理报废手续时,其原始价值、累计折旧和固定资产减值准备不应注销,而应保留在账上直至资产出售、抵价购买新资产之日止;否则,账上不能反映此项资产继续存在,但这种资产不再计提折旧。

第七节　固定资产在财务报表中的列报

固定资产确认、计量等相关信息既是企业资产负债表、利润表所反映的重要内容,也是会计信息使用者做出恰当经济决策的重要依据。因此,固定资产披露不仅需要关注其所反映的企业财务状况,还要关注其所影响的经营成果。

一、固定资产在资产负债表中的列示

在资产负债表上,固定资产排列在流动资产之后的非流动资产项目中。在资产负

债表上列示有关固定资产的下列内容：①固定资产，即反映企业各种固定资产原价减去累计折旧和累计减值准备后的净额。②在建工程，即反映企业期末各项尚未完工的固定资产的成本和支出。③工程物资，即反映企业尚未使用的各项工程物资的实际成本。④固定资产清理，即反映企业因出售、报废及毁损等原因转入清理但尚未清理完毕的固定资产净值以及清理过程中发生的清理费用与变价收入的差额。年度资产负债表日，应将尚未清理完毕的固定资产净额全部清理完毕，一般没有余额。

在资产负债表的附注中，还应对以融资租赁方式租入的固定资产原值做出补充说明。上述项目的数据，主要取自各相应账户的期末余额。

二、固定资产披露的内容

基于会计质量要求的相关性、重要性以及成本效益等特征，根据会计准则的规定，企业应当在附注中披露与固定资产有关的下列信息：①固定资产的确认条件、分类、计量基础和折旧方法。②各类固定资产的使用寿命、预计净残值和折旧率。③各类固定资产的期初和期末原价、累计折旧额及固定资产减值准备累计金额。④当期确认的折旧费用。⑤对固定资产所有权的限制及其金额和用于债务担保的固定资产账面价值。⑥准备处置的固定资产名称、账面价值、公允价值、预计处置费用和预计处置时间等。

案例

甲公司为增值税一般纳税人。2021 年 2 月 28 日，甲公司购入一台需安装的设备，以银行存款支付设备价款 1200 000 元。增值税进项税额 20.4 万元。3 月 6 日，甲公司以银行存款支付装卸费 6 000 元。4 月 10 日，设备开始安装，在安装过程中，甲公司发生安装人员工资 8 000 元；领用原材料一批，该批原材料的成本为 60 000 元，相应的增值税进项税额为 10 200 元，市场价格（不含增值税）为 63 000 元。设备于 2021 年 6 月 20 日完成安装，达到预定可使用状态。

该设备预计使用 10 年，预计净残值为零，甲公司采用年限平均法计提折旧。

问题：

1.新安装的设备作为固定资产核算，那么入账价值应该是多少？需要考虑什么问题？

2.2021 年应该提取多少折旧呢？需要考虑什么问题？

本章小结

固定资产是企业从事生产经营活动的物质基础，具有单位价值高、使用期限长、用于生产经营而非销售的特点。固定资产核算内容涉及确认、初始计量、折旧、减值、处置等方面内容。

在资产负债表中列示的固定资产必须符合一定的确认条件。为了提供与固定资产相关的信息，有必要对固定资产进行合理分类。由于固定资产单位价值较高，因此在初始确认时，应当分清为取得资产发生的支出是资本化还是费用化支出。固定资产不仅单位价值高，而且使用期限长，这决定了需要通过计提折旧方式，将其价值在整个寿命期间内分摊。企业采用的折旧方法一般包括年限平均法、工作量法、双倍余额递减法和年数总和法。固定资产发生符合资本化条件的后续支出，应予以确认，并相应地调整固定资产的价值、折旧年限和方法等。如果固定资产可收回金额低于其账面价值时，企业应当确认资产减值损失，计提固定资产减值准备。

本章关键词汇（中英文）

固定资产	Fixed Assets
折旧	Depreciation
直线法/平均年限法	Straight-Line Method
加速折旧法	Accelerated Depreciation Method
双倍余额递减法	Double-Declining-Balance Method
年数总和法	Sum-Of-The-Years'-Digits Method
固定资产减值	Impairment of A Fixed Asset

思考题

1.什么是固定资产？其特点主要表现在哪些方面？

2.如果飞机的引擎与飞机机身具有不同的使用寿命，企业对飞机的引擎是否需要单独确认固定资产？说明理由。

3.一项固定资产可以自行建造形成,也可以采用分期付款方式取得,请说明这两者选择计量属性有什么不同?其原因是什么?

4.无论是固定资产弃置费用,还是固定资产的报废清理费,都是固定资产使用期满而发生的支出,两者的计量方法有何不同?

5.何谓固定资产折旧?简述固定资产折旧的性质。

6.我国对固定资产折旧范围是如何规定的?影响固定资产折旧的因素有哪些?采用平均年限法和工作量法是如何计算折旧的?

7.什么是加速折旧法?采用加速折旧法的依据是什么?

8.固定资产折旧与减值有何不同?

练习题

1.2021 年 2 月 1 日,甲公司购入一台需要安装的生产用机器设备,取得的增值税专用发票上注明的设备价款为 500 000 元,增值税进项税额为 65 000 元,支付的运输费为 2 500 元,款项已通过银行支付;安装设备时,领用本公司原材料一批,价值 30 000 元,购进该批原材料时支付的增值税进项税额为 3 900 元;支付安装工人的工资为 4 900 元。假定不考虑其他相关税费。编制下列会计分录:

(1)支付设备价款、增值税、运输费;

(2)领用原材料、支付安装工人工资等费用;

(3)设备安装完毕达到预定可使用状态。

2.某企业为增值税一般纳税人,适用的增值税税率为 13%。2021 年 1 月 1 日,该企业与供应商签订购入一台需要安装的大型机器设备合同。合同约定,企业采用分期付款方式支付价款。该设备价款共计 30 000 000 元(不含增值税),分 6 期平均支付,首期款项 5 000 000 元于 2021 年 1 月 1 日支付,其余款项在 5 年期间平均支付,每年的付款日期为当年 12 月 31 日。支付款项时收到增值税专用发票。

2021 年 1 月 1 日,设备如期运抵并开始安装,发生运杂费和相关税费 1 300 000 元,已用银行存款付讫。2021 年 12 月 31 日,设备达到预定可使用状态,发生安装费 1 800 000元,已用银行存款付讫。

资本市场利率 10%。

该企业按照合同约定用银行存款如期支付了款项。

要求:

(1)计算购买价款的现值。

(2)编制购入设备的会计分录。

(3)编制未确认融资费用的分摊表,编制相关会计分录。2021 年 1 月 1 日至 2021

年12月31日为设备的安装期间,未确认融资费用的分摊额符合资本化条件,计入固定资产成本。

3.甲企业为增值税一般纳税人,增值税税率为13%。2021年发生固定资产业务如下:

(1)1月20日,辅助生产部门购入一台不需安装的A设备,取得的增值税专用发票上注明的设备价款为5 500 000元,增值税为715 000元,另发生运杂费45 000元,款项均以银行存款支付。

(2)A设备经过调试后,于1月22日投入使用,预计使用10年,净残值为350 000元,决定采用双倍余额递减法计提折旧。

(3)7月15日,生产车间购入一台需要安装的B设备,取得的增值税专用发票上注明的设备价款为6 000 000元,增值税为780 000元,另发生保险费80 000元,款项均以银行存款支付。

(4)8月19日,将B设备投入安装,以银行存款支付安装费30 000元。B设备于8月25日达到预定可使用状态,并投入使用。

(5)B设备采用工作量法计提折旧,预计净残值为356 500元,预计总工时为50 000小时。9月,B设备实际使用工时为720小时。

要求:

(1)编制甲企业2021年1月20日购入A设备的会计分录。

(2)计算甲企业2021年2月A设备的折旧额并编制会计分录。

(3)编制甲企业2021年7月15日购入B设备的会计分录。

(4)编制甲企业2021年8月安装B设备及其投入使用的会计分录。

(5)计算甲企业2021年9月B设备的折旧额并编制会计分录。

4.甲公司为增值税一般纳税企业,适用的增值税税率为13%。2017—2021年有关固定资产业务的资料如下:

(1)2017年12月10日,收到乙公司投入的尚需安装的新设备一台。投资方提供有关凭证标明设备价值为22 000 000元,增值税为3 520 000元。在该设备安装过程中,领用自产商品一批,该批商品的实际成本和计税价格均为1 000 000元;发生安装人员工资费用20 000元。12月31日该设备安装完工并交付使用。该设备预计使用年限为5年,预计净残值为690 000元,采用年数总和法计提折旧。

(2)2021年4月11日将该设备出售,收到价款3 710 000元(假定为不含税金额),并存入银行。另以银行存款支付清理费用20 000元。

要求:

(1)编制接受设备投入、安装和交付使用的会计分录。

(2)计算该设备2018年、2019年和2020年应计提的折旧额。

(3)计算该设备出售形成的净损益并编制会计分录。

5.乙股份有限公司(简称乙公司)为增值税一般纳税人,适用的增值税税率为13%。该公司在生产经营期间以自营方式建造一条生产线。2021年1月至4月发生的有关经济业务如下:

(1)购入一批工程物资,收到的增值税专用发票上注明的价款为2 000 000元,增值税额为260 000元,款项已通过银行转账支付。

(2)工程领用工程物资1 800 000元。

(3)工程领用生产用A原材料一批,实际成本为1 000 000元;购入该批A原材料支付的增值税额为160 000元;未对该批A原材料计提存货跌价准备。

(4)应付工程人员职工薪酬1 140 000元。

(5)工程建造过程中,由于非正常原因造成部分毁损,该部分工程实际成本为500 000元,未计提在建工程减值准备;应从保险公司收取赔偿款50 000元,该赔偿款尚未收到。

(6)以银行存款支付工程其他支出400 000元。

(7)工程达到预定可使用状态前进行试运转,领用生产用B原材料,实际成本为200 000元,购入该批B原材料支付的增值税额为26 000元;以银行存款支付其他支出50 000元。未对该批B原材料计提存货跌价准备。工程试运转生产的产品完工转为库存商品。该库存商品成本中耗用B原材料的增值税额为26 000元;该库存商品的估计售价(不含增值税)为383 000元。

(8)工程达到预定可使用状态并交付使用。

(9)剩余工程物资转为生产用原材料,并办妥相关手续。

要求:根据以上资料,逐笔编制乙公司相关业务的会计分录。

6.2019年12月31日,甲公司以自营方式安装的生产线达到预定可使用状态,当日投入使用,其总成本为5 946 000元。该生产线预计使用年限为6年,预计净残值为66 000元,采用直线法计提折旧。2020年12月31日,甲公司在对该生产线进行检查时发现其已经发生减值,可收回金额为4 037 800元。2021年1月1日,该生产线预计尚可使用年限为5年,预计净残值为62 800元,采用直线法计提折旧。2021年6月30日,甲公司采用出包方式对该生产线进行改良。当日,该生产线停止使用,开始进行改良。在改良过程中,甲公司以银行存款支付工程总价款610 700元。2021年8月20日改良工程完工交付使用,预计尚可使用年限8年,预计净残值51 000元,采用直线法计提折旧。

要求:根据上述资料,进行以下业务的会计处理:

(1)生产线投入使用;

(2)计提该生产线2020年的折旧;

(3)2020年年末确认生产线减值损失;

(4)计提2021年上半年生产线折旧;

(5)2021年6月30日,将生产线转入改良;

(6)2021年8月20日改良工程完工交付使用;

(7)计提2021年生产线改良后的折旧。

第七章

无形资产

导 论

本章阐述了无形资产的概念、确认、计量和记录等基本理论和方法。通过本章的学习，应了解无形资产的特征、无形资产的种类及其分类方法，掌握无形资产的入账价值、无形资产价值的摊销方法、无形资产处置的会计处理。

无形资产的确认、计量(包括初始计量和后续计量)，无形资产的取得、计提摊销额、减值及其处置有关账户的设置和会计处理是本章的重点。无形资产取得时入账价值的确定，研发支出的确认和计量，使用寿命有限的无形资产价值的摊销方法，无形资产处置的会计处理是本章的难点。

第一节 无形资产概述

随着知识经济成为人类社会发展主要驱动力量，无形资产对众多不同类型企业的经营和发展起着引擎的作用。同时，有关无形资产的确认、计量和相关信息披露已成为与企业有经济利益关系各方所关注的重点。

一、无形资产的概念和特征

(一)无形资产的概念

"无形资产"一词有大量与法律、会计或税收等相关的概念。这些概念都具有特定针对性。我国《企业会计准则第6号——无形资产》指出:无形资产,是指企业拥有或者控制的没有实物形态的可辨认非货币性资产。某一资产项目满足下列条件之一,就可判断为符合无形资产定义中的可辨认性标准:一是能够从企业中分离或者划分出来,并能单独或者与相关合同、资产或负债一起,用于出售、转移、授予许可、租赁或者交换。二是源自合同性权利或其他法定权利,无论这些权利是否可以从企业或其他权利和义务中转移或者分离。

无形资产尽管不存在物质实体,但它们表明企业拥有来自法律、合同等一系列特殊的权利,这些权利有助于企业取得高于社会一般水平的获利能力,它可以在较长时期内为企业提供经济利益。

(二)无形资产的特征

无形资产是企业的非流动资产之一,与固定资产相比具有某些共同的特征,如持有的目的都是为了使用而非投资,预计使用年限均超过1年,都具备为企业带来未来经济利益的能力,其取得成本均应在提供效益期间以折旧或摊销方式予以费用化。但与有形资产相比,无形资产具有以下特征:

1.无形资产不具有实物形态。这是无形资产区别于其他资产的特征之一。不可否认,有形与否是两类资产相互区分的重要标志,但两者的本质区别是有形资产的可触摸、有形和可视等物质特征所赋予其能够带来未来经济利益的价值,而无形资产的价值来自法律、合同等赋予的某种权力、某项技术或某种竞争优势等独一无二特性的无形因素,这些因素具有排他性之特征,能使企业获取超额的综合收益能力。

2.无形资产属于非货币性长期资产。无形资产不是流动资产,而是非流动资产。它能在多个会计期间为企业创造经济利益,但由于它为企业创造未来经济利益的情况具有高度不确定性,因此,无形资产为企业所提供的未来经济利益不能以固定或可确定的金额计量,它属于非货币性长期资产。

3.无形资产具有可辨认性。前已述及了符合无形资产定义中的可辨认性标准。需要注意的是:商誉的存在无法与企业自身分离,不具有可辨认性,不属于本章所指的无形资产。

二、无形资产的内容和分类

(一)无形资产的内容

1.专利权。它是指政府对发明者在某一产品的造型、配方、结构、制造工艺或程序的发明创造上给予其制造、使用和出售等方面的专门权利。专利权受国家法律的保护。凡是依据专利法被授予专利权的个人或单位，在法定期限内都拥有对某一发明创造的独占权和专有权。任何个人或单位未经专利权人许可，不得利用其专利制造、使用和销售产品，否则就构成侵权。专利权除具有独占性和专有性特点外，还具有地域性和时间性两个特点。所谓地域性，是指专利权人享有的专利权只在本国范围内有效；所谓时间性，是指专利权人享有的专利权受有效期的限制，一旦有效期满，专利权就失去其法律效力，成为社会公众共享的公共财富。

专利权虽然允许其持有者独家使用或控制，但它并不保证一定能给持有者带来经济利益，因为有的专利可能没有经济价值或者经济价值很小，有的专利还存在被另外更有经济价值的专利所淘汰的可能性。因此，企业所拥有的一切专利权并非都作为无形资产核算，只有那些可以降低成本，或者提高产品质量，或者将其转让获取转让收入的专利，方可作为无形资产核算。一般而言，只有从外单位购入的专利或者自行开发并按法律程序申请取得的专利，才能作为无形资产管理和核算。企业从外单位购入的专利权，应按实际支付的价款作为专利权的成本。企业自行开发并按法律程序申请取得的专利权，应以按照无形资产准则确定的金额作为成本。

2.非专利技术（又称专有技术）。它是指企业在生产、工艺、检验、设备、安装、调试等方面采用的先进技术、资料、技能、知识等。非专利技术由发明人垄断。它具有经济性、机密性和动态性等特点。所谓经济性，是指非专利技术通过使用，最终能给企业带来较高的经济效益；所谓机密性，是指非专利技术是保密的、不公开的，拥有非专利技术的企业或个人，只有靠自己保密来维护其利益，一旦公开就失去其价值；所谓动态性，是指非专利技术随着社会的进步而不断得到发展。

企业取得的非专利技术，有些是根据合同规定从外部购入的，应将其实际发生的支出予以资本化，作为无形资产入账。而更多的非专利技术是企业自行研究开发的，它们只有符合资本化条件时，才能确认为无形资产。

3.商标权。它是指专门在某类指定的商品或产品上使用特定的名称或图案的权利。企业的商标一经注册登记，就受到法律的保护。商标权的内容包括独占使用权和禁止使用权两个方面。其中，独占使用权，是指商标权享有人在商标注册的范围内独家使用其商标的权利；禁止使用权，是指商标权享有人排除和禁止他人对商标独占使用权进行侵犯的权利。

在日益激烈的市场竞争中，商标是重要的购物向导。一旦企业拥有使用驰名商标的权利，企业所经营的产品或商品能以较高的价格出售，从而给企业带来超额的经济利益。

企业的商标权可以通过购买或接受投资从其他单位和个人取得，也可以由企业自行设计,向有关部门申请注册而取得。由于企业自行设计商标并将其注册登记,一般所花费用不大,因此是否将其资本化并不重要。而那些给企业带来获利能力的商标,大多是通过广告宣传或其他传播手段在企业长期经营中培植起来的,或者依靠消费者的信赖而树立起来的。广告费一般不作为商标权的成本入账,而是在发生时直接作为销售费用,计入当期损益。

按照商标法的规定,商标权可以转让。如果购买商标权一次性支出较多的费用,企业可以将购入商标的买价、支付的手续费以及其他有关费用作为无形资产入账核算。

4.经营特许权(又称专营权)。它是指在某一地区享有经营或销售某种特定商品的权利,或者是一家企业授予另一家企业使用其商标、商号、技术秘密或制造技术的权利。经营特许权由政府授权和企业授权两种方式组成。会计上作为无形资产核算的经营特许权,是指由一个企业授予另一个企业有限期或无限期使用该企业的某些权利。但只有支付了费用取得的经营特许权,才能作为无形资产入账。

5.土地使用权。它是指国家准许某一企业或单位在一定期间内对国有土地享有开发、利用、经营的权利。我国的土地管理法明确规定,我国的土地实行公有制,任何单位和个人不得侵占、买卖或者以其他形式非法转让土地;但可依法转让国有土地的使用权。

企业取得的土地使用权应按照取得时发生的支出作为无形资产计价入账。

6.著作权(又称版权)。它是指文学、艺术和科学作品的作者及其他著作权人对其著作依法享有的出版、发行等方面的专有权利。它包括发表权、署名权、修改权、保护作品完整权、使用权和获得报酬权等。

需要说明的是,我国企业会计准则规定,作为投资性房地产的土地使用权、企业合并中形成的商誉、石油天然气矿区权益等具有无形资产性质的各类资产,不属于无形资产准则规范的内容,而由其他相关的准则予以规范。

(二)无形资产的分类

无形资产可以从不同角度,按不同的标准进行分类。

1.使用寿命有限的无形资产和使用寿命不确定的无形资产。按能否合理地确定为企业带来未来经济利益的期限分类,无形资产可分为:①使用寿命有限的无形资产。它是指使用寿命为法律或合同协议所规定,如专利权、商标权等。②使用寿命不确定的无形资产。它是指法律或合同协议没有规定其使用寿命且目前无法确定使用寿命的无形资产。

2.可辨认无形资产和不可辨认的无形资产。按能否具体对其辨认分类,无形资产可分为:①可辨认的无形资产。它是指具有专门的名称,可以个别取得,或作为组成资产的一部分取得,或作为整个企业的一部分买进的无形资产,如专利权和商标等;②不可辨认的无形资产。它是指无法具体辨认,不能单独取得的无形资产。

3.外来无形资产和自创无形资产。按无形资产的取得来源渠道划分,无形资产可分为:①外来无形资产。它是指从企业外部取得的无形资产,包括企业外部的投资者作为资本投入、企业接受捐赠、企业购进等方式取得的无形资产;②自创无形资产。它是指企业自行研发形成的无形资产,如企业自行研发的专利权、专有技术等。

此外,无形资产还可以分为与市场营销相关的无形资产(如商标权)、与技术相关的无形资产(如专利权)、与艺术相关的无形资产(如著作权)、与数据处理相关的无形资产(如专卖的计算机软件、软件版权)、与合同相关的无形资产(如特许经营权)、与客户相关的无形资产等。

第二节 无形资产的取得

企业取得无形资产的方式有多种,如外购、投资者投入、自行研究开发、接受投资与捐赠、通过非货币性资产交换和债务重组取得等。取得方式不同,其会计核算方法也不尽相同。

一、无形资产的确认条件

无形资产的确认是无形资产计量、记录的基础。企业的资产只有在符合无形资产的定义,并同时满足下列两个条件时才能确认为无形资产。

(1)与该无形资产有关的经济利益很可能流入企业。某项资产要确认为无形资产,该资产所产生的经济利益必须是很可能流入企业,否则就不能确认为无形资产。在如何判断无形资产所创造的经济利益是否很可能流入企业时,应对无形资产在预计使用寿命内可能存在的各种经济、技术等因素做出合理的估计,同时还要有确凿证据的支持。

(2)该无形资产的成本能够可靠地计量。对无形资产而言,这个确认条件相对更为重要。例如,企业内部产生的品牌、报刊名等,因它们的成本无法可靠地计量,所以不能作为无形资产加以确认。

二、无形资产的初始计量

无形资产的成本一般应以取得无形资产并使其达到预定用途而发生的全部支出确定。由于企业无形资产取得的渠道不同,因而其取得成本的构成也有所不同。

(一)企业购入无形资产

企业购入无形资产的实际成本,包括购买价款、进口关税和其他税费,以及直接归属于使该项资产达到预定用途所发生的其他支出。其中，直接归属于使该项资产达到预定用途所发生的其他支出，是指使无形资产达到预定用途所发生的专业服务费用、测试无形资产是否能够正常发挥作用的费用等。而为引入新产品进行宣传发生的广告费、管理费用及其他间接费用，以及无形资产已达到预定用途后所发生的费用，均不属于无形资产的购入成本。

企业应设置"无形资产"账户核算其持有的无形资产成本，该账户的借方登记企业取得无形资产的成本，贷方登记企业处置无形资产转出的无形资产账面余额，期末余额在借方，表示企业现有无形资产的成本。在"无形资产"账户下，企业应按无形资产的项目设置明细账，进行明细核算。

企业购入无形资产时，应按其取得成本（包括购买价款、相关税费以及直接归属于使该项资产达到预定用途所发生的其他支出）借记"无形资产"账户，涉及增值税进项税额的，还应借记"应交税费——应交增值税（进项税额）"账户；按照应支付的全部款项，贷记"银行存款"等账户。

【例 7-1】2020 年 6 月 16 日，大华公司从增值税一般纳税人光明公司购买用于生产某产品的新专利技术，增值税专用发票上注明的价款为 400 000 元，增值税税额为 24 000元，价款和增值税均以银行存款付讫。大华公司编制会计分录如下：

借：无形资产——专利权	400 000
应交税费——应交增值税（进项税额）	24 000
贷：银行存款	424 000

需要注意的是：①如果购买无形资产的价款超过正常信用条件延期支付（如付款期在 3 年以上），则实质上具有融资性质，相当于分期付款方式购买无形资产。在这种情况下，无形资产的成本应以其购买价款的现值确定。②企业购入土地使用权，通常应按照取得时所支付的价款及相关税费确认为无形资产。如果土地使用权用于自行开发建造厂房等地上建筑物的，该土地使用权的账面价值与地上建筑物分别计算成本。如果外购的房屋建筑物，实际支付的价款中包括土地以及建筑物的价值，应当对支付的价款在地上建筑物与土地之间，按各自公允价值占全部公允价值的比例进行分配；难以合理分配的，应当全部作为固定资产成本入账。但是，如果房地产开发企业取得的土地使用权用于建造对外出售的房屋建筑物，与此相关的土地使用权价值应计入所建造的房屋及建筑物成本。

（二）企业接受无形资产投资

企业接受投资者投入的无形资产，其成本应当按照投资合同或协议约定的价值确定，但合同或协议约定价值不公允的除外。

除上述外，企业还可能通过接受债务人以非现金资产抵偿债务方式取得无形资产、以非货币性交易方式换入无形资产等,这些方式取得无形资产的计量方法,可参见本系列教材《高级财务会计》相关章节。

三、研究与开发支出的确认和计量

长期以来,众多的企业投入大量的资金用于产品、科技的研究与开发,以寻求开发新产品或生产流程,改善现有的产品或发现可能在未来获得某方面具有价值的新知识,以提升企业的竞争能力。

(一)研究阶段与开发阶段的划分

为了评价内部产生的无形资产是否满足确认条件,企业应将资产的形成过程分为研究阶段和开发阶段两个阶段。其中:①研究。它是指为分期获得新的科学技术知识和认识而进行的、具有创造性和有计划的调查活动。这种活动是以有计划的调查活动为基础,为进一步从事开发活动进行准备的探索性活动。②开发。它是指开始商业性生产或使用前,将研究成果或其他知识应用于计划或设计新的或具有实质性改进的材料、装置、产品、工序、系统或服务。在开发阶段,很大程度上已经具备形成一项新产品或新技术的基本条件。例如,生产前模型的设计、建造和测试,含新技术的工具、模具的设计,新的材料、设备、产品、工序、系统的设计、建造和测试等等。

(二)研究与开发费用的确认

研究和开发费用一般包括:①从事研究和开发活动人员的薪金、工资和其他与聘用人员有关的费用;②研究与开发活动中消耗的材料和劳务费用;③用于研究与开发的固定资产折旧费用;④与研究开发有关的间接费用;⑤其他费用。

在会计实务中,各国对上述费用有两种会计处理方法:一是全部费用化,即将一切研究与开发费用都计入当期损益;二是部分费用化,即把研究与开发费用有条件地资本化,并确认为无形资产。这两种方法确立的依据是开发费用形成的结果确定与否。当研究和开发活动的成果将会在企业未来较长的经营期内产生较高的收益时,该费用予以资本化,确认为无形资产;否则,对于最终是否有成果、是否能在未来较长的经营期内带来经济利益等方面都存在不确定的研究和开发费用,计入当期损益。

按照我国无形资产准则的规定,企业内部研究开发项目研究阶段的支出,应当于发生时计入当期损益。其理论依据是通过开发后是否会形成无形资产均有很大的不确定性,企业也无法证明其研究活动一定能够形成带来未来经济利益的无形资产,因此,研究阶段的有关支出在发生时应当费用化计入当期损益。

开发阶段是已完成研究阶段的工作,在很大程度上具备了形成一项新产品或新技术的基本条件,此时,如果企业能够证明其开发支出符合无形资产的定义及相关确认条件,则可将其开发支出确认为无形资产。为此,我国无形资产准则规定,企业内部研究开发项目开发阶段的支出,同时满足下列5个条件的,才能确认为无形资产:①完成该无形资产以使其能够使用或出售在技术上具有可行性;②具有完成该无形资产并使用或出售的意图;③无形资产产生经济利益的方式,包括能够证明运用该无形资产生产的产品存在市场或无形资产自身存在市场,无形资产将在内部使用的,应当证明其有用性;④有足够的技术、财务资源和其他资源支持,以完成该无形资产的开发,并有能力使用或出售该无形资产;⑤归属于该无形资产开发阶段的支出能够可靠地计量。

需要说明的是:如果确实无法区分研究阶段的支出和开发阶段的支出,应将其所发生的研发支出全部费用化,计入当期损益。

(三)研究与开发支出的账务处理

企业应设置"研发支出"账户核算研究与开发无形资产过程中发生的各项支出。该账户的借方登记企业自行开发无形资产发生的研发支出,贷方登记企业按不同性质转出的资本性支出或费用化支出,期末余额在借方,反映企业正在进行无形资产研究开发项目满足资本化条件的支出。

在"研发支出"账户下,企业可按研究开发项目分别设置"费用化支出""资本化支出"明细账并进行明细核算。

企业研究阶段的支出全部费用化,计入当期损益(管理费用),借记"研发支出——费用化支出"账户,贷记"原材料""银行存款""应付职工薪酬"等账户。期末,应将归集在"研发支出——费用化支出"账户的金额转入"管理费用"账户,借记"管理费用"账户,贷记"研发支出——费用化支出"账户。

企业在开发阶段,发生不满足资本化条件的研发支出,其账务处理方法与研究阶段的支出的账务处理相同。而对于发生的满足资本化条件的费用支出,应借记"研发支出——资本化支出"账户,贷记"原材料""银行存款""应付职工薪酬"等账户。对于开发项目完成达到预定用途形成无形资产的,应按"研发支出——资本化支出"账户的余额,借记"无形资产"账户,贷记"研发支出——资本化支出"账户。

期末,"研发支出"账户中所属的"资本化支出"明细账户,反映企业开发无形资产过程中能够资本化形成无形资产成本的支出部分。在填列资产负债表时,该明细账户的余额在资产负债表的"开发支出"项目列示。

【例7-2】甲公司自行研究开发一项新技术,截至2020年12月31日,甲公司发生材料费用200 000元,人工费用300 000元,其他用银行存款支付的费用150 000元,总计650 000元。经测试,该项研发活动完成了研究阶段,从2021年1月1日开始进入开发阶段。2021年发生研发支出480 000元,假定全部为人工费用,其中符合开发支出资本化条件的支出为260 000元。2021年6月30日,该项研发活动结束,最终开发出一项非专利技术。编制会计分录如下:

(1)2020 年发生的研究支出:

借:研发支出——费用化支出　650 000

　贷:原材料　200 000

　　应付职工薪酬　300 000

　　银行存款　150 000

(2)2020 年 12 月 31 日,结转发生的研究支出:

借:管理费用　650 000

　贷:研发支出——费用化支出　650 000

(3)2021 年发生的开发支出:

借:研发支出——资本化支出　260 000

　　　　——费用化支出　220 000

　贷:应付职工薪酬　480 000

(4)2021 年 6 月 30 日,该技术开发完成并形成无形资产:

借:无形资产　260 000

　管理费用　220 000

　贷:研发支出——资本化支出　260 000

　　　　——费用化支出　220 000

需要说明的是:自行开发无形资产的成本,只包括其开发过程中在满足资本化条件的时点至该无形资产达到预定用途前所发生的支出总和,而对于该无形资产在开发过程中达到资本化条件之前发生已经费用化的支出不再进行调整。

第三节　无形资产的摊销与减值

无形资产取得成本应在未来使用其提供服务的期间进行系统性、合理的分配,以便与其相关收入相互配比。这个过程称为“无形资产摊销”。与其他非流动资产一样,无形资产还可能受诸多因素影响而发生减值损失。对无形资产恰当地进行摊销与减值的核算,有助于正确确定企业的经营损益,反映其财务状况。

一、无形资产的摊销

无形资产属于非流动资产,能在较长的时间里为企业提供经济利益。随着无形资产提供效用和获取收入潜能的递减,其原始成本也应在各个会计期间进行合理地分摊并转为费用,以便与各个会计期间的收入相互配比。由于无形资产有使用寿命有限和使用寿命不确定之分,其摊销方式也不相同。

对于使用寿命有限的无形资产通常有一定的有效期限,无形资产所具有的价值的权利或特权总会终结或消失,但这种权利或特权也不会一现即逝,总会持续一个阶段,在这个阶段内,其价值应逐步地转移到受益期内产品价值中去,因此,使用寿命有限的无形资产的成本应当在其有效期限内系统、合理地摊销,而使用寿命不确定的无形资产不予以摊销。

分析判断无形资产的使用寿命是确定无形资产摊销额的基础。只有使用寿命有限的无形资产才需要在估计的使用寿命内采用系统合理的方法进行摊销,对于使用寿命不确定的无形资产则不需要摊销。

(一)无形资产使用寿命的确定原则

按无形资产准则的规定,无形资产的使用寿命如为有限的,应当估计其使用寿命的年限或者构成使用寿命的产量等类似计量单位数量;无法预见无形资产为企业带来未来经济利益的期限的,应当视为使用寿命不确定的无形资产。

无形资产的使用寿命包括法定寿命和经济寿命。所谓具有法定寿命的无形资产,指的是那些使用寿命受法律、规章或合同限制的无形资产。例如,我国法律规定的有效期为20年的发明专利权、有效期为10年的商标权就属于具有法定寿命的无形资产,而对于永久性特许经营权、非专利技术等无形资产,由于其寿命不受法律或合同的限制,因此不能列入具有法定寿命的无形资产。所谓具有经济寿命的无形资产,指的是那些实际可以为企业带来经济利益的无形资产。

需要说明的是:由于受技术进步、市场竞争等因素的影响,无形资产的经济寿命往往短于法定寿命,因此,在估计无形资产的使用寿命时,应当综合考虑各方面相关因素的影响,合理确定无形资产的使用寿命。

(二)无形资产使用寿命的确定

对于源自合同性权利或其他法定权利取得的无形资产,其使用寿命不应超过合同性权利或其他法定权利的期限。如果企业使用资产的预期的期限短于合同性权利或其他法定权利规定的期限,应当按企业预期使用的期限确定其使用寿命。如果合同性权利或其他法定权利能够在到期时续约延续,企业只有在有证据表明其续约不需付出重大成本的情况下,才能将续约期包括在无形资产使用寿命的估计中。如果企业在延续无形资产持有期间时付出的成本与预期流入企业的未来经济利益相比具有重要性,其实质是企业获得了一项新的无形资产。

对于没有明确的合同或法律规定的无形资产,企业应当聘请相关专家进行论证或与同行业情况进行比较或根据企业的历史经验等综合进行分析,从而确定无形资产为企业带来未来经济利益的期限。如果经过上述努力仍无法合理确定无形资产为企业带来的经济利益期限,则应将其作为使用寿命不确定的无形资产。

需要注意的是:企业至少应当于每年年度终了,对无形资产的使用寿命进行复核,如果有证据表明无形资产的使用寿命不同于以前的估计,由于合同的续约或无形资产应用条件的改善,延长了无形资产的使用寿命,则对于使用寿命有限的无形资产应改变其摊销年限,并按照《企业会计准则第28号——会计政策、会计估计变更和差错更正》进行处理。

对使用寿命不确定的无形资产,如果有证据表明其使用寿命是有限的,应当按照会计估计变更处理,并按照无形资产准则中关于使用寿命有限无形资产的处理原则进行处理。

(三)无形资产摊销的一般原则

使用寿命有限的无形资产,应当在其使用寿命内采用系统合理的摊销方法对应摊销金额进行摊销。所谓应摊销金额,是指无形资产的成本减去预计净残值之后的金额。对于已计提减值准备的无形资产,还应减去已计提的无形资产减值准备。

企业摊销无形资产,应当自无形资产可供使用(即达到预定用途)时起,至不再作为无形资产确认时止。企业对于使用寿命有限的无形资产摊销时,可供选择的摊销方法有直线法、生产总量法等,这些摊销方法应当反映企业预期消耗该项无形资产所产生的未来经济利益的方式。如果企业存在特定产量限制的特许经营权或专利权,则可采用产量法进行摊销;如果企业的专利权和专有技术因受技术陈旧因素影响较大,则可采用与固定资产加速折旧相类似的方法进行摊销;如果企业无法可靠确定无形资产的消耗方式,则应当采用直线法进行摊销。

企业应当按月对无形资产进行摊销。对于使用寿命有限的无形资产,应当采用合理的摊销方法在其使用寿命内进行摊销,即应当自该无形资产可供使用(或其达到预定用途)的当月起开始摊销,而处置当月不再摊销。无形资产的摊销额一般应当计入当期损益。但对于专门用于生产某种产品的某项无形资产,由于其所包含的经济利益最终体现在所生产的产品中,因此其摊销额应计入产品成本。

(四)无形资产摊销的账务处理

对于使用寿命有限的无形资产的摊销应通过"累计摊销"账户进行核算。

"累计摊销"账户是"无形资产"账户的调整账户,核算企业对使用寿命有限的无形资产计提的累计摊销额。该账户的贷方登记企业计提的无形资产摊销额,借方登记处置无形资产转出的累计摊销额,期末余额在贷方,表示企业现有无形资产的累计摊销额。

在会计实务中,企业按月进行无形资产的摊销。对于自用的无形资产,企业按已经算出的摊销额借记“管理费用”账户，贷记“累计摊销”账户。企业出租的无形资产摊销时，应按其摊销额借记“其他业务成本”账户，贷记“累计摊销”账户。如果企业某项无形资产包含的经济利益是通过其所生产的产品或其他资产实现的，则其摊销金额应计入相关资产的成本，借记“制造费用”等账户，贷记“累计摊销”账户。

【例 7-3】2020 年 7 月 1 日，某企业购买了一项非专利技术和一项专利权，取得的增值税专用发票上注明的非专利技术的价款为 3 000 000 元，增值税税额为 180 000 元；专利权的价款为 9 000 000 元，增值税税额为 540 000 元。非专利技术估计的使用寿命为 10 年；专利权估计的使用寿命为 15 年。全部款项均以银行存款付讫。假定该企业的非专利技术是用于产品生产，采用直线法摊销，不考虑其净残值。编制会计分录如下：

（1）购入无形资产时：

借：无形资产——非专利技术　　3 000 000

　　　　　　——专利权　　9 000 000

　　应交税费——应交增值税（进项税额）　　720 000

　贷：银行存款　　12 720 000

（2）每月无形资产摊销时：

借：制造费用　　（3 000 000÷10÷12）25 000

　　管理费用　　（9 000 000÷15÷12）50 000

　贷：累计摊销　　75 000

需要说明的是：①使用寿命有限的无形资产，其残值一般应视为零。但如果有第三方承诺在无形资产使用寿命结束时购买该项无形资产，或可以在活跃市场中获得残值信息，并且该市场在无形资产使用寿命结束时很可能存在，则企业可以预计无形资产的残值。②无形资产的残值意味着在其经济寿命结束之前，企业预计将会处置该无形资产，并且从该无形资产的处置中获取利益。企业在估计无形资产的残值时，应以该资产处置时的可收回金额为基础。在这里，可收回金额指的是在预计出售日，出售一项使用寿命已满并且处于类似使用状态下，同类无形资产预计的处置价格（扣除相关税费）。③企业在确定残值以后，在其无形资产的持有期间，至少应于每年年末进行复核，如果预计的残值与其原估计金额不同，则应按照会计估计变更进行相关处理。如果重新估计的无形资产残值高于其账面价值，则对其无形资产不再摊销，直至残值降低到低于其账面价值时，再予以恢复摊销。

二、无形资产的减值

商业环境的不断变化以及新技术日新月异的发展，使企业持有的无形资产创造经济利益的能力很可能受到不利的影响。如果无形资产将来为企业创造的经济利益还不足以补偿其成本,则说明无形资产发生了减值,具体表现为无形资产的账面价值超过了其可收回金额。为了提供可靠、相关的无形资产信息,需要对无形资产减值进行合理的确认和计量。

使用寿命确定的无形资产应于有迹象显示可能发生减值时,进行减值测试,确认减值损失。具体程序与前述的长期股权投资减值相同,此处不再赘述。

企业通过设置"无形资产减值准备"账户核算无形资产减值准备的计提情况。该账户的贷方登记企业按规定计提的无形资产减值准备,借方登记无形资产处置时应予转销的减值准备,期末余额在贷方,表示已计提但尚未转销的无形资产减值准备。

在资产负债表日,如果无形资产存在可能发生减值的迹象,当其可收回金额低于账面价值时,企业应将该无形资产的账面价值减记至可收回金额,减记的金额应确认为资产减值损失,计入当期损益;同时,计提相应的无形资产减值准备,即借记"资产减值损失——计提的无形资产减值准备"账户,贷记"无形资产减值准备"账户。

使用寿命不确定的无形资产,及尚未达到可使用状态的无形资产,应每年定期测试减值,不论是否有迹象显示可能发生减值损失。

需要注意的是,无形资产的减值损失一经确认,在以后会计期间不得转回。

【例 7-4】2020 年 12 月 31 日,由于市场上新技术的出现,导致对某企业产品的销售产生重大不利影响,经减值测试,该企业某项专利技术发生减值。该日,专利技术的账面价值为 600 000 元,预计剩余摊销年限为 4 年,该专利技术的可收回金额为 580 000 元。此前未计提无形资产减值准备。计提减值准备的计算过程及账务处理如下:

计提无形资产减值准备 = 600 000 - 580 000 = 20 000(元)

根据计算结果,该企业编制会计分录如下:

借:资产减值损失——计提的无形资产减值准备　　20 000

　贷:无形资产减值准备　　20 000

第四节　无形资产的处置和列报

无形资产的处置包括无形资产的出售、出租和报废等。

一、无形资产出售

企业所拥有的无形资产可以依法转让出售。出售无形资产表明企业放弃无形资产所有权。无形资产准则规定，企业出售无形资产时，应将所得价款与该无形资产的账面价值之间的差额计入当期损益。出售时，按照企业实际取得的转让收入借记“银行存款”等账户，按该项无形资产已计提的减值准备借记“无形资产减值准备”账户；按无形资产的账面余额贷记“无形资产”账户，按支付的相关税费贷记“银行存款”“应交税费”等账户，按其差额，借或贷记“资产处置损益”账户。

【例7-5】2020年12月31日，某企业出售一项账面余额为50 000元的专利技术，取得转让收入66 000元，增值税额3 960元。该专利技术累计摊销30 000元，已计提减值准备2 000元。假定该企业为一般纳税人，增值税税率为6%。编制会计分录如下：

借：银行存款	69 960
累计摊销	30 000
无形资产减值准备	2 000
贷：无形资产——商专利技术	50 000
应交税费——应交增值税（销项税额）	3 960
资产处置损益——处置非流动资产利得	48 000

二、无形资产出租

为了提高无形资产带来经济利益的能力，企业可以将持有的无形资产的使用权让渡给他人，获取租金收入。出租无形资产，企业仅将无形资产的部分使用权让渡给其他企业，但仍保留着对原有无形资产的各项权利，出让方也无须改变无形资产的账面价值。

企业取得无形资产的租金，应按《企业会计准则第14号——收入》的规定予以确认；同时，还应确认相关费用。企业取得无形资产租金收入时，应借记“银行存款”等账户，贷记“其他业务收入”账户；根据配比原则，在确认租金收入的同时，也应对出租无形资产的转移成本及相关费用予以结转，结转时，应借记“其他业务成本”账户，贷记“累计摊销”“银行存款”等账户。

【例7-6】2020年7月1日，甲企业将一项专利技术出租给乙公司。该专利技术的账面余额为750 000元，摊销年限为10年。按出租合同规定，乙公司按年支付专利技术使用费。假定甲企业当年收到其专利技术使用费1 200 000元，增值税税率为6%。编制会计分录如下：

（1）收到当年专利技术使用费时：

借：银行存款	1 272 000
贷：其他业务收入	1 200 000

应交税费——应交增值税(销项税额)　　72 000

(2)摊销当年专利技术成本时:

借:其他业务成本　　37 500

　贷:累计摊销　　37 500

三、无形资产报废

无形资产报废,是指无形资产由于已被其他新技术所代替或不再受法律保护等原因而进行的处置工作。企业持有的无形资产如果已被其他新技术等所替代,并且该项无形资产已无使用价值和转让价值,或者存在某项无形资产不再受法律保护且已不能为企业带来经济利益,或者存在其他足以证明某项无形资产已经丧失了使用价值和转让价值的情形时,企业应将该无形资产报废,同时转销其账面价值。

无形资产报废时,企业应将已计提的累计摊销额和减值准备以及无形资产的成本予以注销,即借记"累计摊销"账户,借记"无形资产减值准备"账户;按照入账的原始成本,贷记"无形资产"账户;按其差额,借记"营业外支出——处置非流动资产损失"账户。

【例 7-7】2020 年 6 月 30 日,甲企业购入的一项非专利技术被其他新技术所替代,该项非专利技术购入时的成本为 900 000 元,购入时估计使用 8 年,该项非专利技术从被购入到被新技术替代时已使用 5 年。假设该项非专利技术的净残值为零,已累计计提减值准备 240 000 元,该项非专利技术不能给企业带来任何经济利益。不考虑其他相关税费。编制会计分录如下:

借:累计摊销　　562 500

　无形资产减值准备　　240 000

　营业外支出——处置非流动资产损失　　97 500

　贷:无形资产　　900 000

四、无形资产的列报

无形资产在资产负债表上应单独设置"无形资产"项目。该项目属于非流动资产部分,应按账面价值列示,即根据"无形资产"账户的期末借方余额减去"累计摊销"和"无形资产减值准备"账户期末贷方余额后的金额填列。

在会计报表附注中,应披露下列与无形资产有关的事项:一是各类无形资产的原价、累计摊销额、无形资产减值准备累计金额和无形资产账面价值;二是计入当期损益和确认为无形资产的研究开发支出金额。

本章小结

无形资产，是指企业拥有或者控制的没有实物形态的可辨认非货币性资产。它具有非物质形态、属于非货币性长期资产和可辨认性等特征。无形资产可以按照不同标志进行分类，其中无形资产内容、使用寿命是否确定是主要的分类标志。

无形资产一般包括专利权、非专利技术、商标权、经营特许权、土地使用权、著作权。某资产项目确认为无形资产，一是要符合无形资产的定义，同时还要满足一定的条件。

企业取得无形资产应按其实际成本进行初始计量。企业取得无形资产的渠道不同，其成本的构成也有所不同。企业购入无形资产的成本，包括购买价款、进口关税和其他税费，以及直接归属于使该项资产达到预定用途所发生的其他支出。

企业应将自行研究开发项目所发生的支出区分为研究阶段支出和开发阶段支出。在研究阶段发生的支出应全部费用化；在开发阶段发生的符合资本化条件的支出，应予以资本化；不符合资本化条件的支出，应予以费用化。企业研发支出一律先通过"研发支出"账户归集。

使用寿命有限的无形资产，应当采用直线法、生产总量法等系统合理的摊销方法，在其使用寿命内进行摊销。使用寿命不确定的无形资产，不予以摊销。

如果无形资产存在减值的迹象，资产负债表日当其可收回金额低于账面价值的金额时确认为资产减值损失，并同时计提无形资产减值准备。

出售和报废是无形资产处置的主要方式。处置损益应计入营业外收入或营业外支出。

无形资产在资产负债表上应单独设置"无形资产"项目。该项目属于非流动资产部分，应按账面价值列示。

案例

甲企业为增值税一般纳税人，2018 年度至 2020 年度发生的有关业务如下：

（1）2018 年 1 月 10 日，甲企业开始自行研发一项行政管理用非专利技术，截至 2018 年 5 月 31 日，用银行存款支付外单位协作费 1 110 000 元，领用本单位原材料成本 390 000 元（不考虑增值税因素）。

(2)2018年6月1日该项研发活动进入开发阶段,该阶段发生研究开发人员的薪酬支出525 000元,领用材料成本1 275 000元(不考虑增值税因素),全部符合资本化条件。2018年12月1日,该项研发活动结束,最终开发形成一项非专利技术并投入使用。该非专利技术预计可使用年限为5年,预计净残值为零,采用直线法摊销。

(3)2019年1月1日,将该非专利技术出租给丙企业,双方约定租赁期限为2年,每月末以银行转账结算方式收取租金22 500元,增值税税率为6%。

(4)2020年12月31日,租赁期限届满,经减值测试,该非专利技术的可收回金额为520 000元。

根据以上资料甲企业所做会计处理如下:

(1)确定自行研究开发构成无形资产的入账价值是1 800 000元。

(2)从2019年1月起开始计提摊销额。

(3)将出租丙企业的租金计入营业外收入,并从出租之日起停止计提摊销额。

(4)列入资产负债表"无形资产"项目的金额为1 800 000元。

问题:

判断以上会计处理是否正确,如不正确请说明理由。

本章关键词汇(中英文)

无形资产	Intangible Assets
可辨认性	Identifiability
专利权	Patent Right
商标权	Trademark Right
专营权	Franchise
专有技术	Proprietary Technology
著作权	Copyright
土地使用权	Land Use Rights
累计摊销	Accumulated Amortization
研发支出	Research And Development Expenses
研究阶段	Research Stage
开发阶段	Development Stage

思考题

1.无形资产的概念和特征是什么?

2.在会计实务中,如何判断无形资产所创造的经济利益是否很可能流入企业?

3.我国对研究开发费用是如何进行会计处理的?

4.在会计实务中如何确定无形资产的使用寿命?

5.对于使用寿命有限的无形资产应如何摊销?

6.企业应如何计提无形资产的减值准备?

7.无形资产处置包括哪些内容? 各自如何进行会计处理?

练习题

1.2017 年初,甲公司开始自行开发某专利产品,至 2018 年 6 月 30 日研制成功时共发生支出 1 200 000 元,其中符合资本化条件的支出为 1 000 000 元。假设全部支出都由银行存款支付。该项专利获得了专利局的认证。该专利技术被认定其有效期限为 5 年,2019 年末预计可收回价值为 500 000 元,甲公司于 2020 年 1 月 1 日将其出售,售价为 350 000 元,增值税税率为 6%。

要求:根据以上资料编制以下会计分录:

(1)2018 年 7 月 1 日取得专利权;

(2)2018 年、2018 年无形资产的摊销;

(3)2019 年末无形资产减值准备的计提;

(4)2020 年初处置该专利权。

2.乙企业自行研究开发一项非专利技术,在研究开发过程中发生材料费 600 000 元(不考虑增值税因素)、人工工资 150 000 元以及其他费用 450 000 元,总计 1 200 000 元,其中,符合资本化条件的支出为 750 000 元,期末,该专利技术已经达到预定用途。

要求:根据以上资料编制有关会计分录。

3.丙企业 2016 年 1 月 1 日购入一项非专利技术,支付的价款为 8 400 000 元,以银行存款支付。该非专利技术合同规定受益年限为 10 年,预计残值为 0。2019 年 12 月 31 日,由于与该非专利技术相关的经济因素发生不利变化,导致其发生减值,丙企业估计可收回金额为 3 000 000 元。2020 年 1 月 1 日丙企业将该非专利技术出售给 D 公司,收回价款 2 200 000 元存入银行。增值税税率为 6%。

要求:

(1)编制 2016 年购入非专利技术的会计分录。

(2)计算并编制该非专利技术摊销的会计分录。

(3)计算并编制 2019 年 12 月 31 日计提该非专利技术减值准备的会计分录。

(4)编制2020年1月1日有关该非专利技术出售的会计分录。

4.2017年1月1日甲公司出资300 000元购得一项专利权,预计摊销年限为10年。在2018年1月1日将其出租给乙公司,出租年限为3年,合同规定每年收取租金75 000元,乙公司2018年、2019年均未付租金,2020年12月31日一次付清。增值税税率为6%。

要求:编制甲公司2017—2020年有关的会计分录。

第八章

投资性房地产与其他长期资产

导　论

本章阐述了投资性房地产的基本理论与方法。通过本章的学习应掌握投资性房地产的概念以及确认、计量、转换、处置和减值的核算内容,掌握长期待摊费用的概念和内容。

投资性房地产的范围、确认和计量是本章学习的重点,投资性房地产按成本模式后续计量和按公允价值模式后续计量的会计处理是本章学习的难点。

第一节　投资性房地产

在市场经济条件下,房地产市场日益活跃。有时,企业持有的房地产不是用于生产商品、提供劳务或作为行政管理使用。相反,它们被用来赚取租金或者获取资本升值,或者两者兼而有之。企业用于出租或增值的房地产就是该企业的投资性房地产。

一、投资性房地产概述

(一)投资性房地产的概念

投资性房地产,是指为赚取租金或资本增值,或两者兼有而持有的房地产。其包括已出租的土地使用权、持有并准备增值后转让的土地使用权和已出租的建筑物。

投资性房地产属于经营性活动的范畴。其在用途和目的等与作为生产经营场所的房地产和房地产开发企业用于销售的房地产不同。为此,前者被确认为固定资产或无形资产,后者则被确认为存货。

(二)投资性房地产的特征

投资性房地产的基本特征是企业主营活动以外的长期资产的投资与出租,并能产生独立于其他资产的现金流入。具体来说,其特征表现在以下方面:

1.投资性房地产是企业的一种经营活动。企业的投资性房地产实质上属于让渡资产使用权的行为。其主要形式表现为:一是出租建筑物和出租土地使用权,其出租取得的租金形成一种让渡资产使用权获取的使用费收入;二是持有并准备增值后转让的土地使用权,其目的是赚取增值收益,形成日常经营活动经济利益的流入。

2.投资性房地产不同于作为生产经营场所的房地产和用于销售的房地产。企业用于房地产的目的不同,其构成情况以及所产生的盈利能力存在一定的差异。有些房地产不仅可以用于管理、生产经营和对外销售,还可以用于赚取租金或取得增值收益。为了分别反映持有不同目的的资产所带来经济利益的差异性,企业应将投资性房地产单独划分为一类,予以确认、计量、记录和报告。

3.投资性房地产的后续计量有成本模式和公允价值模式。企业通常对投资性房地产采用成本模式进行后续计量,只有在满足特定条件的前提下,即有确凿证据表明其所拥有的投资性房地产的公允价值能够持续可靠取得,才可以采用公允价值模式对其进行后续计量。

但是,对于同一企业而言,不得同时采用这两种后续计量模式,只能采用其中的一种。

(三)投资性房地产的范围

投资性房地产包括已出租的建筑物,已出租的土地使用权,持有并准备增值后转让的土地使用权。具体范围如下:

1.已出租的建筑物。它是指企业以经营租赁方式出租的企业拥有产权的建筑物。

2.已出租的土地使用权。它是指企业以经营租赁方式出租的企业通过出让或转让方式取得的土地使用权。

3.持有并准备增值后转让的土地使用权。它是指企业取得的、准备增值后转让的土地使用权。

需要说明的是:①已出租的建筑物或在建建筑物租赁期届满暂时空置的,凡企业董事会或类似权力机构以正式书面决议的方式,明确表明其持有意图短期内不变,继续用于经营出租的,即使继续租赁的协议尚未签订,也可将其视为投资性房地产;②房地产开发企业开发的商品房,不属于投资性房地产,应作为存货处理;③企业出租给本企业职工居住的宿舍,即使按市价收取租金,也不属于投资性房地产,而属于企业自用的房地产;④按照国家有关规定认定的闲置土地,不属于持有并准备增值后转让的土地使用权;⑤以经营租赁方式租入建筑物或土地使用权后再转租给其他单位,不属于投资性房地产。

(四)投资性房地产的确认和计量

1.投资性房地产的确认。在符合投资性房地产定义的前提下,同时满足下列两个条件的,投资性房地产才能予以确认:①与该投资性房地产有关的经济利益很可能流入企业;②该投资性房地产的成本能够可靠地计量。

企业可以采取外购、自建等方式取得投资性房地产,但无论是以什么方式取得投资性房地产,只有在形成房地产的同时开始对外出租(租赁期开始日起)或用于资本增值,才能称为投资性房地产。

2.投资性房地产的计量。投资性房地产的计量分为初始计量和后续计量,初始计量应按其成本进行,后续计量有成本和公允价值两种模式。企业取得投资性房地产时,都应按其取得时的成本计价入账。其初始计量方法与固定资产、无形资产相一致。例如:外购的投资性房地产,应按其购买价款、发生的相关税费和可直接归属于该资产的其他支出作为成本进行初始计量;自行建造或开发的投资性房地产,应按其建造该项资产达到预定可使用状态前所发生的所有必要支出作为成本进行初始计量,包括土地开发费、建筑成本、安装成本、应予以资本化的借款费用、支付的其他费用和分摊的间接费用等。

需要说明的是:①作为外购的投资性房地产中的房屋,必须是在购入时就对外出租;如果是购入并打算日后出租的房屋,就不能作为投资性房地产核算。②对于外购的持有并准备增值后转让的土地使用权,应将其确认为投资性房地产。③企业自行建造的房地产,只有在自行建造或开发活动完成(即达到预定可使用状态)的同时开始对外出租或用于资本增值,才能将其确认为投资性房地产。④建造过程中发生的如地震、洪水、台风等非正常性损失,应直接计入当期损益,即计入"营业外支出"账户,而不计入建造成本。⑤企业自行建造房地产达到预定可使用状态后一段时间才对外出租或用于资本增值的,应先将其自行建造的房地产确认为固定资产或无形资产,待出租时,再从租赁期开始日或用于资本增值之日开始,从固定资产或无形资产转换为投资性房地产。

通常情况下企业对投资性房地产采用成本模式进行后续计量,只有满足特定的条件，才能采用公允价值模式进行后续计量。对同一企业而言只能采用一种模式对所有投资性房地产进行后续计量，不得同时采用两种计量模式。

二、采用成本模式计量的投资性房地产

（一）成本模式的特点

1.持有期间需要计提折旧或摊销。在成本模式下，企业应按固定资产或无形资产的有关规定，对投资性房地产计提折旧或摊销，即：当期增加的作为投资性房地产的建筑物当期不提折旧，当期减少的作为投资性房地产的建筑物当期照提折旧；当期增加的作为投资性房地产的土地使用权，当期即开始摊销，当期减少的作为投资性房地产的土地使用权，当期停止摊销。为此，企业应设置"投资性房地产""投资性房地产累计折旧（摊销）"账户。

2.可能计提投资性房地产减值准备。对于存在减值迹象的投资性房地产，企业还应按资产减值的有关规定进行处理，并相应地设置"投资性房地产减值准备"账户。

企业对于已经计提减值准备的投资性房地产，其减值损失在以后会计期间不得转回。

（二）投资性房地产的形成与持有

企业形成投资性房地产的方式众多，如外购、自建、自用转换为出租等。企业应按形成时的成本，借记"投资性房地产"账户，贷记"银行存款"等账户；持有投资性房地产期间取得的租金收入，借记"银行存款"等账户，贷记"其他业务收入""应交税费——应交增值税（销项税额）"账户；计提投资性房地产折旧或进行摊销时，应借记"其他业务成本"账户，贷记"投资性房地产累计折旧（摊销）"账户。

【例 8-1】2020 年 6 月 30 日，甲企业用银行存款购置一栋办公楼对外出租。购入当日甲企业与乙企业签订了经营租赁合同，并将办公楼出租给乙企业，并确认为投资性房地产，采用成本模式进行后续计量。该栋办公楼的成本为 36 000 000 元，使用寿命为 24 年，采用直线法按月计提折旧，预计净残值为零。按照经营租赁合同，甲企业通过银行每月收取含税租金 165 000 元，增值税税率为 9%。甲企业当年编制会计分录如下：

（1）购入办公楼并出租时：

借：投资性房地产　　36 000 000

　　应交税费——应交增值税（进项税额）　　3 240 000

　贷：银行存款　　39 240 000

（2）计提折旧时：

借：其他业务成本　　125 000

　贷：投资性房地产累计折旧　　（36 000 000÷24÷12）125 000

(3)确认每月租金时：

借：银行存款　163 500

　贷：其他业务收入　150 000

　　应交税费——应交增值税(销项税额)　13 500

(三)投资性房地产的后续支出

与投资性房地产有关的后续支出，按是否满足投资性房地产的确认条件，分为资本化的后续支出和费用化的后续支出。

1.资本化的后续支出。与投资性房地产有关的后续支出，满足投资性房地产确认条件的，应当计入投资性房地产成本，如出租过程中建筑物的改良支出等。

需要注意的是：在成本模式下企业对某项投资性房地产进行改扩建等再开发并且将来仍然作为投资性房地产进行核算的，在再开发期间应将其继续作为投资性房地产，但再开发期间不计提折旧或摊销。

【例 8-2】甲企业与乙企业签订的厂房经营租赁合同即将到期。为了提高厂房的租金收入，甲企业决定在其租赁期满后对厂房进行改扩建，该厂房原价为 10 000 000 元，已计提折旧 3 000 000 元。后续计量模式为成本模式。在改扩建的同时甲企业与丙企业签订了经营租赁合同，约定自改扩建完工时将该厂房出租给丙企业。2020 年 6 月 30 日，甲企业与乙企业签订的租赁合同到期，甲企业开始对其厂房进行改扩建。2020 年 12 月 31 日，该厂房改扩建工程完工，共发生支出 1 000 000 元，当日甲企业将其厂房出租给丙企业。假设甲企业采用成本计量模式。甲企业应编制会计分录如下：

(1)2020 年 6 月 30 日，投资性房地产转入改扩建工程：

借：投资性房地产——厂房(在建)　7 000 000

　　投资性房地产累计折旧　3 000 000

　贷：投资性房地产——厂房　10 000 000

(2)2020 年 6 月 30 日至 12 月 31 日发生后续支出为资本化支出：

借：投资性房地产——厂房(在建)　1 000 000

　贷：银行存款　1 000 000

(3)2020 年 12 月 10 日，改扩建工程完工：

借：投资性房地产——厂房　8 000 000

　贷：投资性房地产——厂房(在建)　8 000 000

2.费用化的后续支出。与投资性房地产有关的后续支出，不满足投资性房地产确认条件的，应当在发生时计入当期损益，即借记“其他业务成本”等账户，贷记“银行存款”等账户。

（四）投资性房地产的减值

采用成本模式计价的投资性房地产存在减值迹象的，还应当按照资产减值准则的有关规定进行处理。经减值测试后确定发生减值的，应当计提减值准备，确认资产减值损失。计提减值准备时，应借记“资产减值损失”账户，贷记“投资性房地产减值准备”账户。已经计提减值准备的投资性房地产，其减值损失在以后的会计期间不得转回。

【例 8-3】承例 8-1，2020 年 12 月 31 日，甲企业办公楼发生减值迹象，经减值测试，其可收回金额为 18 000 000 元，此时办公楼的账面价值为 22 500 000 元，假设该企业以前未曾计提其减值准备。编制会计分录如下：

应计提的减值准备＝22 500 000－18 000 000＝4 500 000（元）

借：资产减值损失　　4 500 000

　贷：投资性房地产减值准备　　4 500 000

（五）投资性房地产的处置

企业对于那些由于使用而不断磨损直到最终报废，或者由于遭受自然灾害等非正常损失发生毁损的投资性房地产应当及时进行清理。当企业投资性房地产被处置，应当终止确认该投资性房地产，应当将处置收入扣除其账面价值和相关税费后的金额计入当期损益。

处置采用成本模式计量的投资性房地产时，应当按实际收到的金额，借记“银行存款”等账户，贷记“其他业务收入”等账户；按该项投资性房地产的账面价值，借记“其他业务成本”账户；按其账面余额，贷记“投资性房地产”账户；按照已计提的折旧或摊销，借记“投资性房地产累计折旧（摊销）”账户；原已计提减值准备的，借记“投资性房地产减值准备”账户。

【例 8-4】甲公司将其出租的一栋写字楼确认为投资性房地产，采用成本模式计量。租赁期届满后，甲公司将该栋写字楼出售给乙公司，合同价款为 150 000 000 元，增值税税额为 13 500 000 元，乙公司已用银行存款付清。出售时，该栋写字楼的成本为 140 000 000 元，已计提折旧 15 000 000 元。编制会计分录如下：

借：银行存款　　163 500 000

　贷：其他业务收入　　150 000 000

　　　应交税费——应交增值税（销项税额）　　13 500 000

借：其他业务成本　　125 000 000

　　投资性房地产累计折旧　　15 000 000

　贷：投资性房地产——写字楼　　140 000 000

三、采用公允价值计量的投资性房地产

(一)应用公允价值计量模式的条件

企业会计准则规定,企业只有存在确凿证据表明投资性房地产的公允价值能够持续可靠取得的,才可以采用公允价值模式计量。如果企业选择了公允价值模式,就应对所有投资性房地产都按公允价值模式进行后续计量。

采用公允价值模式计量的投资性房地产,应当同时满足下列条件:

1.投资性房地产所在地有活跃的房地产交易市场。其中,所在地通常是指投资性房地产所在的城市。对于大中型城市,应当为投资性房地产所在的城区。

2.企业能够从活跃的房地产交易市场上取得同类或类似房地产的市场价格及其他相关信息,从而对投资性房地产的公允价值做出合理的估计。其中:同类或类似的房地产,对建筑物而言,是指所处地理位置和地理环境相同、性质相同、结构类型相同或相近、新旧程度相同或相近、可使用状况相同或相近的建筑物;对土地使用权而言,是指同一城区、同一位置区域、所处地理环境相同或相近、可使用状况相同或相近的土地。

(二)公允价值计量模式的特点

1.外购或自行建造确认的投资性房地产,其实际成本的确定与外购或自行建造的采用成本模式计量的投资性房地产一致。

2.在公允价值模式下,投资性房地产不计提折旧也不进行摊销。

3.资产负债表日,以公允价值为基础调整其账面价值。在资产负债表日需要将投资性房地产的公允价值与原账面价值进行比较,两者之间如有差额,确认为公允价值变动损益。

基于上述特点,为了反映公允价值增减变动情况,企业应分别设置"投资性房地产——成本"账户、"投资性房地产——公允价值变动"账户和"公允价值变动损益"账户。

4.企业处置投资性房地产处置时,将因转换而原计入其他综合收益的部分转入当期损益。

(三)取得与持有投资性房地产的账务处理

企业外购、自行建造等取得的投资性房地产,按应计入投资性房地产成本的金额,借记"投资性房地产——成本"账户,贷记"银行存款""在建工程"等账户。

在持有期间的资产负债表日,投资性房地产应当按照资产负债表日的公允价值计量。投资性房地产的公允价值高于其账面余额的差额,借记"投资性房地产——公允价值变动"账户,贷记"公允价值变动损益"账户;公允价值低于其账面余额的差额,编

制相反的会计分录。

企业取得的租金收入,借记“银行存款”等账户,贷记“其他业务收入”账户。

【例 8-5】甲公司采用公允价值模式对投资性房地产后续计量。2020 年 8 月 1 日,甲公司与乙公司签订租赁协议,约定将其在当年 12 月份建造完成的一幢写字楼租赁给乙公司使用,租赁期为 10 年。2020 年 12 月 1 日该写字楼建造完成并出租给乙公司使用,该写字楼的造价为 20 000 000 元。2020 年 12 月 31 日,该写字楼的公允价值为 22 500 000元。甲公司应编制会计分录如下:

(1)2020 年 12 月 1 日,写字楼开始出租:

借:投资性房地产——成本	20 000 000	
贷:固定资产		20 000 000

(2)2020 年 12 月 31 日,调整写字楼的账面价值:

借:投资性房地产——公允价值变动	2 500 000	
贷:公允价值变动损益		2 500 000

(四)投资性房地产处置的账务处理

企业处置投资性房地产时,在确认其他业务收入的同时,按该项投资性房地产的账面余额,借记“其他业务成本”账户,贷记“投资性房地产——成本”账户和“投资性房地产——公允价值变动”账户;同时,按该项投资性房地产的公允价值变动,借记或贷记“公允价值变动损益”账户,贷记或借记“其他业务成本”账户。按该项投资性房地产在转换日计入其他综合收益的金额,借记“其他综合收益”账户,贷记“其他业务成本”账户。

【例 8-6】2020 年 12 月,某企业将作为投资性房地产的写字楼出售。取得价款 680 000 000 元、增值税 61 200 000 元。出售时,与该投资性房地产相关账户资料如下:“投资性房地产——成本”账户借方余额 550 000 000 元,“其他综合收益”账户贷方余额 30 000 000 元(与确认投资性房地产相关),“投资性房地产——公允价值变动”账户借方余额 20 000 000 元。出售投资性房地产时,增值税税率为 9%,编制会计分录如下:

(1)确认处置收入:

借:银行存款	741 200 000	
贷:其他业务收入		680 000 000
应交税费——应交增值税(销项税额)		61 200 000

(2)结转处置投资性房地产成本:

借:其他业务成本	570 000 000	
贷:投资性房地产——成本		550 000 000

——公允价值变动　　20 000 000

(3)结转其他综合收益和公允价值变动损益:

借:公允价值变动损益　　20 000 000

　其他综合收益　　30 000 000

　贷:其他业务成本　　50 000 000

四、投资性房地产的转换

(一)投资性房地产后续计量模式的变更

企业对投资性房地产的计量模式一经确定,不得随意变更。一般情况下,符合一定条件时,投资性房地产后续计量的成本模式可以向公允价值模式转换,但是公允价值模式不能向成本模式转换。计量模式变更时应作为会计政策变更处理,其公允价值与账面价值的差额,应调整期初的留存收益。

(二)投资性房地产与非投资性房地产之间的转换

投资性房地产的转换包括非投资性房地产向投资性房地产转换和投资性房地产向非投资性房地产转换,其中,非投资性房地产可以包括一般企业的固定资产、无形资产,也可以包括房地产企业的存货。

1.投资性房地产的转换条件。企业有确凿证据表明房地产用途发生改变,满足下列条件之一,就可将投资性房地产转换为自用房地产或存货,或将自用房地产或存货转换为投资性房地产:①投资性房地产开始自用;②作为存货的房地产改为出租;③自用土地使用权停止自用,改用于赚取租金或资本增值;④自用建筑物停止自用,改为出租。

2.投资性房地产转换日的确定。非投资性房地产转化为投资性房地产时,其转换日应以租赁期开始日或用于资本增值的日期确定。如作为存货的房地产改为出租,或者自用建筑物或土地使用权停止自用改为出租,则转换日应为其租赁期开始日;自用土地使用权停止自用,改用于资本增值,则转换日为自用土地使用权停止自用后确定用于资本增值的日期。投资性房地产转换为非投资性房地产时,如投资性房地产开始自用,其转换日应以房地产达到自用状态,企业开始将房地产用于生产商品、提供劳务或者经营管理的日期确定。

3.采用成本模式转换的会计处理。在成本模式下,无论是投资性房地产向非投资性房地产转换,还是非投资性房地产向投资性房地产转换,都应对应结转,不确认损益。

(1)非投资性房地产转换为投资性房地产时,应按其非投资性房地产转换前的账面价值作为转换后投资性房地产的入账价值。

作为存货的非投资性房地产转换为投资性房地产时,应按其在转换日的账面价值,借记"投资性房地产"账户,贷记"开发产品"等账户。如果该存货已计提跌价准备,则还应同时结转其存货跌价准备。

作为自用的建筑物等非投资性房地产转换为投资性房地产时,应按其转换日的原价、累计折旧、减值准备等,分别转入“投资性房地产”、“投资性房地产累计折旧(摊销)”和“投资性房地产减值准备”账户。

(2)投资性房地产转为非投资性房地产时,投资性房地产应按其转换日的账面余额、累计折旧、减值准备等,分别转入“固定资产”“无形资产”“累计折旧”“累计摊销”“固定资产减值准备”“无形资产减值准备”等账户。

【例 8-7】2020 年 1 月 10 日,甲企业将采用成本计量模式计量的出租仓库收回,开始用于存放本企业的商品等存货。该仓库账面价值为 35 000 000 元,其中:原价 60 000 000元,累计已提折旧 25 000 000 元。该企业编制会计分录如下:

借:固定资产	60 000 000	
投资性房地产累计折旧(摊销)	25 000 000	
贷:投资性房地产		60 000 000
累计折旧		25 000 000

4.采用公允价值模式转换的会计处理。在公允价值模式下,非投资性房地产转换为投资性房地产时,非投资性房地产应按其公允价值计量,如果转换当日的公允价值小于其原账面价值,则应将其差额记入“公允价值变动损益”账户;如果转换当日的公允价值大于其原账面价值,则应将其差额记入“其他综合收益”账户;在公允价值模式下投资性房地产转换为非投资性房地产时,投资性房地产按其公允价值计量。公允价值与其账面价值的差额记入“公允价值变动损益”账户。

【例 8-8】2020 年 4 月 12 日,甲房地产开发公司与乙企业签订了租赁协议,约定该日将其开发完成的一栋写字楼出租给乙企业。该写字楼的账面余额 500 000 000 元,公允价值为 550 000 000 元。2020 年 12 月 31 日,该项投资性房地产的公允价值为 600 000 000元。甲房地产开发公司应编制会计分录如下:

(1)2020 年 4 月 12 日:

借:投资性房地产——成本	550 000 000	
贷:开发产品		500 000 000
其他综合收益		50 000 000

(2)2020 年 12 月 31 日:

借:投资性房地产——公允价值变动	50 000 000	
贷:公允价值变动损益		50 000 000

第二节　其他长期资产

其他长期资产，是指除长期股权投资、债权投资、固定资产、无形资产等以外的资产，如长期待摊费用等。它们也是企业资产的有机组成部分。

一、长期待摊费用

长期待摊费用，是指企业已经支出，但摊销期限在一年以上(不含一年)的各项费用。其中包括经营租入固定资产改良支出等。

长期待摊费用本质上是一种费用，但由于这些费用支出的数额较大，这些费用带来的效益要期待于未来，若把它们与支出年度的收入相配比，就不能正确计算当期经营成果，所以，应对其分期摊销处理。企业在确认长期待摊费用时，一般应考虑两个条件：一是预计在以后一年以上的会计期间内能否获利，或者说是否能为企业未来带来经济效益，如以经营租赁方式租入办公室内加隔离墙和固定附着物等改良支出一般能增加租入固定资产的效用或延长其使用寿命；二是已发生的费用能否摊销到以后各个会计期间的成本费用中去，或者说企业未来期间取得收益能否抵补已发生的支出。

长期待摊费用是企业为了实现未来经营上获利的目的而发生的支出，这些支出是对将来取得收入提前所做出的贡献。其价值需要采用系统的分配程序及方法计入未来会计期间。因此，长期待摊费用本质上是一种不属于固定资产和无形资产的资本性支出。

企业通过设置“长期待摊费用”账户核算长期待摊费用的发生、摊销和结存等情况。该账户借方登记企业发生的各项长期待摊费用数额，贷方登记每期摊销的各项长期待摊费用数额；余额在借方，表示期末尚未摊销的长期待摊费用的金额。

经营租入固定资产改良支出，是指能增加以经营租赁方式租入的固定资产的效用或延长其使用寿命的改装、翻修、改建等支出。这类支出往往金额较大，受益期也较长，不能作为当期费用处理，而是作为长期待摊费用在其租赁有效期限内分期摊销，计入制造费用或管理费用。

【例 8-9】2020 年 9 月 10 日，某企业以经营租赁方式租入仓库一栋，并对其进行装修。发生装修人员薪酬 120 000 元，领用生产用材料 49 920 元。2019 年 12 月 31 日，该仓库装修完工，达到预定可使用状态并交付使用，并按租赁期 10 年开始进行摊销。编制会计分录如下：

(1)发生装修支出：

借：长期待摊费用　　169 920

　贷：应付职工薪酬　　120 000

　　原材料　　49 920

(2)按月摊销费用：

$$每月摊销费用=\frac{169\ 920}{10\times12}=1\ 416(元)$$

借：管理费用　　1 416

　贷：长期待摊费用　　1 416

二、其他长期资产

其他长期资产包括特准储备物资、银行冻结存款、冻结物资、涉及诉讼中的财产等。这些资产在会计核算上应与一般的长期资产或流动资产分开，单独进行核算。

特准储备物资，是指具有专门用途但不参加企业生产经营的、经国家批准储备的特种物资。银行冻结存款和冻结物资，是人民法院对被执行人在银行的存款或企业的物资等财产实施强制执行措施形成的。涉及诉讼中的财产主要是指被查封、扣押、冻结的财产。

上述其他资产只是一些特殊的企业为了满足国家的特殊要求或应付自然灾害和意外事故的发生而储备的，具有专项用途的特准储备物资。涉及法律案件的企业可能存在冻结物资和诉讼中财产。

企业如有上述其他资产，为了完整地反映企业的财务状况，可统一设置"其他资产"账户进行核算，再按其他资产的种类设置明细账，也可单独设置"特准储备物资""银行冻结存款"等账户进行核算。

第三节 投资性房地产和其他长期资产的列报

一、投资性房地产的列报

企业应当在附注中披露与投资性房地产有关的下列信息：①投资性房地产的种类、

金额和计量模式。采用成本模式的,说明投资性房地产的折旧或摊销,以及减值准备的计提情况;采用公允价值模式的,说明公允价值的确定依据和方法,以及公允价值变动对损益的影响。②房地产转换情况、理由,以及对损益或所有者权益的影响。③当期处置的投资性房地产及其对损益的影响。

二、其他长期资产的列报

长期待摊费用在资产负债表上应单独设置“长期待摊费用”项目,列于非流动资产部分。“长期待摊费用”项目应根据其会计账户的期末余额减去将于一年内(含一年)摊销的数额后的金额填列。

其他资产在资产负债表上以“其他非流动资产”项目单独列示,同样排列于非流动资产部分。

案例

2020 年 6 月 30 日甲公司与乙公司签订租赁协议。该协议约定:甲公司将其 2016 年 12 月 31 日购入的一栋办公楼租赁给乙公司。该办公楼购入时的成本为 45 000 000 元,预计使用年限为 20 年,预计净残值为零,采用年限平均法计提折旧。该办公楼租赁期开始日为协议签订日,租赁期为 2 年,年租金为 2 250 000 元,每半年支付一次。租赁协议签订日该办公楼的公允价值为 42 000 000 元。甲公司对出租的该办公楼采用公允价值模式进行后续计量。2020 年 12 月 31 日,该办公楼的公允价值为 33 000 000 元。甲公司对该出租办公楼进行了如下会计处理:

(1)租赁期开始日按其原价 45 000 000 元确认为投资性房地产;

(2)2020 年对出租办公楼计提了折旧 2 250 000 元;

(3)租赁期开始日确认其他综合收益 2 625 000 元;

(4)将 2020 年取得的租金 1 125 000 元冲减了投资性房地产的账面价值。

问题:判断甲公司上述会计处理是否正确,如不正确请说明理由。

本章小结

投资性房地产,是指为赚取租金或资本增值,或两者兼有而持有的房地产。会计准则规定已出租的土地使用权、持有并准备增值后转让的土地使用权和已出租的建筑物应确认为投资性房地产。确认投资性房地产的条件与确认资产条件一致。投资性房地产应当按照成本进行初始计量。在资产负债表日企业应当采用成本模式对投资性房地产进行后续计量,有确凿证据表明投资性房地产的公允价值能够持续可靠取得的,可以对投资性房地产采用公允价值模式进行后续计量。采用公允价值模式计量的,不对投资性房地产计提折旧或进行摊销,应当以资产负债表日投资性房地产的公允价值为基础调整其账面价值,公允价值与原账面价值之间的差额计入当期损益。企业对投资性房地产的计量模式一经确定,不得随意变更。已采用公允价值模式计量的投资性房地产,不得从公允价值模式转为成本模式。企业有确凿证据表明房地产用途发生改变,满足一定条件的,应当将投资性房地产转换为其他资产或者将其他资产转换为投资性房地产。在成本模式下,应当将房地产转换前的账面价值作为转换后的入账价值。采用公允价值模式计量的投资性房地产转换为自用房地产时,应当以其转换当日的公允价值作为自用房地产的账面价值,公允价值与原账面价值的差额计入当期损益。自用房地产或存货转换为采用公允价值模式计量的投资性房地产时,投资性房地产按照转换当日的公允价值计价,转换当日的公允价值小于原账面价值的,其差额计入当期损益;转换当日的公允价值大于原账面价值的,其差额计入所有者权益。当投资性房地产被处置,或者永久退出使用且预计不能从其处置中取得经济利益时,应当终止确认该项投资性房地产。企业出售、转让、报废投资性房地产或者发生投资性房地产毁损,应当将处置收入扣除其账面价值和相关税费后的金额计入当期损益。

本章关键词汇(中英文)

投资性房地产	Investment Property
成本模式	Cost Model
公允价值模式	The Fair Value Model
后续支出	Subsequent Expenditures
长期待摊费用	Long-term Prepaid Expenses

思考题

1.简述投资性房地产的概念、特征和范围。

2.简述采用成本模式计量的投资性房地产的核算特点、账户设置和会计处理。

3.简述采用公允价值模式计量的投资性房地产的核算特点、账户设置和会计处理。

4.投资性房地产的后续支出是怎样进行划分的?如何对其进行会计处理?

5.投资性房地产的转换条件有哪些?

6.如何确定投资性房地产的转换日?

7.在成本模式下如何进行投资性房地产转换的会计处理?

8.在公允价值模式下,非投资性房地产与投资性房地产相互转化时,其会计处理的特点是什么?

9.如何进行投资性房地产的处置的会计处理?

10.什么是长期待摊费用?如何对其进行会计处理?

11.投资性房地产、长期待摊费用如何在财务报表上列报?

练习题

1.甲公司为增值税一般纳税人,原材料适用的增值税税率为13%,建筑物适用的增值税税率为9%。2020年,甲公司决定购入一项房地产用于对外出租。3月10日,甲公司与乙公司签订了经营租赁合同,约定自写字楼达到预定可使用状态时起将这栋写字楼出租给乙公司,为期5年。4月1日,甲企业实际购入写字楼,支付价款共计1 800万元。该项写字楼随即进入建设安装阶段,至达到预定可使用状态之前发生的直接人工支出为150万元,领用原材料成本150万元,发生其他支出15万元。

要求:根据上述资料编制有关会计分录。

2.甲公司为增值税一般纳税人,与不动产相关的增值税税率为9%。甲公司对其投资性房地产采用公允价值模式计量。

2018年1月1日,甲公司与B公司签订房屋租赁合同,将2016年1月1日购入的价款6 000万元,预计使用年限为50年,预计净残值为0,采用直线法计提折旧的办公楼出租给B公司,租金为每年450万元,租期为2年,租金于每年年末支付。该项合同于当日生效。甲公司采用公允价值模式对投资性房地产进行后续计量,出租当日,该项房地产的公允价值为6 750万元。

2018年12月31日,该项投资性房地产的公允价值为7 500万元;2019年12月31日,该项投资性房地产的公允价值为7 950万元。

2019年12月31日,租赁期届满,甲公司收回该项投资性房地产。2020年1月1日,甲公司将其对外出售,售价为8 250万元,款项已收到,存入银行。假定不考虑所得税的影响因素。

要求,根据上述资料进行如下会计处理:

(1)编制自用房地产转换为投资性房地产的会计分录。

(2)编制2018年12月31日甲公司的会计分录。

(3)计算甲公司2019年应确认的损益的金额。

(4)编制2020年1月1日甲公司出售该项办公楼的会计分录,并计算甲公司应确认的处置损益。

第九章

流动负债

导　论

本章阐述了流动负债的基本理论和基本方法。通过本章的学习,应在了解负债的概念、特点和分类的基础上,进一步了解流动负债的分类,掌握短期借款、应付账款、应付票据、应付职工薪酬的核算,掌握增值税、消费税的计算和有关会计处理。

负债的含义、特征及分类,金额肯定的各项流动负债的会计处理,增值税、消费税的计算和有关会计处理为本章学习的重点;应付职工薪酬的核算,增值税、消费税计算及会计处理为本章学习的难点。

第一节　负债概述

纵观企业的全部经济资源,按其来源:一部分来自所有者(或股东)出资或经营所得;另一部分则是债权人提供的资源,即负债。负债是财务会计基本要素之一,它体现了企业对债权人所承担的全部经济责任。对负债恰当地确认、计量及披露,有助于企业公允地反映其财务状况和经营成果,也有助于与企业有利益关系各方做出正确的判断与决策。

一、负债的概念和特征

(一)负债的概念

按照会计主体假设理论,对于任何企业来说,凡是构成该企业经济资源的来源,均可称为负债。按此推论,负债概念有广义和狭义之分。广义负债,包括债权人权益和所有者(或股东)权益。目前,一般意义上的负债仅是指狭义的概念,即它是企业过去的交易或事项形成的现时义务,履行该义务预期会导致经济利益流出企业。其中,现时义务是指企业在现行条件下已承担的义务,不包括未来发生的交易或者事项形成的义务。可见,负债概念的内涵表现在以下三个方面:一是作为一种义务,负债必须是现在存在的;二是负债源于企业过去的交易或事项;三是履行该义务伴随着经济利益的流出。

(二)负债的特征

负债作为财务会计基本要素之一,除与资产一样源于过去的经济交易或事项,且可以货币计量特性外,还具有以下特征:

1.负债主要是指现时已经存在的,由过去的交易或事项引起的,企业当前所承担的义务。任何企业履行其职责,完成既定任务时,承担一定的债务责任在所难免。而形成负债的交易或事项必须是已经发生的经济活动,例如以前期间赊购商品、上年取得银行贷款等业务,均构成了企业或单位负债。而企业或单位正在筹划的未来业务活动可能产生的经济义务,如企业或单位与供货单位签订的供货合同,企业计划向银行借款,不能确认其为负债。

2.负债是不能无条件地相互取消的,对企业而言,它是一项强制性的义务。它受法律、合同或类似文件的制约。如果在合同中或在契约中具有无条件抵销权的,则不应列入负债。例如,企业某项租赁合同中规定了出租方具有无条件收回租赁资产权,则承租方在租期结束就没有继续支付租金的经济责任。因此,承租方就不能把将来支付的租金认为是一项负债。

3.负债往往需要企业将来转移资产。为此,负债必须有确定的债权人或者必须合理估计确定,其偿还方式也必须是债权人所能接受的,即采用支付现金或非现金资产,或提供劳务,或同时转移资产和提供劳务,或以举借新债抵旧债等方式来偿还,也有可能将债务转为所有者权益。也就是说,负债的清偿预期会导致经济利益流出企业。

4.负债有确切的到期偿还日期,或者合理估计确定的日期。到期偿还日期通常在合同中规定或按照法律或依照商业惯例来规定,即负债将要由企业在未来某一特定时日加以清偿。

综上所述,正确合理地确认负债,对正确反映企业的财务状况、合理评价企业的经营成果具有十分重要的意义。

二、负债的分类

(一)流动负债和非流动负债

企业的负债按偿付期限的长短来划分,通常分为流动负债和非流动负债两类。

1.流动负债。它是指预计在一个正常营业周期中清偿,或者主要为交易目的而持有,或者自资产负债表日起一年内(含一年),到期应予以清偿,或者企业无权自主地将清偿推迟至资产负债表日后一年以上的负债。其中包括短期借款、应付票据、应付账款、合同负债、应付职工薪酬、应交税费、应付利息、应付股利、其他应付款等。

2.非流动负债。它是指流动负债以外的负债,通常是指偿还期在一年或者超过一年的一个营业周期以上的债务。其中包括长期借款、应付债券、长期应付款等。

负债按偿还期限分类,可以利用流动负债和流动资产之间的相互关系,反映企业的短期偿债能力,为短期债权人提供所需要的信息,判断企业的清算能力。

需要指出的是,流动负债和非流动负债的区别并不是绝对的。例如,有些应付账款,由于企业无款支付或与供货方产生某些未确定事项,使其超过一年或一个营业周期以上,或者借贷双方由于达成某种默契而使应在近期偿付的债务不需偿还,对此仍将其纳入流动负债核算范围之内。又如,对于某些非流动负债,如果需要在资产负债表日后一年或一个营业周期内进行偿还,则一般列入流动负债核算范围内;但如果在偿还时采用新的非流动负债来调换,也可以不列入流动负债。

(二)以货币性资产偿还的负债和以非货币性资产偿还的负债

负债按其偿还方式分为以货币性资产偿还的负债和以非货币性资产偿还的负债。其中:以货币性资产偿还的负债,包括应付票据、应付账款、应付职工薪酬等流动负债和长期借款、应付债券等非流动负债;以非货币性资产偿还的负债,包括合同负债等。

(三)可确定性负债和或有负债

由于负债是企业现时承担的但要在将来才履行的债务责任,因此,它不可避免地含有某些不确定因素。根据这种不确定性,负债可分为可确定性负债和或有负债。其中:可确定性负债,是指有可能较为精确计量的负债。如短期借款、长期借款、应付票据、应付账款、预收货款、各种应付税款、应付债券和长期应付款等。可确定性负债通常都是以书面的或隐含的合同或法律规定为依据,从而大大减少了在偿付金额、风险和时间方面的不确定性;或有负债,是指过去的交易或者事项形成的潜在义务,其存在须通过未来不确定事项的发生或不发生予以证实;或过去的交易或者事项形成的现时义务,履行该义务不是很可能导致经济利益流出企业或该义务的金额不能可靠计量。如已贴现的商业承兑汇票、信用担保、待决诉讼、产品保修费用等。

三、负债的确认与计量

(一)负债的确认

像资产一样,当产生义务的交易或事项发生时,就应确认负债。符合负债定义的义务,只有同时满足以下条件时,才能确认为负债:一是与该义务有关的经济利益很可能流出企业;二是未来流出的经济利益的金额能够可靠地计量。

在负债确认标准中,所谓经济利益,是指直接或间接流入企业的现金或现金等价物。负债之所以成为负债,就在于其很可能导致经济利益流出企业。换句话说,如果某项目不会导致经济利益流出企业,那么该项目不能作为企业的负债。再有,经济利益很可能流出企业方可作为负债,“很可能”是指发生的可能性为“大于50%”。

(二)负债的计量

对负债进行正确计量的目的主要表现在两个方面:一是有助于正确确认费用和损失,据以确定当期的损益;二是通过对负债的列报,可以为财务报表使用者预测企业未来现金流量和财务风险等提供信息。

如同对资产可以采用多种计量属性,负债也有多种会计计量属性可供选择。

1.历史成本。负债在历史成本计量下,按照应承担现时义务而实际收到的款项或者资产的金额,或者承担现时义务的合同金额,或者按照日常活动中为偿还负债预期需要支付的现金或者现金等价物的金额计量。

2.重置成本。负债在重置成本计量下,按照现在偿付该项债务所需支付的现金或者现金等价物的金额计量。

3.现值。负债在现值计量下,按照预计期限内需要偿还的未来净现金流出量的折现金额计量。

4.公允价值。负债在公允价值计量下,按照市场参与者在计量日发生的有序交易中,转移负债所需支付的价格计量。

四、流动负债的特点和分类

(一)流动负债的特点

流动负债除了具有负债的各种特点以外,还具有以下特点:一是偿还期限短,流动负债是在债权人提出要求时,债务人要即期偿付,或自资产负债表日起一年内(含一年),或在一个正常营业周期内履行偿债的义务。二是履行偿债义务时,一般需用企业的流动资产或流动负债进行偿付。

(二)流动负债的分类

1.流动负债按应付金额是否肯定,分为两类:一是应付金额肯定的流动负债。如应付票据、应付账款、合同负债等。这类流动负债,通常是指在确认一项义务的当时,根据合同、契约或法律的规定,具有确定的金额、债权人和偿还日期,到期必须偿还的债务。二是应付金额视经营情况而定的流动负债,如应交税费等。这类流动负债需待企业在一定的经营期末才能确定负债金额,在经营期末结束前,负债金额不能以货币计量。

2.流动负债按其产生的原因分类,分为:一是借贷形成的流动负债,如短期借款;二是结算过程中产生的流动负债,如经营过程中产生的流动负债,如应付账款等;三是利润分配中产生的流动负债,如应付股利等。

此外,还可以对流动负债进行综合分类,可分为以下类别:

(1)经营活动过程中的自发性债务,如应付职工薪酬等。

(2)短期外部融资形成的债务,如短期借款、应付账款、应付利息、应付票据等。

(3)客户的预付款,如客户的预付款或保证金。

(4)企业自主决定的债务,如应付股利。

(5)企业外部实体强行征收的债务,如应交税费等。

(三)流动负债的计价

由于流动负债偿还期限短,其现值与流出量的差异很小,因此,流动负债一般不要求以现值来计价。如果负债已经发生而数额需要预计确定的,则应当合理预计,待实际数额确定后,再进行调整。

第二节　短期借款和应付利息

一、短期借款

短期借款是指企业为维持正常的生产经营所需资金或为抵偿某项债务而向银行、其他金融机构或单位借入的期限在一年以内(含一年)的各种借款,如生产周转借款、票据贴现借款、卖方信贷借款等。

为了总括地反映短期借款的取得及其偿还情况,应设置"短期借款"账户。该账户的贷方登记取得的短期借款本金数额,借方登记偿还的短期借款本金数额,余额在贷方,表示尚未偿还的短期借款本金数额。除此之外,该账户还应按借款的种类,设置明细账进行明细分类核算。

由于"短期借款"账户只核算借款本金,而借款企业除了支付借款的本金外,还应支付借款的利息,因此对于短期借款的利息,一般是作为财务费用计入当期损益。

短期借款的会计处理主要包括借款的取得、借款利息的计算和处理，以及借款本息的偿还。

企业取得短期借款时，按取得的本金数额入账，即借记“银行存款”账户，贷记“短期借款”账户。

短期借款利息的处理主要有两种核算方法：一是短期借款的利息按期支付（按季或半年支付），或者在借款到期时连同本金一起支付。对于数额较大的利息，为了正确计算各期的损益，可采用计提的方法，按月计提计入财务费用，即借记“财务费用”账户，贷记“应付利息”账户。二是短期借款的利息按月支付，或者利息是在借款到期时连同本金一起支付，对其数额较小的，可采用直接计入当期损益的方法，在实际支付利息或收到银行计息通知时，借记“财务费用”账户，贷记“银行存款”账户。

短期借款到期时，应及时归还。归还时，应按归还借款的本金，借记“短期借款”账户，按应归还的利息，借记“应付利息”“财务费用”账户，贷记“银行存款”账户。

【例9-1】2021年4月1日，某企业借入期限为3个月的短期借款6 000 000元，年利息率为6%，利息按季度支付。编制会计分录如下。

（1）取得借款时：

借：银行存款　　6 000 000

　贷：短期借款　　6 000 000

（2）4月末和5月末计提借款利息时：

借：财务费用　　30 000

　贷：应付利息　　（6 000 000×6%÷12）30 000

（3）归还借款本息时：

借：短期借款　　6 000 000

　　应付利息　　60 000

　　财务费用　　30 000

　贷：银行存款　　6 090 000

可见，企业计提或实际支付利息时，都不记入“短期借款”账户，而是通过“应付利息”或“财务费用”账户核算。

二、应付利息

应付利息的产生与票据和其他形成的债务相关。应付利息是企业按照合同约定应支付的利息，包括企业各种借款、债券票据等应支付的利息。

企业应当设置“应付利息”账户进行核算，同时应按债权人设置明细账户进行明细核算。

企业采用合同约定的名义利率计算确定利息费用时，应按合同约定的名义利率计算确定应付利息的金额，记入“应付利息”账户的贷方，实际支付利息时，借记“应付利息”账户，贷记“银行存款”等账户。

第三节 应付票据

应付票据是指由出票人出票，由承兑人允诺在一定期限内支付一定款项的书面证明。应付票据通常是企业购入商品和接受劳务，以及购入其他资产和向银行借款时开具的商业票据。目前，我国会计上的应付票据仅指在商品购销活动中承兑人尚未承付的商业汇票，其中包括商业承兑汇票和银行承兑汇票。应付票据有带息票据和不带息票据之分，但不论是哪种票据，包括商业承兑汇票和银行承兑汇票，通常都是按其票据的面值记账，这主要是由于我国目前应付票据的期限较短，其折现值与到期值很接近的原因。

为了核算签发或承兑商业汇票、支付票款等内容，企业应设置“应付票据”账户。该账户的贷方登记开出并承兑商业汇票的面值；借方登记支付票据的款项；余额在贷方，表示尚未到期的商业汇票的票面金额。

应付票据按是否带息分为带息应付票据和不带息应付票据两种。下面分别说明其会计处理。

一、带息应付票据

带息应付票据是按票面上所记载的利率，在票据到期日，以票面金额加计利息支付的票据。在会计实务中，对票据中应付利息的处理主要有以下两种方法。

(一)直接列支

如果票据期限较短、利息金额不大，为简化核算手续，可以在票据到期并支付票据面值和利息时，一次计入财务费用，借记“应付票据”“财务费用”账户，贷记“银行存款”等账户。

(二)期末计提

期末计提分为每月末计提和仅在年末计提两种方式。

如果企业开具的是期限较长且利息数额较大的带息票据，可在每月末按票据的面值和票面利率计提应付利息，编制借记“财务费用”账户，贷记“应付利息”账户的会计分录，期末，将应付利息列入资产负债表“应付利息”项目的期末余额。

如果票据的签发日与到期日分属两个年度，票据签发年度可不进行利息的核算，但在年末，应按权责发生制基础的要求，计提当年利息费用，待到期日再计算确认其余期间的利息费用，其核算方法与按月计提应付利息的方法相同。

【例9-2】2021年10月1日，甲公司从乙公司购入商品一批，其价款为50 000元，增值税进项税额为6 500元。甲公司出具一张面值为56 500元、期限为4个月、年利率为6%的带息票据结算款项。编制会计分录如下。

(1)购入商品：

借：库存商品　50 000
　应交税费——应交增值税(进项税额)　6 500
　贷：应付票据　56 500

(2)年末计提应付利息：

应付利息＝56 500×6%×3/12＝847.5(元)

借：财务费用　847.5
　贷：应付利息　847.5

(3)票据到期付款：

借：应付票据　56 500
　应付利息　847.5
　财务费用　282.5
　贷：银行存款　57 630

二、不带息应付票据

不带息应付票据，其面值就是票据到期时的应付金额。但不带息应付票据实际包括两种情况：一是票据面值所记载的金额不含利息；另一种是面值中已包含了一部分应计利息，只不过在应付票据上未注明利率。在第二种情况下，可以按应付票据面值记账。采用这种核算方法会高估所购财产物资的价值。但由于我国目前应付票据主要为不带息票据，而且此种核算方法比较简单，因此，目前我国企业多采用这种方法。

【例9-3】某公司3月1日开出面值为56 500元、期限为3个月的商业承兑汇票一张，企业承兑后购入材料一批。增值税专用发票上注明的材料价款为50 000元，增值税额为6 500元。假设购入材料按计划成本核算。应编制会计分录如下。

(1)企业购入材料时：

借：材料采购　50 000
　应交税费——应交增值税(进项税额)　6 500
　贷：应付票据　56 500

需要注意的是：如果企业采购业务采用的是银行承兑汇票，则企业需将支付的银行承兑汇票手续费计入当期财务费用，即借记“财务费用”账户，贷记“银行存款”账户。

(2)商业承兑汇票到期支付票据面值：

借：应付票据　　56 500

　贷：银行存款　　56 500

(3)商业承兑汇票到期，企业不能如数偿付票款时，应将应付票据的账面余额转作应付账款：

借：应付票据　　56 500

　贷：应付账款　　56 500

如果此题是应付银行承兑汇票到期，当企业无力支付票据时，应将应付票据的账面余额转作短期借款，即借记“应付票据”账户，贷记“短期借款”账户。

第四节　应付账款和合同负债

合同负债，是指企业已收或应收客户对价而应向客户转让商品的义务。合同负债与应付账款同为企业短期债务，但与应付账款不同的是，合同负债所形成的负债不是以货币偿付，而是以货物或劳务清偿。

一、应付账款

应付账款是指企业因购买材料、商品或接受劳务等业务而发生的债务，是买卖双方在购销活动中由于取得物资与支付货款在时间上不一致而产生的负债，故亦称为交易信用。

应付账款的入账时间原则上应以所购入物资的所有权转移或接受劳务已发生为标志。但在会计实务中，当货物和发票账单同时到达时，为了确认所购入的物资在数量、品种以及质量等方面与合同所订条件是否相符，以避免因发生购入物资错、漏、毁损等问题而再行调账，通常，待货物验收入库后，才按发票账单登记应付账款。当货物和发票账单不是同时到达时，由于应付账款需按发票账单入账，因此对于物资已到而发票账单需经过较长时间的间隔才能到达的情况，应在月份终了将所购物资和应付账款估计入账。应付账款入账时，不是以到期应付金额的现值为依据，而是一般以应付金额为依据。如果购入的资产在形成一笔应付账款时带有现金折扣，则应付账款入账金额的确定有以下两种方法：

第一种，按发票记载的应付金额的总值入账，简称总价法。如果在折扣期限内支付货款，将享受的折扣作为企业理财收益处理。

第二种，按发票账单上记载的全部应付金额扣除最大折扣后的净值记账，简称净价法。如果在折扣期限外支付货款，将其丧失的折扣增加企业的理财费用。

企业无论采用哪种方法，为了总括地反映应付账款的形成及其偿还情况，都应设置"应付账款"账户。该账户的贷方登记企业购买物资、接受劳务等发生的应付未付的款项；借方登记偿还的应付账款，或开出商业汇票抵付应付账款的款项，或冲销无法支付的应付账款；余额一般在贷方，表示尚未偿还的应付账款。该账户还应按供应单位的名称设置明细账户进行明细分类核算。

在我国现行会计实务中，对应付账款的会计处理一般采用总价法进行，这主要是由于现金折扣在目前商业惯例中还很不普遍所导致的。但从经营管理的角度分析，净价法更为可取，因为在市场经济的商品交易中，采用现金折扣有利于促使购买企业尽快付款，从而获得现金折扣的利益。如果企业因理财不善而丧失现金折扣，管理当局还可以通过利润表反映的购货折扣损失发现理财中的问题，从而采取一定的措施对企业施加控制。这是采用总价法所做不到的。

二、合同负债

合同负债，是指按照合同约定，企业已收或应收客户对价而应向客户转让商品的义务。这项负债不同于应付账款，它不是用货币抵偿，而是要求企业在短期内以某种商品、提供劳务或服务来抵偿。

对企业已收或应收客户对价应单独设置"合同负债"账户进行核算，待企业用商品或劳务偿付了此项流动负债后，再进行结算。该账户的贷方登记企业已收或应收客户对价的金额和购货单位补付货款或劳务款的金额，借方登记企业向购货方发出商品或提供劳务后予以结转的金额和退回购货方多付货款或劳务款的金额。余额一般在贷方，表示已收或应收但尚未向购货方发货或提供劳务的金额，如果期末出现借方余额，表示应由购货单位补付的款项。

下面举例说明合同负债核算方法的会计处理。

【例9-4】甲、乙企业均为增值税一般纳税企业。双方签订购销合同规定，甲企业将向乙公司发出产品200件，其成本总额为16 500元，不含税价款总额为20 000元，应纳增值税为2 600元，同时预收乙企业部分货款3 000元，其余欠款待交货后付清。甲企业编制会计分录如下：

(1)预收部分货款：

借：银行存款　　　　3 000

贷：合同负债——乙企业　　3 000

（2）按合同规定发出产品，确认收入：

借：合同负债——乙企业　　22 600

　贷：主营业务收入　　20 000

　　应交税费——应交增值税（销项税额）　　2 600

同时结转成本，会计分录略。

（3）收到补付欠款：

借：银行存款　　19 600

　贷：合同负债——乙企业　　19 600

通常情况下，企业对其已向客户转让商品而有权收取的对价金额应当确认为合同资产或应收账款；对于其已收或应收客户对价而应向客户转让商品的义务，应当按照已收或应收的金额确认合同负债。由于同一合同下的合同资产和合同负债应当以净额列示，企业也可以设置"合同结算"科目（或其他类似科目），以核算同一合同下属于在某一时段内履行履约义务涉及与客户结算对价的合同资产或合同负债。资产负债表日，"合同结算"科目的期末余额在借方的，根据其流动性，在资产负债表中分别列示为"合同资产"或"其他非流动资产"项目；期末余额在贷方的，根据其流动性，在资产负债表中分别列示为"合同负债"或"其他非流动负债"项目。

第五节　应付职工薪酬

一、职工薪酬的概念和组成内容

（一）职工薪酬的概念

职工薪酬，是指企业为获得职工提供的服务或解除劳动关系而给予各种形式的报酬或补偿，具体指职工在职期间和离职后企业提供给职工的全部货币性薪酬和非货币性薪酬。它包括提供给职工本人的薪酬，也包括提供给职工配偶、子女或受赡养人、已故员工遗属及其他受益人等的福利。以商业保险形式提供的保险待遇，也属于职工薪酬。

职工薪酬中的职工包括：一是与企业订立正式劳动合同的所有人员，含全职、兼职和临时职工；二是虽未与企业订立正式劳动合同，但由企业正式任命的人员，如董事会成员、监事会成员和内部审计委员会成员等；三是虽未与企业订立正式劳动合同或企业未正式任命，但在企业的计划、领导和控制下提供类似服务的人员，如劳务用工合同人员，也视同企业职工。

（二）职工薪酬的组成内容

职工薪酬包括短期薪酬、离职后福利、辞退福利和其他长期职工福利。

1.短期薪酬，是指企业在职工提供相关服务的年度报告期间结束后十二个月内需要全部予以支付的职工薪酬，因解除与职工的劳动关系给予的补偿除外。短期薪酬具体包括：职工工资、奖金、津贴和补贴，职工福利费，医疗保险费、工伤保险费和生育保险费等社会保险费，住房公积金，工会经费和职工教育经费，短期带薪缺勤，短期利润分享计划，非货币性福利以及其他短期薪酬。

（1）职工工资、奖金、津贴和补贴。它是指按照国家统计局《关于职工工资总额组成的规定》，构成工资总额的计时工资、计件工资、支付给职工的超额劳动报酬和增收节支的劳动报酬，为了补偿职工特殊或额外的劳动消耗和因其他特殊原因支付给职工的津贴，以及为了保证职工工资水平不受物价影响支付给职工的物价补贴等。

（2）职工福利费。它是指企业为职工提供的福利，如职工生活困难补助等。

（3）医疗保险费、工伤保险费和生育保险费等社会保险费。它是指企业按照国家规定的基准和比例计算，向社会保险经办机构缴纳的社会保险费。

（4）住房公积金。它是指企业按照国家《住房公积金管理条例》规定的基准和比例计算，向住房公积金管理机构缴存的住房公积金。

（5）工会经费和职工教育经费。它是指企业为了改善职工文化生活、为职工学习先进技术和提高职工业务素质用于开展工会活动和职工教育及职业技能培训，根据国家规定的基准和比例，从成本费用中提取的金额。

（6）非货币性福利。它通常包括企业以自己的产品或其他有形资产发放给职工作为福利，以自己拥有的资产无偿提供给职工使用或租赁资产供职工无偿使用。比如，企业提供住房给高级管理人员使用，企业免费为职工提供类似医疗保健的服务，或向职工提供企业支付了一定补贴的商品或服务等（如企业向职工出售低于成本价格的住房等）。

（7）短期带薪缺勤，是指企业支付工资或提供补偿的职工缺勤，包括年休假、病假、短期伤残、婚假、产假、丧假、探亲假等。

（8）短期利润分享计划，是指因职工提供服务而与职工达成的基于利润或其他经营成果提供薪酬的协议。

2.离职后福利。它是指企业为获得职工提供的服务而在职工退休或与企业解除劳动关系后，提供的各种形式的报酬和福利，如按规定计算缴纳的养老保险和失业保险。其中，养老保险费是指基本养老保险费和补充养老保险费。基本养老保险费是根据国家规定的基准和比例计算，向社会保险经办机构缴纳的养老保险费；补充养老保险费是根据《企业年金试行办法》《企业年金基金管理试行办法》等相关规定,向有关单位缴纳的养老保险费。

需要说明的是:根据我国现行的基本养老保险和补充养老保险制度,企业为职工缴纳的仅限于在职工提供服务的会计期间,按省、自治区、直辖市、地(市)政府或企业年金计划规定的标准计提的那部分,这与国际会计准则的处理相同。除此之外,离职后福利不包括短期薪酬和辞退福利的相关内容。

3.辞退福利。它是指企业在职工劳动合同到期之前解除与职工的劳动关系,或者为鼓励职工自愿接受裁减而给予职工的补偿。

4.其他长期职工福利。它是指除短期薪酬、离职后福利、辞退福利之外所有的职工薪酬,包括长期带薪缺勤、长期残疾福利、长期利润分享计划等。

二、职工薪酬的确认和计量

(一)短期薪酬

企业应当在职工为其提供服务的会计期间,将实际发生的短期薪酬(包括货币性薪酬和非货币性福利)确认为负债,并计入当期损益或相关资产成本。

企业在确认短期薪酬时,应当在职工为其提供服务的会计期间,根据职工提供服务的不同受益对象,计入当期损益或相关资产成本,同时确认应付职工薪酬,即借记"生产成本""制造费用""在建工程""研发支出——资本化支出""销售费用""管理费用"等账户,贷记"应付职工薪酬"账户。企业在具体确认短期薪酬时,应分别按下列三种情况处理:一是应由生产产品、提供劳务负担的,应计入产品成本或劳务成本;二是应由在建工程、无形资产开发成本负担的,应计入建造固定资产或无形资产的成本;三是除上述两项之外的其他短期薪酬,应计入当期损益。

1.有规定的计提基础和计提比例计算确定的货币性短期薪酬。对短期薪酬的计量应视以下具体情况而定:对于国家或经批准的企业年金计划规定了计提基础和计提比例的医疗保险费、工伤保险费、生育保险费等社会保险费和住房公积金,企业为职工缴纳时应按照国务院、所在地政府或企业年金计划规定的计提标准计算确定,并同时将其计入成本费用;对于工会经费和职工教育经费,企业一般应按照职工工资总额的一定比例作为计提标准计量,并确认为相应分担,计入当期损益或相关资产成本。

2.企业发生的职工福利费。对于企业实际发生的职工福利费应按实际发生额计入当期损益或相关资产成本。职工福利费为非货币性福利的,应按照公允价值计量。

3.非货币性福利。企业向职工提供的非货币性福利,应按以下 3 种情况进行计量:①企业以其自产产品作为非货币性福利发放给职工。在这种情况下,企业应当根据受益对象,按照该产品的公允价值和相关税费计入相关资产成本或当期损益,同时确认应付职工薪酬。②将企业拥有的房屋等资产无偿提供给职工使用或租赁住房等资产供职工无偿使用,应当根据受益对象,将企业拥有的房屋每期应计提的折旧计入相关资产成本或当期损益,同时确认应付职工薪酬。如果企业租赁住房等资产供职工无偿使用,则应当根据受益对象,将每期应付的租金计入相关资产成本或当期损益,并确认应付职工薪酬。难以认定受益对象的,则应将其直接计入当期损益并确认应付职工薪酬。③向职工提供企业支付了补贴的商品或服务。这种情况是指企业以低于取得资产或服务成本的价格向职工提供资产或服务。比如,企业以低于成本的价格向职工出售住房,以低于企业支付的价格向职工提供医疗保健服务等。

4.短期带薪缺勤。带薪缺勤分为累积带薪缺勤和非累积带薪缺勤。企业应当在职工提供服务从而增加了其未来享有的带薪缺勤权利时,确认与累积带薪缺勤相关的职工薪酬,并以累积未行使权利而增加的预期支付金额计量。企业应当在职工实际发生缺勤的会计期间确认与非累积带薪缺勤相关的职工薪酬。累积带薪缺勤,是指带薪缺勤权利可以结转下期的带薪缺勤,本期尚未用完的带薪缺勤权利可以在未来期间使用;非累积带薪缺勤,是指带薪缺勤权利不能结转下期的带薪缺勤,本期尚未用完的带薪缺勤权利将予以取消,并且职工离开企业时也无权获得现金支付。

5.利润分享计划。该计划同时满足下列条件的,企业应确认相关的应付职工薪酬:①企业因过去事项导致现在具有支付职工薪酬的法定义务或推定义务。②因利润分享计划所产生的应付职工薪酬义务金额能够可靠估计。属于下列三种情形之一的,视为义务金额能够可靠估计:

第一,在财务报告批准报出之前企业已确定应支付的薪酬金额;

第二,该短期利润分享计划的正式条款中包括确定薪酬金额的方式;

第三,过去的惯例为企业确定推定义务金额提供了明显证据。

应当说明的是:职工只有在企业工作一段特定期间才能分享利润的,企业在计量利润分享计划产生的应付职工薪酬时,应当反映职工因离职而无法享受利润分享计划福利的可能性。如果企业在职工为其提供相关服务的年度报告期间结束后十二个月内,不需要全部支付利润分享计划产生的应付职工薪酬,该利润分享计划应当适用职工薪酬准则中关于其他长期职工福利的有关规定。

(二)离职后福利

企业应将离职后福利计划分类为设定提存计划和设定受益计划。离职后福利计划,是指企业与职工就离职后福利达成的协议,或者企业为向职工提供离职后福利制定的规章或办法等。其中:设定提存计划,是指向独立的基金缴存固定费用后,企业不再承担进一步支付义务的离职后福利计划;设定受益计划,是指除设定提存计划以外的离职后福利计划。

企业应在职工为其提供服务的会计期间,根据设定提存计划计算的应缴存金额确认为负债,并计入当期损益或相关资产成本。

根据设定提存计划,预期不会在职工提供相关服务的年度报告期结束后十二个月内支付全部应缴存金额的,企业应根据资产负债表日与设定受益计划义务期限和币种相匹配的国债或活跃市场上的高质量公司债券的市场收益率作为折现率,将全部应缴存金额以折现后的金额计量应付职工薪酬。

(三)辞退福利

企业向职工提供辞退福利的,应当在下列两者孰早日确认辞退福利产生的职工薪酬负债,并将其计入当期损益:①企业不能单方面撤回因解除劳动关系计划或裁减建议所提供的辞退福利时;②企业确认与涉及支付辞退福利的重组相关的成本或费用时。

企业应当按照辞退计划条款的规定,合理预计并确认辞退福利产生的应付职工薪酬。辞退福利预期在其确认的年度报告期结束后十二个月内完全支付的,应当适用短期薪酬的相关规定;辞退福利预期在年度报告期结束后十二个月内不能完全支付的,应当适用职工薪酬准则中关于其他长期职工福利的有关规定。

(四)其他长期职工福利

企业向职工提供的其他长期职工福利,符合设定提存计划条件的,应按设定提存计划的有关规定进行处理。

除此之外,企业应按设定受益计划的有关规定,确认和计量其他长期职工福利净负债或净资产。在报告期末,企业应先将其他长期职工福利产生的职工薪酬成本确认为下列组成部分:①服务成本;②其他长期职工福利净负债或净资产的利息净额;③重新计量其他长期职工福利净负债或净资产所产生的变动。然后将上述项目的总净额计入相关资产成本或当期损益。

需要说明的是:如果长期残疾福利水平取决于职工提供服务期间的长短,则企业应在职工提供服务的期间确认应付长期残疾福利义务,计量时应考虑长期残疾福利支付的可能性和预期支付的期限;如果长期残疾福利与职工提供服务期间长短无关,则企业应在导致职工长期残疾事件发生的当期确认应付长期残疾福利义务。

三、"应付职工薪酬"账户的设置

"应付职工薪酬"账户核算企业根据有关规定应付给职工的各种薪酬。该账户的贷方登记企业按职工提供服务的部门和受益对象所确认的各种职工薪酬,企业因解除与职工的劳动关系应给予的补偿;借方登记企业按照有关规定向职工支付的各种短期薪酬，企业按规定给予职工的离职后福利、辞退福利等。该账户的余额在贷方，表示企业应付职工薪酬的结余数额。

在该账户下还应当按照"工资""职工福利""社会保险费""住房公积金""工会经费""职工教育经费""非货币性福利""离职后福利""辞退福利""股份支付""其他长期职工福利"等设置明细账户进行明细分类核算。

需要说明的是：外商投资企业按规定从净利润中提取的职工奖励及福利基金也在该账户中进行核算。

四、应付职工薪酬的账务处理

（一）工资、奖金和津贴

工资是企业对职工个人的一种负债，其核算是通过"应付职工薪酬——工资"账户进行的。该账户的借方发生额，反映本期实际支付的工资数额和从应付工资中扣还的各种款项；贷方发生额，反映本期计算应分配的工资数额。由于应付工资的核算中，工资的结算是按上月考勤或产量记录计算发放本月工资，而工资费用的分配，则按本月考勤或产量记录内容计算，因此，"应付职工薪酬——工资"账户必然会出现余额；如果余额在借方，表示多付的预付工资数额；如果余额在贷方，表示少付的应付工资数额。在按上月考勤或产量记录计算发放本月工资，同时又按其分配本月工资费用的情况下，"应付职工薪酬——工资"账户就没有余额。

在会计实务中，企业的工资结算一般是通过编制工资结算汇总表进行的。工资结算汇总表应按照职工类别和工资总额构成项目分别反映。企业按照有关规定向职工支付工资、奖金、津贴等工资性质的支出时，应借记"应付职工薪酬——工资"账户，贷记"银行存款""库存现金"等账户；企业从应付职工薪酬中扣还代垫的家属药费、个人所得税等各种款项时，应借记"应付职工薪酬——工资"账户，贷记"其他应收款""应交税费——应交个人所得税"等账户。

企业期末进行职工薪酬的分配时，应编制职工薪酬分配汇总表，并根据领取职工薪酬职工的工作岗位，记入相应的成本费用账户。对于基本生产车间和辅助生产车间工人的工资，应记入"生产成本"账户；对于生产车间管理人员的工资，应记入"制造费用"账户；对于企业行政管理部门人员的工资，应记入"管理费用"账户；对于医务及福利人员的工资，应记入"应付职工薪酬——职工福利"账户；对于设有独立销售机构人员的工资，应记入"销售费用"账户；对于进行固定资产新建工程、改扩建工程、安装工程人员的工资，应记入"在建工程"账户；对于企业从事其他销售、技术转让、固定资产出租、运输等其他业务部门人员的工资，应记入"其他业务成本"账户等。

【例 9-5】2021 年 6 月份，某企业职工薪酬结算汇总表，如表 9-1 所示。

表 9-1 职工薪酬结算汇总表

2021 年 6 月份　　　　金额单位:元

车间部门		应付工资	代扣款			实发工资
			社保费	个人所得税	小计	
第一车间	生产工人	35 000	1 240	1 245	2 485	32 515
	管理人员	4 000	100	100	200	3 800
第二车间	生产工人	40 000	1 600	2 500	4 100	35 900
	管理人员	6 000	160	180	340	5 660
设备安装人员		8 000	120	220	340	7 660
企业管理人员		20 000	600	800	1 400	18 600
独立销售机构人员		12 000	200	440	640	11 360
其他业务部门		9 000	300	380	680	8 320
合计		134 000	4 320	5865	10185	123 815

根据职工薪酬汇总表的有关资料编制会计分录如下。

(1)6 月末将本月应付的工资进行分配时:

借:生产成本　75 000

　制造费用　10 000

　在建工程　8 000

　销售费用　12 000

　管理费用　20 000

　其他业务成本　9 000

　贷:应付职工薪酬——工资　134 000

(2)7 月份,企业签发转账支票,用于发放工资时:

借:应付职工薪酬——工资　123 815

　贷:银行存款　123 815

(3)7 月份,结转从应付职工薪酬中扣还的各种款项时:

借:应付职工薪酬——工资　10 185

　贷:其他应付款　4 320

　　应交税费——应交个人所得税　5 865

(4)企业转付各种代扣款时：

借：其他应付款　4 320

　　应交税费——应交个人所得税　5 865

　贷：银行存款　10 185

(二)职工福利费

职工福利费是企业准备用于企业职工个人福利方面的未付费用。职工福利费主要是尚未实行医疗统筹企业职工医疗费用、职工因公负伤赴外地就医的路费、职工生活困难补助，以及按规定发生的其他职工福利支出。

企业发生福利费支出时，应借记"应付职工薪酬——职工福利"账户，贷记"银行存款"等账户。

月末，企业对发生的职工福利费应按用途进行分配。如果每月职工福利费实际发生的数额比较均衡，则每月可以根据职工福利费实际发生的金额进行分配；如果每月职工福利费的发生金额不均衡，而且各月之间相差较大，则每月应合理预计其发生额，并按用途进行分配。企业按月分配职工福利费时，应借记"生产成本""制造费用""管理费用""销售费用""在建工程""研发支出"等账户，贷记"应付职工薪酬——职工福利"账户。

(三)社会保险费和住房公积金

按国家规定社会保险费和住房公积金是由企业和职工共同负担的费用。为此，企业应在"应付职工薪酬"账户下设置"社会保险费"和"住房公积金"明细账户，用以核算社会保险费和住房公积金的提取和缴纳情况。

由职工个人负担的社会保险费和住房公积金，属于职工工资总额的组成部分，应根据职工工资的一定比例计算，并从工资中予以扣除，即借记"应付职工薪酬——工资"账户，贷记"其他应付款"账户。

由企业负担的社会保险费和住房公积金，应在职工为其提供服务的会计期间，根据职工工资的一定比例计提，并按照规定的用途进行分配，即借记"生产成本""制造费用""管理费用""销售费用""在建工程""研发支出"等账户，贷记"应付职工薪酬——社会保险费或住房公积金"账户。

企业缴纳社会保险费和住房公积金时，对于由职工负担的部分，应借记"其他应付款"账户，贷记"银行存款"账户；对于由企业负担的部分，则应借记"应付职工薪酬——社会保险费"或"应付职工薪酬——离职后福利(社会保险费)"和"应付职工薪酬——住房公积金"账户；贷记"银行存款"账户。

(四)工会经费和职工教育经费

工会经费是按照国家规定由企业负担的用于工会活动方面的经费。职工教育经费是按国家规定由企业负担的用于职工教育方面的经费。应在“应付职工薪酬”账户下设置“工会经费”和“职工教育经费”明细账户，核算工会经费和职工教育经费的提取和使用情况。

企业按职工工资的一定比例计提工会经费和职工教育经费时，应按职工工资的用途借记“生产成本”“制造费用”“管理费用”“销售费用”“在建工程”“研发支出”等账户，贷记“应付职工薪酬——工会经费或职工教育经费”账户。

企业向工会和职工教育机构支付工会经费和职工教育经费时，应借记“应付职工薪酬——工会经费或职工教育经费”账户，贷记“银行存款”账户。

（五）非货币性福利

企业为了核算非货币性福利的支付与分配情况，应在“应付职工薪酬”账户下设置“非货币性福利”明细账户。

1.企业以其生产的产品或外购商品作为非货币性福利提供给职工。此时，企业应当作为正常产品或商品销售处理，按照该产品（商品）的公允价值确定非货币性福利金额，借记“应付职工薪酬——非货币性福利”账户，贷记“主营业务收入”“应交税费——应交增值税（销项税额）”账户。同时，应当根据受益对象，按照该产品的公允价值，计入相关资产成本或当期损益，确认应付职工薪酬，即借记“管理费用”“生产成本”“制造费用”等账户，贷记“应付职工薪酬——非货币性福利”账户。

【例 9-6】某企业为生产空调的一般纳税人，共有职工 300 名。2021 年 5 月，公司以其生产的成本为 5 000 元的空调和外购的每台不含税价格为 500 元的吸尘器作为福利发放给每位在册职工。该型号空调不含税的销售价格为每台 8 000 元，该企业以银行存款支付了购买吸尘器的价款和增值税进项税额，并开具了增值税专用发票。假定该企业 300 名职工中有 200 名为直接参加生产的职工，70 名为车间管理人员，30 名为企业管理人员。有关的账务处理如下。

空调的销售总价＝8 000×200+8 000×70+8 000×30
＝1 600 000+560 000+240 000
＝2 400 000（元）

空调的增值税销项税额＝8 000×200×13%+8 000×70×13%+8 000×30×13%
＝208 000+72 800+31 200
＝312 000（元）

①该企业决定发放空调时，应编制会计分录如下：

借：生产成本　　（8 000×200+8 000×200×13%）1 808 000
　　制造费用　　（8 000×70+8 000×70×13%）632 800
　　管理费用　　（8 000×30+8 000×30×13%）271 200

贷:应付职工薪酬——非货币性福利　　2 712 000

②该企业发放空调时,应编制会计分录如下:

借:应付职工薪酬——非货币性福利　　2 712 000

贷:主营业务收入　　2 400 000

应交税费——应交增值税(销项税额)　　312 000

借:主营业务成本　　1 500 000

贷:库存商品　　1 500 000

吸尘器的销售售价 = 500×200+500×70+500×30

= 100 000+35 000+15 000

= 150 000(元)

吸尘器的进项税额 = 500×200×13%+500×70×13%+500×30×13%

= 13 000+4 550+1 950

= 19 500(元)

③该企业决定发放吸尘器时,应编制会计分录如下:

借:生产成本　　(500×200+500×200×13%)113 000

制造费用　　(500×70+500×70×13%)39 550

管理费用　　(500×30+500×30×13%)16 950

贷:应付职工薪酬——非货币性福利　　169 500

④购买吸尘器时,应编制会计分录如下:

借:应付职工薪酬——非货币性福利　　169 500

贷:银行存款　　169 500

2.无偿为职工提供住房。分为两种情况:一是企业将拥有的房屋等资产无偿提供给职工使用;二是企业租赁住房供职工无偿使用。

当企业无偿向职工提供住房等资产使用时,应根据该住房每期应计提的折旧,借记“应付职工薪酬——非货币性福利”账户,贷记“累计折旧”等账户。当租赁住房等资产供职工无偿使用时,应根据每期应付的租金,借记“应付职工薪酬——非货币性福利”账户,贷记“银行存款”等账户。

【例 9-7】某企业为其总部各部门经理以上级别职工提供汽车免费使用(不含副总裁以上人员),同时为副总裁以上每人租赁一套住房。该企业总部共有部门经理以上人员 30 名,每人提供一辆凯悦汽车免费使用,假定每辆凯悦汽车每月计提折旧 1 500 元。该企业共有副总裁以上人员 8 名,企业为每人租赁一套月租金为 10 000 元的公寓,以银行存款支付。

该企业每月应编制会计分录如下:

借:管理费用　　125 000

贷:应付职工薪酬——非货币性福利　125 000

借:应付职工薪酬——非货币性福利　125 000

贷:累计折旧　45 000

银行存款　80 000

3.向职工提供企业支付了补贴的商品或服务。比如,企业以低于成本的价格向职工出售住房,以低于企业支付的价格向职工提供医疗保健服务等。对于此类补贴,企业应区别不同情况处理:如果补贴是以职工的未来服务为前提,应将该项补贴额在相关合同或协议规定的服务年限内平均摊销;否则,应将其直接计入当期损益。

需要说明的是:企业以补贴后的价格向职工提供商品或服务,属于非货币性福利,与企业直接向职工提供购房补贴不同。后者属于货币性福利,它是在职工提供服务的会计期间,按企业各期预计补贴的金额,以此确认企业应承担的应付职工薪酬义务,并根据受益对象计入相关资产的成本或当期损益。

【例9-8】2021年1月,某企业购买了200套全新的商品房,准备以优惠价格出售给职工。该企业共有职工200名,其中100名为直接生产人员,60名为车间管理人员,40名为总部管理人员。该企业准备向直接生产人员和车间管理人员出售的商品房平均每套购买价为120万元,企业出售的价格为每套100万元;该企业准备向总部管理人员出售的住房平均每套购买价为150万元,企业出售的价格为每套130万元。假定该企业200名职工均在2021年度中陆续购买了企业出售的住房,该企业和职工签订的售房协议注明,职工在取得住房后必须为企业服务10年。

①该企业出售住房时,应编制会计分录如下:

借:银行存款　(1 000 000×160+1 300 000×40)212 000 000

长期待摊费用　40 000 000

贷:固定资产　(1 200 000×160+1 500 000×40)252 000 000

②该企业出售住房后的每年,按照直线法在10年内摊销长期待摊费用,并编制会计分录如下:

借:生产成本　[(1 200 000×100-1 000 000×100)÷10]2 000 000

制造费用　[(1 200 000×60-1 000 000×60)÷10]1 200 000

管理费用　[(1 500 000×40-1 300 000×40)÷10]800 000

贷:应付职工薪酬——非货币性福利　4 000 000

借:应付职工薪酬——非货币性福利　4 000 000

贷:长期待摊费用　4 000 000

(六)带薪缺勤

由于实务中与非累积带薪缺勤相关的职工薪酬已包括在企业所发放的薪酬中,企业可不做额外的账务处理。

对于累积带薪缺勤,设置专门的账户"应付职工薪酬——累积带薪缺勤"账户,用于核算员工累计未行使权利而增加的预期支付金额,同时计入员工提供劳务期间的成本费用。

【例 9-9】某公司共有 1 000 名职工,该公司实行累积带薪缺勤制度。该制度规定,每名职工每年可享受 5 个工作日的带薪病假,未使用的病假只能向后结转一个日历年度,超过 1 年未使用的权力作废,不能在职工离开公司时获得现金支付;职工休病假是以后进先出为基础,即首先从当年可享受的权利中扣除,再从上年结转的带薪病假余额中扣除;职工离开公司时,公司对职工未使用的累积带薪病假不支付现金。

2021 年 12 月 31 日,每个职工当年平均未使用的带薪病假为 2 天。根据过去的经验并预期该经验将继续适用,该公司预计 2022 年 950 名职工将享受不超过 5 天的带薪病假,剩余 50 名职工每人将平均享受 6 天半病假,假定这 50 名职工全部为部门经理,该公司平均每名职工每个工作日工资为 300 元。

相关的会计处理如下:

借:管理费用　22 500

　贷:应付职工薪酬——累积带薪缺勤　22 500

(七)利润分享计划

利润分享计划是由于职工提供服务而产生的,因此企业应当将利润分享和奖金计划作为成本或费用处理,不能作为净利润的分配,进行相关会计处理时,应借记相关成本费用,贷记"应付职工薪酬——利润分享计划",而不是记入"利润分配"账户。

【例 9-10】某公司对其高管实行利润分享计划,2021 年拟按照企业当年实现净利润的 10%确定利润分享份额。2021 年的税后利润是 7 000 万元,相关的会计处理如下:

借:管理费用　7 000 000

　贷:应付职工薪酬——利润分享计划　7 000 000

(八)辞退福利

为了核算解除劳动关系补偿即辞退福利的提取和支付情况,企业应在"应付职工薪酬"账户下设置"辞退福利"明细账户。

企业因解除与职工的劳动关系而给予职工补偿时,应根据已确定的解除劳动关系计划或自愿裁减建议,借记"管理费用"账户,贷记"应付职工薪酬——辞退福利"账户。

企业实际支付解除劳动关系补偿即辞退福利时,应借记"应付职工薪酬——辞退福利"账户,贷记"银行存款"等账户。

第六节　应交税费

一、应交税费概述

按税法规定,企业应缴纳或代扣代缴的税金有:增值税、消费税、关税、资源税、土地增值税、城镇土地使用税、企业所得税、个人所得税、房产税、车船税、印花税、契税、城市维护建设税、车辆购置税、耕地占用税、船舶吨税、烟叶税。上述税种中,除关税和船舶吨税由海关负责征收管理外,其余税种皆由税务机关负责征收管理。此外,缴纳增值税、消费税的企业还要按照规定交纳教育费附加。教育费附加是国家为了扶持教育事业发展,计征用于教育的政府性基金,它不属于税收范畴。

企业按照税法等规定计算应交纳的上述各种税金(印花税除外)和教育费附加构成了企业应交税费的内容。

上述税金可以按征收对象不同分为以下类别:①对生产、流通或者服务业中取得的收入征收的流转税类,如增值税、消费税等;②对因开发和利用自然资源差异而形成的级差收入征收的资源税类,如资源税、土地增值税和城镇土地使用税;③对生产经营者的利润和个人的纯收入征收的所得税类,如企业所得税、个人所得税;④对特定对象和特定行为征收的特定目的税类,如城市维护建设税、车辆购置税、耕地占用税等;⑤对某些财产和行为征收的财产和行为税类,如房产税、车船税、印花税、契税等。

企业在确认应交税费负债的同时,根据税费征收对象不同,需要计入相关的成本费用或由特定资金来源补偿。如消费说、城市维护建设税、教育费附加、房产税、土地使用税、车船使用税、印花税等一般计入税金及附加;车辆购置税、耕地占用税、契税等一般计入购进资产的成本;企业所得税计入所得税费用,由利润总额抵减。

为了核算各种应交税费的发生和缴纳情况,企业应设置"应交税费"账户。该账户的贷方登记应缴纳的各种税费,以及出口退税、税务机关退还多缴的税金等;借方登记实际缴纳的各种税费;余额若在贷方,表示尚未缴纳的各种税费,余额若在借方,表示多缴的各种税费。该账户还应按应交税费的种类设置明细账户,进行明细分类核算。

需要说明的是,除印花税是直接缴纳外,其他税费都需要预计应交数额,并与税务部门和有关部门发生清算或结算关系,它们都构成了企业的一项流动负债。

二、应交增值税

增值税是以商品(含应税劳务、应税服务)在流转过程中产生的增值额作为计税依据而征收的一种流转税。我国增值税相关法规定,增值税的纳税义务人是在我国境内销售货物、进口货物,或提供加工修理修配劳务(应税劳务),提供应税服务、销售无形资产或不动产的单位和个人。

企业按照增值税税法计算确定的应交税额即为应交增值税。

(一)增值税的计算

我国增值税的适用税率为13%,9%,6%,0%等。增值税的纳税义务人按其经营规模及会计核算的健全程度可分为一般纳税企业和小规模纳税企业。增值税的计算也就按纳税人不同而有所区别。

1.一般纳税企业增值税的计算。一般纳税企业是指从事货物生产、提供应税劳务,以从事货物生产或提供劳务为主,并兼营货物批发或零售,提供应税服务,销售无形资产或不动产,年应税销售额在规定规模以上的纳税人;从事货物批发或零售,年应税销售额在规定规模以上的纳税人。一般纳税人应纳增值税额的计算公式为:

应纳增值税额=当期销项税额-当期进项税额

式中的销项税额,是指纳税人销售商品或应税劳务,按照销售额乘以规定的税率并向购买方收取的增值税额。其可用公式表示为:

销项税额=销售额×税率

式中的销售额,包括向购买方收取的全部价款和价外费用,但不包括收取的销项税额。

应纳增值税额计算公式中的进项税额,是指纳税人购进货物或者接受应税劳务所支付的或负担的增值税额。

2.小规模纳税企业增值税的计算。小规模纳税企业是指达不到一般纳税企业标准的纳税人。小规模纳税企业应纳增值税额是按照销售额乘以规定的征收率计算确定的,计算时不得抵扣进项税额。小规模纳税企业增值税征收率共有两档:3%和5%。

(二)一般纳税人增值税的账务处理

为了核算企业应交增值税的发生、抵扣、缴纳、退税等情况,企业应在“应交税费”账户下设置“应交增值税”“未交增值税”“预交增值税”“待抵扣进项税额”“待认证进项税额”“待转销项税额”“增值税留抵税额”“简易计税”“转让金融商品应交增值税”“代扣代交增值税”等明细账户。其中:

1.“应交增值税”明细账户。该明细账户的借方登记企业购进货物或接受应税劳务,接受投资或捐赠转入物资而支付的进项税额,以及实际已缴纳的增值税额;贷方登记销售货物或提供应税劳务，提供服务，销售无形资产或不动产应缴纳的增值税额，将自产或委托加工的货物用于非应税项目、作为投资、集体福利消费、赠送他人等应视同销售计算应缴纳的增值税，以及出口货物退税。该账户的期末借方余额反映企业尚未抵扣或多缴纳的增值税；贷方余额反映尚未缴纳的增值税（如果企业当期销项税额小于当期进项税额而不足抵扣，其不足部分可以结转下期继续抵扣）。

在“应交增值税”明细账中，企业应设置“进项税额”“销项税额抵减”“已交税金”“转出未交增值税”“减免税款”“出口抵减内销产品应纳税额”“销项税额”“出口退税”“进项税额转出”“转出多交增值税”等专栏。

（1）“进项税额”专栏，记录一般纳税人购进货物、加工修理修配劳务、服务、无形资产或不动产而支付或负担的，准予从当期销项税额中抵扣的增值税额；

（2）“销项税额抵减”专栏，记录一般纳税人按照现行增值税制度规定因扣减销售额而减少的销项税额；

（3）“已交税金”专栏，记录一般纳税人当月已交纳的应交增值税额；

（4）“转出未交增值税”和“转出多交增值税”专栏，分别记录一般纳税人月度终了转出当月应交未交或多交的增值税额；

（5）“减免税款”专栏，记录一般纳税人按现行增值税制度规定准予减免的增值税额；

（6）“出口抵减内销产品应纳税额”专栏，记录实行“免、抵、退”办法的一般纳税人按规定计算的出口货物的进项税抵减内销产品的应纳税额；

（7）“销项税额”专栏，记录一般纳税人销售货物、加工修理修配劳务、提供服务、转让无形资产或不动产应收取的增值税额；

（8）“出口退税”专栏，记录一般纳税人出口货物、加工修理修配劳务、服务、无形资产按规定退回的增值税额；

（9）“进项税额转出”专栏，记录一般纳税人购进货物、加工修理修配劳务、服务、无形资产或不动产等发生非正常损失以及其他原因而不应从销项税额中抵扣、按规定转出的进项税额。

2.“未交增值税”明细账户。该明细账户登记一般纳税人月份终了，自“应交增值税”或“预交增值税”明细账户转入的未交增值税、多交增值税或者预缴的增值税额，以及当月缴纳以前期间未交的增值税额。该账户平时无发生额。月末结账时：当“应交税费——应交增值税”明细账户为贷方余额时，应将该余额转入“应交税费——未交增值税”明细账户的贷方，反映企业未交的增值税；当“应交税费——应交增值税”明细账户为借方余额时，应将该余额转入“应交税费——未交增值税”明细账户的借方，反映企业多交的增值税。

3.“预交增值税”明细账户，核算一般纳税人转让不动产、提供不动产经营租赁服务、提供建筑服务、采用预收款方式销售自行开发的房地产项目等，以及其他按现行增值税制度规定应预缴的增值税额。

4.“待抵扣进项税额”明细账户，核算一般纳税人已取得增值税扣税凭证并经税务机关认证，按照现行增值税制度规定准予以后期间从销项税额中抵扣的进项税额。包括：一般纳税人自 2016 年 5 月 1 日后取得并按固定资产核算的不动产或者 2016 年 5 月 1 日后取得的不动产在建工程，按增值税制度规定准予以后期间从销项税额中抵扣的进项税额；实行纳税辅导期管理的一般纳税人取得的尚未交叉稽核比对的增值税扣税凭证上注明或计算的进项税额。2019 年 4 月 1 日起，纳税人取得不动产或不动产在建工程的进项税不再分两年抵扣。

5.“待认证进项税额”明细账户，核算一般纳税人由于未经税务机关认证而不得从当期销项税额中抵扣的进项税额。包括：一般纳税人已取得增值税扣税凭证、按照现行增值税制度规定准予从销项税额中抵扣，但尚未经税务机关认证的进项税额；一般纳税人已申请稽核但尚未取得稽核相符结果的海关缴款书进项税额。

6.“待转销项税额”明细账户，核算一般纳税人销售货物、加工修理修配劳务、服务、无形资产或不动产，已确认相关收入(或利得)但尚未发生增值税纳税义务而需于以后期间确认为销项税额的增值税额。

7.“增值税留抵税额”明细账户，核算兼有销售服务、无形资产或者不动产的原增值税一般纳税人，截至纳入营改增试点之日前的增值税期末留抵税额按照现行增值税制度规定不得从销售服务、无形资产或不动产的销项税额中抵扣的增值税留抵税额。

8.“简易计税”明细账户，核算一般纳税人采用简易计税方法发生的增值税计提、扣减、预缴、缴纳等业务。

9.“转让金融商品应交增值税”明细账户，核算增值税纳税人转让金融商品发生的增值税额。

10.“代扣代交增值税”明细账户，核算纳税人购进在境内未设经营机构的境外单位或个人在境内的应税行为代扣代缴的增值税。

小规模纳税人只需在“应交税费”账户下设置“应交增值税”明细账户，不需要设置上述专栏及除“转让金融商品应交增值税”“代扣代交增值税”外的明细账户。

增值税一般纳税人具体账务处理方法如下：

(1)采购商品、接受应税劳务或应税服务的账务处理。企业发生在国内的采购货物、接受应税劳务或应税服务、接受投资或捐赠转入物资等经济业务，应按照增值税专用发票上注明的增值税额，借记“应交税费——应交增值税(进项税额)”账户；按照增值税专用发票上记载的物资、劳务或应税服务的成本或者按照确认的投资物资价值和捐赠物资的价值,借记"固定资产""材料采购""原材料""委托加工物资""生产成本""制造费用""管理费用"等账户。按照应付或实际支付的总额,贷记"应付账款""应付票据""银行存款"等账户;按增值税与物资价值的合计数,贷记"实收资本"账户;按确认的捐赠物资的价值,贷记"营业外收入"账户。

需要说明的是:

①企业购入农产品,除取得增值税专用发票外,应按照农产品收购发票或者销售发票上注明的农产品买价和9%的扣除率计算进项税额,借记"应交税费——应交增值税(进项税额)"账户;按买价扣除按规定计算的进项税额后的差额,借记"在途物资"或"材料采购"、"原材料"、"库存商品"等账户;按应付或实际支付的总额,贷记"应付账款""银行存款"等账户。

②对于不允许从销项税额中抵扣的进项税额,如购进用简易计税方法计税项目、免征增值税项目、集体福利或个人消费等业务的货物,其进项税额按照现行增值税制度规定不得从销项税额中抵扣的,取得增值税专用发票时,应借记相关成本费用或资产账户,借记"应交税费——待认证进项税额"账户,贷记"银行存款""应付账款"等账户;经税务机关认证后,应借记相关成本费用或资产账户,贷记"应交税费——应交增值税(进项税额转出)"账户。

③购进不动产或不动产在建工程按规定进项税额分年抵扣的账务处理。一般纳税人自2016年5月1日后取得并按固定资产核算的不动产或者2016年5月1日后取得的不动产在建工程,其进项税额按增值税制度规定自取得之日起分两年从销项税额中抵扣的,应当按取得成本,借记"固定资产""在建工程"等账户;按当期可抵扣的增值税额,借记"应交税费——应交增值税(进项税额)"账户;按以后期间可抵扣的增值税额,借记"应交税费——待抵扣进项税额"账户;按应付或实际支付的金额,贷记"应付账款""应付票据""银行存款"等账户。尚未抵扣的进项税额待以后期间允许抵扣时,按允许抵扣的金额,借记"应交税费——应交增值税(进项税额)"账户,贷记"应交税费——待抵扣进项税额"账户。2019年4月1日起,不再分两年抵扣。

④货物等已验收入库但尚未取得增值税扣税凭证的账务处理。一般纳税人购进的货物等已到达并验收入库,但尚未收到增值税扣税凭证并未付款的,应在月末按货物清单或相关合同协议上的价格暂估入账,不需要将增值税的进项税额暂估入账。下月初,用红字冲销原暂估入账金额,待取得相关增值税扣税凭证并经认证后,按应计入相关成本费用或资产的金额,借记"原材料""库存商品""固定资产""无形资产"等账户;按可抵扣的增值税额,借记"应交税费——应交增值税(进项税额)"账户;按应付金额,贷记"应付账款"等账户。

⑤小规模纳税人采购等业务的账务处理。小规模纳税人购买物资、服务、无形资产

或不动产，取得增值税专用发票上注明的增值税，应计入相关成本费用或资产，不通过“应交税费——应交增值税”账户核算。

⑥购买方作为扣缴义务人的账务处理。按照现行增值税制度规定，境外单位或个人在境内发生应税行为，在境内未设有经营机构的，以购买方为增值税扣缴义务人。境内一般纳税人购进服务、无形资产或不动产，按应计入相关成本费用或资产的金额，借记“生产成本”“无形资产”“固定资产”“管理费用”等账户；按可抵扣的增值税额，借记“应交税费——进项税额”账户（小规模纳税人应借记相关成本费用或资产账户）；按应付或实际支付的金额，贷记“应付账款”等账户；按应代扣代缴的增值税额，贷记“应交税费——代扣代交增值税”账户。实际缴纳代扣代缴增值税时，按代扣代缴的增值税额，借记“应交税费——代扣代交增值税”账户，贷记“银行存款”账户。

（2）销售货物、提供应税劳务或服务的账务处理。企业销售货物、提供应税劳务或服务取得收入时，按照实际的营业收入和按规定收取的增值税额，借记“应收账款”“应收票据”“银行存款”等账户；按照规定收取的增值税额，贷记“应交税费——应交增值税（销项税额）”账户；按照实现的销售收入，贷记“主营业务收入”“其他业务收入”账户。

按照国家统一的会计制度确认收入或利得的时点早于按照增值税制度确认增值税纳税义务发生时点的，应将相关销项税额计入“应交税费——待转销项税额”账户，待实际发生纳税义务时再转入“应交税费——应交增值税（销项税额）”或“应交税费——简易计税”账户。

按照增值税制度确认增值税纳税义务发生时点早于按照国家统一的会计制度确认收入或利得的时点的，应将应纳增值税额，借记“应收账款”账户，贷记“应交税费——应交增值税（销项税额）”或“应交税费——简易计税”账户，按照国家统一的会计制度确认收入或利得时，应按扣除增值税销项税额后的金额确认收入。

（3）视同销售业务的账务处理。按《增值税会计处理规定》的要求，企业发生税法上视同销售的行为，应当按照企业会计准则制度相关规定进行相应的会计处理，并按照现行增值税制度规定计算的销项税额（或采用简易计税方法计算的应纳增值税额），借记“应付职工薪酬”“利润分配”等账户，贷记“应交税费——应交增值税（销项税额）”或“应交税费——简易计税”账户（小规模纳税人应计入“应交税费——应交增值税”账户）。

（4）交纳税金的账务处理。企业实际上缴增值税时，借记“应交税费——应交增值税（已交税金）”账户，贷记“银行存款”账户。

（5）出口退税的账务处理。企业出口产品或商品，一般适用零税率，即不计算销售收入应缴纳的增值税。企业在办理报关出口手续后，凭出口报关单等凭证，向税务机关申报办理该项出口货物的进项税额的退税。企业在收到出口商品或产品退回的税款时，借记“银行存款”账户，贷记“应交税费——应交增值税（出口退税）”账户。出口商品或产品办理退税后发生的退货或者退关补缴已退回税款的,作相反的会计分录。

(6)进项税额转出的账务处理。企业购进的货物、在产品以及产成品等发生非正常损失以及改变用途时,应将原已计入进项税额并已支付的增值税转出。转出时,借记“待处理财产损溢”“应付职工薪酬——职工福利”等账户,贷记“应交税费——应交增值税(进项税额转出)”账户。属于转作待处理财产损失的部分,应与遭受非正常损失的购进物资、在产品、产成品成本一并处理。

(7)期末未交税金结转的账务处理。企业月末结转当月未交增值税时,应借记“应交税费——应交增值税(转出未交增值税)”账户,贷记“应交税费——未交增值税”账户;月末结转当月多交的增值税时,应借记“应交税费——未交增值税”账户,贷记“应交税费——转出多交增值税”账户。

【例 9-11】某企业为一般纳税人,增值税税率为 13%,采用实际成本进行材料收发的核算。2021 年 5 月份该企业发生的增值税业务以及编制的会计分录如下:

①购入原材料一批,增值税专用发票上记载的不含税价款为 400 000 元,增值税税额为 52 000 元,购入原材料的货款尚未支付。

借:原材料　　400 000
　应交税费——应交增值税(进项税额)　　52 000
　贷:应付账款　　452 000

②销售产品一批,增值税专用发票上记载的不含税价款为 600 000 元,增值税税额为 78 000 元,款项已存入银行。

借:银行存款　　678 000
　贷:主营业务收入　　600 000
　　应交税费——应交增值税(销项税额)　　78 000

③将自己生产的产品分配给职工,该产品的成本总额为 900 000 元、售价总额为 1 000 000元。

借:应付职工薪酬——非货币性福利　　1 130 000
　贷:主营业务收入　　1 000 000
　　应交税费——应交增值税(销项税额)　　(1 000 000×13%)130 000
借:主营业务成本　　900 000
　贷:库存商品　　900 000

④购入一台机器设备,增值税专用发票上注明的设备价款为 150 000 元,增值税税额为 19 500 元,设备已交付使用,款项已支付。

借:固定资产　　150 000
　应交税费——应交增值税(进项税额)　　19 500

贷:银行存款　169 500

⑤购入材料一批,增值税专用发票上注明的材料价款 500 000 元,增值税税额为 65 000元。材料已入库,货款已经支付。材料入库后,因管理不善发生非正常损失 4 000 元,应负担的增值税为 520 元。

材料入库时:

借:原材料　500 000

　应交税费——应交增值税(进项税额)　65 000

　贷:银行存款　565 000

材料发生非正常缺失时:

借:待处理财产损失　4 520

　贷:原材料　4 000

　　应交税费——应交增值税(进项税额转出)　520

⑥交纳 5 月份增值税:

应交增值税 = (78 000+130 000) − (52 000+19 500+65 000) +520 = 72 020(元)

借:应交税费——应交增值税(已交税金)　72 020

　贷:银行存款　72 020

(三)小规模纳税人增值税的账务处理

小规模纳税企业销售物资或者提供应税劳务,一般情况下只能开具普通发票,不能开具增值税专用发票。小规模纳税企业计算缴纳增值税时实行的是简易办法,即按照销售额的一定比例缴纳增值税,不享有进项税额的抵扣权,其购入货物和接受应税劳务时支付的增值税额,直接计入有关货物成本和劳务成本。因此,小规模纳税企业不存在"进项税额""进项税额转出""销项税额"的计算和核算问题,不需在"应交税费——应交增值税"账户中设置专栏,只需采用三栏式账户。该账户的贷方登记应缴纳的增值税;借方登记已缴纳的增值税;期末余额若在贷方,表示尚未缴纳的增值税;期末余额若在借方,表示多缴纳的增值税。

小规模纳税企业采用销售额和应纳税额合并定价方法的,应按照下列公式还原为不含税销售额计算:

不含税销售额 = 含税销售额÷(1+征收率)

应纳增值税 = 不含税销售额×征收率

小规模纳税企业购入货物及接受应税劳务时,借记"原材料""库存商品""其他业务成本"等账户,贷记"应付账款""应付票据""银行存款"等账户。企业销售商品和提供应税劳务时,按实现的营业收入和收取的增值税额,借记"应收账款""应收票据""银行存款"等账户;按规定收取的增值税额,贷记"应交税费——应交增值税"账户;按实现的营业收入，贷记"主营业务收入"等账户。

【例 9-12】2021 年 6 月，某小规模纳税企业购入原材料一批，增值税专用发票中注明不含税价款 10 000 元，增值税 1 300 元，款项以银行存款支付，材料已验收入库。该企业本期销售产品，含税价格为 12 360 元，货款尚未收到（该企业原材料按实际成本计价核算，适用的征收率为 3%）。编制会计分录如下。

（1）购进原材料：

借：原材料　　11 300

　贷：银行存款　　11 300

（2）销售产品：

$$不含税价格=12\ 360\div(1+3\%)=12\ 000(元)$$

$$应交增值税=12\ 000\times3\%=360(元)$$

借：应收账款　　12 360

　贷：主营业务收入　　12 000

　　应交税费——应交增值税　　360

（3）交纳全部增值税：

借：应交税费——应交增值税　　360

　贷：银行存款　　360

三、应交消费税

消费税是指在我国境内生产、委托加工和进口应税消费品的单位和个人，按其流转额缴纳的一种税。消费税是为了调节消费结构，正确引导消费方向，国家在普遍征收增值税的基础上，对部分消费品再征收的一种税。

消费税采用从价定率或从量定额征收的办法计算应纳税额。

采用从价定率办法计算应纳消费税额的公式为：

$$应纳消费税额=销售额\times税率$$

采用从量定额办法计算应纳消费税额的公式为：

$$应纳消费税额=销售数量\times单位税额$$

消费税的核算是通过"应交税费——应交消费税"账户进行的。其账务处理包括以下内容。

（一）销售应缴纳消费税的物资

企业销售需要缴纳消费税的物资应交的消费税，应借记"税金及附加"账户，贷记"应交税费——应交消费税"账户。

【例 9-13】某企业销售所生产的化妆品一批，价款 50 000 元（不含增值税），适用的消费税税率为30%。编制会计分录如下：

借：税金及附加　　15 000

　贷：应交税费——应交消费税　　15 000

企业以生产的商品换取生产资料、消费资料等，也应视同销售进行会计处理，其应交的消费税账务处理同上。

（二）自产自用应税消费品

企业将生产的应税消费品用于在建工程、非生产机构等，按规定应缴纳的消费税应计入有关的成本，即借记"在建工程""应付职工薪酬"等账户，贷记"应交税费——应交消费税"账户。

【例9-14】某企业在建工程领用成本为75 000元的自产柴油，该自产柴油的计税价格为90 000元，应纳增值税11 700元，应纳消费税9 000元。编制会计分录如下：

借：在建工程　　84 000

　贷：库存商品　　75 000

　　应交税费——应交消费税　　9 000

（三）委托加工物资

企业如有需要缴纳消费税的委托加工物资（受托加工或翻新改制金银首饰除外），一般由受托方代扣代缴税款。应纳税额按受托方同类消费品的销售价格计算；没有同类消费品价格的，按照组成计税价格计算。组成计税价格的计算公式如下：

$$组成计税价格=\frac{材料成本+加工费}{1-消费税税率}$$

$$代扣代缴消费税=组成计税价格\times消费税税率$$

受托方按应扣税款金额，借记"应收账款""银行存款"等账户，贷记"应交税费——应交消费税"账户。为了避免重复征税，委托加工应税消费品收回后，以不高于受托方的计税价格出售的，为直接出售，不再缴纳消费税，委托方将代收代缴的消费税计入委托加工物资的成本，即借记"委托加工物资"等账户，贷记"应付账款""银行存款"等账户；委托方以高于受托方的计税价格出售的，不属于直接出售，需按照规定申报缴纳消费税，在计税时准予扣除受托方已代收代缴的消费税。

如果委托加工应税消费品收回后用于连续生产，在委托加工环节已交的消费税，按规定准予抵扣的，按代收代缴的消费税，借记"应交税费——应交消费税"账户，贷记"应付账款""银行存款"等账户。

【例9-15】甲、乙企业均为增值税一般纳税人，适用的增值税税率为13%。甲企业接受乙企业委托加工应税消费品（非金银首饰）一批。乙企业原材料按实际成本计价，提供的原材料成本为6 000元，以银行存款支付加工费用3 900元。甲企业加工的应税消费品适用的税率为10%，该企业没有同类消费品的销售价格。甲、乙企业分别进行账务处理的结果如下：

（1）受托方（甲企业）：

应纳增值税额＝3 900×13%＝507（元）

应税消费品的计税价格＝（6 000+3 900）÷（1-10%）＝11 000（元）

代扣应交消费税＝11 000×10%＝1 100（元）

借：银行存款　5 507
　贷：主营业务收入　3 900
　　应交税费——应交增值税（销项税额）　507
　　　——应交消费税　1 100

（2）委托方（乙企业）：

	收回的物资直接用于对外销售（以不高于受托方计税价格出售）	收回的物资用于连续生产应税消费品
发出材料	借：委托加工物资　6 000 　贷：原材料　6 000	借：委托加工物资　6 000 　贷：原材料　6 000
支付加工费和税费	借：委托加工物资（3 900+1 100）5 000 　应交税费——应交增值税（进项税额）　507 　贷：银行存款　5 507	借：委托加工物资　3 900 　应交税费——应交增值税（进项税额）　507 　　——应交消费税　1 100 　贷：银行存款　5 507
收回物资入库	借：库存商品（6 000+5 000）11 000 　贷：委托加工物资　11 000	借：库存商品　9 900 　贷：委托加工物资　9 900

四、其他应交税费

其他应交税费包括应交城市维护建设税、应交资源税、应交土地增值税、应交所得税、应交房产税、应交土地使用税、应交车船税、应交教育费附加、应交个人所得税等。企业应在“应交税费”账户下设置这些税费相应的明细账户进行核算。

（一）应交城市维护建设税

城市维护建设税是以增值税、消费税为计税依据征收的一种税。其纳税人为缴纳增值税、消费税的单位和个人，税率因纳税人所在地不同从1%～7%不等。计算公式如下：

应纳城市维护建设税税额＝(应交增值税+应交消费税)×适用税率

企业按规定计算结转应交城市维护建设税时，应借记“税金及附加”“固定资产清理”等账户，贷记“应交税费——应交城市维护建设税”账户。

【例9-16】某企业2021年5月计算应交增值税为600 000元，消费税为360 000元。该企业适用的城市维护建设税税率为7%。该企业应编制会计分录如下。

(1)计算应交城市维护建设税时：

应交城市维护建设税＝(600 000+360 000)×7%＝67 200(元)

借：税金及附加　　67 200

　贷：应交税费——应交城市维护建设税　　67 200

(2)用银行存款上交城市维护建设税时：

借：应交税费——应交城市维护建设税　　67 200

　贷：银行存款　　67 200

(二)应交资源税

资源税是对在我国境内开采矿产品或者生产盐的单位和个人征收的一种税。资源税按照应税产品的课税数量和规定的单位税额计算。如果企业开采或生产应税产品是为了对外销售的，则应以销售数量为课税数量；如果企业开采或生产应税产品是为自用的，则应以自用数量为课税数量。

企业对外销售应税产品缴纳的资源税，应借记“税金及附加”账户，贷记“应交税费——应交资源税”账户；企业自产自用应税产品应缴纳的资源税，应借记“生产成本”“制造费用”等账户，贷记“应交税费——应交资源税”账户。

【例9-17】某企业对外销售某种资源税应税矿产品3 000吨，自产资源税应税矿产品750吨用于企业的产品生产，每吨应交资源税5元。该企业应编制的会计分录如下：

借：税金及附加　　(3 000×5)15 000

　生产成本　　(750×5)3 750

　贷：应交税费——应交资源税　　18 750

(三)应交教育费附加

教育费附加是为了发展教育事业而向企业征收的附加费用。应交教育费附加的计算方法与应交城市维护建设税的计算方法相同，即按应交增值税、应交消费税的一定比例计算缴纳。计提应交教育费附加时，应借记“税金及附加”等账户，贷记“应交税费——应交教育费附加”账户；交纳教育费附加时，应借记“应交税费——应交教育费附加”账户，贷记“银行存款”账户。

【例 9-18】承例 9-16，该企业按 3%的征收率计提应交教育费附加，并以银行存款支付。编制会计分录如下。

教育费附加 =（600 000+360 000）×3% = 28 800（元）

（1）计算应交教育费附加：

借：税金及附加　　28 800

　贷：应交税费——应交教育费附加　　28 800

（2）上交教育费附加：

借：应交税费——应交教育费附加　　28 800

　贷：银行存款　　28 800

（四）应交土地增值税

土地增值税是指在我国境内有偿转让土地使用权及地上建筑物和其他附着物产权的单位和个人，就其土地增值额征收的一种税。土地增值额是指转让收入（包括货币收入、实物收入和其他收入）减去规定扣除项目金额（主要包括取得土地使用权所支付的金额、开发土地的费用、新建及配套设施的成本、旧房及建筑物的评估价格等）后的余额。

企业应交的土地增值税应视不同情况分别进行处理：

1.企业转让的土地使用权连同地上建筑物及其附着物一并在“固定资产”等账户核算的，转让时应交的土地增值税，应借记“固定资产清理”账户，贷记“应交税费——应交土地增值税”账户。

2.土地使用权在“无形资产”账户核算的，应按实际收到的金额，借记“银行存款”账户，按应交的土地增值税，贷记“应交税费——应交土地增值税”账户，同时冲销土地使用权的账面价值，贷记“无形资产”账户，将其借贷方差额，借机或贷记“资产处置损益”账户。

【例 9-19】某企业对外转让一栋办公用房，根据税法规定计算的应交土地增值税为 40 500 元。该企业应编制会计分录如下。

（1）计算应缴纳的土地增值税：

借：固定资产清理　　40 500

　贷：应交税费——应交土地增值税　　40 500

（2）企业用银行存款缴纳应交土地增值税税款时：

借：应交税费——应交土地增值税　　40 500

　贷：银行存款　　40 500

（五）应交房产税、土地使用税、车船税

1.房产税，是国家对在城市、县城、建制县和工矿区征收的由产权所有人缴纳的一种税。房产税应按房产原值一次减除 10%～30%后的余额计算缴纳。如果企业无法取得房产原值作为依据，则应由房产所在地税务机关参考同类房产核定；如果房产出租，则其计税依据为房产租金收入。

2.土地使用税，是国家为了合理利用城镇土地，调节土地级差收入，提高土地使用效益，加强土地管理而开征的一种税。其计税依据为纳税人实际占用的土地面积，该税额应按规定计算征收。

3.车船税，由车船的所有人和管理人缴纳。车船税按照适用税额计算缴纳。

企业计算应交的房产税、土地使用税、车船税时，应借记“税金及附加”账户，贷记“应交税费——应交房产税（或应交土地使用税、应交车船税）”等账户。

（六）应交个人所得税

企业按规定计算代扣代缴的职工个人所得税时，应借记“应付职工薪酬——工资”账户，贷记“应交税费——应交个人所得税”账户；企业缴纳个人所得税时，应借记“应交税费——应交个人所得税”账户，贷记“银行存款”等账户。

第七节 其他应付款项

这里所说的其他应付款项包括其他应付款、应付股利、一年内到期的非流动负债等。

一、应付股利

应付股利，是指企业根据股东大会或类似机构审议批准的利润分配方案确定分配给投资者的现金股利或利润。

企业实现的经营成果除依法纳税外，还必须向投资者分配税后利润，作为投资回报。企业分配给投资者的利润，在实际未付给投资者之前，形成了企业一笔负债，即应付股利或利润。企业通过“应付股利”账户，核算企业确定或宣告支付但尚未实际支付的现金股利或利润。该账户贷方登记应支付的现金股利或利润；借方登记实际支付的现金股利或利润；期末贷方余额反映企业应付未付的现金股利或利润。本账户应按照投资者设置明细账户进行明细核算。

企业根据股东大会或类似机构审议批准的利润分配方案，确认应付给投资者的现金股利或利润时，借记“利润分配——应付现金股利或利润”账户，贷记“应付股利”账户；向投资者实际支付现金股利或利润时，借记“应付股利”账户，贷记“银行存款”等账户。

二、其他应付款

其他应付款,是指企业除应付票据、应付账款、合同负债、应付职工薪酬、应交税费、应付股利等外的其他各项应付、暂收的款项,如应付租入包装物租金、存入保证金等。

为了核算上述其他应付款的增减变动及其结存情况,企业应设置"其他应付款"账户,该账户的贷方登记发生的各种应付、暂收款项,借方登记偿还或转销的各种应付、暂收款项;该账户的期末余额在贷方,表示企业应付未付的各种其他应付款项。同时,该账户还应按照其他应付款的项目和对方单位(或个人)设置明细账户进行明细核算。

企业发生其他各种应付、暂收款项时,应借记"管理费用"等账户,贷记"其他应付款"账户;支付或退回其他各种应付、暂收款项时,借记"其他应付款"账户,贷记"银行存款"等账户。

【例 9-20】2021 年 4 月 1 日起,甲公司以短期租赁方式租入管理用办公用房一套,每月租金 30 000 元,按季支付。6 月 30 日,该公司以银行存款支付应付租金。编制会计分录如下:

(1)4 月 30 日计提应付办公用房租金:

借:管理费用	30 000
贷:其他应付款	30 000

(2)5 月 31 日计提应付办公用房租金,会计分录同上,略。

(3)6 月 30 日支付租金:

借:其他应付款	60 000
管理费用	30 000
贷:银行存款	90 000

三、一年内到期的非流动负债

如前所述,非流动负债是指偿付期在一年或超过一年的一个营业周期以上的债务。非流动负债通常是分期偿付的,其中一年内到期的非流动负债,已经成为即期需要偿付的流动负债,故应将这部分债务在资产负债表上归于流动负债项目单独反映,但并不一定将其从非流动负债类账户中转入流动负债类账户,即不一定要进行账务处理。例如,2019 年 4 月 1 日,某企业从银行借入期限为 3 年的长期借款 4 000 000 元,编制 2021 年 12 月 31 日资产负债表时,此项借款应填入该表的"一年内到期的非流动负债"项目。

第八节 流动负债在财务报表中的列报

流动负债在资产负债表上，一般情况下不能作为某一项流动资产的抵减项目。这是因为：一项流动负债的发生与某流动资产的发生往往不是同一经济业务引起的，如果互相抵销，就不能全面反映企业流动资产与流动负债的状况。但应注意，并不是所有的资产和负债都不能在资产负债表上予以抵销。若流动资产和流动负债抵减后可以表示资产的预期变现价值或负债的预期偿还金额，则可用抵销的办法。

一、流动负债在资产负债表上列示的方法

各项流动负债具体在财务报表上的列示主要有以下3种方法：

第一种，按照流动负债的性质或重要性排序列示，如短期借款、应付票据、应付账款、合同负债、应付职工薪酬、应交税费、应付利息、应付股利、其他应付款、一年内到期的非流动负债、其他流动负债等。这种方法是实践中常用的。我国企业对流动负债的报表列示即采用这种方法。

第二种，按偿还时间先后顺序排列。这种方法在实际工作中有一定的困难，如应付票据中含有不同的还款期限，而所有的应付票据都反映在应付票据项目内，不可能再将其按偿还时间的先后排序。

第三种，按数额大小排列，即将数额较大的流动负债放在前面。由于各期的各项流动负债的金额随时在变化，采用此法则不能遵循各期固定的顺序排列，因而会导致各期报表的流动负债项目排列顺序不一致，故实务中较少采用。

需要说明的是："应交税费"账户下的"应交增值税""未交增值税""待抵扣进项税额""待认证进项税额""增值税留抵税额"等明细账户期末借方余额应根据情况，在资产负债表中的"其他流动资产"或"其他非流动资产"项目列示；"应交税费——待转销项税额"等账户期末贷方余额应根据情况，在资产负债表中的"其他流动负债"或"其他非流动负债"项目列示；"应交税费"账户下的"未交增值税""简易计税""转让金融商品应交增值税""代扣代交增值税"等账户期末贷方余额应在资产负债表中的"应交税费"项目列示。

二、流动负债在财务报表附注中的披露

在财务报表附注中，应以明细表方式披露与流动负债有关的事项，如，应付职工薪

酬、应交税费、其他流动负债、短期借款等。

需要说明的是：对于期末逾期借款，应分别贷款单位、借款金额、逾期时间、年利率、逾期未偿还原因和预期还款期等进行披露。

对于职工薪酬应披露的信息包括以下几项：

其一，企业应披露与短期职工薪酬有关的信息，具体包括：①应当支付给职工的工资、奖金、津贴和补贴及其期末应付未付金额；②应当为职工缴纳的医疗保险费、工伤保险费和生育保险费等社会保险费及其期末应付未付金额；③应当为职工缴存的住房公积金及其期末应付未付金额；④为职工提供的非货币性福利及其计算依据；⑤依据短期利润分享计划提供的职工薪酬金额及其计算依据；⑥其他短期薪酬。

其二，企业应披露所设立或参与的设定提存计划。即披露所设立或参与的设定提存计划的性质、计算缴费金额的公式或依据，当期缴费金额以及期末应付未付金额。

其三，企业应披露与设定受益计划有关的信息，具体包括：①设定受益计划的特征及与之相关的风险；②设定受益计划在财务报表中确认的金额及其变动；③设定受益计划对企业未来现金流量金额、时间和不确定性的影响；④设定受益计划义务现值所依赖的重大精算假设及有关敏感性分析的结果。

除此以外，企业还应披露支付的因解除劳动关系所提供辞退福利及其期末应付未付金额，以及提供的其他长期职工福利的性质、金额及其计算依据。

案例

某经贸公司为一家电脑生产企业，2021 年 12 月有关业务及相关会计处理如下，

1.本月应付工资总额 231 000 元，工资费用分配汇总表中列示的车间产品生产人员工资 160 000 元计入生产成本，车间管理人员工资 35 000 元计入制造费用，行政管理人员工资 30 200 元计入管理费用，销售人员工资 5 800 元计入销售费用，并确认应付职工薪酬——工资 231 000 元。

2.本月应向社会保险经办机构缴纳职工基本养老保险费共计 32 340 元，其中，计入基本生产成本的金额为 22 400 元，计入制造费用的金额为 4 900 元，计入管理费用的金额为 5 040 元，并确认应付职工薪酬——社会保险费（基本养老保险）32 340 元。

3.该公司共有职工 400 名，其中 300 名为直接参加生产的职工，60 名为车间管理人员，40 名为企业管理人员，该公司决定将其生产的每台成本为 18 000 元的笔记本电脑发放给职工作为福利。该型号电脑的市场售价为每台 20 000 元，该公司使用的增值税税率为 13%。

4.该公司为总部各部门经理级别以上职工提供汽车免费使用，同时为副总裁以上高级管理人员每人租赁一套住房。假定公司总部共有部门经理以上职工10名，为每人提供一辆捷达汽车免费使用。假定每辆捷达汽车每月计提折旧1 500元；该公司共有副总裁以上高级管理人员3名，公司为其每人租赁一套面积为200平方米带有家具和电器的公寓，月租金为每套15 000元。

5.该公司根据工资结算汇总表结算本月应付职工工资总额231 000元，代扣职工个人所得税20 500元，企业代垫职工家属医药费1 500元，实发工资209 000元；该公司以现金支付职工生活困难补助1 600元。

根据该业务，公司相应的会计处理为：①从银行提取现金：借记“库存现金”科目209 000元，贷记“银行存款”科目209 000元；②发放工资，支付现金时：借记“应付职工薪酬——工资”科目209 000元，贷记“库存现金”科目209 000元；③结转代扣款项时：借记“应付职工薪酬——工资”科目22 000元，贷记“应交税费——应交个人所得税”科目20 500元，贷记“其他应收款——代垫医药费”科目1 500元；④支付职工生活困难补助：借记“应付职工薪酬——职工福利 ”科目1 600元，贷记“库存现金”科目1 600元。

6.该公司以银行存款缴纳职工社会保险费200 000元。其会计处理为：借记“应付职工薪酬——社会保险费”科目200 000元，贷记“银行存款 ”科目200 000元。

7.该公司向职工发放笔记本电脑作为福利，同时根据相关税收规定，视同销售计算增值税销项税额；该公司支付副总裁以上高级管理人员住房租金；该公司管理层于2021元6月1日决定缩减管理人员，提出了没有选择权的辞退计划，拟辞退5人，并于2021元12月1日起执行，被辞退人员已经接到公司通知，并且该公司董事会批准，补偿被辞退者每人12万元。

该公司认为业务3、业务4和业务7不属于应付职工薪酬的核算范围，因此没有对其作为应付职工薪酬核算。

问题：

1.指出你是否认同经贸公司的会计处理，并说明原因。如果不认同，请给出调整分录。

2.试核算上述会计处理对经贸公司总体工资水平的影响，并讨论将所有职工福利全部纳入职工薪酬核算范围的合理性。

本章小结

本章全面论述了各项流动负债的会计处理。首先，介绍了负债的确认、特点、分类，以及流动负债的分类与计价；其次，介绍了短期借款、应付款项和合同负债的取得、计息及偿还的会计处理；再次，介绍了职工薪酬的概念和分类，并重点介绍了各类短期薪酬的确认、计量及会计处理；最后，介绍了各类税费的会计处理，重点介绍了各项流转税的会计处理。

本章关键词汇（中英文）

流动负债	Current Liabilities
应付职工薪酬	Employee compensation payable
短期借款	Short-Term Loans
应付票据	Notes Payable
应付账款	Accounts Payable
合同负债	Contract Liability
其他应付款	Other Payables
应交税费	Tax Payable
应付股利	Dividend Payable
应付利息	Interest Payable
一年内到期的非流动负债	Non-Current Liabilities Due Within One Year

思考题

1.在我国会计实务中，如何对流动负债进行计价？

2.短期借款的利息处理方法有哪些？

3.不带息应付票据主要有几种形式？其账务处理方法是什么？

4.如何理解职工薪酬及其组成内容？

5.对辞退福利以外的应付职工薪酬，企业应如何确认和计量？

6.“应付职工薪酬”账户反映的经济内容有哪些？

7.增值税“进项税额转出”和“视同销售”两者在会计核算上有何区别？

8.与一般纳税人相比，小规模纳税企业增值税的账务处理有哪些特点？

9.对应交消费税如何进行会计处理？

练习题

1.2021 年 4 月 1 日，甲公司向银行借入一笔借款 400 000 元，月息为 0.6%，该公司分月计提利息按季付息，本金到期一次支付。该笔借款期限 6 个月。

要求：编制借款业务有关的会计分录。

2.乙公司为家电生产企业，2021 年 12 月有关职工薪酬业务发生如下：

(1)本月应付工资总额 231 000 元，工资费用分配汇总表中列示的车间生产人员工资为 160 000 元，车间管理人员工资为 35 000 元，行政管理人员工资为 36 000 元。

(2)本月应向社会保险经办机构缴纳职工各项保险费共计 32 340 元。其中，应计入基本生产车间生产成本的金额为 22 400 元，应计入制造费用的金额为 4 900 元，应计入管理费用的金额为 5 040 元。

(3)该公司共有职工 400 名，其中 300 名为直接参加生产的职工，60 名为车间管理人员，40 名为企业管理人员。该公司以其生产的每台成本为 1 800 元的加湿器准备作为春节福利发放给职工。该型号的加湿器市场售价为每台 2 600 元，该企业适用的增值税税率为 13%。

(4)该公司为总部各部门经理级别以上职工提供汽车免费使用，同时为副总裁以上高级管理人员每人租赁一套住房。该公司总部共有部门经理以上职工 10 名，每人提供一辆捷达汽车免费使用，假定每辆捷达汽车每月计提折旧 800 元；该公司共有副总裁以上高级管理人员 3 名，公司为其每人租赁一套面积为 200 平方米带有家具和电器的公寓，月租金为每套 8 500 元。

(5)该公司根据“工资结算汇总表”结算本月应付职工工资总额 231 000 元，代扣职工个人所得税 20 500 元，企业代垫职工家属医药费 1 500 元，实发工资 209 000 元。

(6)该公司以现金支付职工生活困难补助 1 600 元。

(7)该公司以银行存款缴纳各项保险费 32 340 元。

(8)该公司向职工发放加湿器作为福利，同时要根据相关税收规定，视同销售计算增值税销项税额。

(9)该公司支付副总裁以上高级管理人员住房租金。

要求：根据上述业务编制有关职工薪酬的会计分录。

3.丙企业为增值税一般纳税人，适用的增值税税率为 13%，原材料按实际成本核算。2021 年 3 月发生经济业务如下：

(1)购入原材料一批，增值税专用发票上注明不含税价款 90 000 元，增值税额 11 700元，货物尚未到达，货款和进项税款已用银行存款支付。

(2)购入不需要安装设备一台，不含税价款为 450 000 元，增值税专用发票上注明的增值税额 58 500 元，价款及增值税尚未支付。

(3)购入在建工程所用的物资一批,不含税价款及运输保险等费用合计50 000元,增值税专用发票上注明的增值税额6 500元,物资已验收入库,款项尚未支付。

(4)建造厂房领用生产用原材料,其成本为60 000元,原材料购入时支付的增值税额为7 800元。

(5)该企业所属的职工医院维修领用原材料,其成本8 000元,购入时支付的增值税额为1 040元。

(6)销售产品一批,不含税价款800 000元,按规定应收取增值税额104 000元,提货单和增值税专用发票已交给买方,款项尚未收到。

(7)将自己生产的产品用于在建工程。该批产品的成本为300 000元,计税价格为305 000元。

(8)以银行存款缴纳本月应交增值税。

要求:根据上述业务编制有关会计分录。

4.某企业为小规模纳税企业,2021年5月发生有关经济业务如下:(1)购入原材料一批,其专用发票上记载不含税价250 000元,增值税32 500元。企业开出商业承兑汇票,材料尚未到达。假定该企业原材料按计划成本核算。(2)本期销售产品一批,开出一张普通发票,发票注明的含税售价412 000元,货款尚未收到。该企业适用的增值税税率为3%。

要求:根据上述资料编制有关会计分录。

第十章

非流动负债

导　论

本章阐述了非流动性负债的性质、内容、确认、计量和账务处理的理论与方法。通过本章的学习，应了解非流动负债的性质、分类、内容，理解借款费用不同处理方法的理论依据及处理原则，掌握各种非流动负债的会计处理方法。

非流动负债的含义、特征及分类，借款费用不同处理方法的理论依据及处理原则，应付债券发行、溢价和折价的摊销，应计利息以及应付债券还本付息的会计处理，非流动借款的会计处理，或有事项及预计负债的确认与计量等内容是本章的重点；非流动借款利息的计算、发行债券溢价或折价的摊销、预计负债的会计处理是本章的难点。

第一节　非流动负债概述

一、非流动负债的概念与特点

非流动负债，是指偿还期在一年以上或长于一年的一个经营周期以上的债务，是企业向债权人筹措的、可供长期使用的资金。企业举借长期负债的目的主要是扩大经营规模，如新建或扩建厂房、建筑物，添置价值较高的大型设备等。

企业筹集长期资金，可以采取举债和吸收资本等方式实现。但与吸收资本相比，举债经营的优点主要表现在以下方面：一是不稀释股权，筹集非流动负债一般仅引起资产和负债的同时增加，所有者或股东出资在全部资产中所占的比例并未发生变化，他们对企业的经营管理权或管理者的选择权，并未因举借非流动负债而被削弱。二是以非流动负债方式筹集资金，如果投资利润率高于非流动负债利息率，不仅可以提高企业的资本利润率，还会增加企业的所有者权益，即发挥举债经营的财务杠杆作用，降低投资风险。三是由于负债费用在所得税前列支，而向投资人分配利润在所得税后，所以举债经营具有节税作用。

举借非流动负债也有其局限性。一是以非流动负债所筹集的资金在使用上是有期限的，举借的资金到期必须归还，一旦不能如期偿还，企业就有破产危险，即筹集资金的同时，也加大了财务风险。二是如果企业的投资利润率低于非流动负债的利息率，该笔负债的利息支出不仅成为企业沉重的财务负担，还会减少企业的留存收益。而以新增资本方式筹资，企业也要根据经营业绩确定利润分配方案，必要时可少分甚至不分配利润，不会因此承担风险甚至陷入亏损的窘迫境地。三是为保证债权人的利益，举借非流动负债往往会附有一定的约束条件，如要求设置作为债务担保品的资产、偿债基金，对续借其他非流动负债的限制等。这会使企业在资金调度方面受到制约，从而降低企业经营的灵活性。

由于非流动负债具有数额大、偿还期长的特点以及还本付息等问题，企业在进行筹资决策时，应根据自身的经营能力、市场变化及其他相关因素，谨慎预测确定是否需举借非流动负债，以及如何举借非流动负债。一旦举借了非流动负债，则必须及时、正确地反映其形成与偿还的情况，选用适当的方法计价以及正确计算与列支利息等。

二、非流动负债的分类

企业的非流动负债主要包括长期借款、应付债券、长期应付款和预计负债。

长期借款，是指企业从银行、其他金融机构或其他单位借入的、偿还期在一年以上的各种款项。企业必须依照有关规定办理借款的取得、使用和归还。

应付债券，是指企业依照法定程序发行，约定在长于一年或一年以上的一个经营周期的一定期限内还本付息的债券。

长期应付款，是指除长期借款和应付债券以外的各种长期应付款项，比如：以分期购买方式购入固定资产发生的应付款项，这类为取得固定资产而形成的非流动负债往往具有融资的性质。

预计负债,是与或有事项相关的义务在满足一定条件时而确认的负债。这种或有事项可能对企业的财务状况和经营成果产生较大影响。

第二节　长期借款

一、长期借款概述

长期借款,是指企业从银行或其他金融机构借入的、偿还期在一年以上(不含一年)的款项。长期借款是企业非流动负债的主要内容之一,它是解决企业长期资金不足,满足固定资产构建和长期流动资金占用的资金需求。

与其他筹资方式相比,企业的长期借款有以下几个基本特征:一是提供资金的债权人不仅包括银行,还包括其他金融机构;二是借款期限较长,在1年以上(不含1年);三是不仅应偿还借款本金,根据货币时间价值,还应支付相应的利息费用;四是长期借款不仅包括人民币借款,还包括外币借款。

长期借款的种类较多,如按照用途分为:固定资产投资借款、更新改造借款、科技开发和新产品试制借款等;按提供贷款的机构分为:政策性银行贷款、商业银行贷款等;按归还期限可分为:定期偿还的长期借款和分期偿还的长期借款;按借款条件可分为抵押借款、担保借款和信用借款;按借入的币种可分为人民币借款和外币借款。

企业应当设置"长期借款"账户,核算长期借款的借入、归还等情况。本账户设置"本金"和"利息调整"两个明细账户进行明细分类核算。其中,"本金"明细账户核算长期借款的本金,其贷方登记借入长期借款的本金,借方登记偿还长期借款的本金,本明细账户贷方余额反映尚未偿还的长期借款本金;"利息调整"明细账户核算企业借款实际收到的金额与本金的差额,是"本金"明细账户的备抵账户,其借方登记实际收到借款低于本金的差额,贷方登记分期摊销的差额,本明细账户借方余额反映尚未摊销的差额。

"长期借款"账户贷方余额,为"本金"和"利息调整"两个明细账户余额的差额,反映长期借款的摊余价值。

二、长期借款的账务处理

(一)长期借款的取得与使用

企业取得长期借款时,按实际收到的款项,借记"银行存款"账户;按本金,贷记"长期借款——本金”账户；按其差额，借记“长期借款——利息调整”账户。

【例 10-1】2020 年 1 月 1 日，某企业为建造一幢仓库，借入期限为两年的长期专门借款 2 000 000 元，款项已存入银行。借款利率按市场利率确定为 6%，每年付息一次，期满后一次还清本金。2020 年初，以银行存款支付工程价款共计 1 200 000 元，2021 年初又以银行存款支付工程价款 1 200 000 元。2021 年 8 月底该仓库完工，达到预定可使用状态。假定不考虑闲置专门借款资金存款的利息收入或者投资收益。编制会计分录如下：

(1) 取得借款：

借：银行存款　　2 000 000

　贷：长期借款　　2 000 000

(2) 支付工程款：

借：在建工程　　1 200 000

　贷：银行存款　　1 200 000

2021 初支付工程款的会计分录，略。

(二) 长期借款利息的确认与支付

长期借款利息费用应当在资产负债表日按照实际利率法计算确定，实际利率与合同利率差异较小的，也可以采用合同利率计算确定利息费用。长期借款按合同利率计算确定的应付未付利息，如果属于分期付息的，记入“应付利息”账户，如果属于到期一次还本付息的，记入“长期借款——应计利息”账户。

长期借款利息费用，应根据借款费用资本化核算原则，分别借记“在建工程”“制造费用”“财务费用”“研发支出”等账户；按合同利率计算确定的应付未付利息，贷记“应付利息”账户；按其差额，记“长期借款——利息调整”账户。

【例 10-2】承例 10-1，确认并支付长期借款利息费用。

2020 年 12 月 31 日：

(1) 确认借款利息费用：

借款利息 = 2 000 000×6% = 120 000(元)

借：在建工程　　120 000

　贷：应付利息　　120 000

(2) 支付借款利息：

借：应付利息　　120 000

　贷：银行存款　　120 000

2021 年：

(1) 确认 1 月至 8 月末应计入工程成本的利息：

借款利息＝(2 000 000×6%÷12)×8＝80 000(元)

借:在建工程 80 000

贷:应付利息 80 000

同时,该仓库达到预定可使用状态,结转仓库完工成本:

仓库建造成本＝1 200 000+1 200 000+120 000+80 000＝2 600 000(元)

借:固定资产 2 600 000

贷:在建工程 2 600 000

(2)确认9月至12月应计入财务费用的借款利息:

借款利息＝(2 000 000×6%÷12)×4＝40 000(元)

借:财务费用 40 000

贷:应付利息 40 000

(3)支付全年利息:

借:应付利息 120 000

贷:银行存款 120 000

(三)长期借款归还

企业归还长期借款的本金时,应按归还的金额,借记“长期借款——本金”账户,贷记“银行存款”账户;按归还的利息,借记“应付利息”或“长期借款——应计利息”账户,贷记“银行存款”账户。

【例10-3】承例10-1,2021年1月1日到期还本时,编制会计分录如下:

借:长期借款 2 000 000

贷:银行存款 2 000 000

第三节 应付债券

一、应付债券概述

(一)应付债券的性质

作为债权债务凭证,债券既可由政府发行,也可以由企业或公司(以下统称“公司债券”)发行。公司债券,是指公司依照法定程序发行、约定在一定期限内还本付息的有价证券。公司债券是企业通过资本市场筹集长期资金的一种重要方式。通过发行公司债券,企业可以筹集到巨额的长期资金,以满足企业经营活动以及非流动性资产支出的需要。

债券体现了发行企业(借入资金的经济主体)和投资者(出借资金的经济主体)之间的债权债务关系。作为债权债务关系的法律凭证,债券与其所代表的权利、义务紧密联系,持有债券就代表了债券投资者拥有收回本金、获得利息的权利;而债券发行企业需要承担偿还本金、支付利息的义务,即负债。在会计上,将企业为筹集资金而向债券投资者出具的、承诺按一定利率定期支付利息并到期偿还本金的债权债务凭证,称为“应付债券”。

债券与股票都是各国证券市场的两大支柱类金融工具,均为企业筹集资金的重要方式和渠道。与发行股票相比,企业发行债券有以下优点:一是成本低。投资报酬与投资风险是相互对等的,由于债券投资承担的风险低于股票,因此企业承担的债券成本要比股票低。二是发行债券支付的利息可以从税前利润中扣除,降低了企业所得税费用。而企业分配股利不得从税前扣除,失去了纳税上的利益。三是如前所述,企业运用债券资金获得的投资报酬率高于借款利率时,剩余利益为投资者或股东所有,可以充分发挥财务杠杆的作用。

向社会发行债券和向银行举借长期资金,同属于企业长期债务资金的来源渠道,并且应付债券与长期借款均属于货币借贷行为非流动负债。但二者存在以下方面的不同:债券通常可以在资本市场上自由转让,而长期借款的协议则不能流通转让;长期借款主要是从银行或其他金融机构筹措资金,而债券不仅可以向银行及其他金融机构筹措资金,还可以向社会公开发行,从社会各单位和个人手中筹集所需资金。

(二)应付债券的种类

债券种类很多,各种债券共同构成了债券体系。

1.有担保债券和无担保债券。按照是否有担保品或抵押品分类,债券分为有担保债券和无担保债券。其中,有担保债券,是指凭抵押财产为担保而发行的债券,抵押财产可以是不动产、动产、有价证券,有利于降低债权人的风险;无担保债券,是指凭发行者的信用发行的债券,无抵押财产,其发行状况主要取决于发行者的信用状况,亦称信用债券。

2.可转换公司债券和一般公司债券。按能否转换为普通股股票分类,债券分为可转换公司债券和一般公司债券。其中,可转换公司债券,是指可以转换为该公司普通股股票的债券,一经转换,债券持有者即从公司债权人转变为公司股东;一般公司债券,是指到期还本付息的债券,不具有转换股票的特性。

3.记名债券和无记名债券。按是否记名分类,债券分为记名债券和无记名债券。其中,记名债券,是指在债券票面上注明债权人姓名,同时在发行公司的账簿记录中予以同样记载的债券；无记名债券，是指不在其债券票面上注明债权人姓名，也不在发行公司账簿中登记其姓名的债券。

4.附息债券和贴现债券。按附息方式分类，债券分为附息债券和贴现债券。其中，附息债券，是指在债券券面上附有各期息票，据以支付利息的债券；贴现债券，是指发行时按规定的折扣率折算，以低于票面金额的价格发行，到期以票面金额兑付给债权人的债券。

5.一次还本公司债券、分期还本公司债券和通知还本公司债券。按本金的偿还方式分类，债券分为一次还本公司债券、分期还本公司债券和通知还本公司债券。其中，一次还本公司债券，是指债券到期日将全部本金一次偿付的债券；分期还本公司债券，是指在整个债券存续期内分若干次逐步偿还，至到期日全部偿还完毕的债券；通知还本公司债券，是指发债公司可以在债券到期前提前通知债权人还本的公司债券。

（三）债券的基本要素

债券的基本要素包括：

1.票面价值，简称“面值”。它是债券票面标明的货币价值，是债券发行人承诺在债券到期日偿还给债券持有人的本金数额，是企业计算各期应承担利息的依据。

2.票面利率。它是指在债券契约中规定的利率，是债券发行期间应付利息与债券面值之间的比率。对分期付息到期还本债券来说，以票面利率乘以债券面值，可确定企业每期应付的利息金额，即应付利息。票面利率通常用年利率表示，但债券发行人却可以在1年内等额付息。例如，某债券票面利率为6%，每半年付息1次，那么债券发行人就应按3%的利率，每6个月计算1次利息。利息支付的频率会影响到债券收益或费用以及摊销额的计算。

3.偿还期限。它是指自债券发行之日起至本息全部偿清为止所经历的时间，也是债券发行人承诺履行合同义务，计算应付利息的全部时间。

4.还本付息的方式。它是指本金和利息的偿还方式，如分期偿还、到期偿还，还是通知偿还。

（四）票面利率、实际利率、市场利率与债券入账价值

实际利率，是指债券未来流出的现金流量折算为债券入账价值现值所使用的折现率，是实际利率法在以后各期计算实际利息费用的依据。

企业债券需要委托代理机构发行，代理机构支付发行债券的佣金、手续费等；在发行结束前，代理机构收到的资金会产生的利息收入；手续费与利息收入的差额，为发行费净额。如果手续费大于发行期间冻结资金所产生的利息收入，会增加企业的融资代价。如果手续费用小于发行期间冻结资金所产生的利息收入，会减轻企业的融资代价。

对利息费用的调整,溢价和折价的道理一样。

企业发行债券实际收到的款项为发行价格扣除发行费的净额。交易费会计处理存在两种方法:一是发行费一次计入当期损益或相关资产成本,在此种情形下,以后各期不再调整利息费用,债券按发行价格入账,实际利率等于市场利率;二是发行费计入债券的价值,即债券按发行价格扣除交易费后的金额入账,在此种情形下,会调整以后各期利息费用,债券的实际利率大于或小于市场利率,实际利率需要插值法计算获得。目前,我国企业会计准则采用这种方法。

(五)债券发行价格的确定

受债券票面利率和市场利率的影响,企业发行债券的价格有时等于面值,但有时又高于或低于面值。当票面利率等于市场利率时,债券平价发行。当票面利率大于市场利率时,债券溢价发行。当票面利率低于市场利率时,债券折价发行。依据债券的发行方式,可以看到债券价格与面值之间呈现三种关系:一是债券的发行价格等于面值;二是债券的发行价格高于其面值;三是债券的发行价格低于其面值。

债券发行价格计算公式如下:

债券的发行价格=到期偿还的面值按市场利率计算的现值+各期应付的利息按市场利率计算的现值

需要说明的是,上式中的市场利率是债券发行时金融市场通行的利率,是发债公司实际承担利息水平或债券持有人实际获得利息收益的利率,也就是债券发行方与投资方双方都能够接受的利率。

【例 10-4】2020 年 1 月 1 日,维新公司经批准发行总面额为 10 000 000 元的债券,债券偿还期为 3 年,票面利率为 12%,每半年付息一次。债券款用于某工程项目的建设,该项目的工期为两年半。债券发行时的市场利率为 12%。债券发行价格计算如下:

$$\text{面值的现值}=\frac{10\ 000\ 000}{(1+6\%)^6}=7\ 049\ 730(\text{元})$$

$$\text{利息的现值}=\frac{600\ 000}{(1+6\%)^1}+\frac{600\ 000}{(1+6\%)^2}+\frac{600\ 000}{(1+6\%)^3}+\frac{600\ 000}{(1+6\%)^4}+\frac{600\ 000}{(1+6\%)^5}+\frac{600\ 000}{(1+6\%)^6}=2\ 950\ 270(\text{元})$$

债券发行价格=7 049730+2 950 270=10 000 000(元)

计算结果:债券发行价格等于面值,即债券面值发行或平价发行。

【例 10-5】承例 10-4,如果债券发行时,市场利率 10%,票面利率为 12%,债券市场利率低于债券票面利率,则

$$\text{面值的现值}=\frac{10\ 000\ 000}{(1+5\%)^6}=7\ 462\ 130(\text{元})$$

$$利息的现值=\frac{600\ 000}{(1+5\%)^1}+\frac{600\ 000}{(1+5\%)^2}+\frac{600\ 000}{(1+5\%)^3}+$$

$$\frac{600\ 000}{(1+5\%)^4}+\frac{600\ 000}{(1+5\%)^5}+\frac{600\ 000}{(1+5\%)^6}=3\ 045\ 485(元)$$

债券发行价格 = 7 462 130 +3 045 485 = 10 507 615(元)

由于债券发行价格高于债券的面值,该债券为溢价发行。

【例 10-6】承例 10-4,如果债券发行时,市场利率为 14%,票面利率 12%,债券市场利率高于票面利率。则

$$面值的现值=\frac{10\ 000\ 000}{(1+7\%)^6}=6\ 663\ 557(元)$$

$$利息的现值=\frac{600\ 000}{(1+7\%)^1}+\frac{600\ 000}{(1+7\%)^2}+\frac{600\ 000}{(1+7\%)^3}+$$

$$\frac{600\ 000}{(1+7\%)^4}+\frac{600\ 000}{(1+7\%)^5}+\frac{600\ 000}{(1+7\%)^6}=2\ 859\ 767(元)$$

债券发行价格 = 6 663557+2 859 767 = 9 523 324(元)

由于债券发行价格低于债券的面值,因此,该债券为折价发行。

二、债券发行的账务处理

企业通过设置“应付债券”和“应付利息”账户核算企业债券的发行以及应付利息增减变动情况。

“应付债券”账户核算企业为筹集长期资金而发行债券的本金和利息,反映应付债券的摊余价值。本账户设置“面值”、“利息调整”和“应计利息”三个明细账户进行明细核算。其中:

(1)“面值”明细账户。它是核算发行和偿还债券的本金,贷方余额反映尚未偿还债券的本金。

(2)“利息调整”明细账户。它是核算发行债券实际收到金额与债券本金的差额及差额的摊销,若为贷方余额,反映尚未摊销的发行债券实际收到金额高于债券的差额;若为借方余额,反映尚未摊销的发行债券实际收到金额低于债券的差额,该明细账户是“面值”明细账户的调整账户。

(3)“应计利息”明细账户。它是核算发行债券到期一次付息的票面利息,若贷方有余额,反映尚未偿还的债券票面利息。

分期付息债券的利息通过“应付利息”账户核算,该账户已在第九章流动负债中予以介绍,此处不再赘述。

企业发行债券时,按实际收到的款项,借记“银行存款”账户;按债券面值,贷记“应

付债券——面值”账户；按其差额，借记或贷记“应付债券——利息调整”账户。

【例 10-7】承例 10-4 至例 10-6，企业发行债券时，假设不考虑发行手续费，根据债券不同的发行方式，编制会计分录如下：

(1)按面值发行：

借：银行存款　　10 000 000

　贷：应付债券——面值　　10 000 000

(2)高于面值发行			(3)低于面值发行		
借：银行存款	10 507 615		借：银行存款	9 523 324	
贷：应付债券——面值		10 000 000	贷：应付债券——利息调整		476 676
——利息调整		507 615	——面值		10 000 000

三、应付利息确认与债券溢价、折价的摊销

在债券发行期间内，企业需要根据权责发生制原则的要求，在资产负债表日根据市场利率确认发行债券的利息费用，如果债券为溢价或折价发行的，同时还需要对债券溢价、折价予以摊销。具体内容包括三个方面。

(一)确认应付利息

资产负债表日，企业需要计算应付利息。应付利息，是指发债公司按债券面值和利率计算的、按规定期限应向债权人支付的利息。不论采用分期付息，还是到期一次还本付息的办法，应付债券利息应按权责发生制原则计入各计息期，并按借款费用资本化的原则与规定进行核算处理。计算应付利息时，如果支付利息采用分期付息方式，该利息应通过“应付利息”账户核算，如果采用一次到期还本付息方式的，则应通过“应付债券——应计利息”账户核算。

【例 10-8】承例 10-4，各期末计算应付利息时，编制会计分录如下：

每期(半年)应付利息 = 10 000 000×(12%÷2) = 600 000(元)

(1)前五次计提利息费用：

借：在建工程　　600 000

　贷：应付利息　　600 000

(2)最后一次计提利息：

借：财务费用　　600 000

　贷：应付利息　　600 000

(3)各期实际支付利息：

借：应付利息　　600 000

贷:银行存款 600 000

(二)溢价与折价摊销的直线法

前已述及,发行债券确认的溢价或折价不是发行企业的利益或损失,是债券发行企业对未来多付或少付利息费用的调整。因此,在发行期间的资产负债表日或付息日,需要采用一定的摊销方法,将每期摊销的溢价抵减票面利息,确定实际的利息费用;将每期摊销的折价,附加于票面利息,确定实际的利息费用。由于债券票面利息是分期计提的,溢价和折价对利息的调整也应与分期计提票面利息同步进行,这个过程称为溢价和折价摊销。为了能使各期利息计提与溢折价摊销同时进行,方便会计处理,企业应在债券发行后,编制债券溢价(或折价)摊销表。债券溢折价摊销方法有直线法和实际利率法。

在直线法下,应付债券存续期间每一计息期分摊相同的溢价或折价金额,即对溢、折价平均摊销的方法。

【例 10-9】承例 10-5,采用直线法摊销溢价时,每年 6 月 30 日、12 月 31 日的会计处理过程如下:

应付利息(票面利息)= 10 000 000×12%×6/12 = 600 000(元)

摊销额 = 507 615÷6 = 84 603(元)

实际利息费用 = 600 000-84 603 = 515 397(元)

根据计算的结果,第 1 期计息及支付利息时,编制会计分录如下:

(1)计息与溢价摊销:

借:在建工程 515 397

  应付债券——利息调整 84 603

 贷:应付利息 600 000

(2)实际支付利息:

借:应付利息 600 000

 贷:银行存款 600 000

以后各期账务处理相同,只是最后一次计提利息时,借款利息费用化,计入财务费用。

【例 10-10】承例 10-6,各期末计算应付利息并摊销折价的会计处理过程如下:

应付利息(票面利息)= 10 000 000×12%×6/12 = 600 000(元)

摊销额 = 476 676÷6 = 79 446(元)

实际利息费用 = 600 000+79 446 = 679 446(元)

根据计算的结果,第 1 期计息及支付利息时,编制会计分录如下:

(1)计息与折价摊销:

借:在建工程 679 446

贷:应付债券——利息调整 79 446

应付利息 600 000

(2)实际支付利息:

借:应付利息 600 000

贷:银行存款 600 000

以后各期账务处理相同,只是最后一期计提利息时,借款利息费用化,计入财务费用。

采用直线法摊销溢价、折价,各期摊销额相同,计算简单,但是各期摊余成本与利息费用不配比。

(三)溢价与折价摊销的实际利率法

在实际利率法下,应付债券存续期间每一计息期按期初摊余成本与实际利率的乘积计算实际利息费用,以票面利息与实际利息的差额进行溢、折价摊销。

【例 10-11】承例 10-5,采用实际利率法摊销溢价时,应根据计算各期末应付利息、溢价摊销额,编制"应付债券溢价摊销表",如表 10-1 所示。

表 10-1 应付债券溢价摊销表

(实际利率法)

单位:元

计期日期	贷:应付利息	借:在建工程(或财务费用)	借:应付债券——利息调整	应付债券摊余成本
(1)	(2)= 10 000 000×12%×6/12	(3)= 每期期初摊余成本×10%×6/12	(4)=(2)-(3)	(5)= 每期期初摊余成本-(4)
2020 年 1 月 1 日				10 507 615
6 月 30 日	600 000	525 381	74 619	10 432 996
12 月 31 日	600 000	521 650	78 350	10 354 646
2021 年 6 月 30 日	600 000	517 732	82 268	10 272 378
12 月 31 日	600 000	513 619	86 381	10 185 997
2022 年 6 月 30 日	600 000	509 300	90 700	10 095 297
12 月 31 日	600 000	504 703	95 297*	10 000 000
合计	3 600 000	3 092 385	507 615	—

*调整尾差。

第 1 期计息及支付利息时，编制会计分录如下：

(1)计息与溢价摊销：

借：在建工程　525 381

　应付债券——利息调整　74 619

　贷：应付利息　600 000

(2)实际支付利息：

借：应付利息　600 000

　贷：银行存款　600 000

以后各期账务处理依次类推，只是最后一次计提利息时，借款利息费用化，计入财务费用。

【例 10-12】承例 10-6，采用实际利率法摊销折价时，应根据计算各期末应付利息、折价摊销额，编制"应付债券折价摊销表"，如表 10-2 所示。

表 10-2　应付债券折价摊销表

（实际利率法）　　单位：元

计期日期	贷：应付利息	借：在建工程（或财务费用）	贷：应付债券——利息调整	应付债券摊余成本
(1)	(2)＝10 000 000×12%×6/12	(3)＝每期期初摊余成本×14%×6/12	(4)＝(3)－(2)	(5)＝每期期初摊余成本＋(4)
2020 年 1 月 1 日				9 523 324
6 月 30 日	600 000	666 633	66 633	9 589 957
12 月 31 日	600 000	671 297	71 297	9 661 254
2021 年 6 月 30 日	600 000	676 288	76 288	9 737 541
12 月 31 日	600 000	681 628	81 628	9 819 169
2022 年 6 月 30 日	600 000	687 342	87 342	9 906 511
12 月 31 日	600 000	693 489	93 489*	10 000 000
合计	3 600 000	4 076 676	476 676	—

*调整尾差。

第一期计息及支付利息时，编制会计分录如下：

计息与折价摊销时：

借：在建工程　666 633

贷:应付债券——利息调整　　66 633
　　应付利息　　600 000

以后各期账务处理依次类推,只是最后一次计提利息时,借款利息费用化,计入财务费用。

采用实际利率法摊销溢价、折价,各期摊余成本与利息费用配比,但是各期摊销额计算复杂。我国企业会计准则采用实际利率法。

四、债券的偿还与偿债基金

(一)债券的偿还

1.到期偿还。到期偿还,是指应付债券的本金在合同约定的到期日偿还,分为一次还本和分批还本两种方式。

一次还本的债券,在到期日债券的溢价或折价已摊销完毕,债券的摊余成本与其面值相等,偿还本金时,按债券面值,借记“应付债券——面值”账户,贷记 “银行存款”账户。在结清本金的同时,还要结清利息,其账务处理方式因利息的偿还方式不同而异,对于分期付息的,按最后一期应付票面利息,借记“应付利息”账户,贷记“银行存款”账户。对于一次还本付息的,按累计的应付票面利息,借记“应付债券——应计利息”账户,贷记“银行存款”账户。这样应付债券的有关记录全部结清,表明此项长期负债已清偿完毕。

【例 10-13】承例 10-11,债券于 2022 年 12 月 31 日到期,偿还债券本金,并支付最后一次利息。编制会计分录如下:

借:应付债券——面值　　10 000 000
　　应付利息　　600 000
　贷:银行存款　　10 600 000

分批偿还的债券,存在几个到期日,在每个到期日偿还合同约定本金数额。各批偿还本金的账务处理与一次还本债券相同,只是在最后一个到期日前,此项长期负债尚未清偿完毕,对于未偿还债务,还要计算以后各期应付利息,摊销剩余溢价、折价,直至最后一个到期日。

2.提前偿还。应付债券提前偿还,存在两种情况:一是通知还本债券,即在债券发行时就规定公司有提前偿还权;二是提前收回债券对企业有利可图,如:市场利率下降,公司可收回旧债券,另发行新债券,新债券的利率相对较低,可使公司减少利息费用。提前偿还应付债券时,通常会对债券持有人给予额外的补偿,赎回价格与摊余成本之间的差额计入财务费用。

【例 10-14】承例 10-12,因市场利率大幅度下降,2022 年 6 月 30 日该企业提前赎回全部债券，价格为 10 200 000 元，以银行存款支付。编制会计分录如下：

借：应付债券——面值 10 000 000

财务费用 293 489

贷：应付债券——利息调整 93 489

银行存款 10 200 000

（二）偿债基金

为了保障债券投资人的利益，以便取信于投资者并提高和扩大债券的发行能力，可以在债券发行合同中规定，发行债券公司必须在债券存续期内，定期或分次向类似储蓄账户注入资金，作为偿债的专项资金，交由银行或信托公司等公司债券的信托人保管和运用，即偿债基金。

企业可以设置"偿债基金"资产账户，核算其增减变动情况。偿债基金的提存期限可以是定期的也可以不定期，提存的金额可以是固定的也可以是变动的，视债券信托合同的条款而定。提存时，借记"偿债基金"账户，贷记"银行存款"账户。

债券的信托人也可以将这笔专项资金投资于收益证券，确认偿债基金投资收益时，借记"偿债基金"账户，贷记"投资收益"账户。

债券到期，以偿债基金偿还债券本息时，借记"应付债券"等账户，贷记"偿债基金"账户。偿债基金如有余额，收到退回的基金余款时，借记"银行存款"账户，贷记"偿债基金"账户；如果"偿债基金"账户余额不足清偿债券款，发行债券企业补付时，编制与提存时相同的会计分录。

【例 10-15】2021 年 1 月 1 日，信达公司发行总面额为 20 000 000 元的债券，期限 5 年，票面利率 10%，到期一次还本付息。根据发行债券的合同，企业每年末须计提偿债基金，交信托机构管理。信托机构估定，偿债基金的投资报酬率为 6%。2021 年偿债基金取得投资收益 334 908 元。编制会计分录如下：

计算到期还本付息的金额：

$$20\ 000\ 000\times(1+10\%\times5)=30\ 000\ 000$$

计算每年应提取的偿债基金：

$$\text{每年应提取的偿债基金}=\frac{30\ 000\ 000}{1+(1+6\%)^1+(1+6\%)^2+(1+6\%)^3+(1+6\%)^4}=5\ 321\ 885(\text{元})$$

（1）根据计算结果，编制会计分录如下：

借：偿债基金 5 321 885

贷：银行存款 5 321 885

（2）第一期取得投资收益：

借：偿债基金 319 313

贷:投资收益　　319 313

(3)到期偿还债券:

借:应付债券——面值　　20 000 000

　　——应计利息　　10 000 000

贷:偿债基金　　30 000 000

偿债基金的投资收益率是一个估计的数值,如果实际投资收益可能与原预计数额不一致,应调整以后年度应提存金额。

五、可转换债券

在企业发行债券中存在一种债券,允许持有者按约定的条件转换为该企业的股份,此债券称为可转换公司债券。可转换公司债券定期付息,到期还本,具有公司债的一般性质;同时,它又具有转换权,这种权利具有所有者权益的性质。因此,这种兼备债券和股票性质的混合性证券,对持有者和发行者均具有较大的灵活性。对持有者来说,如果发行债券公司经营状况一般或者不佳,可将债券持有至到期,获得稳定的债息收入;如果发行债券公司经营状况有较大的提升,可在转换期内行使转换权利,将债券转换成股票,成为公司的股东,享受优厚股东的权利;未在转换期间行使转换权利仍持有债券,则作为债权人有权要求公司偿付债券本息。对发行者来说,由于给予债券持有者转换为股东的权利,所以发行的可转换债券的利率比同期普通债券利率低,可以以较低的筹资成本取得长期使用的资金。

正是基于可转换公司债券的上述特点,可转换公司债券的发行价格由债券的价值和转换权的价值两部分构成,前者属于负债性质,而后者则属于权益性质。所以在对可转换公司债券初始确认时,应对具有两种不同性质的部分予以拆分。拆分时,先将债券的面值和票面利息按不含转换权债券的市场利率折算的现值,作为负债性质部分确认为应付债券的公允价值;然后,将发行价格扣除应付债券的差额,作为权益成分确认为其他权益工具的公允价值。发行债券的交易费用,应在负债性质部分与权益性质部分之间,按其公允价值比例进行分摊。

可转换公司债券核算时,负债性质部分应在"应付债券"账户下设置"可转换公司债券"明细账户核算;而权益性质部分通过"其他权益工具"账户核算。

企业发行可转换公司债券时,应按实际收到的金额,借记"银行存款"等账户;按该项可转换公司债券包含的负债性质部分的面值,贷记"应付债券——可转换公司债券(债券面值)"账户;按其包含的负债性质部分的公允价值与面值的差额,借记或贷记"应付债券——可转换公司债券(利息调整)"账户;按可转换公司债券包含的权益性质部分的公允价值,贷记"其他权益工具" 账户。

可转换公司债券在转换为股票之前,其所包含的负债性质部分,应当比照一般长期债券进行会计处理。

可转换公司债券持有人行使转换权利,将其持有的债券转换为股票时,按可转换公司债券账户的余额,借记"应付债券";按"其他权益工具" 账户中属于该项可转换公司债券的权益性质部分的金额,借记"其他权益工具" 账户;按股票面值和转换的股数计算的股票面值总额,贷记"股本" 账户;按实际用现金支付的不可转换股票的部分,贷记"库存现金"等账户;按其差额,贷记"资本公积——股本溢价" 账户。转换时,不足 1 股的部分以现金支付。

未转换股票的可转换公司债券到期还本付息时,应当比照一般长期债券进行会计处理。

【例 10-16】江南股份公司为建一条新生产线,2020 年 1 月 1 日按面值发行可转换公司债券,总面值 10 000 000 元,期限 3 年期,票面利率 8%,每年末付息。发行期满 2 年后可转换为普通股,转股价为 10 元,股票面值 1 元;债券转换为股票时按债券面值与转股价计算转换股份。假定不考虑发行费用,证券市场上不含转换权的类似债券的市场利率 12%,债券持有者 2022 年 1 月 1 日将全部债券都转换为普通股。新建生产线 3 年完工。做账务处理如下:

2020 年 1 月 1 日发行可转换债券时:

负债性质部分的公允价值 = 10 000 000×8%/(1+12%)^{1}+10 000 000×8%/(1+12%)^{2}+10 000 000×8%/(1+12%)^{3}+10 000 000/(1+12%)^{3}

= 9 039 264(元)

应付债券折价 = 10 000 000-9 039 264 = 960 736(元)

权益性质部分的公允价值 = 10 000 000-9 039 264 = 960 736(元)

借:银行存款　　10 000 0000

　应付债券——可转换公司债券(利息调整)　　960 736

　贷:应付债券——可转换公司债券(面值)　　10 000 000

　　其他权益工具　　960 736

表 10-3　债券折价摊销表　　单位:元

计期日期	贷:应付利息	借:在建工程	贷:应付债券——利息调整	应付债券摊余成本
	①=面值×8%	②=期初④×12%	③=②-①	④=期初④+③
2020.01.01				9 039 264
2020.12.31	800 000	1 084 711.68	284 711.68	9 323 975.68

续表

计期日期	贷:应付利息	借:在建工程	贷:应付债券——利息调整	应付债券摊余成本
	①=面值×8%	②=期初④×12%	③=②-①	④=期初④+③
2021.12.31	800 000	1 118 877.08	318 877.08	9 642 852.76

根据表 11-1 编制会计分录如下。

(1)2020 年 12 月 31 日:

计提利息时,

借:在建工程　1 084 711.68

　贷:应付利息　800 000

　　应付债券——可转换公司债券(利息调整)　284 711.68

支付付息时,

借:应付利息　800 000

　贷:银行存款　800 000

(2)2021 年 12 月 31 日:

计提利息时,

借:在建工程　1 118 877.08

　贷:应付利息　800 000

　　应付债券——可转换公司债券(利息调整)　318 877.08

支付利息时,

借:应付利息　800 000

　贷:银行存款　800 000

(3)2022 年 1 月 1 日到期全部转换为股份时:

债券的面值=10 000 000(元)

转换为股份数=10 000 000÷10=1 000 000(股)

转换股面值=1 000 000×1=1 000 000(元)

借:应付债券——可转换公司债券(面值)　10 000 000

　其他权益工具　960 736

　贷:股本　1 000 000

　　资本公积——股本溢价　9 603 588.76

　　应付债券——可转换公司债券(利息调整)　357 147.24

第四节　长期应付款

一、长期应付款概述

长期应付款，是指企业除长期借款和应付债券以外的其他各种长期应付款项，比如：以分期付款方式购入固定资产发生的应付款项；相对于其他融资方式而言，具有手续简便、无须支付整笔资金即可获得大型固定资产的优势。

企业核算长期应付款应当设置"长期应付款"账户；超过正常信用期的长期应付款按现值计量，还应设置"未确认融资费用"账户。

"长期应付款"账户核算除长期借款和应付债券以外的其他各种长期应付款项，属于负债类账户。其贷方登记发生的长期应付款；借方登记偿还的长期应付款；本账户贷方余额，反映企业应付未付的长期应付款。

"未确认融资费用"账户核算超过正常信用期的长期应付款应当分期计入利息费用的未确认融资费用，属于"长期应付款"账户的备抵账户。其借方登记形成的应分期计入利息费用的未确认融资利息费用；贷方登记分期摊销的未确认融资费用；本账户借方余额，反映未确认融资费用的摊余价值。

"长期应付款"与"未确认融资费用"账户余额的差额反映超过正常信用期的长期应付款的现值。

二、具有融资性质的延期付款购买固定资产

采用分期付款方式购置固定资产是企业负债购置固定资产的一种常用方式。购入有关资产超过正常信用条件延期支付价款，实质上具有融资性质。因购入方需承担延期付款的利息，故分期付款总额通常高于一次性付款金额。

倘若延期支付的购买价款超过正常信用条件，所购资产的成本应当以延期支付购买价款的现值为基础确定，实际支付的价款与购买价款的现值之间的差额，应当在信用期间内采用实际利率法进行摊销，计入相关资产成本或当期损益。当企业购入资产超过正常信用条件延期付款实质上具有融资性质时，应按购买价款的现值，借记"固定资产""在建工程"等账户；按应支付的价款总额，贷记"长期应付款"账户；按其差额，借记"未确认融资费用"账户。企业以后各期支付应付款时，按实际支付的款项，借记"长期应付款"账户，贷记"银行存款"账户；同时，采用实际利率法计算确认当期的融资费用，

借记“财务费用”或“在建工程”账户，贷记“未确认融资费用”账户。具体内容见本书第六章例 6-4。

第五节　预计负债

一、或有事项

（一）或有事项概念及特征

企业在经营过程中经常会受到许多不确定性因素的影响，如诉讼、重组、债务担保等事项的最终结果取决于未来事项是否发生，如产品售后这些不确定事项对企业的财务状况和经营成果可能会产生较大的影响，在会计上被称为或有事项。

或有事项，是指过去的交易或事项形成的，其结果须由未来事项的发生或不发生才能决定的不确定事项。或有事项主要包括未决诉讼或未决仲裁、债务担保、产品质量（安全）保证、亏损合同、重组义务、环境污染整治、承诺等。

或有事项具有三个基本特征。一是或有事项是由过去的交易或事项形成的。二是或有事项的结果具有不确定性。或有事项的结果是否发生具有不确定性，或者或有事项的结果预计将会发生，但发生的具体时间或金额具有不确定性。三是或有事项的结果须由未来事项决定。或有事项的结果只能由未来不确定事项的发生或不发生才能决定。

（二）与或有事项相关的概念

或有事项的结果可能会产生预计负债、资产、或有负债或者或有资产，其中，预计负债属于负债范畴，只有符合负债的确认条件才能予以确认。企业不应当确认或有负债和或有资产。

1.或有负债。或有负债，是指过去的交易或者事项形成的潜在义务，其存在须通过未来不确定事项的发生或不发生予以证实；或过去的交易或者事项形成的现时义务，履行该义务很可能导致经济利益流出企业或该义务的金额不能可靠计量。

或有负债涉及两类义务：潜在义务和现时义务。

（1）潜在义务。它是指结果取决于未来不确定事项的可能义务。例如，甲公司因“可能侵犯”乙公司专利权而受到起诉，但在资产负债表日法院尚未对诉讼案件进行公开审理，甲公司是否败诉尚难预料。

（2）现时义务。它是指企业在现行条件下已承担的义务。该现时义务的履行不是很可能导致经济利益流出企业，或者该现时义务的金额不能可靠地计量。例如，丙公司涉及一桩诉讼案,根据以往的审判案例推断,丙公司可能要败诉,但法院尚未判决,丙公司无法根据经验判断未来将要承担的赔偿金额。

或有负债不符合负债的确认条件,不能确认为负债,对于财务影响的不利因素,仅在报表附注中披露相关信息,如或有负债的种类、形成的原因、经济利益流出的不确定性说明、预计产生的财务影响。

2.或有资产。它是指过去的交易或者事项形成的潜在资产,其存在须通过未来不确定事项的发生或不发生予以证实。

或有资产是潜在的资产,其结果具有较大的不确定性。例如:M公司向法院起诉N公司侵犯其著作权要求赔偿,在资产负债表日法院尚未判决。

或有资产不符合资产的确认条件,不能确认为资产,对于财务影响的有利因素,通常也不予以披露,除非或有资产很可能给企业带来经济利益,在这种情形下,应当披露其形成的原因、预计产生的财务影响。

3.或有负债和或有资产的转化。或有负债和或有资产,具有不确定性,不符合负债和资产的确认条件;但是,随着时间推移和事态的进展,当影响或有负债和或有资产的未来不确定因素变化时,或有负债和或有资产会发生转化。或有负债可能转化为企业的预计负债,或者消失;或有资产也有可能形成企业的资产或者消失。所以,企业应当持续关注影响或有负债和或有资产的未来不确定因素的变化。

二、预计负债的确认与计量

或有事项的确认和计量通常是指预计负债的确认和计量。或有负债在满足一定条件时即可被确认为预计负债,或有资产只有基本确定时才能确认为资产。

(一)预计负债的确认

企业在确认与或有事项相关的义务时,须同时满足下列条件:一是该义务是企业承担的现时义务。它是指与或有事项相关的义务是在当前条件下已承担的义务,企业没有其他现实的选择,只能履行该现时义务;二是履行该义务很可能导致经济利益流出企业。它是指履行与或有事项相关的现时义务时,导致经济利益流出企业的可能性超过50%,但尚未达到基本确定的程度。三是该义务的金额能够可靠地计量。它是指与或有事项相关的现时义务的金额能够合理地估计。

需要说明的是,企业在确认或有事项引起的义务时,应注意结合下列情况判断经济利益流出企业的可能性及其对会计处理的影响。

结果的可能性	对应的概率区间
基本确定	大于95%但小于100%
很可能	大于50%但小于或等于95%

可 能　　　　大于5%但小于或等于50%

极小可能　　　大于0但小于或等于5%

对于与或有事项有关的义务同时符合以上三个条件的，企业应将其确认为一项负债，否则只能将其作为或有负债。

（二）预计负债的计量

由于或有事项具有不确定性，因此，因或有事项而确认的负债的金额需要合理地估计。

1.最佳估计数的确定。确定预计负债最佳合理估计数，有两种方法可供选择：

（1）所需支出存在一个连续范围，且该范围内各种结果发生的可能性相同，则最佳估计数应是该范围的中间值，即上、下限金额的平均数。例如，甲公司由于违约而涉及一桩未决诉讼案，根据法律顾问判断，甲公司很可能败诉，赔偿金额可能在800 000元至1 000 000元之间，则甲公司应在资产负债表日中确认一项900 000元的负债。

（2）所需支出不存在一个连续范围，或者虽然存在一个连续范围但该范围内各种结果发生的可能性不相同，则最佳估计数应按下述原则确定：

①或有事项只涉及单个项目时，按最可能发生的金额确定。例如，乙公司涉及一起诉讼，据所聘律师判断，乙公司很可能败诉；如果败诉，预计需赔偿1 600 000元的可能性有80%，预计需赔偿2 000 000元的可能性有20%。在这种情况下，乙公司应将预计最有可能发生的赔偿金额1 600 000元确认为负债金额，即最佳估计数。

②或有事项涉及多个项目时，按各种可能结果及其发生的概率计算确定。例如，丙公司对售出商品提供担保，丙公司销售产品90 000件，取得产品销售收入10 000 000元。产品售出后一年内，如果发生正常质量问题，丙公司将提供免费修理。根据以往的经验，如果发生较小的质量问题，其修理费用为销售收入的1%，而如果发生较大的质量问题，则其修理费用为销售收入的5%。据预测，在本年度已售产品中，将有12%因发生质量问题而返修，其中有10%将发生较小质量问题，有2%将发生较大质量问题。该年末丙公司应确认的负债金额为20 000元（10 000 000×1%×10%+10 000 000×5%×2%）。

2.预期可获得的补偿。企业清偿预计负债所需支出的全部或部分预期将由第三方补偿的，补偿金额只有在基本确定能够收到时才能作为资产单独确认。确认的补偿金额不应当超过预计负债的账面价值。企业预期从第三方获得的补偿，是一种潜在资产，其最终是否真的会转化为企业真正的资产（即企业是否能够收到这项补偿）具有较大的不确定性，企业只能在基本确定能够收到补偿时才能对其进行确认。其次，根据资产和负债不能随意抵销的原则，预期可获得的补偿在基本确定能够收到时应当确认为一项资产，而不能作为预计负债金额的扣减。例如，丁公司在经营中因商品质量问题被起诉，尚未判决，根据经验企业因该或有事项确认了一项预计负债400 000元；同时，因该或有事项，丁公司可从商品供应商丙公司获得300 000元的赔偿，这项金额基本确定能收到。在这种情况下，丁公司应分别确认一项预计负债 400 000 元和一项资产 30 万元。如预计可获得补偿 450 000 元，则丁公司应分别确认一项预计负债 400 000 元和一项资产 400 000 元。

企业应当在资产负债表日对预计负债的账面价值进行复核。有确凿证据表明该账面价值不能真实反映当前最佳估计数的，应当按照当前最佳估计数对该账面价值进行调整。

三、预计负债的账务处理

企业应设置“预计负债”账户核算各种预计负债增减变动情况。该账户贷方登记确认的预计负债；借方登记偿还或冲减的预计负债；贷方余额，反映企业已确认尚未支付的预计负债。“预计负债”账户按形成预计负债的交易或事项进行明细核算。

企业将与或有事项有关的义务确认为负债时，根据确定的金额按不同事项借记有关资产费用账户，借记“营业外支出”“销售费用”等账户；同时贷记“预计负债”账户。实际清偿或冲减的预计负债，借记“预计负债”账户，贷记“银行存款”等账户。

【例 10-17】2021 年初，信达公司与宏大公司签订互相担保协议。2021 年 12 月 9 日信达公司因宏大公司逾期成为相关诉讼的第二被告，很可能要承担连带还款责任。预计信达公司承担还款金额 70 000 000 元责任的可能性为 60%，承担 30 000 000 元的可能性为 40%。假设信达公司不负担诉讼费。信达公司编制会计分录如下：

借：营业外支出　　70 000 000

　贷：预计负债——未决诉讼　　70 000 000

如果信达公司因宏大公司担保可以获得宏大公司 200 000 元的补偿，该补偿基本能够确认。信达公司还需编制会计分录如下：

借：其他应收款　　200 000

　贷：营业外支出　　200 000

信达公司因该诉讼在资产负债表中分别确认了一项资产 200 000 元和一项负债 70 000 000元，在利润表中确认了净损失 69 800 000 元。

【例 10-18】嘉华公司对销售的商品进行保修，期限一年，维修费约为销售收入的 2%。2021 年嘉华公司实现销售收入 20 000 000 元。编制会计分录如下：

预计维修费 = 20 000 000×2% = 400 000(元)

借：销售费用　　400 000

　贷：预计负债　　400 000

企业尚未执行的合同有可能转化为预计负债，当待执行合同变为亏损合同，同时该亏损合同产生的义务满足预计负债的确认条件，应当确认为预计负债。其中，待执行合同,是指合同各方尚未履行任何合同义务,或部分地履行了同等义务的合同。亏损合同,是指履行合同义务不可避免发生的成本超过预期经济利益的合同。这里所称"履行合同义务不可避免发生的成本"反映了履行该合同的最低净成本,即履行该合同的成本与未能履行该合同而发生的补偿或处罚两者之中的较低者。

对亏损合同进行处理时,应注意遵循两点原则。一是与亏损合同相关的义务不支付补偿不可撤销。二是亏损合同存在标的资产的,应当对标的资产进行减值测试并按规定确认减值损失,企业通常不需要确认预计负债;合同不存在标的资产的,亏损合同相关义务满足规定条件时,应当确认预计负债。

【例 10-19】2020 年 12 月 11 日,江南公司与阳光公司签订销售合同,约定为阳光公司定制 10 000 件产品,每件售价 200 元,于 2021 年 2 月 11 日前交货,若不能按期交货,则江南公司须支付总价款 10%的违约金。江南公司在采购原材料时,发现材料价格大幅度上涨,江南公司要执行的该合同会发生亏损,每件产品的生产成本将高于价格 18 元,此项合同亏损额将达到 180 000 元。若江南公司撤销合同,则须支付违约金 200 000元。2020 年末江南公司尚未组织货源,该合同成为亏损合同。江南公司编制会计分录如下:

(1)2020 年末将亏损合同确认为预计负债:

借:营业外支出　　180 000

　　贷:预计负债——亏损性合同　　180 000

(2)2021 年 2 月用预计负债冲减完工商品成本:

借:预计负债——亏损性合同　　180 000

　　贷:库存商品　　180 000

第六节　借款费用

非流动负债核算的一个重要内容是如何确认与计量借款费用。这些问题处理得恰当与否,直接影响企业资产和费用的确认与计量,进而影响到企业财务状况和经营业绩的正确衡量。

一、借款费用概述

(一)借款费用的概念与内容

借款费用,是指企业因借款而发生的利息及其他相关成本,包括借款利息、折价或者溢价的摊销、辅助费用的摊销以及因外币借款而发生的汇兑差额等。其中:①借款利息,是指因借款而发生的利息,包括企业向银行或其他金融机构等借入资金发生的利息、发行债券发生的利息,以及承担带息债务应计的利息等;②折价或者溢价本身不构成借款费用,但其摊销额是对债券票面利息的调整,因此也属于借款费用的范畴;③辅助费用,是指企业在借款过程中发生的诸如手续费、佣金等费用,这些费用是因安排借款而发生的,也属于借款费用的构成部分;④因外币借款而发生的汇兑差额,是指由于汇率变动而对外币借款本金及其利息的记账本位币金额产生的影响金额。这部分汇兑差额是与外币借款直接相联系的,因而也构成借款费用的组成部分。

(二)借款费用的确认

借款费用的确认主要解决的是每期发生的借款费用是计入相关资产的成本,还是计入当期损益的问题。国际上借款费用的会计处理原则通常有两种:一是借款费用资本化,二是借款费用费用化。前者是将借款费用作为建造成本构成内容之一计入所建造资产的成本;后者则是将借款费用作为资金运营成本计入当期损益。两种不同的会计处理原则,会导致财务报表项目的披露内容有较大差异。

依据借款费用资本化观点,凡是在购置或建造符合资本化条件的资产时,使用了借款资金,该资产的建造需要经过较长的时间方可达到预定可使用状态的,与资产相关的借款费用应当资本化。因为,用借款购置或建造厂房、设备等资产所发生的借款费用,与其他计入资产成本的购置或建造费用等没有本质区别,它们也是使所购建资产能够带来未来经济利益而付出的代价。

借款费用费用化观点主张,凡是借款费都应在发生的当期确认为费用,计入当期损益。这样可以避免因筹资方式的不同,如分别采用发行债券与发行股票构建相同的资产,却出现不同的建造成本。因为债券利息资本化,而支付股票的股利未被资本化。因此,借款费用应在发生时全部计入当期损益。

根据配比原则,凡是发生与建造符合资本化条件资产直接相关的借款费用,在该项资产达到预定可使用或者可销售状态之前应计入资产成本。当所建造的资产达到预定可使用或者可销售状态时,应停止其借款费用的资本化。我国目前的会计准则及相关制度便选择此法。但从实务上考虑,费用化更便于操作,且符合稳健原则。

我国企业会计准则将借款分为一般借款和专门借款。专门借款,是指为购建或者生产符合资本化条件的资产而专门借入的款项。一般借款,是指除专门借款之外的借款。相对于专门借款而言,一般借款在借入时,其用途通常没有特指用于符合资本化条件的资产的购建或者生产。构建符合资本化资产的借款种类不同,借款费用资本化或费用化的方法也有所不同。

二、借款费用的资本化

(一)符合借款费用资本化的资产范围

企业举借资金购建资产发生的借款费用并非都资本化。符合借款费用资本化条件的资产,是指需要经过相当长时间的购建或者生产活动才能达到预定可使用或者可销售状态的固定资产、投资性房地产和存货等资产。建造合同成本、确认为无形资产的开发支出等在符合条件的情况下,也可以认定为符合资本化条件的资产。其中,"相当长时间"通常为1年以上(含1年)。

(二)借款费用资本化期间的界定

企业为购建或者生产符合资本化条件的资产所发生可直接归属于资产的借款费用,能否计入相关资产成本,还应进行资本化期间的界定。只有发生在资本化期间内的有关借款费用,才允许资本化。借款费用资本化期间,是指从借款费用开始资本化时点到停止资本化时点的期间,但不包括借款费用暂停资本化期间。

1.借款费用开始资本化的时点。借款费用允许开始资本化须同时满足以下三个条件:①资产支出(包括支付现金、转移非现金资产或者承担带息债务形式发生的支出)已经发生;②借款费用已经发生;③为使资产达到预定可使用或者可销售状态所必要的购建或者生产活动已经开始。

2.借款费用暂停资本化的时间。符合资本化条件的资产在购建或者生产过程中发生非正常中断,且中断时间连续超过3个月(含3个月),应当暂停借款费用的资本化,其中断期间所发生的借款费用,不计入资产成本,将其直接计入当期损益,直至资产购建或者生产活动重新开始。如果中断原因属于正常中断,则中断期间所发生的借款费用仍可资本化。

非正常中断,通常是由于企业管理决策上的原因或者其他不可预见的原因等所导致的中断。例如,企业因与施工方发生质量或劳动纠纷,或者资金周转发生困难,或是施工生产发生了安全事故等原因,致使资产购建或者生产活动发生中断,均属于非正常中断。

正常中断,通常仅限于因购建或者生产符合资本化条件的资产达到预定可使用或者可销售状态所必要的程序,或者事先可预见的不可抗力因素导致的中断。例如,某些工程建造的阶段性暂停以进行必要的质量或安全检查,某些地区的工程在建造过程中,由于可预见的不可抗力因素(如雨季或冰冻季节等原因)导致施工出现停顿,属于正常中断。

3.借款费用停止资本化的时点。购建或者生产符合资本化条件的资产达到预定可使用或者可销售状态时,借款费用应当停止资本化。此后所发生的借款费用,应当费用化。购建或者生产符合资本化条件的资产达到预定可使用或者可销售状态,可从下列几个方面进行判断:①符合资本化条件的资产的实体建造(包括安装)或者生产工作已经全部完成或者实质上已经完成;②所购建或者生产的符合资本化条件的资产与设计要求、合同规定或者生产要求相符或者基本相符,即使有极个别与设计、合同或者生产要求不相符的地方,也不影响其正常使用或者销售;③继续发生在所购建或生产的符合资本化条件的资产上的支出金额很少或者几乎不再发生。

所购建或者生产的资产分别建造、分别完工的,应区别情况界定借款费用停止资本化的时点。倘若完工部分在其他部分继续建造或者生产过程中可供使用或者可对外销售,且为使该部分资产达到预定可使用或可销售状态所必要的购建或者生产活动实质上已经完成的,应当停止与该部分资产相关的借款费用的资本化。倘若完工部分必须等到整体完工后才可使用或者对外销售的,应待该资产整体完工时方可停止借款费用的资本化。

三、借款费用的计量

(一)借款利息资本化金额的确定

1.专门借款利息费用的资本化金额。为购建或者生产符合资本化条件的资产而借入专门借款的,应当以专门借款当期实际发生的利息费用,减去将尚未动用的借款资金存入银行取得的利息收入或进行暂时性投资取得的投资收益后的金额确定。

【例 10-20】2020 年 1 月 1 日,南方公司正式动工兴建一栋厂房,工期预计为 18 个月,工程采用出包方式,分三次支付工程进度款,厂房于 2021 年 6 月 30 日完工,达到预定可使用状态。该企业为建造厂房取得两笔专门借款,名义利率与实际利率均相同,借款利息按年支付。借款情况如表 10-4 所示。

表 10-4　　单位:元

借款种类	借款日期	本金	利率	期限
专门借款	2020 年 1 月 1 日	20 000 000	6%	3 年
专门借款	2020 年 7 月 1 日	30 000 000	7%	5 年

闲置借款资金均用于固定收益债券短期投资,该短期投资月收益率为 0.5%。

建造该厂房的支出金额如表 10-5 所示。

表 10-5　　单位:万元

日　期	每期资产支出金额	资产支出累计金额	闲置借款资金用于短期投资金额
2020 年 1 月 1 日	10 000 000	10 000 000	10 000 000

续表

日 期	每期资产支出金额	资产支出累计金额	闲置借款资金用于短期投资金额
2016年7月1日	20 000 000	30 000 000	20 000 000
2017年1月1日	15 000 000	45 000 000	5 000 000
总 计	45 000 000	—	35 000 000

因该企业厂房建造支出没有超过专门借款金额，企业2020年、2021年为建造厂房应予资本化的利息金额计算如下：

(1)确定借款费用资本化期间为2020年1月1日至2021年6月30日。

(2)计算在资本化期间内专门借款实际发生的利息金额：

2020年：

资本化期间：2020年1月1日至12月31日。

专门借款发生的利息金额=20 000 000×6%+30 000 000×7%×6/12=2 250 000(元)

短期投资收益=10 000 000×0.5%×6+20 000 000×0.5%×6=900 000(元)

利息资本化金额=2 250 000-900 000=1 350 000(元)

2020年12月31日计提全年专门借款利息，编制会计分录如下：

借：在建工程　　1 350 000

　应收利息(银行存款)　　900 000

　贷：应付利息　　2 250 000

2021年：

资本化期间：2021年1月1日至6月30日。

专门借款发生的利息金额=20 000 000×6%×6/12+30 000 000×7%×6/12
=1 650 000(元)

短期投资收益=5 000 000×0.5%×6=150 000(元)

利息资本化金额=1 650 000-150 000=1 500 000(元)

2021年6月30日计提上半年专门借款利息，编制会计分录如下：

借：在建工程　　1 500 000

　应收利息(银行存款)　　150 000

　贷：应付利息　　1 650 000

费用化期间：2021年7月1日至12月31日。

专门借款发生的利息金额=20 000 000×6%×6/12+30 000 000×7%×6/12
=1 650 000(元)

短期投资收益=5 000 000×0.5%×6=150 000(元)

利息费用化金额＝1 650 000 －150 000＝1 500 000（元）

2021 年 12 月 31 日计提下半年专门借款利息，编制会计分录如下：

借：财务费用　　1 500 000

　应收利息（银行存款）　　150 000

　贷：应付利息　　1 650 000

2.一般借款利息费用的资本化金额。为购建或者生产符合资本化条件的资产而占用了一般借款的，企业应当根据累计资产支出超过专门借款部分的资产支出加权平均数乘以所占用一般借款的资本化率，计算确定一般借款应予资本化的利息金额。资本化率应当根据一般借款加权平均利率计算确定。

有关计算公式如下：

一般借款利息费用资本化金额＝累计资产支出超过专门借款部分的资产支出加权平均数×所占用一般借款的资本化率

累计资产支出超过专门借款部分的资产支出加权平均数 ＝ ∑ 超过专门借款部分的每笔资产支出金额 × 每笔资产支出当期占用的天数当期天数

所占用一般借款的资本化率＝所占用一般借款加权平均利率

＝所占用一般借款当期实际发生的利息之和÷所占用一般借款本金加权平均数

所占用一般借款本金加权平均数 ＝ ∑ 所占用每笔一般借款本金 × 每笔一般借款在当期所占用的天数当期天数

【例 10-21】2020 年初，清远公司拟建一栋产品研发测试楼，工期预计为 14 个月，工程采用出包方式，公司分五次支付工程进度款。由于审批手续等原因，楼房于 2020 年 4 月 1 日才开始动工兴建，于 2021 年 9 月 30 日完工，达到预定可使用状态。

该公司为建造楼房取得一笔专门借款，另外占用两笔一般借款，借款利息按年支付，名义利率与实际利率均相同，借款情况如表 10-6 所示。

表 10-6　　单位：元

借款种类	借款日期	本金	利率	期限
专门借款	2020 年 1 月 1 日	50 000 000	8%	3 年
一般借款	2019 年 10 月 1 日	20 000 000	9%	3 年
一般借款	2021 年 1 月 1 日	30 000 000	10%	4 年

专门借款中未支出部分全部存入银行，存款月利率为 0.5%。

建造该楼房的支出情况如表 10-7 所示。

表 10-7　　　　单位:元

日期	每期资产支出金额	资产支出累计金额	闲置借款资金存入银行金额
2020 年 4 月 1 日	20 000 000	20 000 000	30 000 000
2020 年 6 月 1 日	10 000 000	30 000 000	20 000 000
2020 年 7 月 1 日	30 000 000	60 000 000	
2021 年 4 月 1 日	15 000 000	75 000 000	
2021 年 7 月 1 日	5 000 000	80 000 000	
总计	80 000 000	—	50 000 000

该公司确定借款费用资本化期间为 2020 年 4 月 1 日至 2021 年 9 月 30 日。

2020 年借款费用的会计处理如下:

(1)费用化期间:2020 年 1 月 1 日至 3 月 31 日:

专门借款	一般借款
借款利息=50 000 000×8%×3/12=1 000 000(元) 投资收益=50 000 000×0.5%×3=750 000(元) 利息费用化金额=1 000 000-750 000=250 000(元)	借款利息=20 000 000×9%×3/12=450 000(元) 利息费用化金额=450 000(元)

(2)资本化期间:2020 年 4 月 1 日至 12 月 31 日:

专门借款	一般借款
借款利息=50 000 000×8%×9/12=3 000 000(元) 投资收益=30 000 000×0.5%×2+20 000 000×0.5%×1=400 000(元)	借款利息=20 000 000×9%×9/12=1 350 000(元) 占用一般借款资金的资产支出加权平均数=10 000 000×180/360=5 000 000(元)
利息资本化金额=3 000 000-400 000=2 600 000(元)	利息资本化金额=5 000 000×9%=450 000(元) 利息费用化金额=1 350 000-450 000=900 000(元)

(3)2020 年 12 月 31 日计提借款利息,编制会计分录如下:

专门借款计提利息时:

借:在建工程　　2 600 000

　　财务费用　　250 000

　　应收利息(或银行存款)　　(750 000+400 000)1 150 000

　　贷:应付利息　　　　　　　　　　(1 000 000+3 000 000)4 000 000

一般借款计提利息时:

借:在建工程　　　　　　　　　　　　　　　　450 000

　　财务费用　　　　　　　　　　(450 000+900 000)1 350 000

　　贷:应付利息　　　　　　　　　　(450 000+1 350 000)1 800 000

2021 年借款费用的会计处理如下:

(1)资本化期间:2021 年 1 月 1 日至 9 月 30 日:

专门借款	一般借款
借款利息 = 50 000 000×8%×9/12 = 3 000 000(元) 投资收益为 0 利息资本化金额 = 3 000 000(元)	借款利息 = (20 000 000×9%+30 000 000×10%)×9/12 = 3 600 000(元) 占用一般借款资金的资产支出加权平均数 = 10 000 000×270/360+15 000 000×180/360+5 000 000×90/360 = 16 250 000(元) 所占用一般借款资本化率 $=\frac{20\ 000\ 000\times 9\%+30\ 000\ 000\times 10\%}{20\ 000\ 000\times 360/360+30\ 000\ 000\times 360/360}\times 100\%$ = 9.6% 利息资本化金额 = 16 250 000×9.6% = 1 560 000(元) 利息费用化金额 = 3 600 000−1 560 000 = 2 040 000(元)

(2)费用化期间:2021 年 9 月 30 日至 12 月 31 日:

专门借款	一般借款
借款利息 = 5 000 000×8%×3/12 = 1 000 000(元) 利息费用化金额 = 1 000 000(元)	借款利息 = (20 000 000×9%+30 000 000×10%)×3/12 = 1 200 000(元) 利息费用化金额 = 1 200 000(元)

(3)2021 年 12 月 31 日计提全年利息,编制会计分录如下:

专门借款计提利息时:

借:在建工程　　　　　　　　　　　　　　　　3 000 000

　　财务费用　　　　　　　　　　　　　　　　1 000 000

贷:应付利息　　(3 000 000+1 000 000)4 000 000

一般借款计提利息时:

借:在建工程　　1 560 000

财务费用　　(2 040 000+1 200 000)3 240 000

贷:应付利息　　(3 600 000+1 200 000)4 800 000

3.每一会计期间的利息资本化金额的限额。每一会计期间的利息资本化金额,不应当超过当期相关借款实际发生的利息金额。

(二)借款辅助费用资本化金额的确定

辅助费用,是指企业为了安排借款而发生的必要费用,包括借款手续费(如发行债券手续费)、佣金等。对于企业发生的专门借款辅助费用,在所购建或者生产的符合资本化条件的资产达到预定可使用或者可销售状态之前发生的,应予以资本化;在此后发生的,应予以费用化,调整每期利息费用。由于辅助费用的存在,借款实际利率与合同利率不一致,在取得负债时应计算实际利率。上述资本化或费用化的辅助费用的金额,是按照实际利率法计算的。实际利率与合同利率差异较小的,也可以采用合同利率计算确定利息费用。一般借款发生的辅助费用,也应当按照上述原则确定其发生额并进行处理。

(三)外币专门借款汇兑差额资本化金额的确定

企业为购建或者生产符合资本化条件的资产所借入的专门借款为外币借款时,在借款期间因汇率的变化,会产生汇兑差额。对于外币专门借款本金及其利息的汇兑差额,在借款费用资本化期间内,应予以资本化,计入相关资产的成本;在费用化期间,应予以费用化,计入当期损益。而除外币专门借款之外的其他外币借款本金及其利息所产生的汇兑差额应当作为财务费用,计入当期损益。

第七节　非流动负债的列报

资产负债表上,非流动负债作为一大类项目,其位置排列在流动负债类之后。该大类应分别按下述项目列示:

第一,"长期借款"项目。该项目反映企业向银行或其他金融机构借入但尚未归还的一年以上的各项借款,应根据"长期借款"账户的期末余额填列。

第二,"应付债券"项目。该项目反映企业为筹集长期资金而发行的尚未偿还的债券面值与利息,应根据"应付债券"账户的期末余额填列。

第三,"长期应付款"项目。该项目反映企业期末除长期借款和应付债券以外的其他各种长期应付款项,应根据"长期应付款"账户的期末余额,减去相应的"未确认融资费用"账户期末余额后的金额填列。

第四,"预计负债"项目。该项目反映企业确认的对外提供担保、未决诉讼、产品质量保证、重组义务、亏损性合同等预计负债,应根据"预计负债"账户的期末余额填列。

第五,"其他非流动负债"项目。该项目反映上述项目之外的其他非流动负债,应根据有关账户的期末余额填列。

长期负债在资产负债表上的反映还应注意以下问题:

其一,根据充分反映原则,对有关重要资料应予以适当说明。例如,在报表附注中应说明:作为债务担保的资产的性质和金额,本期予以资本化的借款费用额,与应付债券有关的利率、偿还期、保证条款、附属权利、转换条款,可转换债券的金额,溢价和折价的摊销方法,债务重整的条件、经济利益、抵债资产金额,或有负债和或有资产信息等。

其二,对于非流动负债中一年内即将到期的部分,应作为"一年内到期的非流动负债",单独列入流动负债类项目内。

案例

S公司为一家上市的房地产企业,经中国证监会批准,于2021年4月15日发行5年期固定利率公司债2 200 000 000元,票面利率为4.94%,发行价格为100元/张,发行数量为22 000 000份,扣除发行费用实际募集资金2 179 487 000元,用于补充企业的流动资金。在公司债券存续的5年间,除该债券外,企业未进行其他长期负债融资,先后开发建设50多个房地产开发项目。S公司将发行费计入2021年当期损益,按票面利息计算各期利息费用,并将各期利息费用全部费用化。

问题:S公司对上述发行债券各期利息费用计量是否正确?各期利息费用的会计处理方法是否得当?请说明理由,如不正确,说明正确的做法。

本章小结

非流动负债是偿还期在一年以上或长于一年的一个经营周期以上的债务,主要包括长期借款、应付债券、长期应付款、专项应付款、预计负债等。企业因取得非流动负债资金付出的代价称为借款费用。借款中,符合条件的资本化,否则费用化。长期借款是企业从银行等金融机构借入的偿还期在一年以上的长期借款。应付债券是企业发行的超过一年期以上的债券。公司债券可按面值发行、溢价发行、折价发行。溢价或折价是发行债券企业在债券存续期间内对利息费用的一种调整,采用实际利率法摊销溢价和折价。可转换公司债券是企业依照法定程序发行的在一定期间内按约定条件可以转换成股份的公司债券,属于混合金融工具,兼有金融负债和权益工具的双重性质,在初始确认时,应对债券的价格拆分负债成分和权益成分。长期应付款是企业除长期借款和应付债券以外的其他各种长期应付款项,比如:以分期付款方式购入固定资产发生的应付款项等;长期应付款的计量应考虑货币时间价值,按摊余成本计量。或有事项是过去的交易或事项形成的、其结果须由未来事项的发生或不发生才能决定的不确定事项。或有事项包括或有负债和或有资产,在会计报表附注中披露。随着影响或有负债和或有资产的未来不确定因素的变化,与或有事项相关的义务满足负债的条件时确认的债务负债,在财务报表内列报。长期负债各项目应以其账面价值在资产负债表中非流动负债项下分别列示,但不包括一年内即将到期的长期负债;相关信息需在报表附注中加以披露。

本章关键词汇(中英文)

长期负债	Long-term Liabilities
借款费用	Borrowing Costs
借款费用资本化	Capitalization of Borrowing Costs
借款费用费用化	Expensing Borrowing Costs
符合资本化条件的资产	Assets that Meet the Condition for Capitalization
借款费用计量	Borrowing Costs of Measurement
应付债券	Bonds Payable
面值	Face Value
债券溢价	Bond Premium
债券折价	Bond Discount
直线法摊销	Average Amortized
实际利率法	Actual Interest Rate Method of Amortization

可转换公司债券	Convertible Corporate Bonds
偿债基金	Sinking Fund
长期应付款	Long-term Accounts Payable
或有事项	Contingent
或有负债	Contingent Liabilities
或有资产	Contingent Assets
预计负债	Estimated Liabilities
待执行合同	The Contract to Be Executed
亏损合同	Loss of the Contract

思考题

1.企业以非流动负债方式融资的目的是什么？

2.借款费用资本化处理的理论依据及其对财务信息的影响有哪些？

3.应付债券的应付利息与利息费用金额是否一致，为什么？

4.对可转换债券的初始确认为何要拆分负债成分和权益成分？

5.企业设置偿债基金的目的是什么？

6.企业为何提供或有事项会计信息？

7.为什么或有负债和或有资产不能在财务报表内确认？

练习题

1.某企业于2020年1月1日正式动工兴建一栋办公楼，工期预计为17个月，工程采用出包方式，分别分三次支付工程进度款，厂房于2021年9月30日完工，达到预定可使用状态。因工程质量问题于2020年9月1日至12月31日停工4个月。

该企业为建造办公楼取得两笔专门借款，名义利率与实际利率均相同，借款利息按年支付。借款情况如下：

金额单位：元

借款种类	借款日期	本金	利率	期限
专门借款	2020年1月1日	40 000 000	7.5%	3年
专门借款	2021年1月1日	20 000 000	6%	2年

闲置借款资金均用于固定收益债券短期投资，该短期投资月收益率为0.4%。

建造该办公楼的支出金额如下：

金额单位:元

日期	每期资产支出金额	资产支出累计金额	闲置借款资金用于短期投资金额
2020年1月1日	15 000 000	15 000 000	25 000 000
2020年7月1日	20 000 000	35 000 000	5 000 000
2021年1月1日	22 000 000	57 000 000	3 000 000
总计	57 000 000	—	33 000 000

要求:

(1)确定资本化期间、费用化期间。

(2)计算2020年专门借款费用资本化金额、费用化金额,做计提借款利息的会计分录。

(3)计算2021年专门借款费用资本化金额、费用化金额,做计提借款利息的会计分录。

2.某企业2020年1月1日开始建造一项厂房,上半年各月工程支出如下:

金额单位:元

资产支出时间	资产支出金额
2020年1月10日	3 600 000
2020年2月20日	2 700 000
2020年3月15日	1 500 000
2020年4月1日	2 500 000
2020年5月5日	4 500 000
2020年6月10日	1 800 000

该企业为建造厂房占用两笔一般借款,借款利息按年支付,名义利率与实际利率均相同,借款情况如下:

金额单位:元

借款种类	借款日期	本金	利率	期限
一般借款	2019年8月1日	20 000 000	6%	2年
一般借款	2020年4月1日	10 000 000	9%	3年

两笔借款分季度付息，到期还本。（设每月 30 天，每季 90 天）

要求：

(1)计算企业一季度一般借款利息费用应予资本化的借款金额和费用化金额（列出计算过程），并编制会计分录。

(2)计算企业二季度一般借款利息费用应予资本化的借款金额和费用化金额（列出计算过程），并编制会计分录。

3.某公司于 2020 年 1 月 1 日动工兴建研发大楼，工期预计为 2 年，工程采用出包方式，于 2020 年 1 月 1 日和 2021 年 1 月 1 日分别支付工程进度款 10 000 000 元。

公司为该建造项目，于 2020 年 1 月 1 日平价发行面值为 20 000 000 元的债券，期限 3 年，票面利率为 10%，每年末支付利息，到期还本。

债券闲置资金存放银行，存款年利率为 2%，该工程于 2021 年 12 月 31 日完工，达到预定可使用状态。

要求：进行债券的发行、计息和到期偿还的账务处理。

4.资料同习题 3，假定市场利率为 8%，发行价格为 21 030 839 元，采用实际利率法摊销溢价。

要求：进行债券的发行、计息和到期偿还的账务处理。

5.资料同习题 3，假定市场利率为 12%，发行价格为 19 039 267 元，采用实际利率法摊销折价。

要求：进行债券的发行、计息和到期偿还的账务处理。

6.某股份有限公司为解决流动资金缺口，经批准于 2019 年 1 月 1 日按面值发行 5 年期、票面利率为 6%的可转换公司债券 100 000 000 元，每年付息一次，到期还本。债券发行 3 年后可转换为普通股股份，转股价为 20 元，股票面值 1 元。债券转换为股票时，按债券面值和转股价计算转换股份。假定不考虑发行费用，发行时证券市场上不含转换权的类似债券的市场利率为 8%，债券持有者 2020 年 1 月 1 日将全部债券都转换为普通股。（5 年期、利率 8%的复利现值系数 0.680 58，年金现值系数 3.992 71。）

要求：编制可转换债券发行、年末计息和转换为股份的会计分录。

7.某企业为制造业，从 2019 年起对售出产品提供质量保证服务，规定产品售出后一定期限内若出现质量问题，负责退换或提供免费修理。假定甲企业只生产和销售 A，B 两种产品。

(1)该企业 2021 年初为已售出 A 产品确认的预计负债期初账面余额为 600 000 元，A 产品质量保证期限为 3 年。该企业年末对当年售出的 A 产品按其销售收入的 2%预计修理费用。A 产品 2021 年取得销售收入 50 000 000 元；发生退换及修理费用共计 1 200 000 元。其中：原材料消耗 700 000 元，人工成本 300 000 元，用银行存款支付

200 000万元。

(2)该企业2021年初为已售出B产品确认的预计负债期初账面余额为160 000元,B产品已于2020年停止生产,B产品质量保证截止日期为2021年12月31日。B产品2021年发生修理费用为100 000元(均为人工成本)。

要求:

(1)计算A产品2021年年末应确认的预计负债,并编制相关业务的会计分录。

(2)编制B产品2021年与预计负债相关的会计分录。

(3)计算甲企业2021年12月31日预计负债的账面余额。

第十一章

损 益

导 论

本章阐述了损益的概念和确定方法，在此基础上分别介绍了收入、费用和利润的特点、分类，确认、计量和会计处理。收入确认的原则、前提条件，收入确认和计量的内容是本章的重点。按某一时点履行的履约义务确认收入的会计处理，按某一时段内履行的履约义务确认收入的会计处理，以及营业利润、利润总额和净利润的构成及其核算方法是本章的难点。

第一节 损益概述

一、损益的概念

损益是企业在一定期间的财务成果，它可能表现为利润，也可能表现为亏损。利润使企业净资产增加，亏损则使企业净资产减少。但在一定期间内，并非所有企业净资产的变动都是企业的损益。例如，因增资、减资及向企业所有者派发股利等引起所有者权益变动而发生的净资产增减就与损益无关。

损益主要是由企业各项生产经营活动和投资活动产生的，但也受到企业所处的经济、法律、自然、社会等环境的影响。具体讲，企业的损益主要来源于以下3个方面：一是企业的生产或劳务作业；二是企业与其所有者以外的其他个体间的交易和其他转让；三是物价变动、偶然事件以及其他因企业所处的经济、法律、自然、社会环境交互作用而产生的结果。

作为除所有者权益变动以外而产生的经济利益流入与流出配比结果的损益，表现为一定时期内两者的差额，当流入大于流出时，表明企业实现了利润，意味着企业不仅可以全部补偿垫支于生产经营过程的资金耗费，而且使所有者投入企业的资本产生了增值；反之，当流入小于流出时，就发生了亏损，意味着企业投入生产经营的资金耗费不能得到全部补偿，从而耗蚀了所有者投入企业的资本。由此可见，损益的确定与资本保全之间存在着密切的联系。企业在一个经营周期后，只有保全了资本，方有盈利可言，如果资本没有保全，即使向投资者分派股利，也不是真正的利润，而是资本投资的返还。因此，为了避免虚利实分，造成企业资本的流失，导致生产经营规模的萎缩，必须坚持资本保全原则。

由于企业的会计核算一般是建立在持续经营基础之上的，因此只能将连续不断的经营期间人为地划分为相等的时间段落，按营业年度或季度、月度来计算各个期间的损益。因而，这种计算必然带有一定的估计因素。为了提供比较接近实际的损益数据，帮助会计信息使用者正确地考核、评价企业的经营业绩，应以权责发生制作为会计基础。

二、损益的确定方法

(一)资产负债表法

资产负债表法，即对照前后期资产负债表的净资产数额来确定企业在一定期间损益情况的方法。采用这种方法是因为，企业在一定时期内的经营成果必然要表现为资产和负债的变动，收入通常表现为资产的增加或负债的减少，而费用则表现为资产的减少或负债的增加。资产和负债的变动对企业损益的影响不外乎以下4种情况：

1.负债不变时：资产增加，表明企业获得了利润；资产减少，则表明企业发生了亏损。

2.资产不变时：负债减少，表明企业获得了利润；负债增加，则表明企业发生了亏损。

3.资产、负债同增时：资产增量大于负债增量，表明企业获得了利润；资产增量小于负债增量，则表明企业发生了亏损。

4.资产、负债同减时：资产减量小于负债减量，表明企业获得了利润；资产减量大于负债减量，则表明企业发生了亏损。

由此可见,一般地讲,前后两期净资产对比的差额,就反映了企业在特定会计期间的损益。但应排除在此期间发生的所有者中途追加对企业的投资和企业派给所有者的款项(包括减资和分给所有者的利润)的业务对企业净资产变动的影响。所以,企业的损益应按下列公式计算:

本期损益=期末净资产-期初净资产+本期派给所有者的款项-本期所有者追加的投资-直接计入所有者权益的利得和损失

(二)利润表法

利润表法,指设置损益类账户,通过计算一定会计期间实现的收入、利得与该期间费用、损失之间的差额来确定当期损益的方法。采用这种方法,要分别设置专门账户,归集本期间的各项收入、利得、费用、损失等,期末汇总进行对比。如果企业的各项收入、利得大于费用、损失,即说明实现了利润;如不能弥补费用、损失,即说明发生了亏损。

在会计实务中,企业的损益一般由以下两部分构成:

1.企业日常经营活动的损益。这部分损益由营业收入与相关的成本、费用进行合理的配比而得,反映企业的经营业绩情况。

2.企业非日常经营活动的损益。其中包括非正常事项的利得和损失。它们仅对企业的损益产生正的或负的影响,两者之间不存在配比关系。

第二节 收 入

在市场经济环境下,追求利润是企业从事经营活动出发点和归宿,而收入是利润的重要组成部分。企业取得收入既是其生存与持续发展的基础,也是实现利润的前提,同时,投资者获取投资回报、债权人取得利息和收回本金等主要来自收入。因此,财务会计的主要内容之一就是提供高质量的收入信息。

一、收入的概念与特点

我国企业会计收入准则指出:收入是指企业在日常活动中所形成的会导致所有者权益增加的,与所有者投入资本无关的经济利益总流入。

关于"收入"一词的认识,会计理论界有广义和狭义两种观点。广义收入观认为,除所有者投资以外,一切经济活动产生的导致所有者权益增加的经济利益总流入都应作为收入;而狭义收入观认为,只有企业日常活动中所形成的经济利益总流入才能作为收入。这里所说的“日常活动”是指企业为完成其经营目标所从事的经常性活动以及与之相关的活动，如销售商品（含出售不需用的材料）、提供劳务以及让渡资产使用权等。我国企业会计收入准则采用的是狭义收入观。

在认识狭义收入观内涵的同时，要注意区分它与“收益”概念的关系。国际财务报告准则《编报财务报表的框架》中指出，收益是会计期间内经济利益的增加，其形式表现为因资产流入、资产增加或是负债减少而引起的权益的增加，但不包括与权益参与者出资有关的权益增加。收益包括收入和利得两部分，其中收入来自企业的日常活动，而利得则是由企业非日常活动所形成的、会导致所有者权益增加的、与所有者投入资本无关的经济利益的流入。利得有别于收入主要表现在它来源于企业边缘性或偶发性等交易或事项，这些交易或事项绝大多数是未经过经营过程就取得的，或企业不曾期望过的收益（如接受捐赠、向违约单位收取的罚款、处置固定资产的净收益）等，多数都是企业无力控制的外界因素的影响。

收入的特点主要表现在以下方面：

(1)收入表现为企业资产的增加，负债的减少，或二者兼而有之。收入表现为企业资产的增加。例如，销售商品收到货款将增加银行存款，取得收取货款的权利将增加应收账款等。收入表现为企业负债的减少。例如，企业以商品或劳务抵偿债务等。收入也可能表现为二者兼而有之。例如，商品销售的货款中部分用于抵偿债务，部分收取现金。

(2)收入能导致企业所有者权益增加，但其增加不是来自所有者的出资。收入的本质是企业经济利益的总流入，其结果通常表现为资产增加或债务减少，但并非所有资产的增加与债务的消失都属于收入。例如，向银行借款使资产和负债同时增加，但不是收入。再如，偿还应付账款使负债和资产同时减少，也不是收入。只有资产的增加或负债的减少能同时引起所有者权益增加，且这种增加并非是所有者出资所致，才可以确认为收入。因此，能导致企业所有者权益增加，且增加并非来自所有者出资，是收入的一个基本特征。同时需要指出的是，这里所说的收入指的是毛收入，即没有扣除相关成本费用的收入，收入扣除相关成本费用后，不一定能增加所有者权益。在某些情况下，可能会导致所有者权益减少。这就是收入的定义强调经济利益总流入而非净流入的原因所在。

(3)收入是从企业日常活动中产生，而不是从偶发的交易或事项中产生的，前面已有阐述，不再赘述。

(4)收入只包括本企业的经济利益的流入，不包括为第三方或客户代收的款项。

在企业生产经营过程中，常常会发生为第三方或客户代收某种款项的情况，如代收的增值税等各种税金，代收利息、代理经销收入等。这些代收的款项不属于企业的经济利益，在企业增加资产的同时，增加了负债，不能导致企业所有者权益的增加，因而不能作为企业的收入。

二、收入的分类

为了向管理部门提供对决策有用的收入分类信息,需要对收入进行合理的分类。

(一)销售商品收入和提供服务收入

按照收入的经济内容不同,可将收入分为销售商品收入和提供服务收入。其中:销售商品收入是指企业销售商品取得的收入;提供服务收入,是指企业为满足客户加工及修理修配劳务、邮政服务、电信服务、建筑服务、现代服务、生活服务以及金融服务等需要而取得的收入。

(二)主营业务收入和其他业务收入

按企业经营业务的主次分类,收入可分为:①主营业务,是指企业日常经营活动中的销售商品、提供劳务等主要活动;②其他业务,是指主营业务以外的其他日常经营活动,一般包括出租固定资产、出租无形资产、出租包装物、销售材料、用材料进行非货币性交换。

在会计实务工作中,主营业务和其他业务的划分应视企业的具体情况而定。例如,租赁资产的收入,在工业企业明显属于其他业务收入,但在租赁公司则是其主营业务收入。一般主营业务的确定可根据企业营业执照上注明的主要业务范围来定,通常工业企业的主营业务收入包括销售商品、自制半成品、代制品、代修品及提供工业性服务取得的收入;商品流通企业的主营业务收入主要包括销售商品取得的收入;商业银行的主营业务收入主要包括贷款利息收入、办理结算的手续费收入等。其他业务收入的确定可根据企业营业执照上注明的兼营业务范围来确定,如加工企业销售材料、提供非工业性服务等。

同时还应注意到,随着一些企业经营方向的调整,主营业务收入和其他业务收入可能发生相互转换。某些原属其他业务的收入比重上升,也可能作为主营业务收入处理。

三、收入的确认和计量

收入的确认和计量是收入核算的基础和核心。企业在确认和计量收入金额时,应当反映企业因转让商品或提供服务而预期有权收取的对价金额。

(一)收入确认的原则和前提条件

1.收入确认的原则。企业在履行了合同中的履约义务,也就是在客户取得相关商品控制权时应确认收入。取得相关商品控制权主要包括以下三个要素:

(1)客户有能力主导该商品的使用。即客户在其经济活动中有权使用该商品,或者能够允许或阻止其他方使用该商品。

(2)客户在主导该商品的使用中能够获得该商品几乎全部的经济利益。这里的商品经济利益是指商品的潜在现金流量,包括现金流入的增加和现金流出的减少。

(3)客户必须拥有现时权利,主导该商品的使用并从中获取全部经济利益。如果客户不能在现在、只能在未来的某一期间主导该商品的使用并从中获利,表明客户尚未取得该商品的控制权。

2.收入确认的前提条件。合同应满足的条件是收入确认的前提。企业与客户之间的合同若同时满足下列5个条件,企业应当在客户取得相关商品控制权时确认收入:

(1)合同各方已批准该合同并承诺将履行各自义务。

(2)该合同明确了合同各方与所转让的商品或提供的服务相关的权利和义务。

(3)该合同有明确的与所转让的商品相关的支付条款。

(4)该合同具有商业实质,即履行该合同将改变企业未来现金流量的风险、时间分布或金额。

(5)企业因向客户转让商品而有权取得的对价很可能收回。

需要注意的是,企业与客户之间合同成立的这五项条件要求同时具备、缺一不可。合同开始日不符合上述五项条件的,企业在后续期间还应对其进行持续评估,以进一步判断其上述五个条件是否能满足。如果该合同在后续期间能满足上述五个条件,企业应将之前已经转移商品所分摊的交易价格确认为收入。对于不符合规定的合同,如果企业不再负有向客户转让商品的剩余义务,而且已向客户收取的对价无须退回,企业可将已收取的对价确认为收入;否则,只能将已收取的对价确认为负债。

(二)收入确认和计量的内容

收入确认和计量包括:识别与客户订立的合同、识别合同中的单项履约义务、确定交易价格、将交易价格分摊至各单项履约义务和履行各单项履约义务时确认收入五项内容,或者称为五个步骤。其中,识别与客户订立的合同、识别合同中的单项履约义务和履行各单项履约义务时确认收入这三项属于收入确认的内容,确定交易价格和将交易价格分摊至各单项履约义务属于收入计量的内容。

1.收入确认。

(1)识别与客户订立的合同。客户是指与企业订立合同、向该企业购买商品或接受服务、并且支付对价的一方。合同是指双方或多方之间订立的有法律约束力的权利义务协议,包括书面形式、口头形式以及如遵循商业活动惯例等其他形式。

(2)识别合同中的单项履约义务。履约义务,是指合同中企业向客户转让可明确区分的商品或服务的承诺,或者企业向客户转让一系列实质相同且转让模式相同的、可明确区分商品的承诺,这些承诺就是单项履约义务。这一步骤要求企业在合同开始日对合同进行评估,通过识别合同判断商品(或者商品的组合)是否能够明确区分,如果能够明确区分则构成单向履约义务。

例如,A 企业与 B 企业签订一份商品销售合同,该合同包括销售商品和安装服务两部分内容,由于安装服务可由 A 企业或 A 企业以外的其他供应商企业提供,因此该合同构成了销售商品和安装服务这两项单项履约义务。如果 A 企业销售商品的同时还需为 B 企业提供产品质保服务,那么该合同销售商品和质保服务就应合并为一项单项履约义务。

(3)履行每一单项履约义务时确认收入。企业履行了合同中的履约义务,就意味着取得了相关商品的控制权,就应确认收入。相关商品控制权的转移,可能在履行履约义务完成的某一时点发生,也可能在履行履约义务的某一时段内发生。

①在某一时点履行履约义务。企业在某一时点履行履约义务,应在客户取得相关商品控制权时确认收入。判断商品控制权转移的标准有六个:一是企业就该商品享有现时收款的权利,即客户对该商品负有现时付款的义务;二是企业已将该商品的法定所有权转移给客户,即客户已拥有该商品的法定所有权;三是企业已将该商品实物转移给客户,即客户已占有该商品实物;四是企业已将该商品所有权上的主要风险和报酬转移给客户,即客户已取得该商品所有权上的主要风险和报酬;五是客户已接受该商品;六是其他表明客户已取得商品控制权的迹象。

②在某一时段内履行履约义务。满足下列条件之一的,属于在某一时段内履行履约义务,应按该履约义务履行的时段期间确认收入;否则,属于在某一时点履行履约义务,并按履约义务履行的时点确认收入。

第一,客户在企业履约的同时即取得并消耗企业履约所带来的经济利益。如健身服务合同,企业按该合同提供健身服务,在履行这个履约义务的同时,客户即取得并消耗了企业履约所带来的经济利益。

第二,客户能够控制企业履约过程中在建的商品,包括在产品、在建工程、尚未完成的研发项目、正在进行的服务等。如果客户在企业创建过程中能够控制这些商品,则企业提供的商品的履约义务属于在某一时段内履行的履约义务。

如甲企业根据与客户订立的建造合同为客户建造厂房,在建造过程中客户按合同规定的工程进度支付工程款,当客户终止合同时,已建造的厂房归客户,说明客户在厂房的建造过程中能够控制该在建的厂房。因此甲企业提供的建造服务属于在某一时段内履行的履约义务。

第三,企业履约过程中所产出的商品具有不可替代的用途,且该企业在整个合同期间内有权就累计至今已完成的履约部分收取款项。如果企业生产的商品只能提供给某特定客户,表明该商品具有不可替代的用途。由于客户或其他方原因终止合同的情况下,企业有权就累计至今已完成的履约部分收取能够补偿其已发生成本和合理利润的款项,并且该权利具有法律约束力。

上述三个条件满足其一,企业就可按某一时段内履行的履约义务确认收入。

2.收入计量。企业首先应确定合同的交易价格,在此基础上再按分摊至各单项履约义务的交易价格进行收入的计量。

(1)确定交易价格。交易价格,是指企业因向客户转让商品而预期有权收取的对价金额。企业代第三方收取的款项(如增值税)以及企业预期将退还给客户的款项,应作为负债予以确认。企业在确定交易价格时,应结合合同条款和以往的习惯做法,并考虑可变对价、合同中存在的重大融资成分、应付客户对价、非现金对价等因素的影响。

①可变对价。可变对价,指的是企业与客户订立合同时,随着现金折扣、销售折让、返利、退款、奖励积分、激励措施、业绩奖金、索赔等因素的变化而受影响的对价金额。如已确定交易金额的合同,其交易金额在未来受上述因素影响发生变动的情况下,需要企业合理预估能收到的可变对价并将其确认为收入。例如,甲公司为其客户乙公司建造一栋办公用房,合同约定总价款为 2 000 万元,同时要求甲公司在合同签订之日起的 180 天内竣工,否则须按合同约定总价款的 10%支付罚款,并从合同总价款中扣除。假定不考虑相关税费,在该例中合同的对价金额实际由固定价格 1 800 万元和可变对价 200 万元组成。

②合同中存在的重大融资成分。企业向客户转移商品控制权的时间与客户实际付款的时间不一致,一般超过一年。如赊销、预付款等实质上是企业为客户融资,并提供重大融资利益,即合同中包含了重大融资成分。在具体判断时,企业应当按照假定客户在取得商品控制权时即以现金支付的应付金额确定交易价格,该交易价格与合同对价之间产生的差额,应采用实际利率法在合同期间内摊销。也就是说,存在重大融资成分的合同实际上包括销售交易和融资交易两项。在融资交易中,对合同中存在重大融资成分的,企业应使用将合同对价的名义金额折现为商品现销价格的折现率,以此确定该重大融资成分的金额,以反映货币的时间价值。

需要注意的是,该折现率一经确定,不得因后续市场利率或客户信用风险等情况的变化而发生变更。

例如,甲公司与乙公司签订一份销售机床的合同,合同约定两年后交货。乙公司付款方式可以选择合同签订时一次付款 1 000 000 元和交付机床时一次付款 1 123 600 元。假定均不含增值税,乙公司在合同签订时一次付款,该机床控制权在交货时转移。由于乙公司付款与甲公司转移该机床控制权在时间上超过 1 年,因此可以认定该销售机床的合同包含了重大融资成分。

③应付客户对价。应付客户对价,是指企业销售商品或提供服务时明确承诺给予客户或给予客户的客户优惠等,通常企业在合同条款中有明示。企业需要确定应付给

客户的对价是用于抵减交易价格,还是用于支付可明确区分的商品或服务,或者将二者相结合。

如果在企业已付或应付的对价中含有如折扣、优惠券、免费商品或服务等,这些会使收到的对价和确认的收入减少,因此企业与客户签订的合同含有应付客户对价的,应用其应付客户对价冲减交易价格,并按确认相关收入与支付(或承诺支付)客户对价二者孰晚的时点冲减当期收入。

需要注意的是,应付客户对价如果是为了自客户取得其他可明确区分商品的,则不能冲减交易价格;应付客户对价如果超过向客户取得可明确区分商品公允价值的,超过部分的金额应冲减交易价格;如果向客户取得的可明确区分商品的公允价值不能合理予以估计的,企业应将应付客户对价全额冲减交易价格。

例如,甲制造企业与乙连锁超市签订了一年期合同,合同约定甲制造企业在年内向乙连锁超市提供价值至少 1 000 万元的日常生活用品,乙连锁超市也承诺在年内购买,与此同时合同还规定甲制造企业在合同开始日向乙连锁超市支付 100 万元的上架费、进场费等不可返还款项,补偿其因存放甲制造企业的产品更改货架支出。由于甲制造企业支付给乙连锁超市的 100 万元并未取得可明确区分的商品或服务,因此将其作为交易价格的冲减处理。假设甲制造企业本月销售商品所开具的发票金额为 150 万元,应冲减的金额为(100÷1 000)×150＝15(万元),甲制造企业应确认的收入为 135 万元(150－15)。

④非现金对价。企业因转让商品而有权向客户收取的对价可能是实物资产、无形资产、股权、客户提供的广告服务等非现金形式,通常情况下企业应按照非现金对价在合同开始日的公允价值确定交易价格。当非现金对价的公允价值不能合理估计时,交易价格应参照其承诺向客户转让商品或服务的单独售价间接确定。

(2)将交易价格分摊至各单项履约义务。在合同中包含两项或多项履约义务的情况下,企业应在合同开始日,将交易价格按各单项履约义务所承诺相关商品或服务的单独售价的相对比例进行分摊,这样分摊后的交易价格就是企业因向客户转让已承诺的相关商品或服务而有权收取的对价金额。

例如,A 公司与客户签订产品销售合同,向其销售甲、乙两台生产设备,合同价款为 2 700 000 元。甲、乙生产设备的单独售价分 1 800 000 元和 1 200 000 元,合计 3 000 000元。假定上述价格均不含增值税。根据上述交易价格分摊原则,甲、乙产品应当分摊的交易价格计算如下:

甲产品应分摊的交易价格＝(1 800 000÷3 000 000)×2 700 000＝ 1 620 000(元)

乙产品应分摊的交易价格＝(1 200 000÷3 000 000)×2 700 000＝1 080 000 (元)

因此,企业在判断特定履约义务得到履行,即该履约义务涉及的相应商品或服务的控制权转移给客户时就可确认收入。

四、按某一时点履行的履约义务确认收入的会计处理

(一)一般销售方式下确认的商品销售

企业在某一时点履行的履约义务,应在客户取得相关商品控制权的时点确认收入。为了反映收入的增减变动情况,应设置"主营业务收入""其他业务收入""主营业务成本""其他业务成本"等账户进行核算。

"主营业务收入",是核算企业销售商品、提供服务等主营业务取得收入的账户。该账户应按主营业务的种类设置明细账户进行明细分类核算。

"其他业务收入",是核算企业除主营业务活动以外的其他经营活动实现收入的账户。该账户应按其他业务的种类设置明细账户进行明细分类核算。

"主营业务成本",是核算企业确认销售商品、提供服务等主营业务收入时应结转成本的账户。该账户应按主营业务的种类设置明细账户进行明细分类核算。

"其他业务成本",是核算企业除主营业务活动以外的其他经营活动实现收入时应结转成本的账户。该账户应按其他业务的种类设置明细账户进行明细分类核算。

1.交款提货方式销售。交款提货方式销售商品,只要货款已经收到,发票、账单和提货单已交给购货方,无论商品是否从仓库提走,都符合销售收入确认的条件,应确认为收入。

【例 11-1】安德公司销售产品一批,增值税发票上注明产品不含税价为 10 000 元,增值税税额为 1 300 元,货款收到已存入银行,发票账单及提货单已交购货方。但该批产品成本为 7 500 元,货物尚未从仓库提走。编制会计分录如下:

借:银行存款　　11 300

　贷:主营业务收入　　10 000

　　　应交税费——应交增值税(销项税额)　　1 300

根据收支配比原则,在确认收入的同时,应结转其销售成本。编制会计分录如下:

借:主营业务成本　　7 500

　贷:库存商品　　7 500

2.委托收款方式销售。企业采用委托收款方式销售商品应订有销售合同,在合同中规定买方付清货款的责任。根据合同收取货款,具有法律保证的权利。因此,在无其他事项发生的情况下,同时符合商品销售收入确认的条件,可以确认为收入。

【例 11-2】安德公司采用委托收款方式向甲公司销售商品一批,其成本为 25 000 元,增值税发票上注明该批商品的不含税价为 40 000 元,增值税为 5 200 元,商品已经发出,并向银行办理了托收手续。该批商品的销售成本为 25 000 元。编制会计分录

如下：

借：应收账款 45 200

贷：主营业务收入 40 000

应交税费——应交增值税（销项税额） 5 200

借：主营业务成本 2 500

贷：库存商品 2 500

3.发出商品不能确认商品销售收入。企业发出的商品如果对价不符合“很可能收回”的收入确认条件，那么在发出商品时，企业就不能确认收入，应将发出商品的成本通过“发出商品”账户核算。

“发出商品”核算企业已发出商品但客户尚未取得其商品控制权时的商品成本。不论买方能否支付货款、销售收入能否实现，按税法规定增值税都应当计算、缴纳，所以还应同时按售价计算增值税额。

【例 11-3】假设例 11-2 中安德公司在托收时突然得知甲公司遭受重大火灾，陷入财务危机，可判断托收的货款收到的可能性极小，不符合控制权转移的要求，因而不能确认收入，而应将发出商品的成本转入“发出商品”账户。同时，按税法规定，不论买方能否支付货款、销售收入能否实现，都应当计算、缴纳增值税，所以还应按售价计算增值税额。编制会计分录如下：

（1）结转发出商品的成本：

借：发出商品 25 000

贷：库存商品 25 000

（2）确认应交税费负债：

借：应收账款 5 200

贷：应交税费——应交增值税（销项税额） 5 200

如果后来客户甲公司受到各方支持财务状况已有所好转，并承诺近期支付货款，安德公司于数日后收到货款。则安德公司应在收到货款时确认收入并结转销售成本。编制会计分录如下：

（1）确认收入：

借：应收账款 40 000

贷：主营业务收入 40 000

（2）结转销售成本：

借：主营业务成本 25 000

贷：发出商品 25 000

企业收到款项时，应增加银行存款，并转销应收账款。

(二)销售商品收入的调整

1.商业折扣、现金折扣方式的销售。由于商业折扣在商品销售时就已经发生了,而且不构成最终销售价格的一部分,因此将带有商业折扣的商品销售后,应按其扣除商业折扣后的金额确定为商品销售收入入账。

现金折扣是指在商品销售收入确定的情况下,债权人为鼓励债务人在规定的期限内付款而向债务人提供的债务扣除。企业销售商品涉及现金折扣的,应按扣除现金折扣前的金额确定销售商品收入的金额,现金折扣在实际发生时计入财务费用。

【例 11-4】2020 年 9 月 1 日,安德公司向某客户销售一批商品,开出增值税发票上注明的销售价格为 54 000 元,增值税额为 7 020 元。安德公司约定的现金折扣条件为 2/10,1/20,N/30(假定计算现金折扣时不考虑增值税及其他因素)。商品销售成本为 45 000 元。编制会计分录如下:

(1)确认销售商品的收入并结转销售成本:

借:应收账款	61 020	
贷:主营业务收入		54 000
应交税费——应交增值税(销项税额)		7 020
借:主营业务成本	45 000	
贷:库存商品		45 000

(2)享受现金折扣:

9 月 8 日客户付款	9 月 18 日客户付款	9 月 30 日客户付款
现金折扣 = 54 000×2% = 1 080(元)	现金折扣 = 54 000×1% = 540(元)	
借:银行存款 59 940	借:银行存款 60 480	借:银行存款 61 020
财务费用 1 080	财务费用 540	贷:应收账款 61 020
贷:应收账款 61 020	贷:应收账款 61 020	

2.销售折让。它是指企业因售出的商品质量等存在瑕疵,为避免退货而在价格上给予的减让。对于销售折让企业应按以下两种情况分别处理;

第一种,已确认收入的售出商品发生销售折让的,应于发生时冲减当期销售商品的收入。

第二种,已确认收入的销售折让属于资产负债表日后事项的,应按资产负债表日后事项的相关规定进行处理,具体处理见本教材第十二章有关内容。

【例 11-5】2020 年 9 月 1 日,安德公司向某客户销售一批商品,开出增值税发票上注明的销售价格为60 000元,增值税额为7 800元。客户验收时发现有质量瑕疵,要求给予5%的价格折让。假定安德公司已确认该项商品销售收入,款项尚未收到,发生的销售折让允许扣减当期增值税税额,不考虑其他因素。编制会计分录如下:

(1)销售实现时:

借:应收账款　　67 800

　贷:主营业务收入　　60 000

　　应交税费——应交增值税(销项税额)　　7 800

(2)销售折让发生时:

借:主营业务收入　　(60 000×5%)3 000

　应交税费——应交增值税(销项税额)　　(7 800×5%)390

　贷:应收账款　　3 390

(3)货款实际收到时:

借:银行存款　　(67 800-3 390)64 410

　贷:应收账款　　64 410

3.销售退回。它是指企业售出的商品,由于品种、规格、质量等不符合要求而发生的退货。销售退回如果发生在企业确认收入之前,处理比较简单,只要将已记入“发出商品”账户的商品成本转回“库存商品”即可。销售退回如果发生在企业确认收入之后,不论是当年销售的,还是以前年度销售的,一般均应冲减退回当月的销售收入。如果该项销售已经发生了现金折扣或销售折让,应在退回当月一并调整;应由销售方承担的往返运费等,也应计入当月销售费用。对已结转了销售成本的销售退回,还应冲减本月份的销售成本。企业发生销售退回时,如果按规定允许扣减当期增值税销项税额的,还应同时用红字冲减“应交税费——应交增值税”账户的“销项税额”专栏。

【例11-6】2020年11月至12月安德公司发生销售商品业务为:11月10日,销售A产品100件,每件100元,每件成本70元,增值税税率13%,合同规定现金折扣条件为2/10,1/20,N/30。11月18日客户付款,并享受现金折扣2%。12月5日,A产品因质量问题被退回,往返运费300元由安德公司承担。(计算现金折扣不考虑增值税)。

(1)11月确认销售商品、结转成本的会计分录,略。

(2)11月18日收到货款时,向客户提供200元(10 000×2%)现金折扣,会计分录略。

(3)12月5日发生销售退回时,编制会计分录如下:

借:主营业务收入　　10 000

　应交税费——应交增值税(销项税额)　　1 300

　销售费用　　300

贷:银行存款 11 400

财务费用 200

借:库存商品 7 000

贷:主营业务成本 7 000

如果被退回的产品与本期销售的产品属同一品种,可简化核算,也可在结转本月已销产品成本时,一并从本月销售成本中扣减。

需要指出的是,当本年度销售或以前年度销售的产品在年度终了后至年度财务报告批准报出前(如,股份有限公司的年度财务报告在年度终了后4个月报出)退回的,应作为资产负债表日后事项的调整事项,进行相关账务处理。

例如,前例的销售退回如果发生在2020年1月20日,此时由于2019年度的财务报告尚未批准报出,则应将该项销售退回作为调整事项,通过"以前年度损益调整"账户进行相关的账务处理,同时调整资产负债表日编制的会计报表中有关收入、费用、资产、负债、所有者权益项目的数字。具体处理方法可参见本书第十二章的有关内容。

(三)特殊销售方式下确认的商品销售收入

1.收取手续费的委托代销方式销售。委托代销方式销售,是指委托方和受托方签订合同或协议,委托受托方进行商品的销售。在这种销售方式下,一般委托方发出商品时,受托方并未取得该商品的控制权,不应在此时确认收入。企业只有在受托方售出商品时才能确认销售收入,并按合同或协议约定的方法计算确定手续费收入。

【例11-7】丙公司委托丁公司代销商品一批,其成本为30 000元,代销合同规定丁公司按代销售价的10%收取手续费,从销售货款中扣除,代销售价为50 000元。丁公司实际销售时,向买方开出增值税发票,不含税价为50 000元,增值税税额为6 500元;手续费增值税税率为6%。

本例中,丙公司将其代销的商品发给丁公司后,丁公司虽然已占有该批商品实物,但该批商品只是接受丙公司的委托进行销售,同时按协议获取手续费。在这种情况下,丙公司有权提出收回该批商品或将其销售给其他客户的要求,也就是说丁公司不能主导该批商品的销售,没有实质取得商品的控制权。因此,委托方丙公司发出商品时不应确认收入,只有在受托方丁公司将商品销售给最终的客户时才能确认收入。根据上述资料,丙公司和丁公司的账务处理如表11-1所示。

表11-1 委托、受托代销商品(收取手续费)账务处理方法 金额单位:元

委托方(丙公司)	委托代销业务内容	受托方(丁公司)
借:发出商品 30 000 贷:库存商品 30 000	丙公司发出商品,丁公司收到商品	借:受托代销商品 50 000 贷:受托代销商品款 50 000

续表

委托方(丙公司)	委托代销业务内容	受托方(丁公司)
借:应收账款 56 500 贷:主营业务收入 50 000 应交税费——应交增值税 6 500 借:主营业务成本 30 000 贷:发出商品 30 000 借:销售费用 (50 000×10%)5 000 应交税费——应交增值税(进项税额) 300 贷:应收账款 5 300	丁公司销售商品,丙公司收到代销清单	借:银行存款 56 500 贷:受托代销商品 50 000 应交税费——应交增值税(销项税额) 6 500 收到丙公司开具增值税发票: 借:应交税费——应交增值税 6 500 受托代销商品款 50 000 贷:应付账款 56 500
借:银行存款 (56 500-5 300)51 200 贷:应收账款——乙公司 51 200	丙公司收到丁公司汇来货款净额	借:应付账款 56 500 贷:银行存款 51 200 其他业务收入——代销手续费 5 000 应交税费——应交增值税(销项税额) 300

2.附有销售退回条件的商品销售。附有销售退回条款的销售,是指客户按其所订立的明确约定有关退货条款的合同,对所购的商品因款式不满意等原因有权提出退货的销售方式。企业收到客户退回的商品,如果是在客户取得该商品控制权之前发生的,则不属于销售退回,只有在客户取得相关商品控制权时发生的,才按因向客户转让商品而预期有权收取的对价金额(不包含预期因销售退回将退还的金额)确认收入,按照预期因销售退回将退还的金额确认负债;同时,按预期将退回商品转让时的账面价值,扣除收回该商品预计发生的成本(包括退回商品的价值减损)后的余额,确认一项资产,按照所转让商品转让时的账面价值,扣除上述资产成本的净额结转成本。每一资产负债表日,企业都应重新估计未来销售退回情况,并对上述资产和负债进行重新计量。如有变化,应当作为会计估计变更进行会计处理。详见本教材第十二章所有者权益有关内容。

【例11-8】2020年10月1日,甲公司向乙公司销售商品1 000件,不含税单位售价为800元,单位成本600元,开出的增值税专用发票上注明的销售价格为800 000元,增值税额104 000元。协议规定乙公司应于12月1日前支付货款,在2021年3月31日前有权退货。商品已发出,货款尚未收到。假定根据以往的经验,估计该批商品的退货率为20%,在2020年12月31日甲公司对退货率重新评估,认为只有10%的商品会被退回。商品发出时,纳税业务已经发生,实际发生销售退回时,有关增值税额允许扣减。甲公司应编制会计分录如下:

(1)2020 年 10 月 1 日发出商品时：

借：应收账款　　904 000

　贷：主营业务收入　　[800 000×(1-20%)]640 000

　　预计负债——应付退货款　　(800 000×20%)160 000

　　应交税费——应交增值税(销项税额)　　(800 000×13%)104 000

借：主营业务成本　　[600 000×(1-20%)]480 000

　应收退货成本　　(600 000×20%)120 000

　贷：库存商品　　600 000

(2)2020 年 12 月 1 日前收到货款：

借：银行存款　　904 000

　贷：应收账款　　904 000

(3)2020 年 12 月 31 日，甲公司对退货率进行重新评估。

借：预计负债——应付退货款　　(800 000×10%)80 000

　贷：主营业务收入　　80 000

借：主营业务成本　　(600 000×10%)60 000

　贷：应收退货成本　　60 000

(4)2021 年 3 月 31 日发生销售退回，假定实际退货量为 80 件（即实际退货率 8%），退货款项已经支付。

借：库存商品　　(600×80) 48 000

　应交税费——应交增值税(销项税额)　　(800×80×13%)8 320

　预计负债——应付退货款　　(800 000×10%)80 000

　贷：应收退货成本　　(600×80) 48 000

　　主营业务收入　　[800 000×(10%-8%)]16 000

　　银行存款　　(800×80+800×80×13%)72 320

借：主营业务成本　　[60 000×(10%-8%)]12 000

　贷：应收退货成本　　12 000

需要说明的是，“应收退货成本”科目核算销售商品时预期将退回商品的账面价值，扣除收回该商品预计发生的成本（包括退回商品的价值减损）后的余额。当企业发生附有销售退回条款的销售，应在客户取得相关商品控制权时，按已收或应收合同价款，记入“银行存款”“应收账款”“应收票据”“合同资产”等账户的借方，按照因向客户转让商品而预期有权收取的对价金额（不包含预期因销售退回将退还的金额），记入“主营业务收入”“其他业务收入”等账户的贷方，按照预期因销售退回将退还的金额，记入“预计负债——应付退货款”等账户的贷方。同时，结转相关成本时，还应按照预期将退回商品转让时的账面价值,扣除收回该商品预计发生的成本(包括退回商品的价值减损)后的余额,记入该账户的借方,按已转让商品转让时的账面价值,记入"库存商品"等账户的贷方,按其差额,记入"主营业务成本""其他业务成本"等账户的借方。涉及增值税的,还应进行相应处理。该账户的期末余额在借方,反映企业预期将退回商品转让时的账面价值,扣除收回该商品预计发生的成本(包括退回商品的价值减损)后的余额。

3.售后回购。售后回购是指企业销售商品的同时承诺或有权选择日后再将该商品购回的销售方式。回购的商品包括完全相同或几乎相同的商品,或以该商品作为组成部分的商品。售后回购通常有三种情况:①企业和客户约定有义务将售出的商品回购;②企业拥有回购选择权;③客户拥有要求企业回购的选择权。

在①和②这两种情况下,企业在销售时客户并没有取得已售出商品的控制权,当回购价格小于原售价时,其实质是租赁交易,应按租赁准则的有关规定进行会计处理;当回购价格大于或等于原售价时,其实质是融资交易,在收到客户款项时应确认金融负债,并将该款项和回购价格的差额在回购期间内确认为利息费用等。如果企业到期未行使其回购权利,应在回购权利到期时终止确认金融负债,同时确认收入。

在③这种情况下,首先,应在合同开始日评估客户是否具有行使该要求权的重大经济动因。然后根据评估结果,对于客户具有行使该要求权重大经济动因的,作为租赁交易或融资交易,即按①这种情况进行会计处理;对于客户不具有行使该要求权重大经济动因的,作为附有销售退回条款的销售交易进行会计处理。

【例 11-9】2020 年 7 月 1 日 A 公司向 B 公司销售一台生产设备,销售价格为 300 万元,同时双方约定 2022 年 7 月 1 日,A 公司将以 180 万元的价格回购该设备。假定不考虑货币时间价值等其他因素影响。

根据题目判断,A 公司约定回购该设备,回购价 180 万元低于原售价 300 万元,说明 B 公司并未取得该生产设备的控制权。该交易的实质是 B 公司支付了 120 万元(300-180)的对价取得了该设备两年使用权。因此,A 公司应将其作为租赁交易进行会计处理。

【例 11-10】承上例,假定 A 公司 2022 年 7 月 1 日以 375 万元的价格回购该设备。

在该例中,交易的实质是 A 公司以该生产设备作为质押取得了 300 万元的借款,2022 年 7 月 1 日归还本金和利息的总和为 375 万元。A 公司应当将此项交易视为融资交易,不应终止确认该设备,而应在收到客户款项时将其确认为金融负债,同时将该款项和回购价格的差额在回购期间内确认为利息费用等。

【例 11-11】A 公司向 B 公司销售其生产设备一台,销售价格为 3 000 万元,经双方约定,B 公司在 5 年后有权要求 A 公司以 2 250 万元的价格回购该设备。甲公司预计该设备回购时的市价将远低于回购价 2 250 万元。假定不考虑时间价值因素的影响。

由于A公司的回购价格低于原售价，但远高于该设备在回购时的市价，A公司判断B公司有重大的经济动因行使其权利，要求A公司回购该生产设备。因此，A公司应将此项交易作为租赁交易进行会计处理（具体核算见《高级财务会计》）。

4.合同中存在重大融资成分的销售。合同中存在重大融资成分的，企业应按假定客户在取得商品控制权时即以现金支付的应付金额（现销价格）确定交易价格。企业在确定该重大融资成分的金额时，应使用将合同对价的名义金额折现为商品现销价格的折现率，该折现率一经确定，不得因后续市场利率或客户信用风险等情况的变化而变更。企业确定的交易价格与合同承诺的对价金额之间的差额，应在合同期间内采用实际利率法摊销。

为简化实务操作，如果在合同开始日，企业预计客户取得商品控制权与客户支付价款间隔不超过1年的，可以不考虑合同中存在的重大融资成分。

【例11-12】2019年1月1日，甲公司与乙公司签订销售一批产品的合同。合同约定，该批产品将由甲公司于2年之后交货给乙公司。合同中包含两种可供选择的付款方式，一种是乙公司在2年后交付产品时支付货款224.72万元，另一种是乙公司在合同签订时支付货款200万元。乙公司选择在合同签订时支付货款。该批产品的控制权在交货时转移。甲公司于2020年1月1日收到乙公司支付的货款。假定上述价格均不含增值税，并且不考虑相关税费影响。

本例题按上述两种付款方式计算的内含利率为6%。考虑乙公司付款时间和产品交付时间的间隔以及现行市场利率水平，甲公司认为该合同包含重大融资成分，在确定交易价格时，应对合同承诺的对价金额进行调整，以反映该重大融资成分的影响，假定该融资费用不符合借款费用资本化的要求。甲公司应编制的会计分录如下：

（1）2019年1月1日收到货款：

借：银行存款		2 000 000
未确认融资费用		247 200
贷：合同负债		2 247 200

（2）2019年12月31日确认融资成分的影响：

借：财务费用	（2 000 000×6%）	120 000
贷：未确认融资费用		120 000

（3）2020年12月31日交付产品：

借：财务费用	（2 120 000×6%）	127 200
贷：未确认融资费用		127 200
借：合同负债		2 247 200
贷：主营业务收入		2 247 200

需要说明的是,"合同负债"账户核算内容见第九章流动负债有关内容。

5.附有质量保证条款的销售。企业对销售的商品提供质量保证可以分为两种:一种是保证类质量保证,如提供三包服务;另一种是服务类质量保证,即在向客户保证所销售的商品符合既定标准之外提供一项单独的服务。

对于客户能够选择单独购买质量保证的,表明该质量保证构成了企业的单项履约义务;对于客户虽然不能选择单独购买质量保证,但是,如果该质量保证在向客户保证所销售的商品符合既定标准之外提供一项单独服务的,也应作为单项履约义务。作为单项履约义务的质量保证,应按收入准则规定进行会计处理,并将部分交易价格分摊至该项履约义务。对于不能作为单项履约义务的质量保证,企业则应按或有事项准则的规定进行会计处理。

需要注意的是,企业需对质量保证进行评估,企业在评估一项质量保证是否在向客户保证所销售的商品符合既定标准之外提供了一项单独的服务时,应当考虑如下三个因素:

第一,该质量保证是否为法定要求。如果法律要求企业提供质量保证,通常不是为客户提供一项单独的服务,表明企业承诺提供的质量保证不构成单项履约义务。

第二,该质量保证期限。企业提供质量保证的期限越长,越有可能表明企业向客户提供的保证商品符合既定标准之外的服务,也就是该质量保证越有可能构成单项履约义务。

第三,企业承诺履行任务的性质。如果企业为保证所销售的商品符合既定标准而必须履行某些特定的任务,这些特定的任务可能不构成单项履约义务。企业负责运输被客户退回的瑕疵商品就属于这种情况。

【例 11-13】甲公司与客户签订销售一台电脑的合同。该电脑自售出之日起 1 年内如果发生质量问题,甲公司负责提供质量保证服务。在此期间内如果是由于客户使用不当造成故障,甲公司也免费提供维修服务。该维修服务不能单独购买。

本例中甲公司的承诺有销售电脑、提供质量保证服务以及维修服务三项。甲公司为了向客户保证所销售商品符合既定标准而提供质量保证服务,该质量保证服务针对产品的质量问题,因此不构成单项履约义务;甲公司针对客户使用不当导致的产品故障提供的免费维修服务,属于在向客户保证所销售商品符合既定标准之外提供的单独服务,尽管其没有单独销售,但该服务与电脑可以明确区分,则应构成单项履约义务。因此,在该合同下,甲公司的履约义务有两项,一是销售电脑,二是提供维修服务。在这种情况下,甲公司应按其各自单独售价的相对比例,将交易价格在这两项履约义务之间进行分摊,并在各项履约义务履行时分别确认收入。对于甲公司提供的质量保证服务,应按《企业会计准则第 13 号——或有事项》的规定进行相应会计处理。

【例 11-14】丙公司为一家生产和销售精密仪器的企业。丙公司与丁公司签订了一项销售精密仪器的合同,该合同约定丙公司向丁公司销售一批精密仪器,其售价为1 120万元。丙公司承诺该批精密仪器售出后 1 年内如果发生因非意外事件造成的故障或质量问题,丙公司免费负责保修,包括零部件的免费更换。同时丙公司向丁公司提供一项延保服务,即在法定保修期 1 年之外,再延长保修期 3 年。该批精密仪器和延保服务分别单独标价,其中精密仪器为 992 万元,延保服务为 128 万元。丙公司根据以往经验估计,在法定保修期 1 年之内将发生的保修费为 32 万元。该批精密仪器的成本为800 万元。丙公司在合同签订当日,即将该批精密仪器发出交付给丁公司,同时,丙公司收到价款 1 248 万元。假定不考虑相关税费及货币时间价值等因素。丙公司应做如下会计处理:

借:银行存款 11 200 000

贷:主营业务收入 9 920 000

合同负债 1 280 000

借:主营业务成本 8 000 000

贷:库存商品 8 000 000

借:销售费用 320 000

贷:预计负债 320 000

需要说明的是,在延保期间,丙公司应根据延保服务的进度将延保服务收费 128 万元确认为收入。

6.附有客户额外购买选择权的销售。企业向客户销售商品时,有时会向客户授予选择权,允许客户以此免费或按折扣价格来购买额外的商品,企业向客户授予的额外购买选择权包括销售激励、客户奖励积分、未来购买商品的折扣券以及合同续约选择权等形式。也就是客户支付的商品价格包括两部分:一是购买的商品;二是在此基础上享受额外选择权,可以免费或以优惠后的折扣价格额外购买的商品。

对于附有客户额外购买选择权的销售,只有企业经评估认定该选择权是向客户提供了一项重大权利,才能将其确认为收入。其评估标准为客户在订立了一项合同的前提下取得了额外购买选择权,并且客户行使该选择权购买额外商品时,能够享受超过该地区或该市场中其他同类客户所能够享有的折扣。在这种情况下,通常认为该选择权构成一项重大权利,应作为单项履约义务,并按其单独售价的相对比例。将其交易价格在原购买商品和额外商品之间进行分摊。其中分摊至额外商品的交易价格与未来相关,企业应在客户未来行使该选择权并取得相关商品的控制权时,或者在该选择权失效时确认为收入。

【例 11-15】2020 年 1 月 1 日,E 公司开始推行一项奖励积分计划。根据该计划,客户在E公司每消费10元可获得1个积分,每个积分从次月开始在购物时可以抵减1元。截至2020年1月1日,客户共消费300 000元,获得30 000个积分。根据历史经验,甲公司估计该积分的兑换率为95%。上述金额均不包含增值税,且假定不考虑相关税费影响。E公司认为其授予客户的积分为客户提供了一项重大权利,应作为单项履约义务。

本例中客户购买商品的单独售价合计为300 000元,考虑积分的兑换率,E公司估计积分的单独售价为28 500元(1×30 000×95%)。E公司按照商品和积分单独售价的相对比例对交易价格进行分摊:

商品应分摊的交易价格=[300 000÷(300 000+28 500)]×300 000 =273 972.60(元)

积分应分摊的交易价格=[28 500÷(300 000+28 500)]×300 000=26 027.40(元)

因此,E公司应当在商品的控制权转移时确认收入273 972.60元,同时确认合同负债26 027.40元。编制会计分录如下:

借:银行存款　　300 000

　贷:主营业务收入　　273 972.60

　　合同负债　　26 027.40

截至2020年12月31日,客户共兑换了13 500个积分,E公司对该积分的兑换率进行了重新估计,仍然预计客户总共将会兑换28 500个积分。因此,E公司以客户兑换的积分数占预期将兑换的积分总数的比例为基础确认收入。积分当年应当确认的收入为12 328.77元(13 500÷28 500×26 027.40);剩余未兑换的积分为13 698.63元(26 027.40-12 328.77),仍然作为合同负债。

借:合同负债　　12 328.77

　贷:主营业务收入　　12 328.77

截至2021年12月31日,客户累计兑换了25 500个积分。E公司对该积分的兑换率进行了重新估计,预计客户总共将会兑换29 100个积分。积分当年应当确认的收入为10478.75元(25 500÷29 100×26 027.40-12 328.77);剩余未兑换的积分尚未确认的收入为3 219.88元(26 027.40-12 328.77 -10478.75),仍然作为合同负债处理。

借:合同负债　　10 478.75

　贷:主营业务收入　　10 478.75

7.客户未行使的权力。企业应将向客户收取的预收销售商品的款项确认为负债,待未来履行了相关履约义务,即向客户转让相关商品时再将其转为收入。但有时客户可能会放弃其全部或部分合同权利,并且不会再收回已预付的款项,这就是客户未行使的权利。例如,在客户放弃使用礼品卡、健身卡等储值卡的情况下,企业预期将有权获得与客户所放弃的合同权利相关的金额,并将上述金额按客户行使合同权利的模式按比例确认为收入;否则,企业只有在客户要求其履行剩余履约义务的可能性极低时,才能将上述负债的相关余额转为收入。

【例 11-16】F公司为经营连锁水果店的一般纳税人。2020 年 F 公司向客户销售了 5 000 张储值卡，每张卡的面值为 300 元，总额为 1 500 000 元。根据历史经验，F 公司预期客户购买的储值卡中将有大约相当于储值卡面值金额 5%（即 75 000 元）的部分不会被消费。截至 2020 年 12 月 31 日，客户使用该储值卡消费的金额为 600 000 元。当客户使用该储值卡消费时，F 公司发生增值税纳税义务。

F 公司预期将有权获得与客户未行使的合同权利相关的金额为 75 000 元，该金额应按客户行使合同权利的模式按比例确认为收入。

2020 年销售储值卡应确认的收入=（600 000+75 000×600 000÷1 425 000）÷（1+13%）

=558 919.42（元）

甲公司的账务处理为：

（1）销售储值卡：

借：库存现金　　1 500 000

　贷：合同负债　　［1 500 000÷（1+13%）］1 327 433.63

　　应交税费——待转销项税额　　172 566.37

（2）根据储值卡的消费金额确认收入，同时将对应的待转销项税额确认为销项税额：

借：合同负债　　558 919.42

　应交税费——待转销项税额　　［600 000÷（1+13%）×13%］69 026.55

　贷：主营业务收入　　558 919.42

　　应交税费——应交增值税（销项税额）　　69 026.55

9.以旧换新的销售。它是指销售方在销售商品的同时回收与所售商品相同的旧商品。这多是为推销新产品采用的促销手段。在这种销售方式下，收购回收的旧商品作为存货处理。如果收购回收的旧商品价款为公允价值，回收旧商品支付的价款应计入存货成本，不得冲减收入；如果收购回收的旧商品价款超过其公允价值，回收的旧商品应按其公允价值入账，回收旧商品价款与其公允价值的差额为购入新商品价格的调整。销售的新产品应按商品销售的方法确认收入；回收的旧商品作为购进商品处理。

【例 11-17】2020 年 5 月份甲公司开展家电以旧换新业务，共销售 BCD-215TQM（E）美的冰箱 200 台，每台不含增值税销售价格 2 000 元，每台销售成本为 1 000 元。同时回收 200 台旧冰箱，每台支付款项为 200 元。款项均已收付。根据上述资料，甲公司应编制会计分录如下：

（1）2020 年 5 月，甲公司销售 200 台 BCD-215TQM（E）美的冰箱时：

借：银行存款　　452 000

　贷：主营业务收入　　400 000

应交税费——应交增值税(销项税额) 52 000

借:主营业务成本 200 000

贷:库存商品 200 000

(2)2020年5月,甲公司回收200台旧冰箱时:

借:库存商品 40 000

贷:银行存款 40 000

【例11-18】承例11-17,如果回收旧美的冰箱的公允价值每台为170元,编制会计分录如下:

借:银行存款 412 000

库存商品 (200×170)34 000

贷:主营业务收入 (400 000-6 000)394 000

应交税费——应交增值税(销项税额) 52 000

借:主营业务成本 200 000

贷:库存商品 200 000

五、按某一时段内履行的履约义务确认收入的会计处理

(一)履约进度能合理确定

对于企业在某一时段内履行的履约义务,应在该段时间内按履约进度确认收入,履约进度不能合理确定的除外。企业应考虑商品的性质,采用产出法或投入法确定恰当的履约进度,并且在确定履约进度时,扣除那些控制权尚未转移给客户的商品和服务。

1.产出法。产出法是根据已转移给客户的商品对于客户的价值确定履约进度,通常按照实际测量的完工进度、评估已实现的结果、已达到的里程碑、时间进度、已完工或交付的产品等产出指标确定履约进度。

采用产出法直接计量已完成的产出,一般能够客观地反映履约进度。但当企业无法直接观察获得有关产出指标的信息,或者为获得这些信息所花费的成本比较高时,就需要采用投入法确定其履约进度。

2.投入法。投入法是根据企业为履行履约义务的投入确定履约进度,通常可采用投入的材料数量、花费的人工工时或机器工时、发生的成本和时间进度等投入指标确定履约进度。

在实务中企业通常采用成本法,即按累计实际发生的成本占预计总成本的比例确定履约进度的方法。

在资产负债表日,企业按履约进度确认的服务收入和服务的成本计算公式如下:

当期确认的服务收入=合同预计服务总收入×履约进度-以前会计期间累计已确认的服务收入

当期确认的服务成本=合同预计服务总成本×履约进度-以前会计期间累计已确认的服务成本

【例 11-19】2019 年 4 月 1 日 Z 咨询公司与 X 公司签订了一项由 Z 咨询公司为 X 公司的某项目提供咨询服务的合同。合同规定咨询期为两年,并且跨年度。Z 咨询公司为一般纳税人,增值税税率为 6%。X 公司共需支付含税咨询费为 900 000 元,分三次平均支付,即分别在项目开始时、项目中期和项目结束时支付。估计咨询总成本为 540 000 元,假定全部为咨询人员工资,2019 年发生 210 000 元,2020 年发生 270 000 元,2021 年发生 60 000 元。提供咨询服务按时间确定其履约进度。该咨询服务成本估计准确,不会发生变化。有关计算如下:

(1)履约进度:

2019 年履约进度 = 9÷24×100% = 37.5%

2020 年履约进度 = 21÷24×100% = 87.5%

2021 年履约进度 = 100%

(2)确认 2019 年服务收入,并结转服务成本:

2019 年含税服务收入 = 900 000×37.5% = 337 500(元)

2019 年应交增值税 = 337 500÷(1+6%)×6% = 19 103.77(元)

2019 年不含税收入 = 337 500-19 103.77 = 318 396.23(元)

2019 年结转服务成本 = 540 000×37.5% = 202 500(元)

(3)确认 2020 年服务收入,并结转服务成本:

2020 年含税服务收入 = 900 000×87.5%-337 500 = 450 000(元)

2020 年应交增值税 = 450 000÷(1+6%)×6% = 25 471.70(元)

2020 年不含税收入 = 450 000-25 471.70 = 424 528.30(元)

2020 年结转服务成本 = 540 000×87.5%-202 500 = 270 000(元)

(4)确认 2021 年服务收入,并结转服务成本:

2021 年含税服务收入 = 900 000-337 500-450 000 = 112 500(元)

2021 年应交增值税 = 112 500÷(1+6%)×6% = 6 367.92(元)

2021 年不含税收入 = 112 500-6 367.92 = 106 132.08(元)

2021 年结转服务成本 = 540 000-202 500-270 000 = 67 500(元)

根据上述计算结果,以 2019 年为例,Z 公司编制有关会计分录如下:

(1)2019 年收到 X 公司支付的咨询服务费时:

借:银行存款　　300 000

　贷:合同负债　　300 000

(2)2019 年实际发生咨询服务成本时:

借:合同履约成本　　210 000

　贷:应付职工薪酬　　210 000

(3)2019 年 Z 公司确认服务收入,同时结转服务成本时:

借:合同负债　　337 500
　贷:主营业务收入　　318 396.23
　　应交税费——应交增值税(销项税额)　　19 103.77
借:主营业务成本　　202 500
　贷:合同履约成本　　202 500

2020 年、2021 年有关会计分录同上。

(二)履约进度不能合理确认

对于在某一时段内履行的履约义务,只有当履约进度能够合理确定时,企业才能按履约进度确认收入。如果企业在资产负债表日无法获得确定履约进度所需的可靠信息,则无法合理确定其履约进度。当履约进度不能合理确定时,企业已发生的成本如果能够得到补偿,应按已发生的成本金额确认收入,直到履约进度能够合理确定为止。

六、合同成本

(一)合同履约成本

合同履约成本是指企业为履行合同可能发生的不符合存货、固定资产、无形资产等准则规范的范围,应按收入准则确认为一项资产的成本。企业应对履行合同可能发生的各种成本进行分析,只有同时满足下列三个条件的,才能将其成本确认为合同履约成本。

(1)该成本与一份当前或预期取得的合同直接相关。与合同直接相关的成本包括直接人工、直接材料、制造费用,明确由客户承担的成本,以及仅因该合同而发生的其他成本。

(2)该成本增加了企业未来用于履行(或持续履行)履约义务的资源。

(3)该成本预期能够收回。

为核算企业为履行当前或预期取得的合同所发生的成本,应设置"合同履约成本"账户。该账户的借方登记发生的合同履约成本,贷方登记摊销的合同履约成本,期末余额在借方,反映企业尚未结转的合同履约成本。在该账户下可按合同分别"服务成本"和"工程施工"设置明细账户进行明细分类核算。

合同履约成本的账务处理见例 11-20。

(二)合同取得成本

企业为取得合同发生的增量成本预期能够收回的,应作为合同取得成本确认为一项资产。增量成本,是指企业不取得合同就不会发生的成本,如销售佣金等。

企业为取得合同发生的不属于增量成本的(如差旅费、投标费、为准备投标资料发生的相关费用等其他支出),由于无论是否取得合同均会发生,因此这些支出应在发生时计入当期损益，这些支出明确由客户承担的除外。

为核算企业取得合同发生的、预计能够收回的增量成本，应设置“合同取得成本”账户。该账户的借方登记发生的合同取得成本，贷方登记摊销的合同取得成本，期末余额在借方，反映企业尚未结转的合同取得成本。

（三）合同履约成本和合同取得成本的摊销和减值

1.摊销。企业对于确认为资产的合同履约成本和合同取得成本，应采用与该资产相关的商品收入确认相同的基础，即在履约义务履行的时点或按履约义务的履约进度进行摊销，并且计入当期损益。

【例 11-20】A 咨询公司通过竞标赢得一个新客户，为其服务的期限为 5 年，每年末该客户支付含税咨询费 2 862 000 元。为取得与该客户的合同，A 公司以银行存款支付如下支出：(1)聘请外部律师进行尽职调查发生的相关费用 22 500 元；(2)为投标发生差旅费 15 000 元；(3)销售人员佣金 75 000 元。假设 A 公司预期这些支出未来均能够收回。除此之外，A 公司根据其年度销售目标、整体盈利情况及个人业绩等，向销售部门经理支付年度奖金 15 000 元。会计分录如下：

(1)支付相关费用：

借：合同取得成本	75 000
管理费用	37 500
销售费用	15 000
贷：银行存款	127 500

(2)每月确认服务收入（结转营业成本略），摊销佣金：

服务收入 = 2 862 000÷(1+6%)÷12 = 225 000（元）

销售佣金摊销额 = 75 000÷5÷12 = 1 250（元）

借：应收账款	238 500	
贷：主营业务收入		225 000
应交税费——应交增值税（销项税额）		13 500
借：销售费用	1 250	
贷：合同取得成本		1 250

2.减值。企业因转让与该资产相关的商品预期能够取得的剩余对价减去为转让该相关商品估计将要发生的成本，其差额低于其合同履约成本和合同取得成本的账面价值时，应对其计提减值准备，并确认为资产减值损失。公式如下：

资产减值损失 =（预期能够取得的剩余对价 - 估计将要发生的成本）- 合同履约成本和合同取得成本的账面价值

需要注意的是，如果以前期间减值的因素之后发生变化，导致企业因转让与该资产相关的商品预期能够取得的剩余对价减去为转让该相关商品估计将要发生的成本的差额高于该资产的账面价值,则原已计提的资产减值准备应转回,并计入当期损益,但转回后的资产账面价值不应超过假定不计提减值准备情况下该资产在转回日的账面价值。

第三节 费 用

"有所得,必有所费",企业取得收入的同时,必然会发生各种费用。费用是企业取得收入所付出的代价。

一、费用的概念与特点

费用是与收入相对应而存在的概念。与对"收入"一词含义的理解相似,关于"费用"概念的认识,也有广义和狭义两种观点。广义费用观认为,除了向所有者权益参与者分配外,凡是引起会计期间内所有者权益的减少都应作为费用;而狭义费用观认为,除了向所有者权益参与者分配外,只有日常活动引起会计期间内所有者权益的减少才作为费用。我国企业会计基本准则采用的是狭义费用观,即费用是指企业日常活动发生的,会导致所有者权益减少的与向所有者分配利润无关的经济利益的总流出。本书所讲的费用概念均为狭义的费用。

在认识狭义费用观内涵的同时,要注意区分它与"损失"概念的关系。按照广义费用观,费用还包括损失。从引起所有者权益减少看,损失与狭义费用的性质是一致的,两者区别在于狭义费用是企业日常活动发生的经济利益的流出,这些日常活动的界定与收入定义中涉及的日常活动的界定相一致;而损失则是企业非日常活动发生的经济利益的流出。与狭义费用相比,损失是由不受企业控制的边缘性或偶发性、非重要的交易或事项所引起的,这些交易或事项绝大多数是未经过经营过程就取得的,或企业不曾期望过的损失(如对外捐赠、因违约向债权人支付的罚款、处置固定资产的净损失)等。

概括讲,费用是引起所有者权益减少,但与向所有者分配利润无关的经济利益的总流出。就狭义费用而言,主要的特点表现在以下方面:

(1)费用源于企业的日常活动。企业日常活动发生的经济利益流出为费用,如日常活动所产生的销售成本(即营业成本)、行政管理部门为组织和管理生产经营活动发生的管理费用、为筹集资金发生的财务费用、为销售商品而发生的销售费用等。将费用界定为日常活动所形成的,目的是为了将其与损失相区分,以便提供企业日常活动和非日常活动所发生的经济利益流出信息。

(2)费用的发生可能导致企业资产的减少,也可能导致企业负债的增加,或者二者兼而有之。费用的发生导致企业资产的减少,有些是资产数量的减少,如生产经营活动中材料的领用、款项的支付等;有些是资产价值的减少,如固定资产折旧的计提等。费用的发生导致负债的增加,如企业应付职工薪酬等;费用的发生也可能导致二者兼而有之,如委托运输单位运输企业商品,运费部分以银行存款支付,部分尚未支付。

(3)费用导致企业所有者权益减少,但其减少不包括与所有者分配有关的类似事项。费用的本质是由于生产经营过程中的各项耗费而造成的企业经济利益总流出,通常表现为企业资产的减少或负债的增加。但并非企业所有的资产减少或负债增加都属于费用。例如,偿还借款时资产减少,但同时负债也减少,就不能作为费用。再如,借入款项时负债增加,但资产也同时增加,也不能作为费用。只有资产的减少或负债的增加同时引起所有者权益的减少,且这种减少并非由于向企业所有者分派股利或撤资等类似事项所引起,才是企业经济利益的总流出。因此,能导致企业所有者权益减少,且减少并非来自与所有者分配有关的类似事项,是费用的一个基本特征。

二、费用的分类

根据会计核算的要求,费用通常可按归属期间和配比方法进行分类。

(一)按归属期间分类

费用按其归属期间的不同,可分为本期费用和非本期费用。本期费用是指那些能带来本期收入的耗费;非本期费用是指那些与本期收入无关的耗费。按照权责发生制原则,判断耗费属于本期费用还是非本期费用,关键在于其在什么期间帮助产生收入,而非货币支出在何时发生。因此,本期支付而应由以后各期收入负担的费用,如企业预付的租金、保险费等,应予递延,按一定标准分摊计入以后各期;而对将来才需要支付,但属于本期收入负担的费用,如按季度支付的借款利息等,则应按一定的计算方法预先计入本期。

划分本期费用和非本期费用的目的,是为了使各期取得的收入与有助于该期收入取得的费用相配比,正确地计算各期的损益,以免有关会计信息失真。

(二)按配比方法分类

费用按配比的方法不同,可分为营业成本和期间费用。营业成本是与营业收入直接相关的,已确定了归属期和归属对象的各种直接费用。在企业不同的业务活动中,它有不同的表现形式。企业销售自制的商品,其营业成本表现为已销售商品的生产成本;企业销售外购的商品,其营业成本表现为已销售商品的进价成本;企业从事工程建筑施工,其营业成本表现为工程结算成本;企业从事服务活动,其营业成本表现为提供服务所耗用的各种财物或劳务的成本。企业应当将当期已销产品或已提供服务的成本转作当期的费用。

期间费用是指虽与本期收入的取得密切相关,但不能直接归属于某个特定对象的各种费用。这些费用比较容易确定其发生期间和归属期间,但很难判断其具体成本归属对象,因而应将它们与整个期间的全部营业收入配比,直接计入当期损益。常见的期间费用主要有管理费用、财务费用、销售费用等。

三、费用的确认

企业费用的确认除了应当符合定义外,也应满足严格的条件,即费用只有在经济利益很可能流出从而导致企业资产减少或负债增加,经济利益的流出额能够可靠计量时才能予以确认。因此,费用的确认至少应当符合以下三个条件:一是与费用相关的经济利益很可能流出企业。二是经济利益流出企业的结果会导致企业资产减少或负债增加。三是经济利益的流出额能够可靠地计量。费用的确认包括费用范围的确定和归属期间的确定。

(一)费用核算范围的确认

如前所述,费用的发生往往表现为企业资产的减少和负债的增加,但并非所有资产的减少和负债的增加都属于费用,费用仅是为了获取营业收入而发生的耗费。因此,在会计实践中,应注意以下几个概念的区别。

1.费用与支出。支出一般指企业为了某种原因而发生的各项资产的减少,通常包括偿债性支出、成本性支出、权益性支出和损益性支出。偿债性支出是指用现金或非现金资产偿付各项债务的支出,它引起资产和负债同时减少;成本性支出是指某一项现金或非现金资产的减少而引起另一项资产的增加,它对资产的总额并不发生影响;权益性支出是指某一项现金或非现金资产的减少而引起的除利润外其他所有者权益项目减少的支出。这些支出的发生均与当期营业收入的取得无关,都不能构成企业的费用。只有收益性支出与当期营业收入相配比,它会使资产与利润同时减少,所以,收益性支出构成企业的费用。

2.费用与成本。成本是对耗费按对象所进行的归集,是对象化的耗费。但对象化的耗费并非都是费用。例如,企业购置固定资产发生的耗费,对象化到所购固定资产上,形成固定资产的购置成本,不属于费用。因此,费用是对耗费按当期损益所进行的归集,是为了获取营业收入而发生的耗费,是相对于期间收入而存在的。所以,只有在产品销售时,耗用在已销产品上的成本才应作为当期的费用。

(二)费用归属期间的确认

如前所述,费用按其归属期间可分为本期费用和非本期费用。本期费用是指那些能带来本期收入的耗费;非本期费用是指那些与本期收入无关的耗费。但这仅是对费用的一种概括性划分。在复杂的会计实践中,还必须有更具体的规则来鉴别确定费用的归属期间。一般来说,其确认的标准主要有以下3种:

1.联系因果关系确认费用。费用确认最理想的方法就是找出收入与费用的相互关系,即费用的发生是与哪一个会计期间产生的营业收入相关联的。各项直接费用一般是根据收入与费用间的因果关系予以确认的。对于制造业来说,直接费用是由已销产品生产成本转化而来的销售成本;对于商业来说,直接费用是由商品进货成本直接转化而来的销货成本。但这种成本的结转必须与取得的销售收入相联系,在哪一期间确认收入,则应在哪一期间结转相应的销售成本。

2.按合理、系统的分配方法确认费用。在会计实务中,一项耗费未必能够带来一项收入,收入的产生往往是许多耗费的综合结果。因此,在日常会计核算中,并不能完全用因果关系确认企业的全部费用。在这种情况下,便可以采用合理和系统地分配费用的办法,将耗费合理和系统地分配为不同会计期间的费用。如折旧费就是费用合理和系统地分配的一个最好的例证。

3.耗费发生时确认费用。如果不能够直接运用以上两种费用的确认标准,则可以考虑第三种标准,即在耗费发生时确认费用。如企业管理费用、销售费用、财务费用等期间费用往往与营业收入的取得不存在明显的直接因果关系,因此将这三项期间费用在发生当期加以确认。

四、费用的计量

所谓费用的计量,就是采用一定的方法对作为本期费用的各个费用项目的具体金额予以确定。如前所述,费用按配比的方法不同,可分为营业成本和期间费用。根据实际成本计价原则,对属于营业成本和期间费用的各个费用项目,都应按其实际发生的耗费进行计量,并分别通过不同的成本费用账户进行登记。

(一)营业成本的计量

在结转作为收入同期费用加以确认的生产经营成本时,其入账金额一般应根据先进先出法、加权平均法、移动加权平均法、个别计价法、毛利率法等方法计算确定,并计入"库存商品"等账户的贷方。但确定发出销售的库存商品所选用的计价方法一经确定不得任意改变。如果库存商品采用计划成本或售价金额核算的,则应将其计划成本或售价调整为实际成本或进价。

(二)期间费用的计量

期间费用在确认其费用项目和归属期间的基础上,应按其实际发生的耗费予以计量。不同的费用项目通常根据其发生的环节和实际支出的数额,通过不同的费用账户进行归集。企业在销售商品过程中发生的费用，通过"销售费用"账户进行归集；企业为组织和管理企业生产经营所发生的管理费用，通过"管理费用"账户进行归集；企业为筹集生产经营资金等所发生的费用，通过"财务费用"账户进行归集。各账户本期归集的费用合计，就是本期期间费用的总额，它们不在本期各成本对象之间进行分配，而是直接转入"本年利润"账户，与当期确认的收入相配比。

五、费用的账务处理

（一）营业成本

1.主营业务成本。为了简化核算、成本结转工作，主营业务成本核算通常在会计期末汇总进行。月末，应根据本月销售的各种商品、提供的各种劳务等实际成本，计算结转主营业务成本，借记"主营业务成本"账户，贷记"库存商品"、"发出商品"或"受托代销商品"等账户。本月的销售退回，可直接从本月的销售数量中减去，也可以单独计算本月销售退回商品的成本，借记"库存商品"等账户，贷记"主营业务成本"账户。会计期末，"主营业务成本"账户的余额应转入"本年利润"账户，结转后应无余额。

2.其他业务成本。其他业务成本核算的内容是除主营业务成本以外的其他销售或其他业务发生的支出。企业发生其他业务成本时，应借记"其他业务成本"账户，贷记"原材料""周转材料""生产成本""应付职工薪酬""银行存款""库存现金"等账户。会计期末，"其他业务成本"账户的余额应转入"本年利润"账户，结转后无余额。

3.税金及附加。税金及附加是指企业营业活动中发生的各项税费，包括消费税、城市维持建设税、资源税、教育费附加及房产税、土地使用税、车船使用税、印花税等。如前所述，税金及附加从性质上讲，应属于营业收入的扣除项目，但在实务核算上一般将其作为费用处理。企业应按照税法等的有关规定，计算出营业活动相关的税费，借记"税金及附加"账户，贷记"应交税费"账户。会计期末，应将"税金及附加"账户的余额转入"本年利润"账户，结转后应无余额。

有关主营业务成本、其他业务成本和税金及附加的核算实例已在前面有关章节中涉及，此处从略。

（二）期间费用

期间费用是指虽与本期收入的取得密切相关，但不能直接归属于某个特定对象的各种费用。期间费用是企业当期发生的费用中重要的组成部分。一般而言，期间费用比较容易确定其发生的期间，而难以判断其归属的对象，因而通常在发生的当期直接计入损益。期间费用主要包括管理费用、销售费用和财务费用。

1.管理费用。它是指企业为组织管理企业生产经营所发生的管理费用。其中包括企业在筹建期间内发生的开办费，企业董事会和行政管理部门在企业的经营管理中发生的,或者应由企业统一负担的公司经费,包括行政管理部门人员薪酬、固定资产折旧、无形资产摊销、周转材料摊销、办公费、差旅费、工会经费、董事会费(包括董事会成员津贴、会议费和差旅费等)、聘请中介机构费、咨询费(含顾问费)、诉讼费、业务招待费、技术转让费、研究费用、排污费以及企业生产车间(部门)和行政管理部门等发生的固定资产修理费用等。管理费用不多的企业可不设本账户,并入销售费用账户核算。

企业在筹建期内发生的开办费,如办公费、培训费、差旅费、印刷费、注册登记费以及不计入固定资产成本的借款费用等,在实际发生时计入管理费用(开办费),借记"管理费用"账户,贷记"银行存款"等账户。

行政管理部门人员的职工薪酬,借记"管理费用"账户,贷记"应付职工薪酬"等账户;计提的固定资产折旧,无形资产摊销,借记"管理费用"账户,贷记"累计折旧""累计摊销"账户;发生的办公费、水电费、业务招待费、聘请中介机构费、咨询费、诉讼费、技术转让费、研究费用等,借记"管理费用"账户,贷记"银行存款""研发支出"等账户。

2.销售费用。它是指企业在销售商品和材料、提供劳务等日常经营过程中发生的各项费用以及专设销售机构的各项经费。其中包括:运输费、装卸费、保险费、展览费、广告费、商品维修费、预计产品质量保证损失,以及为销售本企业商品而专设的销售机构的职工薪酬、业务费、折旧费等经常性费用。企业发生的与专设销售机构相关的固定资产修理费等后续支出,也作为销售费用处理。

在销售过程中发生的运输费、装卸费、保险费、展览费、广告费、租赁费等以及为销售本企业商品而专设的销售机构的职工薪酬、业务费等经常性费用,借记"销售费用"账户,贷记"银行存款""应付职工薪酬""累计折旧"等账户。

3.财务费用。它是指企业为筹集生产经营所需资金而发生的费用。其中包括:利息净支出(减利息收入)、汇兑净损失(减汇兑收益)、金融机构手续费,企业发生的现金折扣或收到的现金折扣等。

企业发生的财务费用应借记"财务费用"账户,贷记"银行存款""未确认的融资费用"等账户;发生的应冲减财务费用的利息收入、汇兑收益、现金折扣等,借记"银行存款""应付账款"等账户,贷记"财务费用"账户。

企业设置的"管理费用""销售费用""财务费用"账户,虽各自核算的内容、范围不同,但在账户结构上具有一个共同的特点,其借方按照各项费用的用途分别归集属于本期负担的各项费用;其贷方登记该项费用的冲减数;会计期末,各账户的期末累计数全部转入"本年利润"账户,结转以后无余额。

第四节 利 润

在市场经济条件下，追求利润的不断增长是企业生产经营活动的主要目标之一。利润是衡量企业生产经营管理水平、评价企业管理层业绩以及投资者、债权人等进行决策的重要依据。

一、利润的概念及组成

利润，是指企业在一定会计期间的经营成果，它是企业收入与费用相互配比的结果，通常情况下，如果收入大于费用，表明企业实现了利润，使所有者权益增加；反之，如果收入小于费用，即利润为负数，表明企业发生了亏损，使所有者权益减少。利润是企业经营业绩和获利能力的综合反映，它既是评价企业管理层业绩提升或下降的依据，也是投资者、债权人进行投资和信贷决策必不可少的重要信息。

企业的利润按其与企业经济活动的关系，可分为正常利润与非正常利润两类。正常利润是企业在生产经营活动中产生或实现的利润。其中，从事生产销售等业务实现的利润称为营业利润；从事投资活动所实现的利润，称为投资净收益。非正常利润是与企业生产经营活动无直接联系的事项所引起的盈亏，主要包括营业外收入、营业外支出和政府补贴收入。将利润划分为正常利润与非正常利润是为了表现企业利润的不同来源，以便分析考核利润构成的合理性与合法性。尽管国际上对哪些收支项目属于正常利润、哪些收支项目属于非正常利润的划分看法不同，但总的说来，许多国家还是将正常利润和非正常利润在财务报表上分开列示。

按照《企业会计准则》的规定，利润包括收入减去费用的净额，直接计入当期利润的利得和损失等。其中：收入减去费用的净额反映的是企业日常活动的经营业绩；直接计入当期利润的利得和损失反映的是企业非日常活动的业绩。因此，利润的确认主要依赖于收入和费用以及利得和损失的确认，其金额的确定也主要取决于收入、费用、利得、损失金额的计量。

一般来说，企业利润可划分为营业利润、利润总额和净利润三个层次。

（一）营业利润

营业利润，是将某一会计期间的营业收入与实现这些营业收入所发生的成本、税金、费用比较计算的结果。它是企业利润总额的主要组成部分，用公式可以表示为：

营业利润=营业收入-营业成本-税金及附加+投资收益-投资损失-销售费用-管理费用-研发费用-财务费用+其他收益-资产减值损失-信用减值损失+公允价值变动收益-公允价值变动损失+资产处置收益-资产处置损失

目前,我国会计实务是将主营业务和其他业务分开核算的,所以营业收入包括主营业务收入和其他业务收入,营业成本包括主营业务成本和其他业务成本。

营业收入扣减按国家规定的需抵扣项目后的余额称为营业净收入;从营业净收入中减去营业成本及税金及附加后的余额称为营业毛利润;营业毛利润加投资净收益或减投资净损失,再从中扣减期间费用和资产减值损失、信用减值损失,加公允价值变动收益,减公允价值变动损失,加资产处置收益,减资产处置损失后的数额称为营业利润。其中:

1.投资收益。它是指企业以各种方式对外投资取得的收益减去发生的投资损失后的净额。投资取得的收益或发生的投资损失主要包括:企业持有交易性金融资产、以摊余成本计量的金融资产、以公允价值计量且变动计入其他综合收益的金融资产持有期间取得的投资收益或发生的投资损失,长期股权投资采用成本法核算的企业从被投资单位分得的现金股利或利润,处置长期股权投资、交易性金融资产、指定为以公允价值计量且其变动计入当期损益的金融资产、以摊余成本计量的金融资产、以公允价值计量且其变动计入其他综合收益的金融资产实现的收益或发生的损失,以及按照权益法核算的长期股权投资在被投资单位实现的净利润中拥有的份额或按照权益法核算的长期股权投资在被投资单位发生的净亏损中所应分担的数额等。

企业应设置“投资收益”账户核算对外投资取得的收益和发生的损失。该账户贷方登记企业取得的投资收益;借方登记发生的投资损失;两者相抵,期末贷方余额为净收益,借方余额为净损失,年末转入“本年利润”账户,结转后无余额。

2.信用减值损失或资产减值损失。它是指企业计提的各项资产减值准备所形成的损失,包括应收账款的坏账损失、存货跌价损失以及债权投资、其他债权投资、长期股权投资、固定资产、无形资产、按成本模式计量的投资性房地产等资产发生的减值损失。

企业应设置“信用减值损失”“资产减值损失” 账户核算企业发生的各类资产的减值损失。该账户借方登记企业确认的资产减值损失,入账时,借记“信用减值损失”“资产减值损失” 账户,贷记“坏账准备”“存货跌价准备”“债权投资减值准备”“长期股权投资减值准备”“固定资产减值准备”“无形资产减值准备”“投资性房地产减值准备”等账户;贷方登记期末转入本年利润的资产减值损失。结转后,本账户无余额。

企业计提的“坏账准备”“存货跌价准备”“债权投资减值准备”等相关资产价值又得到恢复的,应在原已计提的减值准备的金额内,按恢复增加的金额价值借记“坏账准备”“存货跌价准备”“债权投资减值准备”等账户,贷记“信用减值损失”“资产减值损失”账户。期末“信用减值损失”“资产减值损失”账户的余额转入“本年利润”账户,结转后无余额。

3.公允价值变动损益。它是指交易性金融资产、采用公允价值模式计量的投资性房地产等公允价值变动形成的应计入当期损益的收益或损失。

资产负债表日,企业应按交易性金融资产的公允价值高于其账面余额的差额,借记“交易性金融资产——公允价值变动”账户,贷记“公允价值变动损益”账户;公允价值低于其账面余额的差额做相反的分录。

采用公允价值模式计量的投资性房地产等形成的公允价值变动,按照投资性房地产准则的相关规定处理。期末,“公允价值变动损益”账户的余额转入“本年利润”账户,结转后无余额。

4.资产处置损益。它是指固定资产、无形资产等因出售、转让产生的利得或损失。期末将其结转“本年利润”账户后无余额。

5.其他收益。它是指与企业日常活动相关,按经济业务实质计入其他收益的政府补助。期末将其结转“本年利润”账户后无余额。

(二)利润总额

利润总额是企业正常利润和非正常利润之和,用公式可以表示为:

利润总额=营业利润 +营业外收入-营业外支出

其中,营业外收入和营业外支出,是指与企业正常生产经营活动没有直接关系的各项收入与支出,是直接计入当期损益的利得和损失。营业外收入与营业外支出之间一般不存在因果关系,收入取得不以发生支出为代价,支出发生也不以取得收入为目的,彼此相互独立。它们通常具有以下特征:一是意外出现,企业往往不能控制;二是偶然发生,不重复出现。对营业外收支单独核算的目的,是将企业正常利润与非正常利润相互区分,以便提供更为有价值的会计信息。

需要注意的是:在会计实务中,营业外收支项目和其他业务收支项目极易混淆。为此,我国由财政部对营业外收支项目的具体范围和内容加以规定。按照企业会计准则的规定,营业外收支项目主要包括以下内容:

1.营业外收入。它包括非流动资产毁损报废利得、与日常活动无关的政府补助、捐赠利得、罚没利得等。

企业应设置“营业外收入”账户核算营业外收入增减变动情况。该账户贷方登记发生的各项营业外收入;借方登记期末转入“本年利润”账户的营业外收入;期末结转后,该账户无余额。

【例 11-21】2020 年 6 月 30 日,某企业结转报废固定资产的净收益 150 000 元。

借:固定资产清理 150 000

　贷:营业外收入 150 000

2.营业外支出。它包括非流动资产毁损报废损失、公益性捐赠支出、固定资产盘亏损失、非常原因造成的存货损失等。

企业应设置"营业外支出"账户核算营业外支出增减变动情况。该账户借方登记发生的各项营业外支出;贷方登记期末转入"本年利润"账户的营业外支出;期末结转后,该账户无余额。

【例11-22】2020年6月30日,某企业开具转账支票,向希望工程捐赠款项100 000元。

借:营业外支出 100 000

　贷:银行存款 100 000

企业确认处置非流动资产损失、固定资产盘亏损失、非常原因造成的存货损失等核算可参阅前面有关章节。

(三)净利润

净利润,是指利润总额减去所得税费用后的净额,即税后利润。用公式可表示为:

净利润=利润总额-所得税费用

其中,所得税费用应按企业会计准则的相关规定按资产负债表债务法核算。利润表中的所得税费用项目计算公式为:

所得税费用=当期应交所得税+递延所得税

当期应交所得税=应纳税所得额×适用所得税税率

式中,应纳税所得额,是指企业按税法规定计算确定的收益,构成企业计算缴纳所得税的依据。由于会计利润即利润总额和应纳税所得额在计算口径和计算时间有可能不一致,从而导致二者之间可能出现差异。为此税法要求企业对利润总额进行调整,以确定应纳税所得额。用公式表示如下:

应纳税所得额=税前会计利润(利润总额)+纳税调整增加额-纳税调整减少额

纳税调整增加额是指按会计准则规定不应作为收益,但在计算应纳税所得额时应作为收益需要交纳所得税;以及按会计准则规定应确认为费用或损失,但在计算应纳税所得额时则不允许扣减,如计提的资产减值准备。纳税调整减少额是指按会计准则规定作为收益,但在计算应纳税所得额时不确认为收益,如国债利息收入;以及按会计准则规定不确认为费用或损失,但在计算应纳税所得额时则允许扣减。

递延所得税的内容及计算方法见本系列教材《高级财务会计》的有关章节。

企业应设置"所得税费用"账户核算所得税费用的增减变动情况。该账户借方登记按税法规定计算确定的当期应交所得税;贷方登记期末转入"本年利润"账户的所得税费用；期末结转后，该账户无余额。

二、本年利润的结转

企业实现的利润总额在扣减了按税法规定应缴纳的所得税后的数额，称为净利润或税后利润，企业应设置“本年利润”账户进行核算。会计期末，企业应将各收益类账户的余额转入“本年利润”账户的贷方；将各成本、费用类账户的余额转入“本年利润”账户的借方。两相冲抵如为贷方余额，反映本年度自年初开始累计实现的净利润；如为借方余额，反映本年度自年初开始累计发生的净亏损。

本年度净利润或净亏损数额的计算，既可以采用账结法，也可以采用表结法。若采用账结法，应于每月终了将各损益类账户的余额转入“本年利润”账户，通过“本年利润”账户中的借、贷方发生额相抵，结出各会计期间的净利润或净亏损数额。若采用表结法，每月结账时，各损益类账户的余额不结转到“本年利润”账户，只在年终决算时才进行转账，平常月末，只将各月结出的各损益类账户的本年度自年初至本月末的累计数逐项填入该月利润表，在利润表上计算出从年初至本月末止的累计利润，然后减去上月末该表的累计利润，就是本月份的净利润或净亏损。

无论采用哪一种核算方法，年度终了时均应进行“本年利润”的结转，如为净利润，借记“本年利润”账户，贷记“利润分配——未分配利润”账户；如为净亏损，编制相反的会计分录；年度结账后，“本年利润”账户应无余额。现举例说明如下。

【例 11-23】某企业平时采用表结法进行净利润的核算，2020 年 12 月 31 日结账前各损益类账户余额如表 11-2 所示。

表 11-2 年终结账前各损益类账户余额表 单位：元

账户名称	借方余额	贷方余额
主营业务收入		4 500 000
主营业务成本	2 500 000	
税金及附加	90 000	
销售费用	220 000	
管理费用	310 000	
财务费用	100 000	
其他业务收入		150 000
其他业务成本	60 000	

续表

账户名称	借方余额	贷方余额
投资收益		75 000
公允价值变动损益	50 000	
资产减值损失	70 000	
营业外收入		175 000
营业外支出	80 000	

除投资收益中包括税法规定为免税收入的国债利息收入 20 000 元外，无其他纳税调整事项。该企业所得税税率为 25%。编制会计分录如下：

(1)将各收益类账户余额转入“本年利润”账户：

借：主营业务收入　　4 500 000
　　其他业务收入　　150 000
　　投资收益　　75 000
　　营业外收入　　175 000
　贷：本年利润　　4 900 000

(2)将各成本、费用类账户余额转入“本年利润”账户：

借：本年利润　　3 480 000
　贷：主营业务成本　　2 500 000
　　　其他业务成本　　60 000
　　　税金及附加　　90 000
　　　销售费用　　220 000
　　　管理费用　　310 000
　　　财务费用　　100 000
　　　资产减值损失　　70 000
　　　公允价值变动损益　　50 000
　　　营业外支出　　80 000

经过以上结转，即可在“本年利润”账户上计算出本期的损益情况。在本例中，“本年利润”账户贷方发生额为 4 900 000 元，借方发生额为 3 480 000 元，贷方发生额大于借方发生额的差额 1 420 000 元，就是企业本年度实现的利润总额。

(3)计算本期所得税费用：

本期所得税费用＝(1 420 000－20 000)×25%＝350 000(元)

借:所得税费用 350 000

贷:应交税费——应交所得税 350 000

(4)结转本期所得税费用:

借:本年利润 350 000

贷:所得税费用 350 000

结转本期所得税额后的“本年利润”账户余额即为企业本年度的净利润,在本例中为1 070 000元。

(5)年终结转税后净利润:

税后净利润=1 420 000-350 000=1 070 000(元)

借:本年利润 1 070 000

贷:利润分配——未分配利润 1 070 000

结转后,“本年利润”账户结平,至于税后利润分配问题,将在本书第十二章所有者权益中述及。

本章小结

损益是企业在一定期间的财务成果,它是企业除所有者权益变动以外的经济利益流入与流出相互配比的结果。损益的确定有资产负债表法和利润表法。

收入是企业利润的来源,收入按经济内容,可分为销售商品收入、提供服务收入等;按经营业务的主次,可分为主营业务收入和其他业务收入。商品销售收入的确认应符合“收入”准则规定的条件。计量销售商品收入时,应考虑商业折扣、现金折扣和销售折让等因素的影响。销售商品的核算,包括销售商品收入确认的核算,因销售商品而应缴纳的各种税费、销售成本和销售费用的核算,以及销售退回的核算等。销售收入的会计处理包括按某一时点履行的履约义务确认的收入和按某一时段内履行的履约义务确认的收入。按某一时点履行的履约义务确认的收入包括一般销售方式下确认的商品销售、销售收入的调整和特殊销售方式下确认的商品销售。

按某一时段内履行的履约义务确认的收入应按履约进度能合理确定和履约进度不能合理确定分别进行会计处理。

费用是企业日常活动发生的,会导致所有者权益减少的与向所有者分配利润无关的经济利益的总流出。根据会计核算的要求,费用通常可按归属期间和配比方法进行分类。费用按配比的方法不同,可分为营业成本和期间费用。营业成本主要包括主营业务成本、其他业务成本；期间费用主要包括管理费用、销售费用和财务费用。

利润是企业一定期间的经营成果。一般来说，企业利润可划分为营业利润、利润总额和净利润三个层次。会计期末，企业应将各收益类账户的余额转入“本年利润”账户的贷方；将各成本、费用类账户的余额转入“本年利润”账户的借方。借贷方相抵如为贷方余额，反映本年度自年初开始累计实现的净利润；如为借方余额，反映本年度自年初开始累计发生的净亏损。

案例

甲、乙公司均为增值税一般纳税人，适用的增值税税率为13%。2020年12月份甲公司内部审计部门对财务会计资料审查过程中，对下列业务有疑问，请财会部门进行解释：

2020年11月1日，甲公司委托乙公司销售M商品100件，商品已全部送达乙公司，M商品每件售价300元，成本为100元，代销合同约定按销售货款的10%收取代销手续费，代销期限为1个月，代销期限结束时，乙公司将尚未售出的M商品退回甲公司。11月30日，甲公司收到乙公司开具的代销清单，注明已售出A商品80件，向买方开具的增值税专用发票上注明的销售价格为24 000元，增值税税额为3 120元，当日，甲公司向乙公司开具了一张相同金额的增值税专用发票，按扣除代销手续费后的净额与乙公司进行了货款结算，甲公司当日收到款项并存入银行。甲公司2020年11月30日对上述业务进行会计处理如下：

借：应收账款　　30 000

　贷：主营业务收入　　30 000

借：主营业务成本　　10 000

　贷：库存商品　　10 000

借：银行存款　　24 720

　　销售费用　　2 400

　贷：应收账款　　24 000

　　　应交税费——应交增值税（销项税额）　　3 120

问题：判断甲公司对委托代销业务的会计处理是否正确，并说明理由。如果不正确请予以更正。

本章关键词汇(中英文)

损益	Profit and Loss
收入	Income
商品销售收入	Sales Income
提供服务收入	Service Income
费用	Cost
营业成本	Operating Cost
期间费用	Expenses for the Period
管理费用	Management Costs
销售费用	Sales Expense
财务费用	Financial Expenses
利润	Profit
营业利润	Business Profit
利润总额	The Total Profit
净利润	Net Profit

思考题

1.损益确定的方法有哪两种?当前会计核算采用哪种方法?

2.收入有哪些特征?企业哪些活动形成经济利益流入不属于收入?

3.商品销售收入确认的原则和前提条件有哪些?

4.收入确认和计量的内容有哪些?

5.按某一时点履行的履约义务和按某一时段履行的履约义务如何进行收入的会计处理?

6.什么是费用?费用和损失有何区别?

7.企业的营业外收入和营业外支出各包括哪些内容?

8.企业的营业利润和利润总额各包括哪些内容?

练习题

1.甲公司为增值税一般纳税人,适用增值税税率13%。2020年12月发生商品销售业务如下：

(1)12 月 5 日，向乙公司销售商品一批，价目表上的不含税售价为 400 000 元，由于 A 公司是成批购入，给予 5%的商业折扣。商品已发出，发票账单已交付，款项尚未收到。该批商品的实际成本为 300 000 元。

(2)12 月 6 日，乙公司在验收该批商品时发现商品质量未达到合同标准，经协商同意在价格上给予 10%的折让。

(3)12 月 23 日，采用委托收款方式向丙公司销售商品一批，售价 200 000 元，增值税 34 000 元，商品已发出，在向银行办理托收手续时得知丙公司因雪灾遭受严重损失，贷款估计难以收回。该批商品的实际成本为 150 000 元。

要求：根据上述业务逐笔编制会计分录。

2.某企业为增值税一般纳税人，适用的增值税税率为 13%。2020 年 10 月 19 日，该企业销售商品一批，售价为 100 000 元，成本为 72 000 元。合同规定现金折扣条件为 2/10，1/20，N/30。客户于 10 月 28 日付款。假设计算现金折扣时不考虑增值税。

要求：

(1)根据上述资料，编制确认收入和收妥款项的会计分录。

(2)如果该批商品于 2020 年 11 月 21 日被退回，编制销售退回的会计分录。

3.甲公司系增值税一般纳税人，适用的增值税税率为 13%。销售单价除标明为含税价格外，均为不含税价格。2020 年 12 月该公司发生如下业务：

(1)12 月 15 日，向乙公司销售材料一批，价款为 60 000 元，该材料实际成本为 48 000元。当日收取面值为 67 800 元的银行承兑汇票一张。

(2)12 月 21 日，收到 2020 年出租办公用房租金 300 000 元，款项已收存银行。

(3)12 月 22 日，委托丙公司销售 A 商品 100 件，合同约定价为每件 6 000 元，该产品每件成本为 3 000 元。华日公司尚未收到代销清单。

(4)接受丁公司的委托代销 B 产品 100 件，按销售价的 10%收取手续费。B 产品合同约定价为每件 600 元，甲公司已将受托的 B 产品按每件 600 元的价格售出，并收到款项，而且向丁公司开出代销清单并收到该公司开具的增值税专用发票。甲公司扣除手续费后将剩余款项归还给丁公司。

要求：根据上述资料，编制上述业务的会计分录。

4.某企业 2020 年发生如下经济业务：

(1)销售 A 商品 100 件，每件售价 72 000 元，货款 7 200 000 元，增值税税率为 13%，已收到货款。

(2)销售 B 商品 50 件，每件售价 6 300 元，增值税税率为 13%，已收到货款。

(3)向某公司销售 C 商品一批，开出的增值税专用发票注明的销售价格为 100 000

元，增值税税额为 13 000 元。该批商品的成本为 80 000 元。商品已发出，款项已收到。

(4)以前销售的 A 商品本月退回 10 件，货款已通过银行退回。

(5)企业转让一项专利所有权，该项专利权账面金额 1 000 000 元，累计摊销 280 000元，转让收入 900 000 元，增值税税率为 6%。

(6)结转本月销售商品成本，A，B 商品的单位成本分别为 45 000 元和 3 600 元。

(7)将固定资产出售净收益 53 550 元转作营业外收入。

(8)结转本月固定资产盘亏净损失 162 000 元。

(9)本月发生的管理费用 162 000 元，销售费用为 135 000 元，财务费用为 54 000 元，均以银行存款支付。

要求：根据上述资料，编制上述业务的会计分录。

5.2020 年 5 月，某公司发生了下列支出业务：

(1)本月经批准结转因管理不善造成待处理材料净损失 2 340 元。

(2)以成本法核算的被投资单位宣告分派给公司现金股利 3 500 元。

(3)客户取得现金折扣 300 元。

(4)支付业务招待费 5 000 元。

(5)支付审计费用 22 000 元。

(6)支付广告费 80 000 元、专设销售部门差旅费 2 400 元、办公费 1 200 元。

(7)经批准结转固定资产盘亏损失 6 200 元。

(8)应交房产税 2 000 元，印花税 12 00 元，销售应税消费品的消费税 24 800 元。

(9)计提短期借款利息支出 4 500 元。

(10)计提存货跌价准备 4 000 元，坏账准备 2 500 元，固定资产减值准备 20 000 元。

要求：

(1)根据上述资料，编制上述业务的会计分录。

(2)计算并结转各损益类账户的本期发生额。

6.甲企业为增值税一般纳税工业企业，适用的增值税税率为 13%，销售单价除标明外，均为不含增值税价格。2020 年发生以下经济业务：

(1)2020 年 12 月 2 日甲企业向 A 公司销售商品一批，合同约定售价为 200 000 元，成本为 156 000 元。办理托收时得知 A 公司遭受重大水灾，陷入财务危机。

(2)销售给 B 公司商品，售价为 300 000 元，实际成本为 250 000 元，已收到货款，并发出商品，但销售合同约定由销售方负责安装，安装并未完成。

(3)销售一批商品给 C 公司，售价 20 000 元，实际成本为 15 000 元，为到期收回货款，甲企业暂时保留售出商品的法定所有权。

(4)委托 D 公司代销一批商品，售价 150 000 元，实际成本 120 000 元，收到代销清单列明已销售代销商品的60%。D公司按售价的10%收取手续费。

(5)签订销售一台大型设备给E公司的合同,售价为500 000元,E公司已预付了设备款,该设备截至12月31日完成80%加工量。

(6)12月20日,向F企业销售一批商品,售价80 000元,实际成本为6 500元,已发出商品并收到货款,合同约定试用期为30天,不满意可以退货。

要求:

(1)根据上述资料编制会计分录。

(2)计算2020年甲公司实现的营业收入和营业成本。

7.甲建筑公司与某企业签订了一项总额为10 000 000元的装修合同,工程于2018年开工,预计2020年完工。该公司采用累计实际发生额的合同成本占合同预计总成本的比例确定履约进度,预计总成本原为8 000 000元,后因价格因素等调整为8 500 000元。有关资料见下表。

单位:万元

项目	2018年	2019年	2020年
当期发生成本	300	380	140
尚需发生成本	500	170	
累计收到工程款	350	720	980

要求:根据上述业务,计算甲建筑公司各年的履约进度、应确认的收入和成本。

8.甲企业委托乙公司销售B产品1 000件,B产品已经发出,每件成本140元。合同约定乙公司应按每件200元对外销售,甲公司按不含增值税的销售价格的10%向乙公司支付手续费。B产品增值税税率为13%,手续费的增值税税率为6%,假设不考虑其他因素。

要求:分别编制甲、乙企业有关委托代销业务的会计分录。

第十二章

所有者权益

导 论

本章阐述了所有者权益的理论与会计处理方法。通过本章的学习,应了解所有者权益的概念、特征和内容,理解库藏股票的概念,股份有限公司减资的原因,资本公积的内容,留存收益的内容,股利政策和股利的种类;掌握实收资本、股票发行、减资以及利润分配的会计处理。

所有者权益的概念、特征和内容,股份有限公司股票发行、减资原因及其会计处理,资本公积的内容、会计处理,留存收益的概念、内容以及会计处理,股利政策和股利的种类等为本章的重点;股份有限公司新股发行、股份支付的会计处理为本章的难点。

第一节 所有者权益概述

所有者权益是所有者对企业净资产的求偿权。它与债权人对企业资产的要求存在着明显的差异,不同企业组织形式的所有者权益差别也很大。

一、所有者权益的概念与特征

所有者权益是指企业资产扣除负债后由所有者享有的剩余权益，体现了所有者对企业净资产的求偿权，其金额取决于资产和负债的计量。

对企业资产的要求权包括债权人的权益和所有者权益。虽然二者都是企业资产的资金来源提供者，均对企业的资产拥有要求权，但在企业中享有的权利和承担的义务存在着明显的区别。其主要表现在以下几个方面：

一是使用的期限不同。在正常经营情况下，负债有约定或可以推定的偿付期限，企业使用这部分资金的期限是有限的。而企业所有者投入企业的资本是供企业长期持续使用的资金，其使用期限与企业经营期限相同，在企业持续经营的情况下，资本的使用是无期限的。

二是偿付的义务不同。负债属于具有法定义务的经济责任，其偿付具有法律强制性，这种偿付义务只有在转交了资产或提供了劳务以后才能解除。所有者的投资除按法定程序减资之外，企业在解散清算之前，并无偿付或返还的义务，而且企业在发生经营亏损时，只要净权益资本尚未耗尽，就要保证债权人的利益不受损失。按照法律规定，企业清算时，清算财产在支付了清算费用、所欠债务后，剩余部分才可以返还给企业的所有者。

三是享有的权利不同。由于债权人只是暂时向企业让渡了资金的使用权，根据权利和义务对等的原则，债权人只具有要求企业按合同或法律规定如期还本付息的权利，其利息收入是借款前约定的，并不随企业经营业绩的好坏而发生变化；债权人无权出席股东大会，无权参与制定企业的经营方针，除破产清算外，不拥有企业管理权。而所有者由于长期持续地将其资本供企业支配使用，并承担企业亏损和破产的风险，故有权享有税后利润，其金额一般不固定，随企业经营成果而定；同时，企业所有者通常可以按其在企业净权益中的份额，对企业进行管理，对重大方针决策及主要经营人员的任免施加影响。

二、企业组织形式与所有者权益的关系

企业的组织形式可分为以下三种：

（一）独资企业

独资企业是指由个人单独出资设立，完全由出资人单独所有和控制的企业，出资人对企业的债务不以出资额为限，承担无限责任。出资人又称为业主，所有者权益表现为业主对企业的所有权，称为业主权益。由于业主对企业的债务承担无限责任，在法律上并不要求业主保全投入资本，因而业主可以从企业提款，供其个人消费或用于其他经营

活动。企业的利润归业主独享,税后利润留存企业的部分,可看作业主对企业的追加投资。独资企业中个体业主与企业的财产成为一体,因而区分永久性资本与收益的再投资并没有多大意义,所有者权益无须分类核算,有关所有者的投资、从企业提款以及企业赚取的利润或发生的亏损,均可直接记入资本金账户。

(二)合伙企业

合伙企业是指由两个或两个以上投资人共同出资设立、合伙经营的企业,合伙人对企业的债务承担无限责任。与独资企业类似,合伙人承担无限责任,所有者权益无须分类核算,因为投资、合伙人从企业提款以及企业的利润或亏损引起的所有者权益的变动,均记入资本金账户。与独资企业不同的是,合伙企业所有者权益归全体合伙人所有,非单独个人所有,需要区分每个合伙人分享的所有者权益的份额。合伙企业通过协议形式规定各合伙人的权利和义务,各合伙人的出资额可以多少不同,但合伙人对企业债务承担连带无限清偿责任,而不受出资额的限制。合伙企业所有者权益归全体合伙人所有,各合伙人通常按出资比例分享所有者权益,为区分不同合伙人分享的权益,需要在资本金账户下按每个合伙人设置明细账。

独资企业、合伙企业均属不具备法人地位的非法人企业。它们的规模一般较小。

(三)公司

公司是企业法人,有独立的法人财产,享有法人财产权。它是现代社会主要的、典型的企业组织形式。公司主要有以下两种形式:

1.有限责任公司。它是指由符合法定人数的股东共同出资,股东以其所认缴的出资额为限对公司承担有限责任,公司以其全部资产对其债务承担责任的企业法人。通常,股东按照出资比例享有在股东会上的表决权、分红及认购新增资本的权利;在公司注册登记后,应当向股东签发出资证明书;股东不得随意抽回投资,在法定的条件下可转让其全部或部分出资,向股东以外的人转让股权时,在同等条件下其他股东有优先购买权。一人有限责任公司和国有独资公司是我国有限责任公司的特定组织形式。

2.股份有限公司。它是指将全部注册资本划分为等额股份,并通过发行股票方式筹集资本的企业。与有限责任公司一样,股东以其所持股份对公司承担责任,公司以其全部资产对其债务承担责任。股份有限公司与有限责任公司的不同之处在于,公司的资本被平均分为金额相等的股份,公司要向股东交付股票,股东按其所认购的股份分享利润和承担责任,公司的股东数额没有上限,经批准公司可以向社会公开发行股票,股票可在证券市场上自由交易或转让。

公司作为法人企业与独资或合伙企业相比具有显著的特征:

其一,公司是独立的法律主体。公司依法设立以后,就成为具有人格特征的法人,具有许多与自然人相同的权利和义务。公司可以用自己的名义开展业务活动,取得资产,承担债务,签订契约,起诉或应诉。在独资、合伙与公司3种组织形式的企业中,只有公司具有法人地位。

其二,所有权与经营权分离。公司与独资或合伙企业不同,公司与股东是分离的,股东通常不参与经营,而是由经股东大会选举出来的董事会代表,由董事会聘请的经理人员经营。

其三,股东承担有限责任。与业主和合伙人对企业债务承担无限责任不同,根据《公司法》的规定,公司股东以其出资额或所持股份为限对公司承担责任,公司以其全部资产对公司债务承担责任。正是因为股东仅对公司的债务负有限责任,政府对公司实施较为严格的法律管制。例如,法律规定公司的股本和留存收益必须分开反映,强制公司必须提留法定盈余公积,对公司的股利分配做出种种限制等,以保护债权人的利益。

其四,公司股份可以比较自由地转让。合伙人所有权发生转让必须经其他合伙人的一致同意,并重新签订合伙契约,这实质上意味着原合伙企业的解散和新合伙企业的组成。公司的股东可以转让其股份,特别是上市的股份有限公司的股东可以自由转让其所持股票,公司并不因股东的变更影响其持续经营。

其五,公司是纳税的主体。公司作为法人是企业所得税的纳税人,企业的收益首先要按照企业所得税法的规定缴纳企业所得税。如果部分税后净利以股利形式分配给股东,还需由股东按照个人所得税法的规定缴纳个人所得税,从而形成双重课税,这是使一些小企业不愿采取公司组织形式的原因之一。

由于在公司形式的企业中股东与债权人之间的产权关系比独资和合伙企业要复杂得多,出于保护债权人利益的法律要求,公司的所有者权益(即股东权益)要按其形成的来源分为实收资本或股本、其他权益工具、资本公积、其他综合收益、盈余公积和未分配利润分别进行核算。

不同组织形式的企业,其资产、负债、收入、费用、利润的相关会计处理并无重大区别,但所有者权益方面的会计处理却大不相同。由于公司是现代社会最具有生命力的组织形式,故本章仅对公司形式的所有者权益的会计核算加以论述。

三、所有者权益的分类

在公司组织中,所有者权益形成的渠道分为所有者投入的资本、直接计入所有者权益的利得和损失、留存收益等。所有者权益可以分为实收资本(或股本)、其他权益工具、资本公积、其他综合收益和留存收益。

(一)实收资本和股本

企业所有者实际出资缴纳的、由公司章程规定并经市场监督管理机关登记的资本总额，非股份有限公司称为“实收资本”，股份有限公司则称为“股本”。实收资本或股本是所有者权益或股东权益的主体，企业所有者凭借它们而享有对企业重大方针的决策权、经管人员的选择权和税后收益的分配权；同时，也因此而承担企业的经营风险和亏损。

（二）其他权益工具

其他权益工具是指企业发放的除普通股以外的归类为权益工具的各种金融工具，主要包括归类为权益工具的优先股、永续债、认股权证、可转换公司债的转换权等。

（三）资本公积

资本公积是公司收到股东超过其注册资本应投份额以及其他原因形成的资本公积。资本公积包括资本溢价（或股本溢价）和其他资本公积两类。

1.资本溢价（或股本溢价）。它是指公司股东实际出资超过公司章程规定的份额，不能作为注册资本反映的所有者权益。对有限责任公司，它称为资本溢价；对股份有限公司，它称为股本溢价。资本溢价或股本溢价归公司全体股东共享。从其形成来说，它与资本金都不是由经营活动产生的所有者权益，而是带有资本的性质，它们共同构成了公司实际得到的资本额。从法律上讲，资本金作为注册资本的出资额不得任意增减，而资本溢价或股本溢价则不包括在企业核定的注册资本中，其增减不需要履行法律手续。因而，这种划分主要是基于法律的规定，而不仅仅是按照会计惯例行事。

2.其他资本公积。它是指除资本溢价（或股本溢价）项目以外形成的资本公积的变动。

（四）其他综合收益

其他综合收益，是指企业未在当期损益中确认的各项利得和损失。其中，利得是指由企业非日常活动所形成的、会导致所有者权益增加的、与所有者投入资本无关的经济利益的流入。损失是指由企业非日常活动所发生的、会导致所有者权益减少的、与向所有者分配利润无关的经济利益的流出。

（五）留存收益

留存收益是公司生产经营活动所产生的利润在缴纳企业所得税后留存在公司的部分。股东对公司所拥有的权益，最初是以投资获得股权形式取得的，形成公司的资本金和资本公积。公司利用股东投入的资本开展生产经营活动，从中获得盈利，将使资本发生增值。留存在公司的税后利润作为公司的积累，同样归股东所有，形成股东权益的另一重要组成部分。留存收益一般可分为盈余公积和未分配利润两部分。

1.盈余公积。它是已拨定用途的留存收益。盈余公积是按照国家有关规定，从税后利润中提取的积累基金。国家要求企业留有一定的积累是为了约束企业过量分配，以利于企业持续经营，维护债权人的利益等。盈余公积中按照法律规定必须提取的部分，称为法定盈余公积；在提取了法定盈余公积之后，经股东会决议提取的部分，称为任意盈余公积。

2.未分配利润。它是未指定用途的留存收益。这部分收益既没有分给企业的股东，也未指明用途，仍可供以后各期弥补亏损、分派股利、增加资本或转为盈余公积之用。

第二节　实收资本或股本与其他权益工具

投资者创立企业，必须要有一定的本钱，企业设立时应在章程中明确规定其注册资本。注册资本为在公司登记机关登记的全体股东认缴的出资额。投资人通常按照出资份额，行使对企业重大政策的表决权，分享企业的经营利润，分担企业的经营亏损，在企业清算时也按此比例分配企业的剩余资产。在不同类型的企业中，投资者认缴注册资本的表现形式也有所不同，股份有限公司称为股本，股份有限公司以外的企业称为实收资本。

一、实收资本

(一)公司设立时的资本筹集

有限责任公司设立时，章程中规定了注册资本总额，并规定了各股东的出资方式、出资数额和出资期限。倘若某股东未按规定缴纳出资，其他股东有权向该股东追缴出资额，该股东除应当向公司足额缴纳外，还应当向已按期足额缴纳出资的股东承担违约责任。

有限责任公司投资人的出资方式可以是用货币出资，也可以用实物、知识产权、土地使用权等可以用货币估价并可以依法转让的非货币财产作价出资，但法律、行政法规规定不得作为出资的财产除外。

股份有限公司以外的企业，如有限责任公司，股东在注册资本内实际投入的资本通过“实收资本”账户核算。该账户贷方登记增加的资本额，借方登记按规定程序减少的资本额，贷方余额反映企业实际拥有的资本额。“实收资本”账户应按投资人名称设立明细账进行明细核算。

1.接受货币投资。对投资人投入的货币应存入公司在银行开设的账户，公司按实际收到的货币数额借记“库存现金”或“银行存款”账户；按照投资者在注册资本中所占份额，贷记“实收资本”账户；按照实际收到的金额超过其在企业注册资本中所占份额的部分，贷记“资本公积——资本溢价”账户。

2.接受实物投资。对投资人投入的各种实物，如材料物资等流动资产和房屋建筑物、机器设备、运输工具等固定资产，依法办理其财产权的转移手续后入账。收到投资人投入的材料物资和固定资产时，按照投资各方确认的价值，借记"原材料""固定资产""应交税费"等账户；按照投资者在注册资本中所占份额，贷记"实收资本"账户；按照投资各方确认的价值超过其在注册资本中所占份额部分，贷记"资本公积——资本溢价"账户。

3.接受无形资产投资。对投资人投入的各种无形资产，如专利权、商标权、土地使用权、非专利技术、著作权等，依法办理其财产权的转移手续后入账，按照投资各方确认的价值，借记"无形资产"账户；按投资者在注册资本中所占份额，贷记"实收资本"账户；按照投资各方确认的价值超过其在注册资本中所占份额部分，贷记"资本公积——资本溢价"账户。

4.接受长期股权投资。对投资人投入的长期股权投资，依法办理其财产权的转移手续后，按照投资各方确认的价值，借记"长期股权投资"账户；按照投资者在注册资本中所占份额，贷记"实收资本"账户；按照投资各方确认的价值超过其在注册资本中所占份额部分，贷记"资本公积——资本溢价"账户。

【例12-1】安德公司由平安公司和德生公司投资创立，注册资本20 000 000元，其中平安公司出资70%，德生公司出资30%。平安公司投入货币资金8 000 000元；投入原材料一批，投资各方确认的价值为含税价1 130 000元；投入仓库一座，投资各方确认的价值为4 870 000元。德生公司投入一项专利权，投资各方确认的价值为1 000 000元；投入所持M公司的长期股权投资，投资各方确认价值为5 000 000元。安德公司收到各方投资时，做账务处理如下：

借：银行存款	8 000 000	
原材料	1 000 000	
应交税费——应交增值税（进项税额）	130 000	
固定资产	4 870 000	
无形资产	1 000 000	
长期股权投资	5 000 000	
贷：实收资本——平安公司		14 000 000
——德生公司		6 000 000

（二）经营期间资本的变动

注册资本作为公司在国家有关管理机构登记注册的资本额具有法律效力，必须保持相对稳定，不能随意增减，但公司在经营期间根据其经营状况和发展要求，可能需要增加或减少注册资本。同时，由于各种原因，某些股东也可能将其出资额转给其他人。

因此,这些资本的变化都应按照有关法规的规定办理必要的手续。

1.增加公司的注册资本。有限责任公司增加资本通常有以下几条途径:一是将资本公积、盈余公积和未分配利润转为实收资本;二是原股东追加投资和新股东的投资;三是公司将债务重组转为实收资本;四是以权益结算的股份支付在行权日增加实收资本等。涉及债务重组增资的具体内容参见本系列教材《高级财务会计》的相关章节。

2.转让股东的出资。有限责任公司的股东之间可以相互转让其全部或者部分股权。股东向有意介入的新投资人转让股权时,须经其他股东过半数同意,这是缘于股东的合作除了资合以外还有一定的人合因素,如各投资人之间的信用、名誉、技术、管理技能等均可成为共同经营的基础;如果其他股东有异议,应由提出异议的股东购买该转让的股权,如果不购买则视为同意转让。在同等条件下,原投资者具有优先购买权。转让出资时,公司只需登记股东的转换即可,借记"实收资本——原股东"账户,贷记"实收资本——新股东"账户。

3.减少注册资本。有限责任公司减少注册资本应按法定的程序进行。公司需要减少注册资本时,必须编制资产负债表及财产清单,应征得债权人的同意,向有关登记部门办理变更登记,减资后注册资本不得低于法律规定的最低限额。减资主要包括两种情况:一是因经营方针或市场需求发生重大变化,业务萎缩,营业不振,造成资本过剩,为使经营规模与资本相称,而向股东发还股款;二是生产经营过程中发生重大亏损,财务状况恶化,短期内不能期望以利润或公积金来弥补,可采用减资的办法弥补亏损。

对于情况一引起的公司注册资本的减少,有限责任公司可按各股东的投资比例计算发还投资的数额,借记"实收资本"账户,贷记"银行存款"账户。

对于情况二引起的公司注册资本的减少,有限责任公司应借记"实收资本"账户,贷记"利润分配——未分配利润"账户。从理论上讲,实收资本与未分配利润同属股东权益,这种转换并不影响股东权益总额,但从股东的角度考虑,如果公司不能在短期内用利润或公积金弥补亏损,不仅使分派股利受制,而且亏损长期挂账也影响公司声誉,而履行减资补亏手续后,可使公司放下包袱,转入正常经营。

二、股本

股份有限公司的注册资本,是指公司在国家有关管理机关登记的股本总额。股份有限公司将其注册资本分为相等的份额,每份 1 股,其注册资本为股份数额与每股面值的乘积。根据《公司法》的规定,公司章程必须载明股份数额、每股面值和注册资本,不得随意变更,需变更时,应另经申请核准。股份有限公司在筹集资本时,按照已发行股份发给股东的股份凭证称为股票,实际发行的股票面值称为股本。

(一)股票的分类

股份有限公司的股票可按以下不同的标准分类:

1.普通股股票和优先股股票。股票按股东享有的权利划分,可分为:①普通股股票,是指在公司的经营管理和盈利及财产分配上只享有普通权利的股票。普通股股票具有参与决策权、利润分享权、优先认股权和剩余财产分配权等。②优先股股票,是指股东享有的权利在某些方面优先于普通股的股票。优先股股票具有优先分配股利和剩余财产的权利,但通常不具有参与决策权。股份有限公司之所以设计优先股,目的在于满足不同投资者的需要,即使公司较容易筹集到资金,又不使原有股东失去对公司的控制。

2.有面值股票和无面值股票。股票按票面是否记有名义价值,可分为:①有面值股票。它是每股的名义价值在股票上载明的股票。每股面值以公司的注册资本总额除以核定的股份数额而定。②无面值股票,是指股票上不标明面值的股票。对于无面值的股票,为记账方便,可以为每股规定一个价值,称为设定价值。我国目前发行的股票均为有面值股票。

3.记名股票和无记名股票。股票按是否记名,可分为:①记名股票,是指在公司的股东名册上和股票上记载股东的姓名或名称的股票。记名股票转让时必须经过公司过户,股东可分次缴纳股款。②无记名股票,是指不登记股东姓名或名称的股票。它可以自由转让,无须公司过户,但股东在购买时必须一次付清股款。通常,公司向发起人发行的股票应为记名股票,向社会公众发行的股票为无记名股票。

(二)设立发行

股份有限公司的设立方式包括:发起设立和募集设立两种。发起设立,是指由发起人认购公司应发行的全部股份而设立公司。募集设立,是指由发起人认购公司应发行股份的一部分,其余股份向社会公开募集或者向特定对象募集而设立公司。以募集设立方式设立股份有限公司的,发起人认购的股份不得低于公司股份的法定比例。

股份有限公司发行股票的价格与面值的关系有两种情况:可以按面值发行,也可以溢价发行,但不得折价发行。

股份有限公司发行股票筹集的资本金通过“股本”账户进行核算。其贷方登记按照核定的股份总额发行的股票面值,借方登记按法定程序报经批准注销的股票面值,贷方余额反映公司的股本总额。股本账户应按股东名册设置明细账进行明细核算,并应将核定的股本总额、股份总数、每股面值等在股本账中进行备查登记。

股票的发行费应区别对待,溢价发行的股票,应从溢价中扣除,冲减资本公积中的股本溢价;按面值发行的股票或溢价发行的股票溢价不足抵扣的,不足抵扣的部分,依次冲减盈余公积和未分配利润。公司发行股票时,按照扣除发行费后实际收到的款项,借记“银行存款”账户；无论按面值发行还是按溢价发行股票，均按面值贷记“股本”账户；按溢价发行的股票，其溢价扣除发行费后的余额，贷记“资本公积”账户，溢价不足以扣除发行费的部分，或按面值发行的发行费，借记“盈余公积”和“利润分配”账户。

【例 12-2】M 股份有限公司设立时委托 N 证券公司代理发行普通股股票 2 000 万股，每股面值 1 元，每股按 7 元的价格发行。按协议证券公司从发行收入中扣除 2%的手续费。股票发行结束后，M 股份有限公司收到银行转来的证券公司扣除发行费用后的股款，编制会计分录如下：

实际收到的股款 = 20 000 000×7×（1-2%）= 137 200 000（元）

股本溢价 = 137 200 000-20 000 000 = 117 200 000（元）

借：银行存款	137 200 000
贷：股本	20 000 000
资本公积——股本溢价	117 200 000

（三）股本扩张

股份有限公司设立后会发生因某种目的而增加股本，如发行新股，可转换债券转换为股票，股票股利、资本公积和盈余公积转增股本，以及权益结算的股份支付在行权时增加股本。其中：

股份有限公司发行新股，须经股东大会通过，经国务院证券监督管理机构核准。发行新股时，公司往往赋予原有股东按所持股份一定比例认购新股的权利，称为“配股”。认股权的有效期限很短，逾期作废。由于公司配给老股东认股权并不影响公司的财务状况和经营成果，因此，授予认股权时无须做任何会计记录，至多做备查记录。发行新股的会计处理与公司设立发行股票的会计处理相同。

【例 12-3】承例 12-2，M 股份有限公司上市 5 年后，经股东大会通过发行新股决议，增发普通股 1 000 万股，每股面值 1 元，发行价格为 10 元。委托某证券公司代理发行，发行手续费按发行收入的 3%计算，从发行收入中扣除。所发新股已被认购完毕，公司收到银行转来的证券公司扣除发行费用后的股款，编制会计分录如下：

实际收到的股款 = 10 000 000×10×（1-3%）= 97 000 000（元）

股本溢价 = 97 000 000-10 000 000 = 87 000 000（元）

借：银行存款	97 000 000
贷：股本	10 000 000
资本公积——股本溢价	87 000 000

可转换债券为混合工具，企业发行的债券后在满足条件时，债券持有人可以将债券转换为公司股票。在企业经营状况大幅度提升时，债券持有人将债券转换为股票更有利可图。可转换债券转换为股票的结果使公司的股本增加。可转换债券发行和转换的

具体会计处理参见本书第十章非流动负债相关内容。

股份有限公司以股票股利、资本公积和盈余公积转增资本时,借记“利润分配”“资本公积——股本溢价”“盈余公积”账户,贷记“股本”账户。增资股份按原有的股东持股比例分配。公司分配股票股利,又称“送红股”。股票股利、资本公积和盈余公积转增股本的具体内容参见本章第三节和第四节。

(四)库存股

库存股,是指发行后重新回购或者通过其他方式取得的本公司尚未注销的股票。我国《公司法》规定,公司一般不得收购本公司股份,但企业为减少公司注册资本,与持有本公司股份的其他公司合并,将股份奖励给本公司职工,以及股东因对股东大会做出的公司合并、分立决议持异议,要求公司收购其股份的情形除外。公司收购的本公司股份,须经股东大会通过,且库存股应在法定的期限内转让或注销。回购的股份用于奖励给职工的,不得超过本公司已发行股份总额的法定比例;用于收购的资金应当从公司的税后利润中支出。

由于公司发行股票时股本和资产同时增加,取得库存股时股本和资产同时减少,因此库存股不能作为公司的资产,只是股东权益的减少。库存股不为任何人所有,在分派股利、投票表决和清算中均不予考虑。

库存股在会计上可以按面值计价或成本计价,我国采用成本计价。

为了反映库存股增减变动情况,企业应设置“库存股”账户。该账户借方登记收购本公司股份支付的成本,贷方登记转让或注销库存股的成本,借方余额反映公司已收购但未注销的库存股的成本。

企业为减少注册资本收购本公司股份的,收购时,应按实际支付的金额,借记“库存股”账户,贷记“银行存款”等账户。减资注销库存股时,应按股票面值和注销股数计算的股票面值总额,借记“股本”账户;按注销库存股的账面余额,贷记“库存股”账户;按其差额,借记“资本公积——股本溢价”账户,股本溢价不足冲减的,应依次冲减盈余公积、未分配利润,借记“盈余公积”“利润分配——未分配利润”账户。如果回购价款低于股票面值,按注销库存股的账面余额与股票面值的差额,贷记“资本公积——股本溢价”账户。

【例 12-4】某股份有限公司为减少注册资本,以每股 3.5 元价格购回本公司普通股 1 000 万股,该公司决定 9 天后将其注销。股票面值为 1 元,原以每股 4 元发行。编制会计分录如下:

(1)收购本公司股票:

借:库存股　　35 000 000

　贷:银行存款　　35 000 000

(2)注销库存股：

借：股本　　10 000 000
　资本公积——股本溢价　　25 000 000
　贷：库存股　　35 000 000

股东因对股东大会做出的公司合并、分立决议持有异议而要求公司收购其股份的，公司回购股票的会计处理同上所述。

【例12-5】某公司部分股东因对股东大会做出的公司合并持有异议，要求公司收购其所持的普通股20万股，股票每股面值为1元，原以每股3元价格发行，现以每股5.5元价格购回，回购后5个月予以注销。该公司回购股票时，其股东权益中的资本公积为400 000元，盈余公积400 000元，未分配利润600 000元。编制会计分录如下：

(1)收购股票：

借：库存股　　1 100 000
　贷：银行存款　　1 100 000

(2)注销库存股：

借：股本　　200 000
　资本公积——股本溢价　　400 000
　盈余公积　　400 000
　利润分配——未分配利润　　100 000
　贷：库存股　　1 100 000

(五)股份支付

股份支付，是指企业为获取职工和其他方提供的服务而授予权益工具或者承担以权益工具为基础确定的负债的交易。股份支付分为以权益结算的股份支付和以现金结算的股份支付。其中，以权益结算的股份支付，是指企业为获取服务以股份或其他权益工具作为对价进行结算的交易；以现金结算的股份支付，是指企业为获取服务承担以股份或其他权益工具为基础计算确定的交付现金或其他资产义务的交易。

股份支付的确认和计量，应当以真实、完整、有效的股份支付协议为基础。股份支付会计处理的关键是区分授予日、等待期内每个资产负债表日和行权日3个阶段的差异。

1.授予日。它是指股份支付协议获得批准的日期。其中"获得批准"，是指企业与职工(或其他方)双方就股份支付的协议条款和条件已达成一致，该协议获得股东大会或类似机构的批准。

股份支付是对职工的一种激励机制，授予日立即可行权的情况很少，除了立即可行权的股份支付外，无论权益结算的股份支付或者现金结算的股份支付，企业在授予日都不进行会计处理。

对于极少数在授予日立即可行权的股份的会计处理，以权益结算的股份支付和以现金结算的股份支付应区别对待：如果授予后，属于立即可换取的以权益结算的股份支付，应当在授予日按照权益工具的公允价值计入相关成本或费用，确认相应的资本公积；如果授予后，属于立即可行权的现金结算的股份支付，应当在授予日以企业承担负债的公允价值计入相关成本或费用，确认相应的负债。

2.等待期内每个资产负债表日。等待期，是指可行权条件得到满足的期间。股份支付在授予后通常不能立即行权，应当履行一定服务期限或达到一定业绩条件才可行权。业绩条件分为市场条件和非市场条件。市场条件是指行权价格、可行权条件以及行权可能性与权益工具的市场价格相关的业绩条件，如股份支付协议中关于股价至少上升至何种水平才可行权的规定。非市场条件是指除市场条件之外的其他业绩条件，如股份支付协议中关于达到最低盈利目标或销售目标才可行权的规定。

等待期长度的确定应区别不同的情况：对于可行权条件为规定服务期间的股份支付，等待期为授予日至可行权日的期间；对于可行权条件为规定业绩的股份支付，应当在授予日根据最可能的业绩结果预计等待期的长度。等待期长度确定后，业绩条件为非市场条件的，如果后续信息表明需要调整等待期长度，应对前期确定的等待期长度进行修改；业绩条件为市场条件的，不应因此改变等待期长度。对于可行权条件为业绩条件的股份支付，在确定权益工具的公允价值时，应考虑市场条件的影响，因此，只要职工满足了其他所有非市场条件，企业就应当确认已取得的服务。

职工或其他方因为企业提供相关的服务，才接近了行权的条件，等待期内每个资产负债表日，企业应将取得的职工或其他方提供的服务计入成本费用。对于计入费用的股份支付金额的计算应考虑两方面的因素：

一是对职工股份的价值确定。等待期内每个资产负债表日，企业应将取得的职工或其他方提供的服务计入成本费用，计入成本费用的金额应当按照权益工具的公允价值计量。

对于权益结算涉及职工的股份支付，应当按照授予日权益工具的公允价值计入成本费用和资本公积（其他资本公积），不确认其后续公允价值变动。

对于现金结算涉及职工的股份支付，应当按照每个资产负债表日权益工具的公允价值重新计量，确定成本费用和应付职工薪酬。

权益工具公允价值的确定应考虑不同的情况：对于存在活跃市场的期权等授予的权益工具，应当按照活跃市场中的报价确定其公允价值；对于不存在活跃市场的授予的权益工具，应当采用期权定价模型估算其公允价值。

二是预计可行权权益工具的数量。等待期内每个资产负债表日，企业应当根据最新取得的可行权职工人数变动等后续信息做出最佳估计，修正预计可行权的权益工具数量。在可行权日，最终预计可行权权益工具的数量应当与实际可行权数量一致。

在等待期内每个资产负债表日，根据上述权益工具的公允价值和预计可行权的权益工具数量，计算截至当期累计应确认的成本费用金额，再减去前期累计已确认金额，作为当期应确认的成本费用金额。同时，以权益结算的股份支付相应增加资本公积，以现金结算的股份支付相应增加有关负债。

【例12-6】2019年1月1日，M公司对100名管理人员授予每人4 000份股票期权，行权条件是这些管理人员自2019年1月1日起必须在该公司服务3年，服务期满时，才能以每股5元购买M公司面值1元的股票4 000股，2022年12月31日行权结束。公司估计该期权在授予日的公允价值是12元。该公司相关会计处理如下：

第一年有12名管理人员离开公司。公司预计3年内离开公司的管理人员为25%。

第二年有10名管理人员离开公司。公司预计离开公司的管理人员为30%。

第三年有13名管理人员离开公司。

等待期内每个资产负债表日，企业取得的职工的服务计入成本费用的情况如表12-1所示。

表12-1 单位：元

日期	当期费用	累计费用
2019-12-31	100×4 000×(1-25%)×12×1/3=1 200 000	1 200 000
2020-12-31	100×4 000×(1-30%)×12×2/3-1 200 000=1 040 000	2 240 000
2021-12-31	(100-35)×4 000×12-2 240 000=880 000	3 120 000

各期取得的职工的服务计入成本费用，作会计处理如下：

(1)2019年1月1日：

授予日不做会计处理。

(2)2019—2021年每年末编制会计分录如下：

	2019年12月31日	2020年12月31日	2021年12月31日
借：管理费用	1 200 000	1 040 000	880 000
贷：资本公积			
——其他资本公积	1 200 000	1 040 000	880 000

【例12-7】2018年1月1日N公司授予200名管理人员每人3 000份股票期权，行权条件是要求这些管理人员自2018年1月1日必须在该公司服务3年，服务期满时，可自2020年12月31日根据股价的增长幅度获得现金，该增值权在2022年12月

31日行使结束。

N公司估计,该增值权在负债结束之前的每一资产负债表日和结算日的公允价值与可行权后的每份增值权现金支出额如表12-2所示。

表12-2 单位:元

年份	公允价值	支付现金
2018	10	
2019	13	
2020	15	14
2021	20	17
2022		23

第一年有15名管理人员离开公司。预计以后的两年内还有25人离开公司。

第二年有20名管理人员离开公司。预计以后的一年内还有15人离开公司。

第三年有10名管理人员离开公司。

第三年有55人行权。

第四年有70人行权。

第五年有30人行权。

等待期内每个资产负债表日企业取得的职工服务计入成本费用,以及结算日行权支付现金的情况如表12-3所示。

表12-3 单位:元

年份	期末负债 ①	支付现金 ②	当期费用 ③=本期①+本期②-上期①
2018	(200-40)×3 000×10×1/3 =1 600 000		1 600 000
2019	(200-50)×3 000×13×2/3 =3 900 000		2 300 000
2020	(200-45-55)×3 000×15 =4 500 000	55×3 000×14=2 310 000	2 910 000
2021	(200-45-55-70)×3 000×20 =1 800 000	70×3 000×17=3 570 000	870 000

续表

年份	期末负债 ①	支付现金 ②	当期费用 ③=本期①+本期②-上期①
2022	1 800 000-1 800 000=0	30×3 000×23=2 070 000	270 000
总额		7 950 000	7 950 000

等待期内每个资产负债表日企业取得的职工服务计入成本费用,以及结算日行权作会计处理如下:

(1)2018 年 1 月 1 日:

授予日不做会计处理。

(2)2018 年至 2020 年编制会计分录如下:

	2018 年 12 月 31 日	2019 年 12 月 31 日	2020 年 12 月 31 日
借:管理费用	1 600 000	2 300 000	2 910 000
贷:应付职工薪酬——股份支付	1 600 000	2 300 000	2 910 000

(3)支付现金:

借:应付职工薪酬——股份支付　　2 310 000

　贷:银行存款　　2 310 000

3.可行权日之后。可行权日,是指可行权条件得到满足、职工和其他方具有从企业取得权益工具或现金的权利的日期。可行权日之后,股份支付的会计处理应对权益结算的股份支付与现金结算的股份支付区别对待。

权益结算的股份支付,在可行权日之后不再对已确认的成本费用和所有者权益总额进行调整。企业应在行权日根据行权情况,确认股本和股本溢价,同时结转等待期内确认的资本公积(其他资本公积)。如果全部或部分权益工具未被行权而失效或作废,应在行权有效期截止日将其从资本公积(其他资本公积)转入资本公积(股本溢价),不冲减成本费用。

现金结算的股份支付,企业在可行权日之后不再确认成本费用增加,负债(应付职工薪酬)公允价值的变动应当计入当期损益(公允价值变动损益)。

【例 12-8】承例 12-6,2019 年 12 月 31 日,M 公司 65 名管理人员全部行权,每人以每股 5 元的价格购买 M 公司面值 1 元的股票 4 000 股。行权时,编制会计分录如下:

借:银行存款　　1 300 000

　资本公积——其他资本公积　　3 120 000

贷:股本　260 000

资本公积——股本溢价　4 160 000

【例 12-9】承例 12-7,N 公司 2021 年 12 月 31 日(第四年)有 70 人行权,2022 年 12 月 31 日(第五年)有 30 人行权。行权时,编制会计分录如下:

(1)2021 年 12 月 31 日:

借:公允价值变动损益　870 000

贷:应付职工薪酬——股份支付　870 000

借:应付职工薪酬——股份支付　3 570 000

贷:银行存款　3 570 000

(2)2022 年 12 月 31 日:

借:公允价值变动损益　270 000

贷:应付职工薪酬——股份支付　270 000

借:应付职工薪酬——股份支付　2 070 000

贷:银行存款　2 070 000

4.回购股份进行职工期权激励。企业以回购股份形式奖励本企业职工的,属于权益结算的股份支付,应当进行以下处理。

企业回购股份时,应当按照回购股份的全部支出作为库存股处理,同时进行备查登记;按照对职工权益结算股份支付的方法,企业应当在等待期内每个资产负债表日按照权益工具在授予日的公允价值,将取得的职工服务计入成本费用,同时增加资本公积(其他资本公积);企业应于职工行权购买本企业股份收到价款时,转销交付职工的库存股成本和等待期内在资本公积(其他资本公积)中累计的金额,同时按照其差额,调整资本公积(股本溢价)。按照《公司法》的规定,回购股份应在法定的期限内行权。

【例 12-10】某股份有限公司计划奖励本公司 100 名高级管理人员每人 10 000 股股票,于 2021 年 1 月 1 日以每股 9 元的价格收购本公司普通股 100 万股,普通股每股面值为 1 元,原以每股 5 元发行,收购日股票的公允价值为每股 8 元,2021 年 12 月 31 日行权,每人按 4 元的价格购买股票,年内没有高级管理人员离开公司,全部行权。编制会计分录如下:

(1)收购股票:

借:库存股　9 000 000

贷:银行存款　9 000 000

(2)确认接受职工服务而发生的成本费用:

借:管理费用　8 000 000

贷:资本公积——其他资本公积　　8 000 000

(3)高级管理人员行权:

借:银行存款　　4 000 000

　资本公积——其他资本公积　　8 000 000

　贷:库存股　　9 000 000

　　资本公积——股本溢价　　3 000 000

三、其他权益工具

(一)权益工具的确认

企业发行的金融工具包括金融负债和权益工具两类。企业应当按照金融工具准则的规定,根据所发行金融工具的合同条款及其所反映的经济实质而非仅以法律形式,结合金融负债和权益工具的定义,在初始确认时将该金融工具或其组成部分分类为金融负债或权益工具。

企业发行的永续债、优先股等金融工具,因合同条款不同,可能被归类为金融负债或权益工具。倘若企业发行的金融工具被确认为权益工具,不仅可以增加企业的所有者权益,降低资产负债率,同时又不会稀释股权,那么这种融资方式会备受企业青睐。企业发行的金融工具究竟是属于金融负债还是属于权益工具?这需要按照金融负债和权益工具的定义和相关条件进行甄别。

权益工具,是指能证明拥有某个企业在扣除所有负债后的资产中剩余权益的合同。同时满足下列条件的,发行方应当将发行的金融工具分类为权益工具:

(1)该金融工具不包括交付现金或其他金融资产给其他方,或在潜在不利条件下与其他方交换金融资产或金融负债的合同义务。例如,企业发行永续债券,条款约定企业可以自主选择利息递延到下一个付息日支付,不受递延次数的限制;自主决定赎回债券的时点,该永续债应确认为权益工具。假定上述永续债券约定了偿还期限,在到期不能赎回时存在利率跳升机制,如果利率提高的幅度超过同期同行业同种融资工具的平均利率水平,企业实际无法承担利率跳升增加的资金成本,通常会偿还永续债,意味着利率跳升条款构成了间接义务,该永续债则应确认为金融负债。

(2)将来须用或可用企业自身权益工具结算该金融工具的,如该金融工具为非衍生工具,不包括交付可变数量的自身权益工具进行结算的合同义务;如为衍生工具,企业只能通过以固定数量的自身权益工具交换固定金额的现金或其他金融资产结算该金融工具。例如,企业发行可转换优先股(非衍生工具),如果合同约定在转换日以固定数量的优先股兑换固定数量的普通股,则该可转换优先股确认为权益工具;如果合同约定在转换日以普通股的市价确定转换的数量,则该可转换优先股确认为金融负债。再如：企业发行认股权证（衍生工具），约定持有人有权利在未来某一特定日期或特定期间内，以约定的价格（行权价格）购买一定数量的股票，认股权证购买股票的数量是固定的，则该认股权证应确认为权益工具。如果认股权证作为衍生工具，行权日以净额结算，则该认股权证应确认为金融负债。

（二）其他权益工具的会计处理

企业发行的除普通股以外的各种权益工具通过“其他权益工具”账户进行核算。其贷方登记发行权益工具实际收到的扣除交易费的资金净额，借方登记回购、赎回、注销权益工具的成本；贷方余额反映企业实际拥有的发行其他权益工具的资金额。“其他权益工具”账户按照除普通股以外归类为权益工具的金融工具种类设立明细账进行明细核算。

【例 12-11】某公司委托 A 证券公司发行面值 20 亿的永续债，手续费率为 1%。债券条款约定债券无固定的还款期限，票面利率 6%，企业可以自主决定当期是否支付利息，且当期未支付的利息非累计递延到下期；债券利息在向普通股股东支付股利之前发放。该永续债符合权益工具确认的条件。做会计分录如下：

发行永续债时：

实际收到发行款项 = 2 000 000 000×（1-1%）= 1 980 000 000（元）

借：银行存款	1 980 000 000	
贷：其他权益工具——永续债		1 980 000 000

某年决定支付永续债利息时：

应付利息的金额 = 2 000 000 000×6% = 120 000 000（元）

借：利润分配——永续债	120 000 000	
贷：应付股利		120 000 000

发行 6 年后，按面值赎回全部永续债，假定公司此时股本溢价余额 4 000 000 000 元，行使赎回权时：

借：库存股	2 000 000 000	
贷：银行存款		2 000 000 000

注销赎回永续债时：

借：其他权益工具——永续债	1 980 000 000	
资本公积——股本溢价	20 000 000	
贷：库存股		2 000 000 000

【例 12-12】某公司 2021 年 3 月 1 日向 B 公司发行 2 000 万张认股权证，每张价格 0.5 元，规定每张认股权证可在 3 年内按 5 元价格购买面值为 1 元的普通股 1 股。该认股权证符合权益工具确认的条件。该认股权做会计分录如下：

发行认股权证时：

借：银行存款　　10 000 000

　贷：其他权益工具——认股权证　　10 000 000

B 公司全部行权时：

借：银行存款　　100 000 000

　其他权益工具——认股权证　　10 000 000

贷：股本——普通股　　20 000 000

　资本公积——股本溢价　　90 000 000

如果该认股权合同约定，以净额行权，该认股权证应归类为金融负债，采用公允价值计量。相关内容在本系列《高级财务会计》中讲解，此处不再赘述。

第三节　资本公积和其他综合收益

一、资本公积

(一)资本公积的概念和特征

资本公积，是指企业收到投资者出资超出其在注册资本或股本中所占的份额以及其他原因形成的资本公积。前者形成资本溢价或股本溢价，后者形成其他资本公积。

资本公积(资本溢价或股本溢价)与实收资本虽同属于投入资本的范畴，但实收资本属于法定资本，其在资金的来源、投资比例和金额上都有严格的规定，而资本公积中的资本溢价或股本溢价是投资者的超额投资，是属于非收益转化的且不能作为注册资本的所有者权益，具有准资本的性质。

公司制企业收到投资者出资超出其在注册资本或股本中所占的份额的部分以及其他原因形成的资本公积，通过“资本公积”账户核算。其贷方登记不同来源增加的资本公积；借方登记不同原因减少的资本公积；贷方余额反映企业实际拥有的资本公积。由于资本公积的形成有其不同的来源，“资本公积”账户按其形成的来源分设“资本溢价”或“股本溢价”、“其他资本公积”等明细账户。

(二)资本溢价或股本溢价

1.资本溢价。资本溢价，是指有限责任公司(一人有限公司和国有独资公司除外)投资者的出资额大于其在公司注册资本中所占份额的差额。公司在增资扩股和同一控制下企业合并进行长期股权投资时，可能产生资本溢价。

有限责任公司筹集新的资本可以采用原股东增资或吸收新股东投资的方式。当公司增资有新的投资者加入时，为了保护原股东的利益，通常会要求新股东投入超过其在注册资本应占有份额的资本。其原因是，企业增资时基本度过了艰难的创业阶段，生产经营已走上了正轨，此时的资本回报率一般比初创时高，为了平衡新老股东因投入资本时间不同而产生的投资回报的差异，新股东的出资额理应大于其在注册资本中应占有的份额。此外，公司经过一段时间的经营有了一定的留存收益，新股东要想按其在注册资本中的出资比例分享这部分积累，也应在出资时额外付出相应的代价。

企业接受新投资者投入资本时，按收到资产的不同形式，分别借记"银行存款""原材料""固定资产""无形资产"等账户；按其在注册资本中所占份额，贷记"实收资本"账户；按其差额，贷记"资本公积——资本溢价"账户。

【例 12-13】股东甲、股东乙各出资 1 000 000 元设立"M 有限责任公司"，经过 3 年的经营，该公司已有留存收益 400 000 元。出资者丙要求加入公司并希望拥有公司 20%的股权。如果接受丙的出资，该公司注册资本将扩充到 2 500 000 元。在不考虑公司商誉的情况下，丙投入资本的计算方法如下：

M 有限责任公司增资前净资产＝1 000 000+1 000 000+400 000＝2 400 000（元）

M 有限责任公司增资后净资产＝2 400 000÷（1-20%）＝3 000 000（元）

丙应投入资本＝3 000 000×20%＝600 000（元）

丙公司应确认实收资本＝2 500 000×20%＝500 000（元）

M 有限责任公司应编制会计分录如下：

借：银行存款	600 000
贷：实收资本——丙股东	500 000
资本公积——资本溢价	100 000

可见，出资者丙要高于其享有注册资本的份额出资。否则，从注册资本的角度考虑，公司原注册资本为 2 000 000 元，丙只要投入 500 000 元，注册资本变更为 2 500 000 元，就会占有公司 20%的股权；但公司增资前，除原始资本外，尚有留存收益 400 000 元，所以在丙投资后，净资产为 2 900 000 元（2 000 000+500 000+400 000），这样丙就多享有 80 000 元（2 900 000×20%-500 000）的净资产，而这些净资产是股东甲、股东乙在前 3 年间创造的，这对于股东甲、股东乙是显失公平的，因此，新股东的出资额理应大于其在注册资本中应占有的份额。

资本溢价转增资本时，应按股东原持股比例转增资本，借记"资本公积——资本溢价"账户，贷记"实收资本"账户，并按持股比例计算各股东的增资额。

【例 12-14】某公司注册资本 1 000 万元，股东甲、乙持股比例分为 70%和 30%，根据公司经营的需要，董事会决定以资本公积中的资本溢价500万元转增资本。编制会计分录如下：

借：资本公积——资本溢价　　5 000 000

　贷：实收资本——甲　　(5 000 000×70%)3 500 000

　　　　　　　——乙　　(5 000 000×30%)1 500 000

2.股本溢价。股份有限公司在发行股票和可转换公司债券转为股本时可能产生股本溢价。

股份有限公司是以发行股票方式筹集资本(即股本)，公司的股本总额是按照股票的面值乘以股份总数的乘积来计算的。因此，如果公司按面值发行股票，发行股票收入应全部记入"股本"账户；如果按溢价发行股票，相当于股票面值部分的发行收入应记入"股本"账户，超过股票面值的发行收入在扣除发行费用后的股本溢价记入"资本公积——股本溢价"账户。有关核算举例已在前面股票发行的核算中做了介绍，此处从略。

公司发行可转换公司债券并进行初始确认时，应将其包含的负债和权益成分进行分拆，投资人到期行使债券的转换权时，转销可转换公司债券的摊余成本和可转换公司债券初始核算分拆确认的权益成分，确认股本，转销对价超过股本的差额确认为股本溢价。有关核算举例已在前面可转换公司债券转增资本的核算中做了介绍，此处从略。

股本溢价转增资本的会计处理与资本溢价转增资本类似，此处不再赘述。

(三)其他资本公积

其他资本公积，是指除资本溢价(或股本溢价)项目以外形成的资本公积。如企业采用权益法核算的长期股权投资，被投资单位除净损益、其他综合收益、利润分配以外所有者权益的变动；以权益结算的股份支付在等待期内将取得的职工或其他方提供的服务等，会形成其他资本公积。

采用权益法核算的长期股权投资，在持股比例不变的情况下，被投资单位发生除净损益、其他综合收益、利润分配以外所有者权益的变动，企业应按持股比例调整股权投资和其他资本公积的账面价值，借记或贷记"长期股权投资——其他权益变动"账户，贷记或借记"资本公积——其他资本公积"账户；企业处置该项长期股权投资时，应结转已计入资本公积的金额，借记或贷记"资本公积——其他资本公积"账户，贷记或借记"投资收益"账户。

有关业务的举例参见本书第五章投资相关内容，此处不再赘述。

企业以权益结算的股份支付在等待期内每个资产负债表日，应根据取得职工或其他方提供的服务金额，借记"管理费用"等账户，贷记"资本公积——其他资本公积"账户；在行权日，企业应按实际收到的款项，借记“银行存款”或“库存现金”账户，按实际行权的权益工具数量计算确定的金额，借记“资本公积——其他资本公积”账户；按计入股本的金额，贷记“股本”账户；按其差额，贷记“资本公积——股本溢价”账户。

有关业务的举例参见本章第二节有关股份支付的内容，此处不再赘述。

二、其他综合收益

其他综合收益，是指企业未在当期损益中确认的各项利得和损失。主要包括以下方面。

（一）以后会计期间不能重分类进损益的其他综合收益项目

企业以后会计期间不能重分类进损益的其他综合收益项目主要有：重新计量设定受益计划净负债或净资产导致的变动，按照权益法核算的在被投资单位以后会计期间不能重分类进损益的其他综合收益中所享有的份额、以公允价值计量且变动计入其他综合收益的金融资产（权益工具）公允价值变动形成的利得或损失等；上述情况形成的其他综合收益，在终止设定受益计划、处置长期股权投资或金融资产时，应转为留存收益。

1.重新计量设定受益计划净负债或净资产导致的变动。离职后福利存在设定受益计划的，每个资产负债表日，应对设定受益计划重新计量。重新计量设定受益计划净负债或净资产导致的增减变动，企业应按变动额调整其他综合收益和设定受益计划的账面价值，借记或贷记“其他综合收益”账户，贷记或借记“应付职工薪酬——设定受益计划”。

有关业务的举例参见本书第九章流动负债相关内容，此处不再赘述。

2.按照权益法核算的在被投资单位以后会计期间不能重分类进损益的其他综合收益中所享有的份额。采用权益法核算的长期股权投资，在持股比例不变的情况下，被投资单位发生不能重分类进损益的其他综合收的增减变动，企业应按持股比例调整股权投资和其他综合收益的账面价值，借记或贷记“长期股权投资——其他综合收益变动”账户，贷记或借记“其他综合收益”账户。

有关业务的举例参见本书第五章投资相关内容，此处不再赘述。

3.以公允价值计量且其变动计入其他综合收益的金融资产（权益工具）的后续计量。以公允价值计量且变动计入其他综合收益的金融资产（权益工具），每个资产负债表日，应按公允价值重新计量。重新计量发生公允价值变动的，企业应按变动额调整金融资产和其他综合收益的账面价值，借记或贷记“其他权益工具投资”账户，贷记或借记“其他综合收益”账户。

有关业务的举例参见本书第五章投资一章，此处不再赘述。

（二）以后会计期间在满足规定条件时将重分类进损益的其他综合收益项目

以后会计期间在满足规定条件时将重分类进损益的其他综合收益项目，主要包括按照权益法核算的在被投资单位以后会计期间在满足规定条件时将重分类进损益的其他综合收益中所享有的份额、以公允价值计量且其变动计入其他综合收益的金融资产（债务工具）公允价值变动形成的利得或损失、金融资产重分类形成的利得损失、现金流量套期工具产生的利得或损失中属于有效套期的部分、外币财务报表折算差额等。

1.自用房地产或存货转换为采用公允价值模式计量的投资性房地产。企业自用房地产或存货转换为采用公允价值模式计量的投资性房地产时，投资性房地产的公允价值高于转换资产账面价值的差额，记入其他综合收益。

企业处置上述情况的投资性房地产时，还应转销其在转换日计入其他综合收益的账面余额，借记“其他综合收益”账户，贷记“其他业务成本”账户。有关业务的举例参见本书第八章投资性房地产和其他长期资产相关内容，此处不再赘述。

2.以公允价值计量且其变动计入其他综合收益的金融资产（债务工具）的后续计量。以公允价值计量且其变动计入其他综合收益的金融资产（债务工具），每个资产负债表日，应按公允价值重新计量。重新计量发生公允价值变动的，企业应按变动额调整金融资产和其他综合收益的账面价值，借记或贷记“其他债权工具投资”账户，贷记或借记“其他综合收益”账户。

处置上述金融资产时，还应转销持有期间公允价值变动累计形成的其他综合收益，借记或贷记“其他综合收益”账户，贷记或借记“投资收益”账户。

有关业务的举例参见本书第五章投资相关内容，此处不再赘述。

3.金融资产重分类。将以公允价值计量且其变动计入其他综合收益的金融资产（债务工具）重分类为以公允价值计量且其变动计入当期损益的金融资产的，原计入其他综合收益的利得或损失转为当期损益，借记或贷记“其他综合收益”账户，贷记或借记“公允价值变动损益”账户。

将以摊余成本计量的金融资产重分类为以公允价值计量且其变动计入其他综合收益的金融资产（债务工具）的，转换计量差额计入其他综合收益；按公允价值，借记“其他债权投资”账户；按金融资产的账面价值，贷记“债权投资”账户；按差额，借记或贷记“其他综合收益——公允价值变动”账户。如果债权投资已计提减值，按减值准备的余额，借记“债权投资减值准备”账户，贷记“其他综合收益——信用减值准备”账户。当处置该债权投资时，将重分类及后续计量形成的其他综合收益转入投资收益。

有关业务的举例参见本书第五章投资相关内容，此处不再赘述。

此外，现金流量套期工具产生的利得或损失中属于有效套期的部分、外币财务报表折算差额，应确认为其他综合收益。具体内容参见本系列教材《高级会计》一书的相关内容。

第四节　留存收益

一、留存收益概述

留存收益是指企业从历年实现的利润中提取或形成的留存于企业内部的积累，是企业税后利润减去所分派的股利后留存企业的部分。

投资者投入企业的资本，通过企业的生产经营活动，不仅要保值，而且要力求增值，即获得盈利。企业的盈利在依法缴纳税费后，剩余部分称为净利润。净利润属于所有者权益，本来可以全部向所有者进行分配，作为投资回报；但出于增加资本、扩充营业规模、留作意外准备、平衡各年利润分配等原因的考虑，《公司法》要求企业留有一定积累，而将其中一部分留下不分，作为股东原始投入资本的补充，以利于企业持续经营、维护债权人利益等。企业历年实现的净利润中累计未分配出去的部分，形成留存收益；其中一部分是拨定用途的，称为盈余公积；另一部分是未拨定用途的，称为未分配利润。

与留存收益相反的是累计亏损，它表明所有者投入资本的耗蚀。企业在经营上发生了亏损，而以前年度积累的留存收益不足以弥补时，账上就会出现赤字。

按照我国《公司法》的规定，公司税后的利润，除国家另有规定者外，应按下列顺序分配：

第一，弥补亏损。法定公积金不足以弥补前期亏损的，应先用当年利润弥补。

第二，提取法定盈余公积金。

第三，提取任意盈余公积金。

第四，向投资人分配利润（企业以前年度未分配的利润，可以并入本年度内向投资人分配）。

对于股份有限公司组织形式的企业，应先按规定分派优先股股利，然后按公司章程或股东会议决议提取任意盈余公积金，最后再根据公司的股利政策分派普通股股利。

税后利润按照上述顺序进行分配以后，其剩余数额即为本期期末未分配利润，作为未拨定用途的留存收益可留待以后年度使用。

二、盈余公积

盈余公积是从税后利润中提取的已拨定用途的留存收益，包括法定盈余公积和任意盈余公积。

法定盈余公积，企业依法按当年实现净利润的10%提取，目的是强制企业积累，约束企业过度分配，增强企业实力，减轻经营风险。累计提取的法定盈余公积数达到公司注册资本的50%时，可不再提取。

任意盈余公积由股东会决定按企业当年实现净利润的一定比例提取，目的是出于实际需要或是采取审慎的经营方针。任意盈余公积是否计提、计提多少完全取决于公司股东会的决定。在发行有优先股的股份有限公司中，持有优先股的股东通常在股东会上不享有表决权，为保护优先股股东的合法权益，在提取法定盈余公积后，任意盈余公积须在支付了优先股股利之后方得提取。

盈余公积的用途主要是弥补亏损和增加资本。值得注意的是：转增股本时需按原股东的持股比例增资；用法定盈余公积转增股本时，转增后留存的法定盈余公积不得低于增资前原注册资本的25%。

盈余公积的形成和使用通过"盈余公积"账户核算。该账户贷方登记按规定提取的盈余公积数，借方登记用盈余公积弥补亏损和转增资本的实际支出数；贷方余额反映企业的盈余公积。由于盈余公积的形成有其不同的来源，所以，"盈余公积"账户按其形成的来源分设"法定盈余公积"和"任意盈余公积"两个明细账户。

【例12-15】某股份有限公司的注册资本为100 000 000元，累计法定盈余公积已达45 200 000元，累计任意盈余公积6 100 000元。2021年实现的税后利润为20 000 000元，按10%的比例提取法定盈余公积，股东会决定按20%的比例提取任意盈余公积。

法定盈余公积提取数＝20 000 000×10%＝2 000 000(元)

任意盈余公积提取数＝20 000 000×20%＝4 000 000(元)

借：利润分配——提取法定盈余公积　　2 000 000
　　　　　　——提取任意盈余公积　　4 000 000
　贷：盈余公积——法定盈余公积　　2 000 000
　　　　　　　——任意盈余公积　　4 000 000

【例12-16】承例12-15，假设上例的股份有限公司经股东大会决议，用法定盈余公积派送新股，每20股派发1股新股，每股面值1元，发行价3元。

可用于转增新股的法定盈余公积数＝45 200 000+2 000 000−100 000 000×25%
＝22 200 000(元)

派送新股的金额＝100 000 000÷20×1＝5 000 000(元)

由于派送新股的金额小于可用于转增新股的盈余公积数，所以可按每20股派送1股新股。实际以盈余公积派送新股时，编制会计分录如下：

借：盈余公积——法定盈余公积　　5 000 000
　贷：股本——普通股　　5 000 000

如果是有限责任公司用法定盈余公积转增资本，应编制借记"盈余公积——法定盈余公积"、贷记"实收资本"账户的会计分录。同时，"实收资本"账户应按现有股东的出资比例分别将各股东的增资额记入其明细账,以保证盈余公积转增资本后原有股东的出资比例不变。

【例12-17】某公司近年经营状况不佳,未弥补亏损达30 000 000元。经股东大会决议,动用以往年度积累的任意盈余公积弥补亏损。弥补亏损时,编制会计分录如下:

借:盈余公积——任意盈余公积 30 000 000

贷:利润分配——盈余公积补亏 30 000 000

三、股利的分派

《公司法》规定,公司以当年税后利润弥补亏损和提取公积金后所余税后利润,由公司根据其股利政策进行分配,其中"所余税后利润"即公司的可供分配利润。股份有限公司对该部分利润一般按股东持股比例进行分配,有限责任公司则按照股东出资比例分配。有限责任公司向股东分配利润的核算比较简单,这里仅对股份有限公司股利的分派加以说明。

(一)股利及其分类

股利是股东从公司的净收益中分得的投资回报,获取股利是股东进行投资的主要目的之一。股利以每股为单位计算,股东所得股利与其所持股份数额成正比,等于其持股数乘以每股股利。企业分派股利须有足够的留存收益,由董事会制定股利分配方案,经股东大会通过方可正式宣告。

公司股利可以按照不同标准进行分类,分为以下类别:

1.优先股股利和普通股股利。股利按分派对象分类,可分为:①优先股股利,是指有既定的股利率,不随公司业绩的好坏而波动,且优先股股利的支付要先于普通股的股利。②普通股股利,是指无规定的股利率,股利多少依公司业绩和股利政策而定,并且只有在发放了优先股股利之后,方可发放的股利。

2.现金股利、股票股利、财产股利和负债股利。股利按分派形式分类,可分为:①现金股利,是指以现金形式分派的股利。这是一种最常见的股利分派形式。公司分派现金股利时,除了要有足够的留存收益外,还必须有充足的现金。企业发放现金股利的多寡,会影响其股票在市场上的价格。②股票股利,是指以公司所增发的股票分派的股利。股票股利并不影响公司的资产和负债,股东权益总额仍保持不变,只是股东权益中两个项目之间发生增减变化。因此,分派股票股利对公司而言,既可以使股东得到一定的满足,又不减弱公司的财力,还可以增加流通在外的股票股数,使市价下降,从而有利于股票的流通。它和现金股利都是公司分派股利方案中的主要选择。③财产股利,是指以非货币资产分派的股利。财产股利可以是有价证券、不动产和存货等资产,其中以有价证券分派股利最为常见。④负债股利,是指以公司发行的债券或应付票据等分派的股利。负债股利的票据通常是带息的,并规定一定的到期日。发放负债股利,是公司已经宣告并须立即发放股利,而又面临现金不足时所采取推迟支付股利的权宜之策。由于公司通常可以推迟做出分派股利的宣告,或推迟支付股利的日期,所以负债股利事实上很少见。

需要指出的是,在公司无留存收益的情况下,以现金或公司其他资产形式分配的股利,称为清算股利。清算股利不是真正的股利,其实质是资本的返还。

(二)分派股利的有关日期

1.宣告日。它是指股东大会宣告分派股利的当天。由于公司宣告分派股利后,即产生了向股东支付股利的义务,所以在宣告日,公司就要对此项股利作为负债予以登记。

2.股权登记日。它是指宣告分派股利后,公司规定股东为获取此次股利而办理过户登记手续的最后日期。凡在截止日前在册股东才有权获得此次分派的股利。

3.除权或除息日。它是指划分含权或含息股票和除权或除息股票的日期。它通常为股权登记日的次交易日。所谓权,指股东获取转增股和配股的权利;所谓息,指股东获取股息的权利。此前,股东持有的股票含有公司一年来增股、配股及获取股利的权利,称为含权股或含息股;此后,当这些权利实现以后,持有或购进的股票就不再享有这种权利了,称为除权股或除息股。通常,除权、除息日的开盘股价与前一日的收盘股价之间会有一个自然的落差。

4.股利发放日。它是指将股利正式发放给股东的日期,亦称付息日。从这一天开始的一段时间内,公司将通过各种手段将股利付给股东,同时冲销股利负债。

由于目前证券交易所大都采用了先进的计算机处理技术,对于各项股票交易业务,经检索很快就能确定某一时点拥有公司股票的股东名称及其账号,所以股东并不需要亲临交易所或证券公司办理登记手续。股权登记日和股利发放日也可能是同一天。

(三)股利分派的账务处理

1.现金股利。公司宣告分派现金股利形成流动负债,使股东权益减少;发放现金股利使公司债务消失并减少现金。在宣告日,公司按股利分配政策计算的股利金额,应借记"利润分配——应付现金股利"账户,贷记"应付股利"账户。发放日,按发放的金额,借记"应付股利——应付现金股利"账户,贷记"银行存款"等账户。

【例 12-18】某股份有限公司的股票有普通股 60 000 000 股。2021 年 12 月 20 日,股东大会宣告以当年税后利润分派现金股利,普通股每股 0.06 元。股权登记日为 2021 年 12 月 31 日,股利发放日为 2022 年 1 月 10 日。编制会计分录如下:

(1)宣告日登记对股东的负债:

借:利润分配——应付现金股利　　3 600 000

　贷:应付股利——普通股股利　　3 600 000

(2)股利发放日发放股利时:

借:应付股利——普通股股利　　3 600 000

贷:银行存款　　3 600 000

2.股票股利。股票股利又称为分红股或送股,是公司无偿向普通股股东增发的普通股股票。它是将股东权益内部的一个项目转化为另一个项目,即减少了未分配利润,增加了股本,实质是将利润永久资本化。股票股利的分派不影响公司的资产和负债,也不影响股东权益的总额。

分派股票股利,股东所持的股票数量增加,但其持股比例不变,除非因零股的存在使其有极其轻微的改变。

股票股利的计价,在理论上可以按股票的面值计价,也可以按股票的公允价值计价。我国通行的做法是按面值计价。这种方法认为,发放股票股利是股东之间关于所有者权益结构安排的更新,而不是与外界的交易。因此,股东权益不同项目之间的转账应符合实际成本会计原则。

分派股票股利与分派现金股利利润分配确认日期不同。由于股东大会通过批准股票股利分配方案后,还需进行注册资本变更的申请登记工作,所以在宣告日无须做账务处理,仅在当期会计报表附注中说明即可,待办理好有关手续,进行变更登记并公告时直接进行账务处理。在办理增资手续后,按股利分配政策确定的应分配给股东的股票股利,应借记“利润分配——转作股本的股利”账户,贷记“股本”账户。

【例 12-19】某股份有限公司有面值 1 元的普通股 10 000 万股。2021 年 3 月 20 日,董事会宣告以当年所获税后利润分派股利,股票股利为每 10 股普通股送 1 股红股,增发普通股 1 000万股,每股面值 1 元,2021 年 4 月 30 日公司办好有关增资手续,进行股权登记。

未分派股票股利前股东权益如表 12-4 所示。

表 12-4　　单位:元

项目	股本	资本公积	盈余公积	未分配利润	合计
金额	100 000 000	50 000 000	40 000 000	13 400 000	203 400 000

在办理增资手续后,编制会计分录如下:

借:利润分配——转作股本的股利　　10 000 000

　贷:股本——普通股　　10 000 000

分派股票股利后股东权益如表 12-5 所示。

表 12-5　　单位:元

项目	股本	资本公积	盈余公积	未分配利润	合计
金额	110 000 000	50 000 000	40 000 000	3 400 000	203 400 000

3.其他股利。绝大多数股利是以现金股利或股票股利形式发放的,但有时也可能采用其他形式发放股利。

(1)财产股利。以股东可以接受的非现金资产支付的股利称为财产股利,财产的价值也就是股利计价的依据。常见的财产股利是有价证券。在宣告发放这类股利时,应按其公允价值而不是账面价值来记录和计算发放的股利。抵作股利资产的账面价值与其公允市价之间的差额,应作为当期损益处理。

(2)负债股利。有时公司已宣告分派现金股利,但在发放股利的期间,因临时现金不足,难以支付,作为权宜之计也可向股东(尤其是法人股东)开出短期应付票据或临时借据,在约定的日期付款。这种股利称为负债股利。发放股利时,公司应将应付股利转为应付票据或其他应付款。

四、未分配利润

未分配利润是指企业留待以后年度进行分配的留存收益。作为所有者权益的组成部分,相对于所有者权益的其他部分来说,未分配利润有两层含义:一是本年未予分配留待以后年度处理;二是未拨定特定的用途,在使用分配上有较大的选择性。

未分配利润从数量上讲,它是企业实现的净利润(或亏损)在经过一系列分配后的结余部分。由于企业的生产经营活动是连续不断的,当年未分配利润(或亏损)结转到下一年度,又要与下一年度的净利润(或亏损)一起参加分配,分配后的结余部分又会形成新的未分配利润(或未弥补亏损)。因此,未分配利润是历年的累积数,用公式表示如下:

年末未分配利润=年初未分配利润(或未弥补亏损)+本年净利润(或亏损)-本年分配利润合计(或盈余公积转入数)

式中,本年分配利润合计包括本年提取的各项盈余公积和分给企业所有者的利润。另外,公式中括号内的数字应以负数表示。

对企业历年未分配利润或未弥补亏损的余额通过"利润分配"账户所属"未分配利润"明细账户核算。年终,将本年实现的利润或发生的亏损从"本年利润"账户转入"利润分配——未分配利润"账户;若为利润,转入"利润分配——未分配利润"账户的贷方;若为亏损,转入"利润分配——未分配利润"账户的借方。然后,将"利润分配"账户所属其他明细账户的余额分别转入"未分配利润"明细账户,其中将"提取法定盈余公积""提取任意盈余公积""应付现金股利或利润""转作股本的股利"各明细账户的余额作为本年利润分配数转入"未分配利润"明细账户的借方,"盈余公积补亏"明细账户的余额作为对亏损的弥补数转入"未分配利润"明细账户的贷方;完成上述结转后,"利润分配"账户所属"未分配利润"明细账户贷方余额反映企业历年未分配利润的金额,借方余额反映历年未弥补亏损的金额。

【例 12-20】2021 年初,某股份有限公司未分配利润为 40 000 000 元,本年共实现净利润 50 000 000 元,提取法定盈余公积 5 000 000 元,发放普通股现金股利 14 000 000 元,发放普通股股票股利 20 000 000 元。年终结转利润、利润分配并计算年末未分配利润的数额。编制会计分录如下:

(1)结转本年实现的利润:

借:本年利润 50 000 000

　贷:利润分配——未分配利润 50 000 000

(2)结转全年利润分配额:

借:利润分配——未分配利润 39 000 000

　贷:利润分配——提取法定盈余公积 5 000 000

　　　　　　——应付现金股利 14 000 000

　　　　　　——转作股本的股利 20 000 000

年末未分配利润 = 40 000 000+50 000 000−39 000 000 = 51 000 000(元)

五、弥补亏损

企业在生产经营中可能盈利,也可能亏损。亏损作为净资产的减少,说明所有者权益因经营失败而遭到耗蚀。

企业未弥补亏损在“利润分配——未分配利润”账户的借方反映。所谓弥补亏损,就是以所有者权益中的适当项目去冲抵“利润分配——未分配利润”账户的借方余额。

弥补亏损可采用三种方式:一是用以后年度税前利润弥补,税前利润弥补会影响国家的税收,所以有规定的期限,不得超过法定的年限;二是用以后年度税后利润弥补;三是用盈余公积弥补。

企业无论以税前利润还是以税后利润弥补亏损,其会计处理方法相同,都不需要进行专门的会计处理,只要将企业当年实现的利润,自“本年利润”账户转入“利润分配——未分配利润”账户的贷方,即可与该账户期初借方余额也就是年初需弥补的亏损自然抵补。所不同的是,两者计算缴纳所得税时的处理不同。如果以税前利润弥补亏损,其弥补亏损的数额可以抵减当期企业应纳税所得额;而以税后利润弥补亏损的数额,则不能作为纳税所得扣除。

用盈余公积弥补的会计处理参见前述盈余公积的相关内容。

【例 12-21】2014 年某公司发生经营亏损 6 000 000 元。假定自 2015 年至 2021 年每年均实现利润 1 000 000 元,而且各年都无纳税调整事项,税法允许 5 年内以税前利润弥补亏损。各年账务处理如下:

2014 年结转发生的亏损时,编制会计分录如下:

借:利润分配——未分配利润　　6 000 000

　贷:本年利润　　6 000 000

2015—2019 年 5 年之间以税前利润弥补亏损时,编制会计分录如下:

借:本年利润　　1 000 000

　贷:利润分配——未分配利润　　1 000 000

以上分录共编 5 期,每年弥补亏损 1 000 000 元,至 2019 年年末公司亏损额尚余 1 000 000元(6 000 000-1 000 000×5)。2020 年因已超过税前弥补的延续期,需先计算缴纳所得税,用税后利润弥补,编制会计分录如下。

(1)确认应交所得税:

应交所得税额=1 000 000×25%=250 000(元)

借:所得税费用　　250 000

　贷:应交税费——应交所得税　　250 000

(2)结转本年所得税:

借:本年利润　　250 000

　贷:所得税费用　　250 000

(3)结转本年利润,弥补亏损:

借:本年利润　　750 000

　贷:利润分配——未分配利润　　750 000

2021 年编制相同的会计分录,用税后利润弥补。

经上述弥补亏损,至 2021 年年末,"利润分配——未分配利润"账户核算结果为贷方余额 500 000 元(1 000 000-750 000×2),表示以前亏损已全部弥补,尚存未分配利润 500 000 元。

第五节　会计政策、会计估计变更和前期差错更正

一、会计政策变更

(一)会计政策

会计政策,是指企业在会计确认、计量和报告中所采用的原则、基础和会计处理方法。所谓原则,是指按照企业会计准则规定的、适合于企业会计要素确认过程所采用的具体会计原则。例如,商品销售必须同时具备五个条件才能确认收入,即为商品销售收

入确认的具体原则。所谓基础,是指为了将会计原则应用于交易或者事项而采用的基础,主要是计量基础(即计量属性),包括历史成本、重置成本、可变现净值、现值和公允价值等。例如,投资性房地产采用成本计量或公允价值计量,即为投资性房地产的计量基础。所谓会计处理方法,是指企业在会计核算中按照法律、行政法规或者国家统一的会计制度等规定采用或者选择的、适合于本企业的具体会计处理方法。例如,长期股权投资采用成本法或权益法核算,即为长期股权投资后续计量的会计处理方法。

企业采用的会计政策应在财务报表附注中予以披露,常见的会计政策如下:

(1)发出存货成本的计量,是指企业确定发出存货成本所采用的会计处理。例如,企业发出存货成本的计量是采用先进先出法,还是采用其他计量方法。

(2)长期股权投资的后续计量,是指企业取得长期股权投资后的会计处理。例如,企业对被投资单位的长期股权投资是采用成本法,还是采用权益法核算。

(3)投资性房地产的后续计量,是指企业在资产负债表日对投资性房地产进行后续计量所采用的会计处理。例如,企业对投资性房地产的后续计量是采用成本模式,还是公允价值模式。

(4)固定资产的初始计量,是指对取得的固定资产初始成本的计量。例如,企业取得的固定资产初始成本是以购买价款,还是以购买价款的现值为基础进行计量。

(5)生物资产的初始计量,是指对取得的生物资产初始成本的计量。例如,企业为取得生物资产而产生的借款费用,应当予以资本化,还是计入当期损益。

(6)无形资产的确认,是指对无形项目的支出是否确认为无形资产。例如,企业内部研究开发项目开发阶段的支出是确认为无形资产,还是在发生时计入当期损益。

(7)非货币性资产交换的计量,是指非货币性资产交换事项中对换入资产成本的计量。例如,非货币性资产交换是以换出资产的公允价值作为确定换入资产成本的基础,还是以换出资产的账面价值作为确定换入资产成本的基础。

(8)收入的确认,是指收入确认所采用的会计原则。例如,企业确认收入时要同时满足已将商品所有权上的主要风险和报酬转移给购货方、收入的金额能够可靠地计量、相关经济利益很可能流入企业等条件。

(9)合同收入与费用的确认,是指确认建造合同的收入和费用所采用的会计处理方法。例如,企业确认建造合同的合同收入和合同费用采用完工百分比法。

(10)借款费用的处理,是指借款费用的会计处理方法,即是采用资本化,还是采用费用化。

(11)合并政策,是指编制合并财务报表所采纳的原则。例如,母公司与子公司的会计年度不一致的处理原则;合并范围的确定原则等。

(12)其他重要的会计政策。

(二)会计政策变更

会计政策变更,是指企业对相同的交易或者事项由原来采用的会计政策改用另一会计政策的行为。通常企业采用的会计政策不得随意变更,应当保持前后各期一致,以保证会计信息的可比性,使财务报表使用者在比较企业一个以上期间的财务报表时,能够正确判断企业的财务状况、经营成果和现金流量的趋势。出现以下两种情况,企业才可以变更会计政策:

1.法律、行政法规或者国家统一的会计制度等要求变更。这种情况是指,按照法律、行政法规以及国家统一的会计制度的规定,要求企业采用新的会计政策,则企业应当按照法律、行政法规以及国家统一的会计制度的规定改变原会计政策,按照新的会计政策执行。例如:《企业会计准则第6号——无形资产》规定,自行研发的无形资产划分为研究阶段和开发阶段,研究阶段发生的支出,予以费用化;在开发阶段发生的支出符合资本化条件的,予以资本化,不符合资本化条件的,予以费用化。这就要求执行企业会计准则的企业按照新规定,将原来全部开发支出费用化改为开发阶段满足资本化条件的,变更原有会计政策。

2.会计政策变更能够提供更可靠、更相关的会计信息。由于经济环境、客观情况的改变,使企业原采用的会计政策所提供的会计信息,已不能恰当地反映企业的财务状况、经营成果和现金流量等情况。在这种情况下,应改变原有会计政策,按变更后新的会计政策进行会计处理,以便对外提供更可靠、更相关的会计信息。例如:某企业一直采用成本模式对投资性房地产进行后续计量,如果企业能够从房地产交易市场上持续地取得同类或类似房地产的市场价格及其他相关信息,从而能够对投资性房地产的公允价值做出合理的估计,此时采用公允价值模式对投资性房地产进行后续计量可以更好地反映其价值。这种情况下,该企业可以将投资性房地产的后续计量方法由成本模式变更为公允价值模式。

需要注意的是,企业应当正确认定属于会计政策变更的情形。下列两种情况不属于会计政策变更:

(1)本期发生的交易或者事项与以前相比具有本质差别而采用新的会计政策。例如:某企业以往购入的设备在报废时不需要恢复环境,企业对固定资产初始入账价值按取得设备达到预定可使用状态的成本计量;但自本年度起企业为生产新产品购入的设备按相关环境法律要求,在设备报废时要恢复环境,企业对固定资产初始入账价值按取得设备达到预定可使用状态的成本和预计弃置费用的现值之和计量。固定资产是否负有弃置义务,企业付出的代价是不同的。该企业自本年度购入的设备负有弃置义务,初始成本的计量中增加了弃置费用的现值,不属于会计政策变更。

(2)对初次发生的或不重要的交易或者事项采用新的会计政策。例如:某企业原主营物流业务,为进行多元化经营,开展软件开发业务,初次签订软件开发合同,为另一企业开发软件,为期两年,该企业对该项软件开发合同采用完工百分比法确认收入。由于该企业初次发生该项交易,采用完工百分比法确认该项交易的收入,不属于会计政策变更。

(三)会计政策变更的会计处理

1.会计政策变更的会计处理原则。企业会计政策变更应分别根据具体情况做不同的会计处理:

(1)在法律、行政法规或者国家统一的会计制度等要求变更的情况下,企业应当分别按不同的情况进行处理:①国家发布相关的会计处理办法,则按照国家发布的相关会计处理规定进行处理。②国家没有发布相关的会计处理办法,则采用追溯调整法进行会计处理。

(2)在会计政策变更能够提供更可靠、更相关的会计信息的情况下,企业应当采用追溯调整法进行会计处理,将会计政策变更累积影响数调整列报前期最早期初留存收益,其他相关项目的期初余额和列报前期披露的其他比较数据也应当一并调整。

(3)确定会计政策变更对列报前期影响数不切实可行的,应当从可追溯调整的最早期间期初开始应用变更后的会计政策。

(4)在当期期初确定会计政策变更对以前各期累积影响数不切实可行的,应当采用未来适用法处理。

2.追溯调整法。追溯调整法,是指对某项交易或事项变更会计政策,视同该项交易或事项初次发生时,即采用变更后的会计政策,并以此对财务报表相关项目进行调整的方法。

追溯调整法的运用通常由以下几步构成:

第一步,计算会计政策变更的累积影响数;

第二步,编制相关项目的调整分录;

第三步,调整列报前期最早期初财务报表相关项目及其金额;

第四步,附注说明。

采用追溯调整法时,对于比较财务报表期间的会计政策变更,应调整各期间净损益各项目和财务报表其他相关项目,视同该政策在比较财务报表期间上一直采用。对于比较财务报表可比期间以前的会计政策变更的累积影响数,应调整比较财务报表最早期间的期初留存收益,财务报表其他相关项目的数字也应一并调整。因此,追溯调整法,是将会计政策变更的累积影响数调整列报前期最早期初留存收益,而不计入当期损益。但确定会计政策变更对列报前期影响数不切实可行的,应从可追溯调整的最早期间期初开始应用变更后的会计政策。

会计政策变更累积影响数,是指按照变更后的会计政策对以前各期追溯计算的列报前期最早期初留存收益应有金额与现有金额之间的差额。根据上述定义的表述,会计政策变更的累积影响数可以分解为以下两个金额之间的差额:①在变更会计政策当期,按变更后的会计政策对以前各期追溯计算,所得到列报前期最早期初留存收益金额;②在变更会计政策当期,列报前期最早期初留存收益金额。

累积影响数通常可以通过以下各步计算获得:

第一步,根据新会计政策重新计算受影响的前期交易或事项;

第二步,计算两种会计政策下的差异;

第三步,计算差异的所得税影响金额;

第四步,确定前期中的每一期的税后差异;

第五步,计算会计政策变更的累积影响数。

【例 12-22】阳光公司 2019 年 1 月 1 日将一座建设完工的写字楼出租,采用成本计量,该写字楼原值 50 000 000 元,预计净残值为 0,预计使用寿命 50 年,采用年限平均法计提折旧。房屋出租 3 年后,企业认为出租的房屋楼采用公允价值计量更能客观地反映资产的价值,而且企业可以从活跃的房产市场上持续获得类似资产的公允价值,自 2022 年 1 月 1 日起,将出租房屋改为公允价值计量。企业所得税税率为 25%,按 10% 提取法定盈余公积。该公司发行股票份额为 500 000 000 股。投资性房地产的成本及公允价值如表 12-6 所示。

表 12-6 投资性房地产成本及公允价值 单位:元

时间	成本	公允价值
2019.01.01	50 000 000	80 000 000
2019.12.31	49 000 000	86 000 000
2020.12.31	48 000 000	92 000 000
2021.12.31	47 000 000	97 000 000

注:成本计量模式下年折旧额 = 50 000 000÷50 = 1 000 000(元)。

根据上述资料,阳光公司的会计处理如下:

(1)计算投资性房地产改变计量模式后的累计影响数。参见表 12-7。

表 12-7 投资性房地产改变计量模式后的累计影响数 单位:元

时间	公允价值	成本	税前差异	所得税影响	税后差异
2020.12.31	92 000 000	48 000 000	44 000 000	11 000 000	33 000 000

续表

时间	公允价值	成本	税前差异	所得税影响	税后差异
2021.12.31	97 000 000	47 000 000	50 000 000	12 500 000	37 500 000

阳光公司 2022 年 12 月 31 日的比较财务报表列报最早期初为 2021 年 1 月 1 日。

(2)编制有关项目调整分录。

①2020 年:

调整投资性房地产:

借:投资性房地产——公允价值变动　　42 000 000

　投资性房地产——累计折旧　　2 000 000

　贷:利润分配——未分配利润　　33 000 000

　　递延所得税负债　　11 000 000

调整利润分配:

借:利润分配——未分配利润　　3 300 000

　贷:盈余公积　　3 300 000

②2021 年:

调整投资性房地产:

借:投资性房地产——公允价值变动　　5 000 000

　投资性房地产——累计折旧　　1 000 000

　贷:利润分配——未分配利润　　4 500 000

　　递延所得税负债　　1 500 000

调整利润分配:

借:利润分配——未分配利润　　450 000

　贷:盈余公积　　450 000

(3)财务报表调整和重述。阳光公司在列报 2022 年报表时,对以下报表相关项目予以调整重述。

①调整 2022 年资产负债表相关项目的年初数。相关项目的调整:调增投资性房地产年初数 50 000 000 元,调增递延所得税负债的年初数 12 500 000 元,调增盈余公积的年初数 3 750 000 元,调增未分配利润的年初数 33 750 000 元。

②调整 2022 年利润表相关项目的上年数,相关项目的调整:调减其他业务成本上年数 1 000 000 元,调增公允价值变动损益上年数 5 000 000 元,调增所得税费用上年数 1 000 000 元,调增基本每股收益上年金额 0.009 元。

③调整 2022 年所有者权益变动表相关项目的上年数和本年数,相关项目的调整:调

增会计政策变更项目中盈余公积上年数 3 300 000 元、未分配利润上年数 29 700 000 元、所有者权益上年数 33 00 000 元。调增会计政策变更项目中盈余公积本年数 3 750 000 元,调增未分配利润本年数 33 750 000 元,调增所有者权益本年数 37 500 000 元。

(4)附注说明。本公司 2022 年将投资房地产从成本计量模式改为公允价值计量模式,以客观反映投资性房地产价值。此项会计政策变更采用追溯调整法,2022 年比较财务报表已重新表述。2021 年期初运用新会计政策追溯计算的会计政策变更累积影响数为 33 000 000 元,调增 2021 年的期初留存收益 33 000 000 元,其中:调增未分配利润 29 700 000 元,调增盈余公积 3 300 000 元。会计政策变更对 2022 年度财务报表影响为调增期初留存收益 37 500 000 元,其中:调增期初未分配利润 33 750 000 元,调增期初盈余公积 3 750 000 元,调增上年净利润 4 500 000 元。

3.未来适用法。未来适用法,是指将变更后的会计政策应用于变更日及以后发生的交易或者事项,或者在会计估计变更当期和未来期间确认会计估计变更影响数的方法。

在未来适用法下,不需要计算会计政策变更产生的累积影响数,也无须重编以前年度的财务报表。企业会计账簿记录及财务报表上反映的金额,变更之日仍保留原有的金额,不因会计政策变更而改变以前年度的既定结果,并在现有金额的基础上再按新的会计政策进行核算。

二、会计估计变更

(一)会计估计

会计估计,是指企业对结果不确定的交易或者事项以最近可利用的信息为基础所做的判断。由于商业活动中内在的不确定因素影响,许多财务报表中的项目不能精确地计量,只能加以估计。

企业采用的会计估计应在财务报表附注中予以披露。常见的会计估计如下:

1.存货可变现净值的确定。

2.采用公允价值模式下的投资性房地产公允价值的确定。

3.固定资产的使用寿命、预计净残值和折旧方法、弃置费用的确定。

4.消耗性生物资产可变现净值的确定,生物资产的预计使用寿命、预计净残值和折旧方法的确定。

5.使用寿命有限的无形资产的预计使用寿命、残值、摊销方法。

6.非货币性资产公允价值的确定。

7.固定资产、无形资产、长期股权投资等非流动资产可回收金额的确定。

8.职工薪酬金额的确定。

9.与股份支付相关的公允价值的确定。

10.与债务重组相关的公允价值的确定。

11.预计负债金额的确定。

12.收入金额的确定、提供劳务完工进度的确定。

13.建造合同完工进度的确定。

14.与政府补助相关的公允价值的确定。

15.一般借款资本化金额的确定。

16.应纳税暂时性差异和可抵扣暂时性差异的确定。

17.与非同一控制下的企业合并相关的公允价值的确定。

18.租赁资产公允价值的确定、最低租赁付款额现值的确定、承租人融资租赁折现率的确定、融资费用和融资收入的确定、未担保余值的确定。

19.与金融工具相关的公允价值的确定、摊余成本的确定、金融减值损失的确定。

20.继续涉入所转移金融资产程度的确定、金融资产所有权上风险和报酬转移程度的确定。

21.套期工具和被套期项目公允价值的确定。

22.保险合同准备金的计算及充足性测试。

23.探明矿区权益、井及相关设施的折耗计提方法,与油气开采活动相关的辅助设备及设施的折旧方法、弃置费用的确定。

(二)会计估计变更

会计估计变更,是指由于资产和负债的当前状况及预期经济利益和义务发生了变化,从而对资产或负债的账面价值或者资产的定期消耗金额进行调整。由于企业经营活动中内在的不确定因素,许多财务报表项目不能准确地计量,只能加以估计。随着时间的推移,如果赖以进行估计的基础发生变化,需要对会计估计进行修订。会计估计变更的情形包括:

1.赖以进行估计的基础发生了变化。企业进行会计估计,总是依赖于一定的基础。如果其所依赖的基础发生了变化,则会计估计也应相应发生变化。例如,某企业的一项固定资产折旧年限原定为10年,以后发生的情况表明该资产的使用年限为8年,相应调减摊销年限。

2.取得了新的信息、积累了更多的经验。企业进行会计估计是就现有资料对未来所做的判断,随着时间的推移,企业有可能取得新的信息、积累更多的经验,在这种情况下,企业可能不得不对会计估计进行修订。例如,某企业原根据当时能够得到的信息,对某应收账款按10%的比例提取坏账准备,现在掌握了新的信息,判定应收账款不能收回的比例已达6%,企业改按6%的比例计提坏账准备。

(三)会计估计变更的会计处理

企业对会计估计变更应当采用未来适用法处理,其处理方法为:

1.会计估计变更仅影响变更当期的,其影响数应当在变更当期予以确认。

2.既影响变更当期又影响未来期间的,其影响数应当在变更当期和未来期间予以确认。

企业应当在附注中披露与会计估计变更有关的下列信息:

(1)会计估计变更的内容和原因,包括变更的内容、变更日期以及会计估计变更的原因。

(2)会计估计变更对当期和未来期间的影响数,包括会计估计变更对当期和未来期间损益的影响金额,以及对其他各项目的影响金额。

(3)会计估计变更的影响数不能确定的,披露这一事实和原因。

【例 12-23】南洋公司一台管理用设备,原始价值为 1 500 000 元,预计使用寿命为 10 年,净残值为 50 000 元,自 2017 年 1 月 1 日起按直线法计提折旧,预计使用 10 年。2021 年 1 月,由于技术更新,需要对该设备原预计使用寿命和净残值做出修正,修改后的预计使用寿命为 7 年,净残值为 20 000 元。公司所得税税率为 25%,假定税法允许按变更后的折旧额在税前扣除。南洋公司对上述会计估计变更的会计处理如下:

(1)不调整以前各期折旧,也不计算累积影响数。

(2)变更日以后发生的经济业务改按新估计使用寿命提取折旧。

按原估计,每年折旧额为 145 000 元[(1 500 000-50 000)÷10],已提折旧 4 年,共计 580 000 元,固定资产净值为 920 000 元,则第 5 年相关科目的期初余额如下:

固定资产	1 500 000
减:累计折旧	580 000
固定资产净值	920 000

改变估计使用寿命后,2021 年 1 月起每年计提的折旧费用为 300 000 元[(920 000-20 000)÷(7-4)]。2021 年不必对以前年度已提折旧进行调整,只需按重新预计的尚可使用寿命和净残值计算确定的年折旧费用,编制会计分录如下:

借:管理费用　　300 000

　贷:累计折旧　　300 000

(3)附注说明:

本公司一台管理用设备,原始价值为 1 500 000 元,原预计使用寿命为 10 年,预计净残值为 50 000 元,按直线法计提折旧。由于新技术的发展,该设备已不能按原预计使用寿命计提折旧,本公司于 2021 年初变更该设备的使用寿命为 7 年,预计净残值为 20 000 元,以反映该设备的真实耐用寿命和净残值。此估计变更影响本年度净利润减少数为 116 250 元[(300 000-145 000)×(1-25%)]。

(四)会计政策变更与会计估计变更的划分

企业应当正确划分会计政策变更与会计估计变更,并按照不同的方法进行相关会计处理。企业应当以变更事项的会计确认、计量基础和列报项目是否发生变更,作为判断该变更是会计政策变更还是会计估计变更的划分基础。

1.以会计确认是否发生变更作为判断基础。会计要素的确认标准,是会计处理的首要环节。对会计确认的指定或选择是会计政策,其相应的变更是会计政策变更。会计确认的变更一般会引起列报项目的变更。例如,某企业在前期对出租的房屋确认为固定资产,而当期对出租的房屋确认为投资性房地产,该事项中会计确认发生了变化,所以该变更属于会计政策变更。

2.以计量基础是否发生变更作为判断基础。历史成本、重置成本、可变现净值、现值和公允价值 5 项会计计量属性,是会计处理的计量基础。通常对计量基础的指定或选择是会计政策,其相应的变更是会计政策变更。例如,某企业在前期对购入的价款超过正常信用条件延期支付的固定资产初始计量采用历史成本,而当期该类固定资产的初始成本应以购买价款的现值为基础确定。该事项中会计计量发生了变化,所以该变更属于会计政策变更。

3.以列报项目是否发生变更作为判断基础。财务报表列报是会计处理的最终环节,通常对列报项目的指定或选择是会计政策,其相应的变更是会计政策变更。在会计实务中,有时列报项目的变更往往伴随着会计确认的变更或者相反。例如,某企业前期将固定资产弃置费用列入营业外支出,当期将弃置费用的现值计入固定资产初始成本,该事项中列报项目发生了变化,所以该变更属于会计政策变更。该事项同时也引起会计确认变更。

4.根据会计确认、计量基础和列报项目所选择的、为取得与该项目有关的金额或数值所采用的处理方法,不是会计政策,而是会计估计,其相应的变更是会计估计变更。例如,某企业对投资性房地产采用公允价值进行计量,在资产负债表日需要根据活跃的房地产市场上类似资产的市场价格,对企业拥有的投资性房地产的公允价值进行估计,以此为基础确定的公允价值的数额为会计估计。

企业应当严格划分会计政策变更和会计估计变更,并按不同的方法进行相关会计处理。企业通过判断会计政策变更和会计估计变更划分基础仍然难以对某项变更进行区分的,应当将其作为会计估计变更处理。

三、前期差错更正

(一)前期差错

前期差错,是指由于没有运用或错误运用两种信息,而对前期财务报表造成省略、漏报或错报。这两种信息包括:其一,编报前期财务报表时预期能够取得并加以考虑的可靠信息。其二,前期财务报告批准报出时能够取得的可靠信息。

前期差错通常有以下几种情形:

1.计算错误。例如,因计算差错造成的少提折旧。

2.应用会计政策错误。例如,对被投资单位有重大影响的长期股权投资采用成本法核算。

3.疏忽或曲解事实以及舞弊产生的影响。例如,将不符合资本化条件的借款费用予以资本化。

4.固定资产盘盈。例如,固定资产盘盈收益计入当期损益入账。

(二)前期差错重要性的判断

企业发生的前期差错按是否会引起报表使用者对报表的误判,分为重要的前期差错和不重要的前期差错。

重要的前期差错,是指足以影响财务报表使用者对企业财务状况、经营成果和现金流量做出正确判断的前期差错。不重要的前期差错,是指不足以影响财务报表使用者对企业财务状况、经营成果和现金流量做出正确判断的前期差错。

前期差错的重要性取决于在相关环境下对遗漏或错误表述的规模和性质的判断。前期差错所影响的财务报表项目的金额或性质,是判断该前期差错是否具有重要性的决定性因素。一般来说,前期差错所影响的财务报表项目的金额越大、性质越严重,其重要性水平越高。

企业应当严格区分会计估计变更和前期差错更正,对于前期根据当时的信息、假设等做了合理估计,在当期按照新的信息、假设等需要对前期估计金额做出变更的,应当作为会计估计变更处理,不应作为前期差错更正处理。

(三)前期差错更正的会计处理

1.不重要的前期差错的会计处理。对于不重要的前期差错,企业不需调整财务报表相关项目的期初数,但应调整发现当期与前期相同的相关项目。属于影响损益的,应直接计入本期与上期相同的净损益项目;属于不影响损益的,应调整本期与前期相同的相关项目。

【例 12-24】锦江公司于 2021 年 12 月进行财产清查时发现,企业将 2020 年 12 月购入的一台价值 7 200 元的办公用设备误作为低值易耗品采用一次摊销于 2020 年计

入了当期费用。该公司固定资产折旧采用直线法,该办公设备估计使用年限为5年,预计净残值为0。更正此差错的会计分录如下:

借:固定资产　　7 200
　贷:管理费用　　5 760
　　累计折旧　　1 440

2.重要的前期差错的会计处理。对于重要的前期差错,采用追溯重述法更正重要的前期差错,但确定前期差错累积影响数不切实可行的除外。

追溯重述法,是指在发现前期差错时,视同该项前期差错从未发生过,从而对财务报表相关项目进行更正的方法。

企业应当在其发现当期的财务报表中,调整前期比较数据,通过下述处理对其进行追溯更正:①追溯重述差错发生期间列报的前期比较金额;②如果前期差错发生在列报的最早前期之前,则追溯重述列报的最早前期的资产、负债和所有者权益相关项目的期初余额。

重要前期差错在追溯更正中,涉及损益的,应将其对损益的影响数调整发现当期的期初留存收益,财务报表其他相关项目的期初数也应一并调整;不影响损益的,应调整财务报表相关项目的期初数。在编制比较财务报表时,对于比较财务报表期间的重要的前期差错,应调整该期间的净损益和其他相关项目,视同该差错在产生的当期已经更正;对于比较财务报表期间以前的重要的前期差错,应调整比较财务报表最早期间的期初留存收益,财务报表其他相关项目的数字也应一并调整。

确定前期差错影响数不切实可行的,可以从可追溯重述的最早期间开始调整留存收益的期初余额,财务报表其他相关项目的期初余额也应当一并调整,也可以采用未来适用法。当企业确定前期差错对列报的一个或者多个前期比较信息的特定期间的累积影响数不切实可行时,应当追溯重述切实可行的最早期间的资产、负债和所有者权益相关项目的期初余额(可能是当期);当企业在当期期初确定前期差错对所有前期的累积影响数不切实可行时,应当从确定前期差错影响数切实可行的最早日期开始采用未来适用法追溯重述比较信息。

对于追溯更正前期重大差错,影响损益的应调整前期损益,由于以前年度账目已结清,无法对以前年度的账面记录进行更改和补充,因此涉及调整以前年度损益的事项应通过"以前年度损益调整"账户核算。其贷方登记调整以前年度因少计收入、多计费用而增加的利润或减少的亏损数额,借方登记调整以前年度因多计收入、少计费用减少的利润或增加的亏损数额。因调整以前年度损益增加的所得税费用,记入该账户的借方;因调整以前年度损益减少的所得税费用,记入该账户的贷方。经上述调整后,期末,企业应将"以前年度损益调整"账户的余额转出,转入"利润分配——未分配利润"账户,结转后该账户无余额。

需要注意的是，为了保证经营活动的正常进行，企业应当建立健全内部稽核制度，保证会计资料的真实、完整。对于年度资产负债表日至财务报告批准报出日之间发现的报告年度的会计差错及报告年度前不重要的前期差错，应按照资产负债表日后事项的规定进行处理。

【例 12-25】梅林公司于 2021 年发现 2020 年度的会计记录中有一项差错，将符合资本化条件的研发专业人员工资 2 000 000 元误计入管理费用。该公司发行股票份额为 400 00 000 股。更正前期会计差错做会计处理如下：

(1)账务处理。编制有关项目的调整分录：

①调整误列为管理费用的研发专业人员工资时：

借：研发支出——资本化支出　　2 000 000

　贷：以前年度损益调整　　2 000 000

②调整应交所得税时(税率 25%)：

应交所得税 = 2 000 000×25% = 500 000(元)

借：以前年度损益调整　　500 000

　贷：应交税费——应交所得税　　500 000

③调整后，结转以前年度损益调整时：

借：以前年度损益调整　　1 500 000

　贷：利润分配——未分配利润　　1 500 000

④调整利润分配有关数字：

借：利润分配——未分配利润　　150 000

　贷：盈余公积　　150 000

(2)财务报表调整和重述：

梅林公司在列报 2021 年度财务报表时，应调整 2021 年资产负债表有关项目的年初余额、利润表有关项目及所有者权益变动表的上年金额也应进行调整。

①资产负债表项目的调整：

调增开发支出 2 000 000 元；调增应交税金 500 000 元；调增盈余公积 150 000 元；调增未分配利润 1 350 000 元。

②利润表项目的调整：

调减管理费用上年金额 2 000 000 元；调增所得税费用上年金额 500 000 元；调增净利润上年金额 1 500 000 元；调增基本每股收益上年金额 0.003 75 元。

③所有者权益变动表项目的调整：

调增前期差错更正项目中盈余公积上年金额 150 000 元，未分配利润上年金额

1 350 000元，所有者权益合计上年金额 1 500 000 元。

(3)附注说明：

本年度发现 2020 年将符合资本化条件的开发支出费用化 2 000 000 元，在编制 2020 年与 2021 年可比的财务报表时，已对该项差错进行了更正。更正后，调增 2020 年净利润及留存收益 1 500 000 元，调增开发支出 2 000 000 元。

第六节 资产负债表日后事项

企业财务报告的编制需要一定的时间，在资产负债表日与财务报告的批准报出日之间的这段时间中可能会发生一些事项对财务报告产生重要影响，为使报表使用者客观、及时地了解企业财务信息，有必要对上述事项加以判断，确定是否需要调整财务报表，或仅在报表附注中加以说明，以使报表的使用者获得最相关的信息，对企业的财务状况、经营成果和现金流量做出正确的评价。

一、资产负债表日后事项的含义

(一)资产负债表日后事项的概念

资产负债表日后事项是指资产负债表日至财务报告批准报出日之间发生的有利或不利事项。

1.资产负债表日。资产负债表日是指会计年度末和会计中期期末。其中，年度资产负债表日是指公历 12 月 31 日；会计中期通常包括半年度、季度和月度等，会计中期期末相应地是指公历半年末、季末和月末等。如果母公司或者子公司在国外，无论其如何确定会计年度和会计中期，向国内提供的财务报告都应根据我国《会计法》和会计准则的要求确定资产负债表日。

2.财务报告批准报出日。财务报告批准报出日是指董事会或类似机构批准财务报告报出的日期。通常是指对财务报告的内容负有法律责任的单位或个人批准财务报告对外公布的批准日期。不同组织形式的企业财务报告的批准者不同。公司制企业财务报告批准报出日是指董事会批准财务报告报出的日期；非公司制企业财务报告批准报出日是指经理(厂长)会议或类似机构批准财务报告报出的日期。

3.有利或不利事项。有利或不利事项是指资产负债表日后对企业财务状况和经营成果具有一定影响的事项，既包括有利影响也包括不利影响。有利和不利的事项采用同一会计处理原则。如果某些事项的发生对企业财务状况和经营成果无任何影响，就不属于资产负债表日后事项。

(二)资产负债表日后事项涵盖的期间

资产负债表日后事项涵盖的期间是自资产负债表日次日起至财务报告批准报出日止的一段时间。具体情况包括：

1.报告期下一期间的第一天至董事会或类似机构批准财务报告对外公布的日期。

2.财务报告批准报出以后、实际报出之前又发生与资产负债表日后事项有关的事项，并由此影响财务报告对外公布日期的，应以董事会或类似机构再次批准财务报告对外公布的日期为截止日期。

【例 12-26】友邦公司为 A 股上市公司，2020 年的年度财务报告于 2021 年 2 月 8 日编制完成，注册会计师完成年度审计工作并签署审计报告的日期为 2021 年 3 月 18 日。2021 年 3 月 25 日董事会批准财务报告对外公布，财务报告实际对外公布的日期为 2021 年 4 月 2 日，股东大会召开日期为 2021 年 4 月 28 日。

本例中，友邦公司 2020 年年报的资产负债表日后事项涵盖的期间为 2021 年 1 月 1 日至 2021 年 3 月 25 日。如果在 3 月 25 日至 4 月 2 日之间发生了重大事项，需要调整财务报表相关项目的数字或需要在财务报表附注中披露；经调整或说明后的财务报告再经董事会批准报出的日期为 2021 年 4 月 16 日，实际报出日期为 4 月 20 日，则资产负债表日后事项涵盖的期间为 2021 年 1 月 1 日至 2021 年 4 月 16 日。

(三)资产负债表日后事项的内容

资产负债表日后事项包括资产负债表日后调整事项(以下简称调整事项)和资产负债表日后非调整事项(以下简称非调整事项)两类。

1.调整事项。资产负债表日后调整事项，是指对资产负债表日已经存在的情况提供了新的或进一步证据的事项。如果资产负债表日及所属会计期间已经存在某种情况，但当时并不知道其存在或者不能知道确切结果，资产负债表日后发生的事项能够证实该情况的存在或者确切结果，则该事项属于资产负债表日后事项中的调整事项。如果资产负债表日后事项对资产负债表日的情况提供了进一步的证据，证据表明的情况与原来的估计和判断不完全一致，则需要对原来的会计处理进行调整。

资产负债表日后调整事项通常包括：①资产负债表日后诉讼案件结案，法院判决证实了企业在资产负债表日已经存在现时义务，需要调整原先确认的与该诉讼案件相关的预计负债，或确认一项新负债；②资产负债表日后取得确凿证据，表明某项资产在资产负债表日发生了减值或者需要调整该项资产原先确认的减值金额；③资产负债表日后进一步确定了资产负债表日前购入资产的成本或售出资产的收入；④资产负债表日后发现了财务报表舞弊或差错。

2.非调整事项。资产负债表日后非调整事项，是指表明资产负债表日后发生的情况的事项。非调整事项的发生不影响资产负债表日企业的财务报表数字，只说明资产负债表日后发生了某些情况。对于财务报告使用者来说，非调整事项说明的情况有的重要，有的不重要；其中重要的非调整事项虽然与资产负债表日的财务报表数字无关，但可能影响资产负债表日以后的财务状况和经营成果，所以需要适当披露。

资产负债表日后非调整事项通常包括：①资产负债表日后发生重大诉讼、仲裁、承诺；②资产负债表日后资产价格、税收政策、外汇汇率发生重大变化；③资产负债表日后因自然灾害导致资产发生重大损失；④资产负债表日后发行股票和债券以及其他巨额举债；⑤资产负债表日后资本公积转增资本；⑥资产负债表日后发生巨额亏损；⑦资产负债表日后发生企业合并或处置子公司。

3.调整事项与非调整事项的区别。资产负债表日后调整事项与非调整事项区分，取决于该事项表明的情况在资产负债表日或资产负债表日以前是否已经存在。若该情况在资产负债表日或之前已经存在，则属于调整事项；反之，则属于非调整事项。

【例 12-27】川北公司于 2020 年 10 月向秦岭公司销售商品 500 万元，根据销售合同，秦岭公司应于 2 个月内支付货款，至 2020 年 12 月 31 日，秦岭公司尚未付款。假定川北公司在编制 2020 年度财务报告时秦岭公司存在两种情况：(1) 2020 年 12 月 31 日川北公司根据掌握的资料判断秦岭公司有可能破产清算，估计该应收账款将有 30%无法收回，故按 30%的比例计提坏账准备；2021 年 1 月 28 日，川北公司收到通知，秦岭公司已被宣告破产清算，川北公司估计有 80%的债权无法收回。(2) 2020 年 12 月 31 日秦岭公司的财务状况良好，川北公司预计应收账款可按时收回；2021 年 1 月 20 日，秦岭公司发生遭受地震灾，导致川北公司 60%的应收账款无法收回。2021 年 3 月 27 日，川北公司的财务报告经批准对外公布。

解析：本例中，(1) 导致川北公司应收账款无法收回的因素是秦岭公司财务状况恶化，该事实在资产负债表日已经存在，秦岭公司被宣告破产只是证实了资产负债表日财务状况恶化的情况，因此该事项属于调整事项。(2) 导致川北公司应收账款损失的因素是地震，在资产负债表日以后发生，因此秦岭公司遭受地震导致川北公司应收款项发生坏账的事项属于非调整事项。

二、资产负债表日后调整事项的会计处理

企业发生资产负债表日后调整事项，应当调整资产负债表日已编制的财务报表。对于年度财务报告而言，由于资产负债表日后事项发生在报告年度的次年，报告年度的有关账目已经结转，特别是损益类账户在结账后已无余额。因此，年度资产负债表日后发生的调整事项，应分别按以下情况进行处理：

(1) 涉及损益的事项，通过“以前年度损益调整”账户核算。调整增加以前年度利

润或调整减少以前年度亏损的事项,记入“以前年度损益调整”账户的贷方;调整减少以前年度利润或调整增加以前年度亏损的事项,记入“以前年度损益调整”账户的借方。另外,值得关注的是,涉及损益的调整事项如果发生在该企业资产负债表日所属年度(即报告年度)所得税汇算清缴前的,应调整报告年度应纳税所得额、应纳所得税额;发生在该企业报告年度所得税汇算清缴后的,应调整本年度(即报告年度的次年)应纳所得税额。

(2)涉及利润分配调整的事项,直接在“利润分配——未分配利润”科目中核算。

(3)不涉及损益以及利润分配的事项,调整相关科目。

(4)通过上述账务处理后,还应同时调整财务报表相关项目的数字,包括:①资产负债表日编制的财务报表相关项目的期末数或本年发生数;②当期编制的财务报表相关项目的期初数或上年数;③经过上述调整后,如果涉及报表附注内容的,还应做出相应调整。

【例 12-28】梅林公司因违约于 2020 年 12 月被浪潮公司告上法庭,要求梅林公司赔偿 600 万元。2020 年 12 月 31 日法院尚未判决,由于梅林公司败诉的可能性较大,根据公司法律顾问的意见估计的罚款金额,对该诉讼事项确认预计负债 400 万元。2021 年 3 月 4 日,经法院判决梅林公司应赔偿浪潮 500 万元,梅林、浪潮双方均服从判决。判决当日,梅林向浪潮支付赔偿款 500 万元。梅林、浪潮两公司 2020 年所得税汇算清缴在 2021 年 4 月 20 日完成(假定该项预计负债产生的损失不允许在预计时税前扣除,只有在损失实际发生时才允许税前扣除)。公司适用的所得税税率为 25%。

解析:本例中,2021 年 3 月 4 日的判决证实了梅林、浪潮两公司在资产负债表日(即 2020 年 12 月 31 日)分别存在现时赔偿义务和获赔权利,因此两公司都应将“法院判决”这一事项作为调整事项进行处理。

(1)梅林公司的账务处理如下:

①2021 年 3 月 4 日,记录支付的赔款,并调整递延所得税资产:

借:以前年度损益调整　　1 000 000

　贷:其他应付款　　1 000 000

借:应交税费——应交所得税　　250 000

　贷:以前年度损益调整　　(1 000 000×25%)250 000

借:应交税费——应交所得税　　1 000 000

　贷:以前年度损益调整　　(4 000 000×25%)1 000 000

借:以前年度损益调整　　1 000 000

　贷:递延所得税资产　　1 000 000

借:预计负债 4 000 000

贷:其他应付款 4 000 000

借:其他应付款 5 000 000

贷:银行存款 5 000 000

注:2020 年末因确认预计负债 50 万元时已确认相应的递延所得税资产,日后事项发生后递延所得税资产不复存在,故应冲销相应记录。

②将"以前年度损益调整"科目余额转入未分配利润:

借:利润分配——未分配利润 750 000

贷:以前年度损益调整 750 000

③因净利润变动,调整盈余公积:

借:盈余公积 (750 000×10%)75 000

贷:利润分配——未分配利润 75 000

④调整报告年度报表:

资产负债表项目的年末数调整:调减递延所得税资产 1 000 000 元;调减预计负债 4 000 000 元;调增其他应付款 5 000 000 元;调减应交税费 1 250 000 元;调减盈余公积 75 000 元;调减未分配利润 675 000 元。

利润表项目的调整:调增营业外支出 1 000 000 元;调减所得税费用 250 000 元。

所有者权益变动表的调整:调减净利润 750 000 元;调减提取盈余公积项目中盈余公积一栏 75 000 元,未分配利润一栏调减 675 000 元。

(2)浪潮企业的账务处理如下:

①2021 年 3 月 4 日,记录收到的赔款:

借:银行存款 5 000 000

贷:其他应收款 5 000 000

借:其他应收款 5 000 000

贷:以前年度损益调整 5 000 000

借:以前年度损益调整 (5 000 000×25%)1 250 000

贷:应交税费——应交所得税 1 250 000

②将"以前年度损益调整"科目余额转入未分配利润:

借:以前年度损益调整 3 750 000

贷:利润分配——未分配利润 3 750 000

③因净利润增加,补提盈余公积:

借:利润分配——未分配利润 375 000

贷:盈余公积 (3 750 000×10%)375 000

④调整报告年度报表:

资产负债表项目的年末数调整:调增其他应收款 5 000 000 元;调增盈余公积 375 000元;调增未分配利润3 375 000元;调增应交税费 1 250 000 元。

利润表项目的调整:调增营业外收入 5 000 000 元;调增所得税费用 1 250 000 元。

所有者权益变动表的调整:调增净利润 3 750 000 元;提取盈余公积项目中盈余公积一栏调增 375 000 元,未分配利润一栏调增 3 375 000 元。

三、资产负债表日后非调整事项的处理

资产负债表日后发生的非调整事项,是表明资产负债表日后发生的情况的事项,与资产负债表日存在的状况无关,不应当调整资产负债表日的财务报表。但有的非调整事项对财务报告使用者具有重大影响,如不加以说明,将不利于财务报告使用者做出正确的估计和决策,因此,需要在附注中披露重要的资产负债表日后非调整事项的性质、内容,及其对财务状况和经营成果的影响。无法做出估计的,应当说明原因。

【例 12-29】万安公司 2020 年 12 月购入商品 5 000 万元,至 2020 年 12 月 31 日该批商品已全部验收入库,货款也已通过银行支付。2021 年 1 月 9 日,万安公司仓库发生火灾,该批商品全部被烧毁。

自然灾害导致资产重大损失对企业资产负债表日后财务状况的影响较大,如果不加以披露,有可能使财务报告使用者做出错误的决策,因此应作为非调整事项在报表附注中进行披露。本例中火灾发生于 2021 年 1 月 9 日,属于资产负债表日后才发生或存在的事项,应当作为非调整事项在 2020 年度报表附注中进行披露。

第七节 所有者权益在财务报表中的列报

为了使报表使用者详细了解企业所有者权益的各个组成部分,按照《企业会计准则》对会计报表列报的要求,资产负债表的所有者权益部分,至少应当单独列示"实收资本(或者股本)"、"资本公积"、"库存股"、"盈余公积"及"未分配利润"项目。其中:

"实收资本"(或者股本)项目,反映企业各投资者实际投入的资本(或者股本)总额,应根据"实收资本"(或者股本)账户的期末余额填列。为了反映中外合作经营企业按合同规定在合作期间归还投资者的投资额,可设置"已归还投资"项目作为"实收资本"项目的减项。该项目应根据"已归还投资"账户的期末借方余额填列。

"其他权益工具"项目,反映企业发行在外的除普通股以外分类为权益工具吸收的

资金净额,应根据“其他权益工具”账户的期末余额填列。

“资本公积”项目,反映企业资本公积期末实有数额,应根据“资本公积”账户的期末余额填列。

“库存股”项目,反映企业收购的尚未转让和注销的本公司股份的数额,应根据“库存股”账户的期末余额填列。该项目作为所有者权益的减项。

“其他综合收益”,反映企业直接计入所有者权益的利得和损失的数额,应根据“其他综合收益”账户的期末余额填列。

“盈余公积”项目,反映企业盈余公积的期末实有数额,应根据“盈余公积”账户的期末余额填列。

“未分配利润”项目,反映企业尚未分配的利润,应根据“本年利润”账户和“利润分配”账户的期末余额计算填列。如为未弥补亏损,在本项目内以“—”号填列。

所有者权益的年初数与期末数在资产负债表中列示,其各组成部分当期的增减变动在所有者权益变动表中反映。请参见本书第十三章的相关内容。

本章小结

所有者权益是指企业资产扣除负债后由所有者享有的剩余权益。不同的企业组织形式下,所有者权益差异很大。所有者权益可分为资本金、其他权益工具、资本公积、其他综合收益和留存收益。资本金是投资人在注册资本范围内实际投入企业的资本额,有限责任公司的资本金称为实收资本,股份有限公司的资本金称为股本。其他权益工具是指企业发行在外的除普通股以外分类为权益工具吸收的资金净额。资本公积是企业收到股东超过其注册资本应投份额以及权益性交易引起的所有者权益的变动,包括资本溢价(或股本溢价)和其他资本公积。其他综合收益是指直接计入所有者权益的利得和损失。留存收益是指企业从历年实现的利润中提取或形成的留存于企业内部的积累,由盈余公积和未分配利润构成。企业实现利润后按弥补亏损、提取盈余公积和股利分派的顺序进行分配。盈余公积是已拨定用途的留存收益。股利分派主要采用现金股利和股票股利的形式分派。企业发生的亏损的弥补,主要采取税前利润弥补、税后利润弥补和以盈余公积弥补三种方法。未分配利润是指企业留待以后年度进行分配的留存收益,它是企业历年实现的净利润(或亏损)经过一系列分配后的结余部分。所有者权益应按会计准则规定的方法在资产负债表上列示。对于发生的会计政策、会计估计变更和前期差错更正,会计政策变更和重要前期会计差错采用追溯调整或更正方法并对前期报表重述,对于会计估计变更采用未来适用法调整,对于不重要的前期差错视同当期发生的差错更正。在资产负债表日后事项分为调整事项和分调整事项,调整事项需要调整报表,非调整事项在报表附注中予以说明即可。

案例

M公司为一家上市通讯企业,为吸引高级人才,2020年1月1日,M公司授予30名激励对象每人100万份股票期权,共计3 000万股,占总股本的15%。公司每个会计年度对公司财务业绩指标进行考核,以达到公司财务业绩指标作为激励对象行权的必要条件,其可行权条件为两年内公司净利润增长均达到10%,每份期权在2020年1月1日的公允价值是10元。

2020年末甲企业净利润增长为12%,并且预计企业下一年会有相同幅度的增长。企业在这一资产负债表日确认费用1 800万元,并同时增加其他资本公积。

2021年末,由于市场发生变化,公司净利润增长为8%,未能达到非市场的业绩条件,不能行权。将原已确认的费用冲销,冲减当期费用1 800万元,并同时减少其他资本公积。

问题:

判断M公司在2020—2021年对股权激励的会计处理是否得当?简要说明理由。如不正确,说明正确的做法。

本章关键词汇(中英文)

所有者权益	Owner's Equity
实收资本	Paid-in Capital
股本	Capital Stock
资本公积	Capital Reserves
其他综合收益	Other Comprehensive Income
留存收益	Retained Earnings
认股权证	Warrants
库存股	Treasury Stock

股份支付	Share Payment
股票股利	Stock Dividend
会计政策变更	Changes in Accounting Policies
会计估计变更	Changes in Accounting Estimates
前期会计差错更正	Pre Accounting Error Correction
追溯调整法	Retrospective Adjustment Method
未来适用法	Future Applicable Law
资产负债表日后事项	The Date of the Balance Sheet Matters
调整事项	Adjustment Items
非调整事项	Non Adjustment Items

思考题

1.什么是所有者权益？它与负债有何不同？

2.企业的组织形式有哪几种？公司与其他企业相比有哪些特征？

3.什么是注册资本？什么是实收资本(股本)？什么是投入资本？

4.企业可以采用哪些方式进行股权激励？它们在会计处理上有何异同？

5.什么是权益工具？权益工具确认的条件是什么？

6.资本公积如何分类？它们存在什么差异？

7.其他综合收益形成的渠道？如何分类？

8.什么是留存收益？它由哪几部分组成？各部分的用途有何不同？

9.企业亏损的弥补有哪几种方法？如何核算？

10.举例说明如何区分会计政策变更和会计估计变更？

11.会计政策变更的处理方法有些？各自的适用条件是什么？

12.如何更正前期差错？

13.举例说明如何区分资产负债表日后调整事项和非调整事项。

14.资产负债表日后调整事项和非调整事项的会计处理有何不同？

练习题

1.宏大有限责任公司创建与经营有关资料如下：

(1)A公司和B公司出资创办宏大有限责任公司，宏大公司章程规定：注册资本5 000万元，其中：A公司出资60%，B公司出资40%；A公司以厂房、设备及土地使用权出资，B公司以1 500万元货币和专利权出资。经双方协商，对非货币资产确认的价值为：A公司的房屋1 500万元、设备900万元、土地使用权600万元；B公司的专利权500

万元。双方实际投资均已到位。

(2)宏大公司经营2年后，获得较高效益，留存收益1 000万元，有较大的发展空间，但企业资金缺乏，此时，C公司表示愿意加入公司，公司决定增加注册资本，同意C公司以货币资金出资的方式，获取公司20%的股权，已办好有关增资手续。

(3)宏大公司经营5年后，决定以资本公积、盈余公积和未分配利润最大限额地转赠资本。此时，公司所有者权益总额为9 500万元，其中：实收资本6 250元，资本公积300万元(资本溢价250万元，其他资本公积50万元)，盈余公积2 500万元(其中法定盈余公积1 800万元，任意盈余公积700万元)，未分配利润450万元;《公司法》规定法定盈余公积转增资本后的余额不得低于原注册资本的25%。

要求：

(1)编制宏大公司创立时实际收到投入资本的有关会计分录。

(2)宏大公司经营2年后增资时，如果不考虑商誉的因素，计算C公司的实际应出资额，编制增资的有关会计分录，并计算增资后A公司和B公司所占投资比例。

(3)宏大公司经营5年后转增资本时，计算其增资额，并编制转增资本的有关会计分录。

2.S股份有限责任公司核定股本除发起人按公司章程认购的股份外，其余股份委托证券公司向社会募集，证券公司从发行收入中扣除2%的手续费，以下为公司对外募集资金有关股东权益的交易：

(1)2013年1月以每股8元的价格发行面值5元普通股20 000 000股。

(2)2016年5月以每股9元的价格增发面值5元的普通股1 000 000股。

(3)2020年12月以每股10元的价格购入本公司发行在外的普通股2 000 000股。

(4)2021年3月办理减资手续，注销库藏股本2 000 000股。

要求：根据上述业务编制相关的会计分录。

3.2018年1月1日K公司对200名管理人员授予每人3 000份股票期权，行权条件是要求这些管理人员自2018年1月1日必须在该公司服务3年，服务期满时，才能以每股4元购买K公司面值1元的股票3 000股，2021年12月31日行权结束。公司估计该期权在授予日的公允价值是10元。

第一年有18名管理人员离开公司，公司预计三年内离开公司的管理人员为20%。

第二年有15名管理人员离开公司，公司预计离开公司管理人员比例的为25%。

第三年有7名管理人员离开公司。

2021年12月31日，K公司160名管理人员中150人行权，以每股4元的价格购买M公司面值1元的股票3 000股，10人弃权。

要求：

(1)计算等待期内每个资产负债表日企业取得的职工的服务计入成本费用的数

额,并编制相关会计分录。

(2)编制到期行权或弃权的相关会计分录。

4.2017年1月1日J公司150名管理人员授予每人5 000份股票期权,行权条件是要求这些管理人员自2017年1月1日必须在该公司服务3年,服务期满时,可自2019年12月31日根据股价的增长幅度获得现金,该增值权在2021年12月31日行使结束。

J公司估计,该增值权在负债结束之前的每一资产负债表日和结算日的公允价值与可行使的每份增值权现金支出额如下:

年份	公允价值	支付现金
2017年	9	
2018年	12	
2019年	15	14
2020年	17	16
2021年		19

第一年有25名管理人员离开公司,预计以后的两年内还有30人离开公司。

第二年有19名管理人员离开公司,预计以后的一年内还有14人离开公司。

第三年有16名管理人员离开公司。

第三年有20人行权。

第四年有30人行权。

第五年有40人行权。

要求:

(1)等待期内每个资产负债表日及结算日计算期末负债、支付现金和当期费用的金额。

(2)编制等待期内每个资产负债表日相关的会计分录。

(3)编制结算日相关的会计分录。

5.K公司计划奖励本公司200名高级管理人员每人5 000股股票,于2021年1月1日以每股8元的价格收购本公司普通股100万股,普通股面值为1元,原以每股4元发行,收购日股票的公允价值为每股7元,2021年12月31日行权每人按5元的价格购买股票,年内有20名高级管理人员离开公司,行权时股票的公允价值为每股6元,180名高级管理人员全部行权,按每股6元出售剩余库存股。

要求:

(1)编制2021年1月1日收购股票的会计分录。

(2)编制2021年12月31日将取得的职工服务计入成本费用的会计分录。

(3)编制2021年12月31日行权的会计分录。

(4)编制2021年12月31日出售剩余库存股的会计分录。

6.N公司2021年12月末结账前所有者权益资料如下：

股本10 000万元(每股面值1元)；

资本公积6 000万元；

其他综合收益1 500万元；

盈余公积——法定盈余公积4 000万元；

盈余公积——任意盈余公积2 000万元；

利润分配——未分配利润400万元；

本年利润3 000万元。

发生下列业务：

(1)结转全年净利润。

(2)按税后利润10%提取法定盈余公积。

(3)董事会决议提取任意盈余公积200万元；

(4)董事会宣告股利分配方案：每股分派现金股利0.01元，每10股普通股赠送红股2股。

(5)支付现金股利。

(6)办妥股票股利增资手续。

(7)结转利润分配各项目余额。

要求：

(1)编制上述业务的会计分录。

(2)列示2021年末资产负债表中所有者权益各项。

7.P公司2015年创立，2015年至2021年利润如下：

单位：元

年份	2015	2016	2017	2018	2019	2020	2021
税前利润	-300万	55万	55万	55万	55万	55万	55万

企业所得税税率25%，税法允许5年内以税前利润弥补亏损。

要求：根据上述资料编制弥补亏损的会计分录。

8.Q公司在上年度财务报表按规定报出后，发现上年度的会计记录中有两项差错：一是将应计入其他综合收益的可供出售的金融资产增加的公允价值10万元，误计入公允价值的变动损益；二是无形资产多摊销14万元。所得税税率25%。

要求：据上述资料编制以前年度损益调整调整业务的会计处理。

9.汇达股份有限公司从 2007 年起对其以交易为目的从股票市场购入的股票，由成本与市价孰低计量改为以公允价值计量，该公司保存的会计资料比较齐备，可以通过会计资料追溯计算。假设所得税税率为 25%。该公司按净利润的 10%提取法定盈余公积，按净利润的 5%提取任意盈余公积。该公司发行股份额为 2 250 万股。两种方法计算的税前会计利润如下：

两种方法计量的交易性金融资产　　　　单位：万元

年份/会计政策	成本	市价	成本与市价孰低	公允价值
2005 年	225	255	225	255
2006 年	55	65	55	65

要求：根据上述资料，做会计政策变更的会计处理。

(1)计算会计政策变更累计影响数；

(2)编制有关项目的调整分录；

(3)说明财务报表调整和重述项目和金额；

(4)会计报表附注说明内容。

10.中通公司于 2017 年 1 月 1 日起计提折旧的管理用设备一台，价值 168 000 元，估计使用年限为 8 年，净残值为 8 000 元，按直线法计提折旧。至 2021 年初，由于新技术的发展等原因，需要对原估计的使用年限和净残值做出修正，修改后该设备的耐用年限为 6 年，净残值为 4 000 元。本公司执行 25%的所得税税率。

要求：根据上述资料，做会计估计变更的会计处理。

11.中亚公司发现两项会计差错：

(1)2020 年度的财务会计报告于 2021 年 4 月 20 日批准报出。按净利润的 10%提取法定盈余公积。2021 年 3 月 20 日，中亚公司发现 2019 年和 2020 年行政管理部门的固定资产分别少提折旧 200 万元和 100 万元(达到重要性要求)。假定不考虑所得税费用的调整。

(2)2021 年 12 月 31 日发现，一台价值 4 800 元应计入固定资产并于 2020 年 2 月 1 日开始计提折旧的管理用设备，在 2020 年计入了当期费用。该公司固定资产折旧采用直线法，该资产估计使用年限为 4 年，假设不考虑净残值因素。

要求：根据上述资料，做会计差错更正的会计处理。

12.华夏公司 2020 年 1 月 1 日销售给京华公司一批产品，价款 1 160 万元(含应向购买方收取的增值税额)，乙企业于 2 月份收到并验收入库。按合同规定，乙企业应于收到货物后一个月内付款。由于乙企业财务状况不佳，至 2020 年 12 月 31 日仍未付款。甲公司于 12 月 31 日编制会计报表时，已为该项应收账款提取坏账准备 58 万元

(坏账准备计提比例5%),12月31日资产负债表上的“应收账款”项目的余额为1 600万元,“坏账准备”项目的余额80万元;该项应收账款已按1 160万元列入资产负债表“应收账款”项目内。甲公司2021年3月4日收到乙企业通知,乙企业已进行破产清算,并无力偿还所欠部分货款,预计甲公司可收回应收账款的40%。假如甲公司按净利润10%提取法定盈余公积,按净利润5%提取任意盈余公积,所得税税率为25%,财务报表批准对外披露日为2021年4月10日。

要求:

(1)判断上述资产负债表日后事项的类别。

(2)对上述资产负债表日后事项做相应的会计处理。

第十三章

财务报告

导　论

通过本章的学习，了解企业财务报告的构成和分类，理解财务报告编制的要求，熟悉报表附注的编写内容，掌握利润表、资产负债表、现金流量表、所有者权益变动表的编制方法。

财务报告的构成、分类及编制的要求，利润表、资产负债表、现金流量表和所有者权益变动表的内容及编制方法为本章学习的重点；资产负债表中应收、应付项目的填列方法，现金流量表中“经营活动现金流量”编制的直接法和间接法为本章的学习难点。

第一节　财务报告概述

一、财务报告的概念及特征

财务报告是指企业对外提供的反映企业某一特定日期的财务状况和某一会计期间的经营成果、现金流量等会计信息的文件。

众所周知，财务会计信息的主要载体是财务报告。财务报告既是企业生产经营活动过程及结果的综合反映,也是企业财务会计确认、计量和记录最终结果的集中体现。企业通过定期编制财务报告,以一定的指标体系,为不同的会计信息使用者,特别是为投资人和债权人提供企业财务情况、经营成果和现金流量等信息,为他们了解企业的生产经营情况,评价企业的财务状况,衡量企业的经营业绩提供重要的依据。

财务报告的内涵极为丰富,其基本特征为:①从服务的对象看,财务报告属于对外报告,服务对象主要是投资者、债权人等外部使用者,专门为了内部管理需要而编制的报告不属于财务报告的范畴;②从提供的信息内容看,企业某一时点的财务状况和某一时期的经营成果、现金流量等信息构成了财务报告的基本内容;③从报告的形式看,财务报告是一个以财务报表为中心的财务系统文件。

二、财务报告体系

财务报告是企业全部会计报告中的一部分。企业的全部会计报告分为财务报告、成本会计报告和管理会计报告等。财务报告是主要对外界提供的报告;成本会计报告和管理会计报告则是为企业内部服务,对内提供的报告。当然,这种划分并不绝对,财务报告信息对于企业管理人员的决策同样有用,管理人员尤其是主要管理人员也非常重视财务报告。

财务报告不是孤立的,而是由不同部分按照一定的逻辑关系有机结合而形成的完整的、多层次的报告体系。财务报告体系如图 13-1 所示。

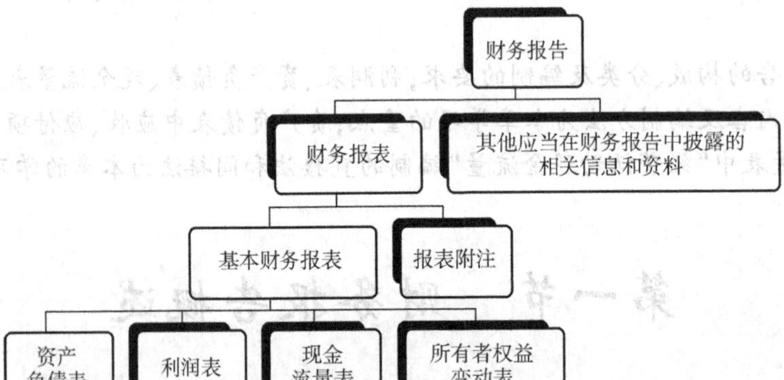

图 13-1 财务报告体系

(一)财务报表

财务报表是对企业财务状况、经营成果和现金流量的结构性表述。它是财务会计对外报告的主体和核心。“复式簿记会计虽然已有 500 多年的历史,但它却仍然是财务报表结构的主体框架。"[①]财务报表的目标是提供有关企业财务状况、财务业绩和现金流量的信息,以及管理者对受托资源经营与管理的结果等情况。财务报表可以按照不同的标志作若干分类。

1.财务状况报表、经营成果报表和资金变化报表。按所反映内容的不同,财务报表分为:①反映财务状况的报表,主要包括资产负债表和所有者权益变动表等;②反映经营成果的报表,主要包括利润表、利润分配表(留存收益表)等;③反映资金变化的报表,主要指现金流量表。

2.中期财务报表和年度财务报表。按财务报表编报期间的不同,可以分为:①年度财务报表,是指每年编制一次的报表;②中期财务报表,是以短于一个完整会计年度的报告期间为基础编制的财务报表,包括月报、季报和半年报等。

中期财务报表至少应当包括资产负债表、利润表、现金流量表和附注,其中,中期资产负债表、利润表和现金流量表应当是完整报表,其格式和内容应当与年度财务报表相一致。与年度财务报表相比,中期财务报表中的附注披露可适当简略。

3.个别财务报表和合并财务报表。按财务报表编报主体的不同,可以分为:①个别财务报表,是指企业在自身会计核算的基础上对账簿记录进行加工而编制的财务报表,它主要反映企业自身的财务状况、经营成果和现金流量情况;②合并财务报表,是指以母公司和子公司组成的企业集团为会计主体,根据母公司和所属子公司的财务报表,由母公司编制的综合反映企业集团财务状况、经营成果及现金流量的财务报表。

此外,按报表所反映的经营业务范围的不同,报表还分为反映企业整体情况的报表和反映企业不同类型、不同地区业务的分部报表。

(二)报表附注

对报表有关项目需要做解释的,可附于报告中,称为报表附注。附注是对在会计报表中的列示项目所做的进一步说明,以及对未能在这些报表中列示项目的说明等。附注由若干附表和对有关项目的文字性说明组成。

三、编制财务报告的要求

为了有效地向报表使用者提供企业信息,财务报告的编制必须达到相关要求。这些要求主要包括以下几个方面。

(一)财务报告编制的依据和基础

1.企业应当根据实际发生的交易和事项,遵循企业会计基本准则、各项具体会计准则及解释的规定进行确认和计量,并在此基础上编制财务报表。

---

① [美]威廉·H.比弗著:《财务呈报——会计革命》,东北财经大学出版社,1999年版,第1页。

企业应当在附注中对其“遵循了企业会计准则”这一情况做出声明。同时,如果企业采用的不恰当的会计政策,不得通过在附注中披露等其他形式予以更正,企业应当对交易和事项进行正确的确认和计量。此外,如果按照各项会计准则规定披露的信息不足以让报表使用者了解特定交易或事项对企业财务状况、经营成果和现金流量的影响时,企业还应当披露其他的必要信息。

2.正常经营企业的财务报表应当以持续经营为基础编制。企业需要正确地评价自己的持续经营能力。如果发生或即将发生清算或停止经营等情况,就表明其处于非持续经营状况,则应当采取其他基础编制财务报表(如采用可变现净值会计计量等),并在附注中声明财务会计报表未以持续经营为基础列报,披露未以持续经营为基础的原因和财务报表的编制基础。

(二)财务报表项目列报的原则

1.一致性。财务报表的项目列报应当在各个会计期间保持一致,以保证各期间信息具有可比性。但是各期间的项目并非绝对不可变化,产生了变化的,则应当更改项目标准,如:会计准则要求改变财务报表项目的列报;企业经营业务的性质发生重大变化,变更财务报表项目的列报能够提供更可靠、更相关的会计信息。

2.重要性。财务报表应当对重要的事项作单独披露。事项重要性的标志,是指如果省略或错误披露该事项,会影响财务报表使用者的决策。事项的重要性表现在其性质和金额两个方面。对事项性质的重要性判断,应从该事项是否属于企业的日常活动等角度考虑。比如,一般而言,企业的对外投资合作的重要性较大,而改变原材料采购地点的重要性则相对较低。对事项金额的重要性判断,应通过单项金额占资产总额、负债总额、所有者权益总额、营业收入总额、营业成本总额、净利润总额等直接相关项目金额的比重加以考虑。

根据重要性要求,性质或功能不同且具有重要性的事项,应当在财务报表中单独列示;会计准则要求单独列示的事项,应当在财务报表中单独列示。

(三)财务报表的结构

1.报表表首。企业在财务报表的表首部分应当至少披露下列基本信息:①编报企业的名称。②资产负债表应当披露资产负债表日,利润表、现金流量表、所有者权益变动表应当披露报表涵盖的会计期间。企业至少应当按年编制财务报表。年度财务报表涵盖的期间短于一年的,应当披露财务报表的涵盖期间以及短于一年的原因。③货币名称和单位。按照我国企业会计准则的规定,企业应当以人民币作为记账本位币列报,并标明金额单位。

2.报表项目和金额的表达方式。财务报表中的资产项目和负债项目的金额、收入项目和费用项目的金额应当各自披露,不得相互抵销。如果对此抵销处理,难以让使用者理解已经发生的交易或事项的实质。但资产项目按扣除减值准备后的净值列示和非日常活动产生的损益以收入扣减后的净额列示，不属于抵销。

3.报表项目比较数据。财务报表至少应当提供所有列报项目的上一可比会计期间的比较数据，以及与理解本期财务报表相关的说明。如果各期财务报表的列报发生变化，应当对前期的比较数据进行调整，并在附注中说明调整的原则、性质、金额；对上期比较数据不可调整的，也应当在附注中说明不能调整的原因。

四、财务报表编制前的准备工作

为了准确、可靠地编好财务报表，达到上述编制要求，在其编制之前应当做好必要的准备工作。这些准备工作主要包括：

（一）资产清查和债务核实

1.结算款项，包括应收款项、应付款项、应交税费等是否存在，与债务、债权单位相应的债务、债权金额是否一致。

2.原材料、在产品、自制半成品、库存商品等各项存货的实存数量与账面数量是否一致，是否有报废损失和积压物资等。

3.各项投资是否存在，投资收益是否按照规定进行确认和计量。

4.房屋建筑物、机器设备、运输工具等固定资产的实存数量和账面数量是否一致。

5.在建工程的实际发生额与账面记录是否一致等。

（二）账目检查

1.核对各会计账簿记录与会计凭证的内容、金额是否一致，记账方向是否相符。

2.检查是否按照规定的结账日（年度结账日为每年的12月31日；半年度、季度、月度结账日分别为每半年、每季、每月的最后一天）进行结账，结出有关会计账簿的余额和发生额，并核对各会计账簿的余额。

3.检查相关的会计核算是否按照规定进行。

4.对于没有规定统一核算方法的交易、事项，检查其是否按照会计核算的一般原则进行确认和计量，相关账务处理是否合理。

5.检查是否存在因会计差错、会计政策变更等原因需要调整前期或本期的相关项目。

第二节 资产负债表

一、资产负债表的性质和作用

资产负债表是反映企业某一特定日期财务状况的报表，又称“财务状况表”。资产负债表是根据资产、负债和所有者权益之间的相互关系，按照一定的分类标准和一定的顺序，将企业一定日期的资产、负债和所有者权益项目适当排列所形成的报告文件。其目的是提供企业某一日期所拥有或控制的经济资源、承担的负债义务以及投资者和债权人等享有权益的信息。

追溯历史，15 世纪意大利的企业为了报税以及终止合伙关系的过程中，在报告应税财产时就采用了资产负债表①。在财务报表体系中，资产负债表是起始报表，它涵盖了一个企业的全部账户，同时也反映了每个账户的起始和终结，是企业期初、期末财务状况的集中体现。

资产负债表主要提供有关企业财务状况方面的信息，即企业某一特定日期资产、负债、所有者权益及其相互关系，据以反映企业的资产分布、结构及其来源渠道。其作用主要表现在以下方面：

(1)能够反映企业所拥有或控制的资产总额、结构和变动趋势。资产负债表将企业所拥有或控制的资产按经济性质、用途分为流动资产、非流动资产两部分，每部分又具体分为若干明细项目。可见，利用资产负债表可以提供企业某一特定日期所拥有或控制的资产总额及其结构信息，同时，资产负债表项目金额又进一步划分为“年初余额”和“期末余额”两栏，进一步提供判断企业财务状况变动趋势的信息。

(2)能够反映企业负债和所有者权益的总额、结构及其变动趋势。资产负债表将企业拥有或控制的资产来源分为负债和所有者权益两部分。负债进一步分为流动负债和非流动负债，所有者权益分为实收资本、资本公积、盈余公积和未分配利润等，以提供企业资金来源及其构成详细情况，同时有助于报表使用者判断其变动趋势。

(3)有助于评估企业的流动性、偿债能力、资本结构和财务弹性等状况。流动性是指资产转换为现金或负债到期清偿所需要的时间，它体现了企业的偿债能力以及投资的安全性。偿债能力是指企业用其资产偿还短期和长期债务的能力，利用资产负债表中的流动资产与流动负债的对比关系，可以提供企业短期偿债能力强弱的信息。而企业长期偿债能力主要取决于企业资本结构以及长期盈利能力这两个因素。资本结构主要是指企业长期负债与所有者权益的比例，资本结构的合理性、稳定性是维持企业长期偿债能力的基本前提条件。而企业未来的盈利水平，则成为企业长期偿债能力的直接力量之源。财务弹性反映了企业采取有效行动改变现金流数额和时间以应对未预期需求和机会的能力。流动性和偿债能力影响企业的财务弹性，当企业负担了太多的债务时，其财务无弹性，缺乏或没有现金资源用于扩张或支付到期债务。财务弹性高的企业

---

① 【美】A.C.利特尔顿著：《会计理论结构》，中国商业出版社，1989 年版，第 103 页。

更易在困难时期生存，从未预料到的挫折中恢复，利用有利可图和未预期的投资机会。通常，企业财务弹性越高，经营失败的风险越低。

此外，将资产负债表与利润表联系起来，并通过两表之间相关指标数据的计算、对比与分析，得出一些衡量获利能力的重要指标如总资产净利润率(净利润/总资产)、权益净利率(净利润/股东权益)，可以为财务报表使用者提供企业获利能力等信息。

二、资产负债表的内容与项目分类

(一)资产负债表的内容

我国企业会计准则规定，资产负债表中的资产类信息项目至少应当单独反映：货币资金；交易性金融资产；应收款项；预付款项；存货；债权投资；长期应收款；长期股权投资；投资性房地产；固定资产；生物资产；无形资产；递延所得税资产。

资产负债表中的负债类信息项目至少应当单独反映：短期借款；交易性金融负债；应付款项；预收款项；应付职工薪酬；应交税费；长期借款；应付债券；长期应付款；预计负债；递延所得税负债。

资产负债表中的所有者权益类信息项目至少应当单独反映：实收资本(或股本)；资本公积；盈余公积；未分配利润。

世界上各个国家和地区对这些项目的编报要求不完全一样。例如，国际财务报告准则提出的资产负债表内应列报的信息主要有：不动产、厂房和设备；投资性房地产；无形资产；金融资产；采用权益法核算的投资；生物资产；存货；应收账款和其他应收款；现金和现金等价物；应付账款和其他应付款；准备；金融负债；递延所得税资产和递延所得税负债；少数股东权益；母公司权益持有者的已发行资本和公积；等等。

(二)资产负债表项目的分类与排列

为了帮助报表使用者分析、解释和评价资产负债表所提供的信息，需要对资产负债表上的项目按照它们的共同特征进行适当分类与排列。

资产负债表的各个项目，一般按要素及其流动性的强弱、偿还的先后顺序分类排列，即各资产项目为一类，并按变现能力的强弱排列；各负债项目为一类，并按需偿还的先后顺序排列；所有者权益项目为一类，因其在企业清算之前不需偿还，故列于报表的最后。这种分类排列，可直接将流动资产部分与流动负债部分相比较，便于反映出企业的短期偿债能力。

除上述按流动性顺序的排列外，在一些国家、地区或某些行业中，也有按报表项目重要性排列，如在资产类项目中先列示固定资产，在负债类项目中先列示长期债务，或将所有者权益列于负债之前。如英国资产负债表的资产部分是非流动资产在前，流动资产在后；负债部分是非流动负债在前，流动负债在后，同时列示流动资产的净额（营运资产）。

三、资产负债表的格式

为了提供清晰明了的财务信息，资产负债表不应仅是一张对资产、负债和净资产项目简单的罗列表格，而应讲究内容的编排，以准确的标题、科学的分类和列示次序，表达各要素间的关系。资产负债表的格式多种多样，账户式和报告式是资产负债表的两种主要格式。

（一）账户式资产负债表

账户式资产负债表分为左右两侧，表的左侧为资产，表的右侧为负债和所有者权益，有如T形账户的左右分列，故称为"账户式"。根据"资产=负债+所有者权益"的会计等式，报表的左右两侧明显地表现了资产与权益之间的平衡关系。我国企业的资产负债表采用账户式编报如表13-4所示。

（二）报告式资产负债表

报告式资产负债表将所有项目垂直列示，表的上部为资产，表的下部为负债和所有者权益，运用"资产=负债+所有者权益"或"资产-负债=所有者权益"的会计等式建立报表上下两部分的关系。这种资产负债表可以表现出所有者权益与资产之间的内在联系，其简化的两种格式如图13-2所示。

报告式资产负债表（简化格式）

形式一	形式二
• 资产	• 资产
• 流动资产	• 流动资产
• 非流动资产	• 非流动资产
• 资产总计	• 资产合计
•	• 减：负债
• 负债及所有者权益	• 流动负债
• 流动负债	• 非流动负债
• 非流动负债	• 负债合计
• 所有者权益	• 所有者权益
• 负债及所有者权益总计	• 所有者权益合计

图13-2 报告式资产负债表格式

尽管各国都对资产负债表的编制做出了规范，但具体的报表格式却存在一定的差异。美国的资产负债表采用报告式，并以资产和负债流动性的强弱为标准依此排序；而英国的资产负债表则恰恰相反，采用账户式编报，其排列顺序如前所述。德国的资产负债表尽管类似英国，但又有所不同，如资产负债表的固定资产项目还包括无形资产和租赁资产，而股东权益排列在负债项目之前。①

四、资产负债表的编制

编制资产负债表的数据来自账簿资料。具体说，资产负债表各项目的编制分为以下几种。

（一）根据总账账户的余额填列

"其他权益工具投资""递延所得税资产""长期待摊费用""短期借款""应付票据""持有待售负债""交易性金融负债""租赁负债""递延收益""递延所得税负债""实收资本（或股本）""其他权益工具""库存股""资本公积""其他综合收益""专项储备""盈余公积"等项目，应根据有关总账账户的余额填列。

其中，自资产负债表日起一年内到期应予以清偿的租赁负债的期末账面价值，在"一年内到期的非流动负债"项目反映；"长期待摊费用"项目中摊销年限（或期限）只剩一年或不足一年的，或者预计在一年内（含一年）进行摊销的部分，仍在"长期待摊费用"项目中列示，不转入"一年内到期的非流动资产"项目；"递延收益"项目中摊销期限只剩一年或不足一年的，或预计在一年内（含一年）进行摊销的部分，不得归类为流动负债，仍在该项目中填列，不转入"一年内到期的非流动负债"项目。

（二）根据总账账户的余额计算填列

"货币资金"项目，应根据"库存现金""银行存款""其他货币资金"三个总账账户余额的合计数填列；"其他应付款"项目，需根据"其他应付款""应付利息""应付股利"三个总账账户余额的合计数填列。

（三）根据明细账账户的余额分析计算填列

1."开发支出"项目、"应收款项融资"项目和"未分配利润"项目。"开发支出"项目，应根据"研发支出"账户中所属的"资本化支出"明细账户期末余额填列；"应收款项融资"项目，应根据"应收票据""应收账款"账户的明细账户期末余额分析填列；"未分配利润"项目，应根据"利润分配"账户中所属的"未分配利润"明细账户期末余额填列。

2."应付账款"项目和"预收款项"项目。"应付账款"项目，应根据"应付账款"和"预付账款"账户所属的相关明细账户的期末贷方余额合计数填列；"预收款项"项目，应根据"预收账款"和"应收账款"账户所属各明细账户的期末贷方余额合计数填列。

3."交易性金融资产"项目和"其他债权投资"项目。"交易性金融资产"项目，应根据"交易性金融资产"账户的明细账户期末余额分析填列，自资产负债表日起超过一

① 陈少华主编：《财务会计研究》，中国金融出版社，2007年版，第209页。

年到期且预期持有超过一年的以公允价值计量且其变动计入当期损益的非流动金融资产,在"其他非流动金融资产"项目中填列;"其他债权投资"项目,应根据"其他债权投资"账户的明细账户余额分析填列,自资产负债表日起一年内到期的长期债权投资,在"一年内到期的非流动资产"项目中填列,购入的以公允价值计量且其变动计入其他综合收益的一年内到期的债权投资,在"其他流动资产"项目中填列。

4."应交税费"项目。"应交税费"项目,应根据"应交税费"账户的明细账户期末余额分析填列,其中借方余额的,应当根据其流动性在"其他流动资产"或"其他非流动资产"项目中填列。

5.其他。"一年内到期的非流动资产""一年内到期的非流动负债"项目,应根据有关非流动资产或负债项目的明细账户余额分析填列。

(四)根据总账账户和明细账账户的余额分析计算填列

1."长期借款""应付债券"项目。"长期借款""应付债券"项目,应分别根据"长期借款""应付债券"总账账户余额扣除"长期借款""应付债券"账户所属的明细账户中将在资产负债表日起一年内到期,且企业不能自主地将清偿义务展期的部分后的金额计算填列。

2."其他流动资产""其他流动负债"项目。"其他流动资产""其他流动负债"项目,应根据有关总账账户及有关账户的明细账户期末余额分析填列;"其他非流动负债"项目,应根据有关账户的期末余额减去将于一年内(含一年)到期偿还数后的金额填列。

(五)根据有关账户余额减去其备抵账户余额后的净额填列

1."持有待售资产""长期股权投资""商誉"项目,应根据相关账户的期末余额填列,已计提减值准备的,还应扣减相应的减值准备。

2."在建工程"项目,应根据"在建工程"和"工程物资"账户的期末余额,扣减"在建工程减值准备"和"工程物资减值准备"账户的期末余额后的金额填列。

3."固定资产"项目,应根据"固定资产"和"固定资产清理"账户的期末余额,减去"累计折旧"和"固定资产减值准备"账户的期末余额后的金额填列。

4."无形资产""投资性房地产""生产性生物资产""油气资产"项目,应根据相关账户的期末余额扣减相关的累计折旧(或摊销、折耗)填列,已计提减值准备的,还应扣减相应的减值准备,折旧(或摊销、折耗)年限(或期限)只剩一年或不足一年的,或者预计在一年内(含一年)进行折旧(或摊销、折耗)的部分,仍在上述项目中列示,不转入"一年内到期的非流动资产"项目,采用公允价值计量的上述资产,应根据相关账户的期末余额填列。

5."长期应收款"项目,应根据"长期应收款"账户的期末余额,减去相应的"未实现融资收益”账户和“坏账准备”账户所属相关明细账户期末余额后的金额填列。

6.“使用权资产”项目,应根据“使用权资产”账户的期末余额,减去“使用权资产累计折旧”和“使用权资产减值准备”账户的期末余额后的金额填列。

7.“长期应付款”项目,应根据“长期应付款”和“专项应付款”账户的期末余额,减去相应的“未确认融资费用”账户期末余额后的金额填列。

(六)综合运用上述填列方法分析填列

1.应收和预付款项。“应收票据”项目,应根据“应收票据”账户的期末余额,减去“坏账准备”账户中相关坏账准备期末余额后的金额分析填列;“应收账款”项目,应根据“应收账款”账户的期末余额,减去“坏账准备”账户中相关坏账准备期末余额后的金额分析填列。

“其他应收款”项目,应根据“其他应收款”“应收利息”“应收股利”账户的期末余额合计数,减去“坏账准备”账户中相关坏账准备期末余额后的金额填列;“预付款项”项目,应根据“预付账款”和“应付账款”账户所属各明细账户的期末借方余额合计数,减去“坏账准备”账户中相关坏账准备期末余额后的金额填列。

2.“债权投资”项目。“债权投资”项目,应根据“债权投资”账户的相关明细账户的期末余额,减去“债权投资减值准备”账户中相关减值准备的期末余额后的金额分析填列,自资产负债表日起一年内到期的长期债权投资,在“一年内到期的非流动资产”项目中填列,购入的以摊余成本计量的一年内到期的债权投资,在“其他流动资产”项目中填列。

3.“合同资产”“合同负债”项目。“合同资产”和“合同负债”项目,应根据“合同资产”账户和“合同负债”账户的明细账户期末余额分析填列,同一合同下的合同资产和合同负债应当以净额列示,其中净额为借方余额的,应当根据其流动性在“合同资产”或“其他非流动资产”项目中填列,已计提减值准备的,还应减去“合同资产减值准备”账户中相应的期末余额后的金额填列,其中净额为贷方余额的,应当根据其流动性在“合同负债”或“其他非流动负债”项目中填列。

4.“存货”项目。“存货”项目,应根据“材料采购”“原材料”“发出商品”“库存商品”“周转材料”“委托加工物资”“生产成本”“受托代销商品”等账户的期末余额及“合同履约成本”账户的明细账户中初始确认时摊销期限不超过一年或一个正常营业周期的期末余额合计,减去“受托代销商品款”“存货跌价准备”账户期末余额及“合同履约成本减值准备”账户中相应的期末余额后的金额填列,材料采用计划成本核算,以及库存商品采用计划成本核算或售价核算的企业,还应按加或减材料成本差异、商品进销差价后的金额填列。

5.“其他非流动资产”项目。“其他非流动资产”项目,应根据有关账户的期末余额减去将于一年内（含一年）收回数后的金额，及“合同取得成本”账户和“合同履约成本”账户的明细账户中初始确认时摊销期限在一年或一个正常营业周期以上的期末余额，减去“合同取得成本减值准备”账户和“合同履约成本减值准备”账户中相应的期末余额填列。

五、实例

【例 13-1】美华公司主要从事机器设备的生产和销售活动。该公司为增值税一般纳税人，适用的增值税税率为 13%，所得税税率为 25%。材料等存货按实际成本计价，产品销售价格均不含增值税，确认销售收入的同时逐笔结转其销售成本。该公司按照实现净利润的 10% 提取法定盈余公积。除业务中涉及的资产减值外，其他资产均未发生减值。为减少例题数量，本例中部分经济业务采用合并方式进行处理。

（一）2019 年 12 月 31 日，美华股份有限公司账户余额表（如表 13-1 所示）

表 13-1　美华股份有限公司账户余额表

账户名称	期初余额		账户名称	期初余额	
	借方	贷方		借方	贷方
库存现金	125 040		短期借款		2 740 000
银行存款	2 800 000		交易性金融负债		0
其他货币资金	200 000		应付票据		460 000
交易性金融资产	512 000		应付账款		263 040
应收票据	196 800		合同负债		500 000
应收账款	4 300 000		应付职工薪酬		293 280
预付账款	380 000		应交税费		324 000
其他应收款	704 000		应付利息		500 800
坏账准备（应收账款）		60 720	应付股利		500 000
在途物资	1 314 000		其他应付款		740 000
原材料	3 444 000		长期借款		7 280 000
库存商品	6 000 000		长期应付款		3 000 000
			实收资本		35 000 000

续表

账户名称	期初余额		账户名称	期初余额	
	借方	贷方		借方	贷方
			资本公积		1 000 000
存货跌价准备		150 000	盈余公积		3 080 000
生产成本	456 000		利润分配——未分配利润		1 040 000
其他债权投资	6 500 000				
长期应收款	160 000				
长期股权投资	15 000 000				
固定资产	15 000 000				
累计折旧		4 120 000			
在建工程	1 200 000				
工程物资	1 500 000				
无形资产	700 000				
累计摊销		20 000			
长期待摊费用	580 000				
合　计	61 071 840	4 350 720	合　计		56 721 120

其他资料：

①期初应交税费不含应交增值税。

②核定并已发行股票 4 000 000 股，每股 1 元。

③交易性金融资产为非现金等价物。

（二）2020 年美华公司发生的经济交易或事项

1. 本期发生与商品销售相关的交易结算汇总情况如表 13-2 所示。

表 13-2　商品销售交易结算汇总表　　　　金额单位:元

购货单位	结算方式	增值税专用发票			产品成本
		销售价款	销项税额	合计	
甲公司	现款结算	1 560 000	202 800	1 762 800	1 036 000
乙公司	商业汇票结算	3 200 000	416 000	3 616 000	1 920 000
丙公司	赊销商品	4 240 000	551 200	4 791 200	2 644 000
—	合计	9 000 000	1 170 000	10 170 000	5 600 000

表 13-2 的现款结算中,收到现金 176 280 元,存入银行 1 586 520 元。

(1—①)确认收入:

借:库存现金　176 280
　银行存款　1 586 520
　应收票据　3 616 000
　应收账款　4 791 200
　贷:主营业务收入　9 000 000
　　应交税费——应交增值税(销项税额)　1 170 000

(1—②)结转销售成本:

借:主营业务成本　5 600 000
　贷:库存商品　5 600 000

2. 收到丙公司偿还所欠款项 650 000 元,存入银行。

借:银行存款　650 000
　贷:应收账款——丙公司　650 000

3. 向丁公司销售商品一批,增值税专用发票上注明的价款为 200 000 元,增值税税额为 26 000 元,全部款项通过丁公司预付款(已记入“合同负债”账户)结算。该批商品成本总额为 150 000 元。

(3—①)确认收入:

借:合同负债——丁公司　226 000
　贷:主营业务收入　200 000
　　应交税费——应交增值税(销项税额)　26 000

(3-②)结转成本:

借:主营业务成本　150 000
　贷:库存商品　150 000

4. 年初,从银行借入 3 年期长期借款 1 320 000 元并存入银行,用于翻建研发大楼。期末计提借款利息共计 237 200 元,其中:计入当期损益的借款利息 117 200 元,计入仓库在建工程成本的长期借款利息 120 000 元。借款利息均为分期支付。

(4-①)借入款项:

借:银行存款　　1 320 000
　贷:长期借款　　1 320 000

(4-②)确认应付利息:

借:财务费用　　117 200
　　在建工程——研发大楼　　120 000
　贷:应付利息　　237 200

5. 期末,归还银行借款本金 1 000 000 元,其中:短期借款 200 000 元,长期借款 800 000元;以银行存款支付筹资活动借款利息 10 000 元(已预提)。

借:短期借款　　200 000
　　长期借款　　800 000
　　应付利息　　10 000
　贷:银行存款　　1 010 000

6. 期末,将持有乙公司的银行承兑汇票办理贴现,票据面值为 394 000 元,支付贴现利息 16 000 元,贴现款全部存入银行。

借:银行存款　　378 000
　　财务费用　　16 000
　贷:应收票据　　394 000

7. 以银行存款支付到期的商业承兑汇票一张,面值为 180 000 元。

借:应付票据　　180 000
　贷:银行存款　　180 000

8. 本期验收入库材料 850 000 元(其中上期在途物资 380 000 元),发生增值税进项税 61 100 元。材料款项以银行汇票结算 135 600 元、转账支票结算 65 500 元,转销上期预付款项 330 000 元。

借:原材料　　850 000
　　应交税费——应交增值税(进项税额)　　61 100
　贷:银行存款　　65 500
　　　其他货币资金　　135 600
　　　预付账款　　330 000
　　　在途物资　　380 000

9. 期初,转让持有的交易性金融资产收取价款 520 000 元(含税)并存入银行,确认应变增值税 29 600 元,转让金融资产成本为 380 000 元。该资产未发生公允价值变动。

借:银行存款　　520 000
　贷:交易性金融资产——成本　　380 000
　　应交税费——应交增值税(销项税额)　　29 600
　　投资收益　　110 400

10. 本期被投资单位经营获利及分配情况:子公司(XY)宣告并支付现金股利,美华公司按持股比例确认应享有 500 000 元的份额并已存入银行;联营公司(YZ)本期实现净利 12 000 000 元,美华公司持有该公司股份比例为 30%,确认投资收益 3 600 000 元,不考虑其他相关因素。

(10-①)收到 XY 公司现金股利(应收股利账户略):

借:银行存款　　500 000
　贷:投资收益　　500 000

(10-②)确认应收 YZ 公司净利润:

借:长期股权投资　　3 600 000
　贷:投资收益　　3 600 000

11. 购置不需要安装的生产设备一台并交付使用,增值税专用发票上注明的价款为 1 200 000 元,增值税税额为 156 000 元,全部款项以银行存款付讫。

借:固定资产　　1 200 000
　应交税费——应交增值税(进项税额)　　156 000
　贷:银行存款　　1 356 000

12. 期末,发生如下固定资产处置业务:①变卖一辆运输车辆,原价为 320 000 元、累计折旧为 120 000 元,未计提资产减值准备。处置车辆取得残料变价收入 240 000 元,确认增值税销项税额 31 200 元,全部款项存入银行;②报废一台加工设备,该设备原价为 1 600 000 元,累计折旧为 1 400 000 元,未计提资产减值准备。支付清理费用 50 000元,取得残值变价收入 100 000 元,确认增值税销项税额 13 000 元,收付款项以银行存款结算。该加工设备已清理完毕。

(12-①) 变卖运输车辆(为简化核算,固定资产清理账户略):

借:银行存款　　271 200
　累计折旧　　120 000
　贷:固定资产　　320 000
　　应交税费——应交增值税(销项税额)　　31 200
　　资产处置损益　　40 000

(12-②)报废加工设备:

转入清理：

借：固定资产清理　200 000

　累计折旧　1 400 000

　贷：固定资产　1 600 000

残料变价收入：

借：银行存款　113 000

　贷：固定资产清理　100 000

　　应交税费——应交增值税（销项税额）　13 000

支付清理费用：

借：固定资产清理　50 000

　贷：银行存款　50 000

结转清理损益：

借：营业外支出　150 000

　贷：固定资产清理　150 000

13. 本期翻建仓库发生如下业务：①购入工程物资一批，增值税专用发票注明上注明价款为 800 000 元，增值税额为 104 000 元，全部款项已通过银行转账结算，工程物资验收入库；②工程领用工程物资 2 000 000 元，确认工程应负担的职工薪酬 150 000 元，以银行存款支付工程款 300 000 元、增值税 27 000 元；③仓库工程完工达到预定可使用状态，确定入账价值为 2 450 000 元，结转仓库建造成本。

（13-①）购入工程所用物资：

借：工程物资　800 000

　应交税费——应交增值税（进项税额）　104 000

　贷：银行存款　904 000

（13-②）领用工程物资、确认应付工程负担职工薪酬、支付工程款：

借：在建工程——仓库　2 450 000

　贷：工程物资　2 000 000

　　应付职工薪酬　150 000

　　银行存款　300 000

（13-③）结转仓库建造成本：

借：固定资产　2 450 000

　贷：在建工程——仓库　2 450 000

14. 期初，以银行支付上期职工薪酬共计 2 622 000 元。

期末，分配职工薪酬总额为 2 622 000 元，其中：直接生产人员 1 824 000 元，车间管理人员 342 000 元，行政管理人员 285 000 元，研发大楼在建工程人员 171 000 元。

(14-①)支付职工薪酬：

	借方	贷方
借：应付职工薪酬	2 622 000	
贷：银行存款		2 622 000

(14-②)分配职工薪酬：

	借方	贷方
借：生产成本	1 824 000	
制造费用	342 000	
管理费用	285 000	
在建工程——研发大楼	171 000	
贷：应付职工薪酬		2 622 000

15. 本期计提固定资产折旧 180 000 元，其中：计入制造费用 130 000 元，计入管理费用为 50 000 元；摊销相关费用 145 000 元，其中：无形资产摊销 65 000 元，租赁设备改良支出摊销 80 000 元。

(15-①)计提折旧费用：

	借方	贷方
借：制造费用	130 000	
管理费用	50 000	
贷：累计折旧		180 000

(15-②)摊销相关费用：

	借方	贷方
借：管理费用	145 000	
贷：累计摊销		65 000
长期待摊费用		80 000

16. 本期确认资产减值损失共计 583 000 元，其中：信用减值损失 387 000 元，固定资产减值损失 70 000 元，存货跌价损失 126 000 元。

	借方	贷方
借：信用减值损失	387 000	
资产减值损失	196 000	
贷：坏账准备		387 000
存货跌价准备		126 000
固定资产减值准备		70 000

17. 本期确认并支付税费 1 944 400 元，其中：产品展览费和广告费 1 280 000 元，增值税额 76 800 元；管理费用 520 000 元，增值税额 67 600 元。全部款项支付方式：现金支付 120 000 元，银行存款支付 1 824 400 元。

	借方	贷方
借：销售费用	1 280 000	
管理费用	520 000	

应交税费——应交增值税(进项税额) 144 400

贷:库存现金 120 000

银行存款 1 824 400

18. 本期确认并以银行存款支付(假定本期支付)税金及附加共计 360 000 元,其中:消费税 300 000 元,城市维护建设税 42 000 元,教育费附加 18 000 元。

(18-①)确认应交税费:

借:税金及附加 360 000

贷:应交税费 360 000

(18—②)交纳税费:

借:应交税费 360 000

贷:银行存款 360 000

19. 期末,与 M 客户签订短期租赁(非主营业务)吊车合同,向客户出租吊车三台,期限为 6 个月,三台吊车租金(含税)81 360 元。合同签订日预收租金(含税)27 120 元存入银行,合同到期结清全部租金余款。

借:银行存款 27 120

贷:预收账款——M 客户 24 000

应交税费——应交增值税(销项税额) 3 120

20. 期末,经批准按面值发行 3 年期、票面利率为 5%的公司债券 10 000 000 元,全部债券款存入银行。

借:银行存款 10 000 000

贷:应付债券——面值 10 000 000

21. 期末,将无法支付的 MN 公司货款 185 000 元予以转账。

借:应付账款 185 000

贷:营业外收入 185 000

22. 出售原材料一批,增值税专用发票上注明的价款为 100 000 元,增值税税额为 13 000 元,全部款项已存入银行。该批原材料的实际成本为 90 000 元,

借:银行存款 113 000

贷:其他业务收入 100 000

应交税费——应交增值税(销项税额) 13 000

借:其他业务成本 90 000

贷:原材料 90 000

23. 股东大会通过发行新股决议,委托某证券公司代理增发普通股 1 000 万股,每股面值 1 元、发行价格 5 元。发行手续费按发行收入的 2%计算,从发行收入中扣除。

全部新股已被认购完毕，美华公司收到扣除发行费后的股款49 000 000元，存入银行。

实际收到的股款=10 000 000×5×(1-2%)=49 000 000(元)

股本溢价=49 000 000-10 000 000=39 000 000(元)

借：银行存款　　49 000 000

　贷：股本——普通股　　10 000 000

　　资本公积——股本溢价　　39 000 000

24. 期末，分配制造费用472 000元；结转完工产品成本2 296 000元。

(24-①)分配制造费用：

借：生产成本　　472 000

　贷：制造费用　　472 000

(24-②)结转完工产品成本：

借：库存商品　　2 296 000

　贷：生产成本　　2 296 000

25. 期末，该公司支付价款100 000元(含交易费用)从活跃市场上购入5年期债券并确认为债权投资。债券面值为125 000元，票面利率为4.72%，按年付息，本金最后一次支付，实际利率为10%。

借：债权投资——成本　　125 000

　贷：银行存款　　100 000

　　债权投资——利息调整　　25 000

26. 期末，结转各损益类账户。

(26-①)结转收入、利得账户：

借：主营业务收入　　9 200 000

　其他业务收入　　100 000

　投资收益　　4 210 400

　营业外收入　　185 000

　资产处置损益　　40 000

　贷：本年利润　　13 735 400

(26-②)结转费用、损失类账户：

借：本年利润　　9 346 200

　贷：主营业务成本　　5 750 000

　　其他业务成本　　90 000

　　税金及附加　　360 000

　　销售费用　　1 280 000

管理费用 1 000 000

财务费用 133 200

信用减值损失 387 000

资产减值损失 196 000

营业外支出 150 000

27. 计算当期利润总额及所得税费用,并确认及结转所得税费用,不考虑其他纳税调整项目。

税前利润 = 13 735 400— 9 346 200 = 4 389 200 (元)

所得税费用 = 4 389 200×25% = 1 097 300(元)

(27-①)确认所得税费用:

借:所得税费用 1 097 300

贷:应交税费——应交所得税 1 097 300

(27-②) 结转所得税费用:

借:本年利润 1 097 300

贷:所得税费用 1 097 300

净利润 = 4 389 200-1 097 300 = 3 291 900(元)

28. 根据公司利润分配政策,按照净利润的10%提取法定盈余公积金、向投资者分配现金股利450 000元。

提取法定盈余公积金 = 3 291 900×10% = 329 190(元)

(28-①)提取盈余公积:

借:利润分配——提取盈余公积金 329 190

贷:盈余公积——法定盈余公积 329 190

(28-②)分配现金股利:

借:利润分配——应付现金股利 450 000

贷:应付股利 450 000

29. 期末,将本年利润和利润分配各明细账户的余额转入"利润分配——未分配利润"明细账户。

(29-①)结转未分配利润:

借:本年利润 3 291 900

贷:利润分配——未分配利润 3 291 900

(29-②)结转已分配的利润:

借:利润分配——未分配利润 779 190

贷:利润分配——提取盈余公积金 329 190

——应付现金股利　　　　　　　　　　　　　　　　450 000

经过期末结转，该公司年末“利润分配——未分配利润”科目余额为 3 552 710 元（1 040 000+3 291 900−779 190）。

（三）登记

根据上述经济交易或事项编制的会计分录，登记相关账户的期初余额、本期发生额并结出本期发生额合计及期末余额（以表代账，如表 13-3 所示）。

表 13-3　期初账户余额、本期发生额及期末余额表

账户名称	期初余额		本期发生额		期末余额	
	借方	贷方	借方	贷方	借方	贷方
库存现金	125 040		（1-①）176 280	（17）120 000	181 320	
银行存款	2 800 000		（1-①）1 586 520 （2）650 000 （4-①）1 320 000 （6）378 000 （9）520 000 （10-①）500 000 （12-①）271 200 （12-②）113 000 （19）27 120 （20）10 000 000 （22）113 000 （23）49 000 000 合计 64 478 840	（5）1 010 000 （7）180 000 （8）65 500 （11）1 356 000 （12-②）50 000 （13-①）904 000 （13-②）300 000 （14-①）2 622 000 （17）1 824 400 （18-②）360 000 （25）100 000 合计 8 771 900	58 506 940	
其他货币资金	200 000			（8）135 600	64 400	
交易性金融资产	512 000			（9）380 000	132 000	
应收票据	196 800		（1-①）3 616 000	（6）394 000	3 418 800	
应收账款	4 300 000		（1-①）4 791 200	（2）650 000	8 441 200	
预付账款	380 000			（8）330 000	50 000	
其他应收款	704 000				704 000	

续表

账户名称	期初余额		本期发生额		期末余额	
	借方	贷方	借方	贷方	借方	贷方
坏账准备（应收账款）		60 720		(16)387 000		447 720
在途物资	1 314 000			(8)380 000	934 000	
原材料	3 444 000		(8)850 000	(22) 90 000	4 204 000	
库存商品	6 000 000		(24-②)2 296 000	(1-②)5 600 000 (3-②) 150 000	2546 000	
存货跌价准备(原材料)		150 000		(16)126 000		276 000
生产成本	456 000		(14-②)1 824 000 (24-①) 472 000	(24-②)2 296 000	456 000	
制造费用	0		(14-②)342 000 (15-①)130 000	(24-①)472 000	0	
流动资产合计	20 431 840	210 720	78 976 320	20 282 500	79 638 660	723 720
债权投资			(25)100 000		100 000	
其他债权投资	6 500 000				6 500 000	
长期应收款	160 000				160 000	
长期股权投资	15 000 000		(10-②)3 600 000		18 600 000	
固定资产	15 000 000		(11)1 200 000 (13-③)2 450 000	(12-①)320 000 (12-②)1 600 000	16 730 000	
累计折旧		4 120 000	(12-①) 120 000 (12-②)1 400 000	(15-①)180 000		2 780 000
固定资产减值准备				(16)70 000		70 000

续表

账户名称	期初余额		本期发生额		期末余额	
	借方	贷方	借方	贷方	借方	贷方
在建工程	1 200 000		(4-②)120 000 (13-②)2 450 000 (14-②)171 000	(13-③)2 450 000	1 491 000	
工程物资	1 500 000		(13-①)800 000	(13-②)2 000 000	300 000	
固定资产清理			(12-②)250 000	(12-②)250 000	0	
无形资产	700 000				700 000	
累计摊销		20 000		(15-②)65 000		85 000
长期待摊费用	580 000			(15-②)80 000	500 000	
非流动资产合计	40 640 000	4 140 000	12 661 000	7 015 000	45 081 000	2 935 000
资产总计	61 071 840	4 350 720	91 637 320	27 297 500	124 719 660	3 658 720
短期借款		2 740 000	(5)200 000			2 540 000
应付票据		460 000	(7)180 000			280 000
应付账款		263 040	(21)185 000			78 040
预收账款				(19)24 000		24 000
合同负债		500 000	(3-①)226 000			274 000
应付职工薪酬		293 280	(14-①)2 622 000	(13-②)150 000 (14-②)2 622 000		443 280
应交税费		324 000	(8)61 100 (11)156 000 (13-①)104 000 (17)144 400 (18-②)360 000 合计 825 500	(1-①)1 170 000 (3-①)26 000 (9)29 600 (12-①)31 200 (12-②)13 000 (18-①)360 000 (19)3 120 (22)13 000 (27-①)1 097 300 合计 2 743 220		2 241 720

续表

账户名称	期初余额		本期发生额		期末余额	
	借方	贷方	借方	贷方	借方	贷方
应付利息		500 800	(5)10 000	(4-②)237 200		728 000
应付股利		500 000		(28-②)450 000		950 000
其他应付款		740 000				740 000
流动负债合计		6 321 120	4 248 500	6 226 420		8 299 040
长期借款		7 280 000	(5)800 000	(4-①)1 320 000		7 800 000
应付债券				(20)10 000 000		10 000 000
长期应付款		3 000 000				3 000 000
非流动负债合计		10 280 000	800 000	11 320 000		20 800 000
负债合计		16 601 120	5 048 500	17 546 420		29 099 040
实收资本（股本）		35 000 000		(23)10 000 000		45 000 000
资本公积		1 000 000		(23)39 000 000		40 000 000
盈余公积		3 080 000		(28-①)329 190		3 409 190
本年利润			(26-②)9 346 200 (27-②)1 097 300 (29-①)3 291 900 合计 13 735 400	(26-①) 13 735 400		
利润分配——提取法定盈余公积			(28-①)329 190	(29-②)329 190		0
利润分配——应付现金股利			(28-②)450 000	(29-②)450 000		0
利润分配——未分配利润		1 040 000	(29-②)779 190	(29-①)3 291 900		3 552 710

续表

账户名称	期初余额		本期发生额		期末余额	
	借方	贷方	借方	贷方	借方	贷方
股东权益类账户合计		40 120 000	15 293 780	67 135 680		91 961 900
负债和股东权益类账户总计		56 721 120	20 342 280	84 682 100		121 060 940
合计			111 979 600	111 979 600		

损益类账户

项目	期初余额		本期发生额合计		期末余额	
	借方	贷方	借方	贷方	借方	贷方
主营业务收入			(26-①)9 200 000	(1-①)9 000 000 (3)200 000		
其他业务收入			(26-①)100 000	(22)100 000		
投资收益			(26-①)4 210 400	(9)110 400 (10-①)500 000 (10-②)3 600 000		
营业外收入			(26-①)185 000	(21)185 000		
主营业务成本			(1-②)5 600 000 (3-②)150 000	(26-②)5 750 000		
其他业务成本			(22)90 000	(26-②)90 000		
税金及附加			(18-①)360 000	(26-②)360 000		
销售费用			(17)1 280 000	(26-②)1 280 000		
管理费用			(14-②)285 000 (15-①)50 000 (15-②)145 000 (17)520 000	(26-②)1 000 000		
财务费用			(4-②)117 200 (6-②) 16 000	(26-②)133 200		

续表

账户名称	期初余额		本期发生额		期末余额	
	借方	贷方	借方	贷方	借方	贷方
信用减值损失			(16)387 000	(26-②)387 000		
资产减值损失			(16)196 000	(26-②)196 000		
营业外支出			(12-②)150 000	(26-②)150 000		
资产处置损益			(26-①)40 000	(12-①)40 000		
所得税费用			(27-①)1 097 300	(27-②)1 097 300		
损益类账户合计			24 178 900	24 178 900		
合计			140 228 500	140228 500		

(四)编制资产负债表

根据账簿记录(表 13-3),编制美华公司 2020 年 12 月 31 日资产负债表如表 13-4 所示。

表 13-4　资产负债表

会企 01 表

编制单位:美华公司　　　　2020 年 12 月 31 日　　　　单位:元

资　产	期末余额	年初余额	负债和所有者权益(或股东权益)	期末余额	年初余额
流动资产:			流动负债:		
货币资金	58 752 660	3 125 040	短期借款	2 540 000	2 740 000
交易性金融资产	132 000	512 000	交易性金融负债	0	0
衍生金融资产	0	0	衍生金融负债	0	0
应收票据	3 418 800	196 800	应付票据	280 000	460 000
应收账款	7 993 480	4 239 280	应付账款	78 040	263 040
应收款项融资	0	0	预收款项	24 000	0

续表

资　产	期末余额	年初余额	负债和所有者权益（或股东权益）	期末余额	年初余额
预付款项	50 000	380 000	合同负债	274 000	500 000
其他应收款	704 000	704 000	应付职工薪酬	443 280	293 280
存货	7 864 000	11 064 000	应交税费	2 241 720	324 000
合同资产	0	0	其他应付款	2 418 000	1 740 800
持有待售资产	0	0	一年内到期的非流动负债		0
一年内到期的非流动资产	0	0	其他流动负债	0	0
其他流动资产	0	0			
流动资产合计	78 914 940	20 221 120	流动负债合计	8 299 040	6 321 120
非流动资产：			非流动负债：		
债权投资	100 000	0	长期借款	7 800 000	7 280 000
其他债权投资	6 500 000	6 500 000	应付债券	10 000 000	0
长期应收款	160 000	160 000	其中：优先股	0	0
长期股权投资	18 600 000	15 000 000	永续股	0	0
其他权益工具投资	0	0	租赁负债	0	0
其他非流动金融资产	0	0	长期应付款	3 000 000	3 000 000
投资性房地产	0	0	预计负债	0	0
固定资产	13 880 000	10 880 000	递延收益	0	0
在建工程	1 791 000	3 700 000	递延所得税负债	0	0
生产性生物资产	0	0	其他非流动负债	0	0
油气资产	0	0	非流动负债合计	20 800 000	10 280 000

续表

资　产	期末余额	年初余额	负债和所有者权益（或股东权益）	期末余额	年初余额
使用权资产	0	0	负债合计	29 099 040	16 601 120
无形资产	615 000	680 000	所有者权益（或股东权益）		
开发支出	0	0	实收资本（或股本）	45 000 000	35 000 000
商誉	0	0	其他权益工具	0	0
长期待摊费用	500 000	580 000	其中：优先股	0	0
递延所得税资产	0	0	永续股	0	0
其他非流动资产	0	0	资本公积	40 000 000	1 000 000
非流动资产合计	42 146 000	36 500 000	减：库存股	0	0
			其他综合收益	0	0
			专项储备	0	0
			盈余公积	3 409 190	3 080 000
			未分配利润	3 552 710	1 040 000
			所有者权益（或股东权益）合计	91 961 900	40 120 000
资产总计	121 060 940	56 721 120	负债和所有者权益（或股东权益）总计	121 060 940	56 721 120

六、资产负债表的附表

为了对资产负债表中某些重要项目提供详细说明，有的时候需要编制一些资产负债表的附表。存货表、固定资产变动表、在建工程表、资产减值准备明细表、职工薪酬明细表、应交税费明细表等，就是常用的资产负债表附表。

需要说明的是，根据《企业会计准则——应用指南》的规定，我国资产负债表的附表一般作为附注的组成部分，并以“披露格式”形式予以规范。

七、资产负债表的局限性

其一，资产负债表中多数资产和负债按历史成本列报，与其相关信息的可靠性高但相关性不足。

其二，资产负债表的许多项目不能精确地计量，其结果也不确定，只能加以估计和判断。

其三，忽略了主体的部分重要资产。资产方没有也不可能反映主体拥有或控制的所有资源。例如技术创新或软件产品、商誉、人力资本等资产，由于公允价值和历史成本都不可得，因此它们根本没有被列示在资产负债表上。

其四，资产负债表格式及其项目的分类，反映了资产、负债的性质及其流动性信息，但没有关于资产、负债功能分类信息，如仅反映了是什么，没能反映干什么，而后者能够传递资产、负债作用方面的信息。

其五，表外融资日益普遍，资产负债表列报和披露的负债信息不断缺失，在企业财务风险加重的同时，资产负债表分析的潜在价值在不断下降。

第三节　利润表

一、利润表的性质与作用

（一）性质

利润表是反映企业在一定时期的经营成果的报表。经营成果通常表现为企业某时期收入与费用配比形成的利润或亏损，因此，利润表又称“损益表”，一度被称为“损益计算书”。根据收入与费用相互配比的基本原理，利润是企业一定时期的收入与费用相互抵减的余额，收入反映了企业取得经营成果的水平，费用则代表了企业取得相应经营成果所付出的努力和代价。收入超过了费用，为企业实现了利润，反之，则为亏损。利润是企业生存与发展的基础，也是投资者、债权人等利益相关者共同关注的焦点。通过利润表不仅要揭示会计期间收益之结果，更要揭示企业收益实现的过程，以正确评价企业的经营业绩，预测未来的获利能力。

（二）作用

利润表的具体作用表现在以下方面：

1.考核与评价企业管理者的业绩。评价业绩是有效管理的基础，事实上，企业管理水平的提升都依赖于日益完善的评价理论和评价方法的发展。而评价业绩需要信息，利润表所提供的经营成果信息，是企业生产、经营、理财和投资等经营管理水平高低的综合体现，它不仅反映了企业经营目标实现的程度，也为衡量与评价经营成败、管理人员绩效提供了依据。

2.分析和预测企业的获利能力。获利是企业创立、经营、发展的基本目标，而企业获利能力是投资者等利益相关者所共同关心的内容。而运用利润表提供的各项明细资料，利润表本身相关指标之间关系，以及利润表与资产负债表、现金流量表、所有者权益增减变动表相关项目之间的关系，可计算诸如总资产净利率、权益净利率等比率，分析企业损益的形成原因，判断和预测未来盈余、股价和股利变动趋势，反映企业获利能力，有助于投资者、债权人和经营管理者做出合理的经营决策。

3.评估企业未来现金流动状况。利润与现金流量之间存在一定关系。通过分析若干期利润表数据的变化，还可测定企业利润的发展变化趋势，预测企业未来的获利能力。债权人根据利润表信息与未来现金流量间的关系，判断债务人支付利息以及偿还债务本金的能力，有助于评估企业的长期偿债能力，做出信贷决策。

二、利润表的内容与项目分类

（一）利润表的内容

利润表应包括哪些内容？正确回答这个问题，取决于人们对损益内容的界定。一种观点认为，编入利润表的应该是由当期正常营业所产生的损益，前期收入、费用及本期营业外损益不应包括在内，而应列于所有者权益变动表中，这样利润表才能反映企业本期经营管理的实在成果并得到投资者的关心；若将与本期营业无关的损益收入进来，势必混淆视听，并使各期反映的净损益均失实。这种观点称为本期营业观。

另一种观点认为，利润表应反映所有在本期确认的损益项目，包括所有当期营业损益、营业外损益项目和前期损益调整。因为这样做不仅可防止报表使用人忽视列在所有者权益变动表中的重要项目，还可防止因人为篡改或判断不当而歪曲年度盈利的情况（如将正常损益列为营业外损益）。这种观点称为损益满计观点。此外，还有一种对上述两种观点折中的方法，即将营业外项目列于利润表，前期损益调整则列于所有者权益变动表。

利润表的内容应能充分反映企业的利润或亏损及其构成因素。我国会计准则要求企业利润表至少应当披露的内容有：营业收入、营业成本、税金及附加、管理费用、销售费用、财务费用、投资收益、公允价值变动损益、资产减值损失、非流动资产处置损益、所得税费用、净利润、其他综合收益各项目分别扣除所得税影响后的净额、综合收益总额。

(二)利润表中项目分类

利润表的上述内容可分为以下五个部分:

1.营业利润,指企业生产经营活动所产生的利润,是企业利润总额的主要组成部分。它是企业营业收入减去营业成本,减去销售费用、管理费用和财务费用等期间费用,再扣除上交国家的各种流转税金(税金及附加)、资产减值损失以及加减公允价值变动损益、投资损益后的余额。

2.利得与损失。直接计入当期利润的利得和损失,指应当计入当期损益、最终会引起所有者权益发生增减变动的、与所有者投入资本或者向所有者分配利润无关的利得或者损失。

(1)利得,指由企业非日常活动所形成的、会导致所有者权益增加的、与所有者投入资本无关的经济利益的流入,比如,固定资产处置净收益。

(2)损失,指企业非日常活动所发生的、会导致所有者权益减少的、与向所有者分配利润无关的经济利益的流出。比如,无形资产处置净损失。

3.利润总额。利润总额,指企业一定期间生产经营和非生产经营活动成果的综合反映。企业在生产经营过程中,通过销售过程将商品卖给客户实现收入,收入扣除其相关成本以及其他一系列费用,再加减非经营性质的收支及投资收益(或损失),即为企业的利润总额或亏损总额。

4.净利润。净利润(或净亏损),指一定会计期间内利润总额减去所得税后的余额。

5.其他综合收益与综合收益。其他综合收益,是指企业根据其他会计准则规定未在当期损益中确认的各项利得和损失。

综合收益,是指企业在某一期间除与所有者以其所有者身份进行的交易之外的其他交易或事项所引起的所有者权益变动。综合收益总额项目反映净利润和其他综合收益扣除所得税影响后的净额相加后的合计金额。

需要说明的是,利润表表底项目是"每股收益"项目。该项目是本期净利润与流通在外普通股股数的比值。它反映了企业每股普通股在一个会计期间所获得的净利润或发生的净亏损。由于普通股的价格是按股论价,按股买卖,并按股计算获利额,因此,股票投资者和其他财务报表使用者都要利用每股收益指标来评价公司以往的经营业绩和管理效率,估计股票投资风险和回报,预测公司未来获利趋势。在众多的财务分析指标中,唯独"每股收益"指标被列入基本财务报告中并需要注册会计师鉴证,可见,"每股收益"指标的计算与其信息的披露也就显得尤为重要。利润表"每股收益"项目细分为"每股收益""稀释每股收益"两个报表项目。

基本每股收益只考虑当期实际发行在外的普通股股份,按照归属于普通股股东的当期净利润除以当期实际发行在外普通股的加权平均数计算确定。其计算公式为:

基本每股收益=属于普通股股东的当期净利润÷发行在外普通股的加权平均数

式中:①发行在外普通股加权平均数=期初发行在外普通股股数+当期新发行普通股股数×已发行时间÷报告期时间-当期回购普通股股数×已回购时间÷报告期时间。

②已发行时间、报告期时间和已回购时间一般按照天数计算;在不影响计算结果合理性的前提下,也可以采用简化的计算方法。

③发生亏损的企业,每股收益以负数列示。

稀释每股收益是以基本每股收益为基础,假设企业所有发行在外的稀释性潜在普通股均已转换为普通股,从而分别调整归属于普通股股东的当期净利润以及发行在外普通股的加权平均数计算而得的每股收益。其中:稀释性潜在普通股,是指假设当期转换为普通股会减少每股收益的潜在普通股。对于亏损企业而言,稀释性潜在普通股是指假设当期转换为普通股会增加每股亏损金额的潜在普通股。潜在普通股是指赋予其持有者在报告期或以后期间享有取得普通股权利的一种金融工具或其他合同。目前,我国企业发行的潜在普通股主要有可转换公司债券、认股权证、股份期权等。

每股收益应用方法见本系列教材《高级财务会计》。

三、利润表的格式

利润表的格式主要有以下两种。

(一)多步式利润表

多步式利润表,是指按照损益的构成因素和不同的构成内容,根据损益计算层次排列的利润计算表。利润表重在反映利润的形成过程,因此,现代企业的利润表一般都采取多步式的格式。其目的是为了便于财务报表使用者分析企业利润的来源"结构",有助于预测企业的未来收益。因为企业利润的不同组成部分来自不同途径,它们带来利润能力的可持续性也不尽相同。只有那些具有持续性特征的利润组成要素,才具有预测价值。我国企业利润表也采用多步式,其基本格式如表 13-6 所示(编制该表的资料见表 13-3)。

多步式利润表的好处在于能向使用者提供较为详细的分类信息,有利于企业间及企业自身前后期相应项目的比较,以预测未来获利能力的大小。但是,多步式利润表将本期收入与费用原本总体性的配比人为地排列出先后顺序,并按顺序计算若干阶段性金额,容易使人产生对损益形成的错觉;同时,也难以统一人们对项目分类的看法。

(二)单步式利润表

单步式利润表将本期所有收入在一个类目下相加,本期所有费用、成本在另一个类目下相加,再将两个类目的合计数相减,通过一次计算得出本期净利润。其大致格式如表 13-5 所示。

单步式利润表结构简单，并避免了可能使人误解或引起混乱的分类和配比顺序，被有些人认为具有现实性。但是，这种利润表在进行比较分析时，缺少一些有用的资料，如反映不出营业利润、利润总额等中间性信息，往往有其不便之处。

不论是单步式利润表还是多步式利润表，分项列示了企业在一定会计期间所取得的各种收入，以及与各种收入相对应的费用、损失，并将收入与费用、损失加以对比，结出当期的净利润。这一将收入与相关的费用、损失进行对比，结出净利润的过程，会计上称为配比。其目的是为了衡量企业在特定时期或特定业务中所取得的成果，以及为取得这些成果所付出的代价，为考核经营效益和效果提供数据。配比是一项重要的会计原则，在利润表中得到了充分体现。

除了多步式、单步式形式外，利润表上对费用的表达，又分为性质分析法和功能分析法两种方式。

所谓性质分析法，是在利润表上将费用按其性质(如折旧费、原材料购买成本、运输费用、员工福利费、广告费等)分类反映。采用费用性质分类法编制的利润表的格式如表 13-5 所示。这种方式不需对费用按功能分类，所以简单易用。

表 13-5　利润表

项目	金额
收入	
其他收入	
产成品和在产品存货的变动	
耗用的原材料和易耗品	
员工福利费用	(略)
折旧费和摊销费	
其他费用	
费用总额	
利润	

所谓功能分析法(或称销售成本法)，是在利润表上将费用按功能进行划分，如分为销售成本、管理活动的成本等。按照这种方式，企业至少应将销售成本与其他费用分开披露。采用费用功能分类法编制的利润表的格式如表 13-6 所示。

这种方式能够向财务报告的使用者提供比以上方式更为相关的信息，因此多数国家的利润表采用费用功能分类法。但如何将费用按照其功能进行分类，靠的是会计人员的判断，故而难免会带有随意性。

四、利润表的编制

利润表基本内容各项目的填列方法主要有两种方法：一是根据损益类账户的本期发生净额直接填列，如表内项目的“加”项或“减”项。二是根据表内有关项目计算后填列，如利润表中“营业利润”项目是以主营业务收入减主营业务成本、税金及附加等项目计算求得，还有“净利润”项目是以营业利润加营业外收入，再减去营业外支出、所得税费用项目计算求得的。

利润表“本年金额”栏内各项数字，一般应当根据各有关账户的发生额分析填列。如：“营业收入”项目反映企业经营主要业务和其他业务所确认的收入总额，应根据“主营业务收入”“其他业务收入”账户发生额填列；“营业成本”项目反映企业经营主要业务和其他业务发生的实际成本总额，应根据“主营业务成本”“其他业务成本”账户发生额填列。

“税金及附加”项目反映企业经营业务应负担的消费税、城市维护建设税、资源税、土地增值税和教育费附加等，应根据“税金及附加”账户发生额分析填列；等等。

利润表各项目的“上期金额”栏内各项目数字，则应根据上期利润表“本期金额”栏内各项目的数字填列。如果上期利润表规定的各个项目的名称和内容同本期不相一致，应对上期利润表各项目的名称和数字按照本期的规定进行调整。

【例 13-2】美华公司根据表 13-4 资料，编制该公司 2020 年度利润表如表 13-6 所示。

表 13-6　利润表

会企 02 表

编制单位：美华公司　　　　2020 年度　　　　单位：元

项　　目	本期金额	上期金额
一、营业收入	9 300 000	（略）
减：营业成本	5 840 000	
税金及附加	360 000	
销售费用	1 280 000	
管理费用	1 000 000	
研发费用		
财务费用	133 200	
其中：利息费用		

续表

项　　目	本期金额	上期金额
利息收入	0	
加:其他收益	0	
投资收益(损失以"-"号填列)	4 210 400	
其中:对联营企业和合营企业的投资收益	0	
以摊余成本计量的金融资产终止确认收益(损失以"-"号填列)	0	
净敞口套期收益(损失以"-"号填列)	0	
公允价值变动收益(损失以"-"号填列)	0	
信用减值损失(损失以"-"号填列)	387 000	
资产减值损失(损失以"-"号填列)	196 000	
资产处置收益(损失以"-"号填列)	40 000	
二、营业利润(亏损以"-"号填列)	4 354 200	
加:营业外收入	185 000	
减:营业外支出	150 000	
三、利润总额(亏损总额以"-"号填列)	4 389 200	
减:所得税费用	1 097 300	
四、净利润(净亏损以"-"号填列)	3 291 900	
(一)持续经营净利润(净亏损以"-"号填列)	0	
(二)终止经营净利润(净亏损以"-"号填列)	0	
五、其他综合收益的税后净额	0	
(一)不能重分类进损益的其他综合收益		
1. 重新计量设定收益计划变动额	0	
2. 权益法下不能转损益的其他综合收益	0	
3. 其他权益工具公允价值变动	0	
4. 企业自身风险公允价值变动	0	
……	…	
(二)将重分类进损益的其他综合收益	0	

续表

项　　目	本期金额	上期金额
1. 权益法下可转损益的其他综合收益	0	
2. 其他债权投资公允价值变动	0	
3. 金融资产重分类计入其他综合收益的金融	0	
4. 其他债权投资信用减值准备	0	
5. 现金流量套期	0	
6. 外币财务报表折算差额	0	
……	…	
六、综合收益总额	3 291 900	(略)
七、每股收益		
(一)基本每股收益	0	
(二)稀释每股收益	0	

五、利润表的局限

利润表虽然可以反映企业经营的最终成果,但主要基于以下原因,使该表提供的信息质量存在一定的局限性。

(1)企业利润表中省略了不能可靠计量但被证实能影响企业的业绩的某些项目。例如,某些公司在品牌认同、客户服务和产品质量提升的同时,企业价值也得到提升,但辨别并报告这些价值的通用框架仍然不存在。

(2)利润数额的多少,有时会受到所用会计政策的影响,使可比性质量受到影响。如假设其他所有因素相同,而一家企业折旧采用加速折旧法,另一家企业可能选择直线法,其结果是第一家企业报告的利润较低。

(3)利润计量包含了一定判断因素,可能会因估计动机、判断水平的差异,导致了费用低估和收益高估。如一家企业可能诚实地估计一项资产的使用寿命为 20 年,而另一家企业估计为 15 年。

总之,利润表的几个局限性降低了其信息在预测未来现金流的数量、时间、不确定性上的有效性。

第四节 现金流量表

一、现金流量表的性质与作用

(一)性质

现金流量表,是反映企业一定会计期间现金和现金等价物流入和流出的报表。编制现金流量表的目的,是为会计报表使用者提供企业一定会计期间现金和现金等价物流入和流出的信息,以便报表使用者了解和评价企业获取现金和现金等价物的能力,并据以预测企业未来的现金流量。

从历史看,现金流量表远远晚于资产负债表和利润表。现金流量表的前身是“资金来源和运用表”和“财务状况变动表”,1987 年美国财务会计委员会要求以现金流量表代替财务状况变动表。国际会计准则委员会于 1989 年发布了第 7 号国际会计准则《现金流量表》。我国财政部于 1992 年发布的《企业会计准则》规定,企业可以编制财务状况变动表,也可以编制现金流量表。1998 年,财政部发布《企业会计准则——现金流量表》,要求所有企业从 1998 年起编制现金流量表代替财务状况变动表。

在现实经济活动中,企业作为营利主体,获利无疑成为其开展生产经营活动的核心目标和最终归宿。但“企业的经营,通常被描述为资金的周转,始于现金支出,终于现金收入。”[①]在激烈的市场竞争中,企业的债务偿付能力、股利分配能力、支付能力还是今后的发展,均取决于能否及时地获取足够的现金和合理使用现金。因此,现金取得与使用等信息的重要性有时甚至超过获利能力信息,成为企业生死攸关的大事。资产负债表虽然可以提供企业资产增减变动的结果,但无法直接提供与资产增减变动相对应的现金来源以及支付的方式;利润表可以提供企业净利润总额、结构及其变动信息,但无法直接通过利润表反映企业经营活动、投资活动和筹资活动而引起的现金增减变动情况;同样,所有者权益变动表可以反映宣告发放的现金股利,但无法直接反映该年度实际发放的现金股利。资产负债表、利润表均无法反映一定期间的经营活动、筹资活动和投资活动产生的净现金流量的详细信息。

(二)作用

现金流量表的作用主要表现在以下方面:

1.预测企业产生未来现金流量的能力。现金流量表按照经营、投资、筹资活动对现

---

① 美国财务会计准则委员会:《论财务会计概念》(中译本),中国财政经济出版社,1993 年版,第 38 页。

金的流入与流出作出反应，说明企业是如何取得现金，如何使用现金的，借以对企业产生现金的现实能力做出评价。同时，由于过去的现金流量与未来的现金流量相关，是未来现金流量的预示，所以通过现金流量表还可以预测企业创造未来现金流量的能力，并检查过去对现金流量预测的准确性。

2.评价企业偿还债务、支付股利和对外筹资的能力。众所周知，企业所有管理决策和资金运动结果最终实现方式都是现金。债权人、投资者以及管理者的利益很少是由现金以外的任何资源所决定。债权人关心企业的偿债能力，更关心企业现金的多少，因为企业将来还债是要用现金来还的；投资者关注现金，因为企业能否分配股利以及分配多少，不仅取决于净利润的多少，还取决于企业有多少可以支配的现金。所以，现金的增减变化对评价企业偿还债务、支付股利和对外筹资的能力是十分重要的。

3.解释净利润与经营活动现金流量净额之间差异的原因。通过净利润项目可以反映企业经营成败的信息，但基于权责发生制和众多主观判断、估计，利润表中的净利润与现金净流量不一定成正向变化。比如，有利润时可能没有相应的现金结存；发生了亏损却不缺少周转现金。现金流量表通过将权责发生制基础转化为收付实现制基础，能够说明企业净利润与现金结余之间的差异及其原因，据以评价企业净利润的质量。

二、现金流量表的基本理论

（一）现金、现金流量及现金流量的分类

1.“现金”的概念。现金流量表的“现金”概念是指现金和现金等价物。其中，现金包括库存现金、银行存款和其他货币资金。但应注意的是，银行存款和其他货币资金中有些不能随时用于支付的存款，如不能随时支取的定期存款等，不应作为现金，而应列作投资；提前通知银行等金融机构可支取的定期存款，应包括在现金范围内。

现金等价物是指期限短、流动性强、易于转换成已知金额的现金，且价值变动风险很小的投资。所谓期限短，一般是指某项投资自取得日起 3 个月或者更短的时间内到期。权益性投资变现的金额通常不确定，因而不属于现金等价物。现金等价物虽然不是现金，但其支付能力与现金相差不大，可视为现金。

2.现金流量。现金流量是指企业现金和现金等价物的流入和流出。但是，现金或者现金等价物之间的交易或事项，如将库存现金转作活期存款，将活期存款转换为现金等价物等，在会计上等同视之，彼此之间的转换不构成现金流量交易或事项。

3.现金流量的分类。根据企业业务活动的性质和现金流量的来源，现金流量表准则将企业一定期间产生的现金流量分为以下三类：

(1)经营活动形成的现金流量。经营活动是指企业投资活动和筹资活动以外的所有交易和事项。一般而言,经营活动主要包括销售商品、提供劳务、购买商品、接受劳务、支付税费等活动。

经营活动的现金流量,主要由决定企业净损益的交易和其他相关事项所形成。通过经营活动形成的现金流量,可以判明企业在不动用企业外部筹资的情况下,通过经营活动产生的现金流量是否足以偿还贷款,维持企业的生产经营、支付股利以及进行新的投资。此外,利用本期经营活动现金流量的结构与其他信息,还可以预测未来同类现金流量。

(2)投资活动形成的现金流量。投资活动是指企业长期资产的购建和不包括在现金等价物范围内的投资及其处置活动。其中:长期资产是指固定资产、无形资产、在建工程、其他资产等持有期限在一年或一个营业周期以上的资产。其投资活动,既包括实物资产投资,也包括非实物资产投资;这里之所以将"现金等价物投资活动"置于投资活动之外,是因为属于现金等价物的投资视同现金。

投资活动的现金流量代表着企业为了获得未来的收益和现金流量而转出资源的程度,以及以前资源转出带来的现金流入的信息。

(3)筹资活动形成的现金流量。筹资活动是指导致企业资本及债务规模和构成发生变动的活动。其中:资本包括实收资本(股本)和资本溢价(股本溢价);债务包括向银行借款、发行债券以及偿还债务等。通常情况下,应付账款、应付票据等属于经营活动,不属于筹资活动。

提供筹资活动的现金流量信息,有助于预测企业资本的提供者对企业现金流量的要求权,以及企业为获得资本而付出的代价。

需要说明的是,各类企业由于行业特点不同,对经营活动的认定存在一定差异。

按企业活动分类来提供现金流量信息,有助于报表使用者评价这些活动对企业财务状况及现金的影响程度,以及估量现金和现金等价物的金额;同时,也有助于评价经营活动、投资活动和筹资活动三种活动内部或之间的重要联系。

(二)现金流量总额、净额和现金净流量

现金流量表中各项目的现金流量一般以总额表示。"总额"是指没有相互抵消的金额,也就是在现金流量表中要分别列示现金的流入量与流出量。这样,可以全面揭示企业现金流量的方向、规模和结构。但对那些反映客户而非企业的活动(如代客户收取或支付的现金等),以及对周转快、金额大、期限短的项目的现金收入和现金支出,可以以净额列示。这是因为,这些现金流量项目在企业停留的时间短,企业加以利用的余地小,净额更能说明其对企业支付能力、偿债能力等的影响;如果对这些项目以总额表示,反而会对企业支付能力和偿债能力的评价、企业未来现金流量的评价等产生误导。

现金净流量是指现金流入与现金流出的差额。现金净流量可能是正数,也可能是负数。如果是正数,则为净流入;如果是负数,则为净流出。现金净流量反映了企业各类活动形成的现金流量的最终结果,即企业在一定时期内,现金流入大于现金流出,还是现金流出大于现金流入。

(三)编制现金流量表的途径

企业可以通过以下两种途径编制现金流量表:

1.直接通过分析有关账户资料,填列现金流量表。也就是分析现金和银行存款日记账,将所有期内引起现金变动的事项(剔除现金和现金等价物之间变换的事项),按照现金流量的分类内容分别汇总,据此填制现金流量表。

2.通过利润表、非现金账户资料编制。因为日常的经济交易或事项引起的现金流动总是与非现金项目的变动联系在一起,如货物的购买与销售而发生的现金收支会与存货、销售收入的增加相关,工资的发放而引起的现金支出会与成本管理费用的增加相关,接受投资而导致的现金增加会与实收资本或股本的增加相关,等等。所以通过对非现金项目的分析,就可以找出现金的流动量,从而编制现金流量表。

采用第一种途径编制现金流量表,需要查阅整个期间的现金和银行存款日记账,再分别加计不同类别的现金流量,工作量相当大。因此,只有现金收支业务较少的企业才采用这种方式。采用第二种途径编制现金流量表的效率较高,因此在实务中被广泛运用。

《企业会计准则——基本准则》规定,企业应当以权责发生制为基础进行会计确认、计量和报告。而编制现金流量表则是按照收付实现制会计基础反映企业某一期间现金的收入与支出。于是,在编制现金流量表时,就需要将企业平时按照权责发生制进行确认、记录和报告的会计资料,按照收付实现制的确认标准予以调整。因此,从一定意义上说,编制现金流量表的过程,就是将权责发生制的处理结果调整为收付实现制的处理结果的过程。

三、现金流量表的结构

现金流量表的结构分为正表和附注两部分,其基本结构如表 13-7 所示。

表 13-7　现金流量表(简表)

编制单位:　　　　　　　　　　　　　　　　　　　　　　　　单位:元

项目(正表)	金额
一、经营活动产生的现金流量:	
现金流入小计	
现金流出小计	
经营活动产生的现金流量净额	

续表

项目(正表)	金额
二、投资活动产生的现金流量： 现金流入小计 现金流出小计 投资活动产生的现金流量净额	
三、筹资活动产生的现金流量： 现金流入小计 现金流出小计 筹资活动产生的现金流量净额	
四、现金及现金等价物净增加额	
附注(补充资料)	
1.将净利润调节为经营活动现金流量：	
净利润	
加：固定资产折旧	
无形资产摊销	
财务费用	
投资损失	
存货的减少	
经营活动产生的现金流量净额	
2.不涉及现金收支的重大投资和筹资活动	
3.现金及现金等价物净变动情况	

(一)现金流量表正表

1.经营活动产生的现金流量。按照我国现行会计准则的规定，经营活动所产生的现金流入主要包括：①销售商品、提供劳务收到的现金；②收到的税费返还；③收到其他与经营活动有关的现金。经营活动所产生的现金流出主要包括：①购买商品、接受劳务支付的现金；②支付给职工以及为职工支付的现金；③支付的各项税费；④支付的其他与经营活动有关的现金。

编制现金流量表时，经营活动的现金流量有两种列报方式：一是按照现金收入和现金支出的类别直接反映经营活动产生的现金流量；二是以净利润为起算点，调整不涉及现金的收入、费用、营业外收支等有关项目,剔除投资活动、筹资活动对现金流量的影响,据此计算出经营活动产生的现金流量。前者称为经营活动现金流量表达或编制的"直接法",后者称为"间接法"。

2.投资活动形成的现金流量。我国现行会计准则规定的投资活动所产生的现金流入主要包括:①收回投资所收到的现金;②取得投资收益所收到的现金;③处置固定资产、无形资产和其他长期资产而收到的现金净额;④处置子公司及其他营业单位所收到的现金净额;⑤收到其他与投资活动有关的现金。投资活动所产生的现金流出主要包括:①购建固定资产、无形资产和其他长期资产所支付的现金;②投资所支付的现金;③取得子公司及其他营业单位所支付的现金净额;④支付其他与投资活动有关的现金。

3.筹资活动形成的现金流量。我国现行会计准则规定的筹资活动所产生的现金流入主要包括:①吸收投资所收到的现金;②取得借款所收到的现金;③收到其他与筹资活动有关的现金。筹资活动所产生的现金流出主要包括:①偿还债务所支付的现金;②分配股利、利润或偿付利息所支付的现金;③支付其他与筹资活动有关的现金。

(二)现金流量表附注

现金流量表附注是对现金流量表内容的进一步说明,它所披露的信息与现金流量表本身所提供的信息同样重要。我国现行会计准则规定,现金流量表附注中需要包括以下内容:

1.将净利润调节为经营活动现金流量的信息。将净利润调节为经营活动现金流量的信息,实质上就是采用"间接法"表达经营活动的现金流量。

与直接法相比,间接法有助于揭示净利润与经营活动现金流量之间的差异及其形成原因,可用于说明净利润与经营活动现金流量的关系;同时,也是对现金流量表中经营活动现金流量额的验证。这是说,附表中将净利润调节为经营活动的现金流量额应当与现金流量表中的经营活动的现金流量额相等,二者之间存在勾稽关系;利用这一勾稽关系,即可验证经营活动现金流量额的正确性。

2.不涉及现金收支的重大投资和筹资活动。有些重大投资和筹资活动虽然不涉及当期的现金收支,但会影响企业的财务状况,或可能在未来影响企业的现金流量,如债务转为资本、一年内到期的可转换公司债券、融资租入固定资产等。这类投资和筹资活动会明显地影响企业的财务状况,同样需在附注中予以说明。

3.现金及现金等价物净变动情况。这些信息主要是指现金和现金等价物的构成及其在资产负债表中的相应金额。

四、经营活动现金流量的计算

经营活动现金流量的计算方法有直接法和间接法。

(一)计算经营活动现金流量的直接法

直接法是指按照现金收入和现金支出的总括分类反映来自经营活动的现金流量的方法。采用直接法所提供的信息,有助于估量企业未来的现金流量。因此,国际财务报告准则和很多国家鼓励企业采用直接法。

1.销售商品、提供劳务收到的现金。销售商品、提供劳务收到的现金,是指企业销售商品、提供劳务实际收到的现金,包括收入和与其相关的增值税销项税额两部分。具体包括:①本期销售商品、提供劳务收到的现金;②前期销售商品、提供劳务本期收到的现金和本期预收的款项;③本期销售本期退回的商品和前期销售本期退回的商品支付的现金;④企业销售材料和代购代销业务收到的现金等业务。

企业如果完全采用现销方式,此项目可根据利润表上的"营业收入"项目数额加上本期增值税销项税额即可。如果是赊销业务,便会有部分应收账款或应收票据虽然计入了营业收入,却未在本期收到现金;本期实际收到的现金中,也会有部分不属于本期收入的上期应收账款或应收票据。至于预收账款,其余额的变化对现金收入的影响则恰好与应收账款或应收票据项目相反。于是,便可以按如下公式计算该项目金额:

销售商品、提供劳务收到的现金 =营业收入+增值税销项税额+
(应收账款年初余额-应收账款期末余额)+
(应收票据年初余额-应收票据期末余额)+
(预收账款期末余额-预收账款年初余额)-
当期计提的坏账准备-票据贴现利息

注意:①公式中应收账款、应收票据是指报表项目而非会计账户。②如果企业采用备抵法核算坏账,且本期发生了坏账,或有坏账回收,则应减去本期确认的坏账,加上本期坏账回收。因为二者均使应收账款余额减少,但前者没有实际的现金流入。③如果企业本期有应收票据贴现,并发生了贴现息,则应减去应收票据贴现息,因为贴现息代表了应收票据的减少,并没有相应的现金流入。

【例 13-3】承例 13-1、表 13-4、表 13-6。该企业销售商品、提供劳务收到现金的计算方法为:

销售商品、提供劳务收到的现金=营业收入 9 300 000+销项税额 1 212 120+
应收票据(196 800-3 418 800)+
应收账款(4 239 280-7 993 480)+
预收账款(24 000-0)+合同负债(274 000-500 000)-
当期计提的坏账准备 387 000-
票据贴现利息 16 000
=2 930 920(元)

2.购买商品、接受劳务支付的现金。购买商品、接受劳务支付的现金,包括支付的货款以及其增值税进项税额。本项目的金额通常根据利润表上的"营业成本"项目数额加上本期的增值税进项税额计算确定。倘若每期的购买商品均在以现款结清,不存在期末余额且亦无赊购,该项目按照利润表上的"营业成本"项目的金额加上本期增值税进项税额即可。但实际上完全没有期末存货亦全无赊购是不可能的,而它们的存在势必影响购买商品的现金支出。当考虑了这些因素后,该项目计算公式可表示如下:

购买商品、接受劳务支付的现金=营业成本+增值税进项税额-(存货年初余额-存货期末余额)+本期计提的存货跌价准备+(应付账款年初余额-应付账款期末余额)+(应付票据年初余额-应付票据期末余额)+(预付账款期末余额-预付账款年初余额)-当期计入生产成本、制造费用的职工薪酬-当期计入生产成本、制造费用的折旧费

注意:①若企业本期期末存货比期初减少,说明本期销售的商品大于本期购入的商品,本期销售了部分上期存货,但销售的上期存货并未发生本期的现金支出,故需要从本期营业成本中减去这部分金额。反之,若本期存货增加,则需加计本期营业成本。②若本期应付账款或应付票据增加,说明赊购商品超过当期用现金偿还的应付款项,多赊购的商品增加了可供销售的商品,但本期并未支付现金。因此,在确定购货现金支出时,应从营业成本中减去应付账款和应付票据的增加额。反之,若本期应付账款或应付票据减少,则应以其差额加计营业成本。而预付账款的影响恰恰与应付款项相反,即本期预付账款增加,加计营业成本;本期预付账款减少,减少营业成本。③当期计入制造成本的职工薪酬和折旧费虽引起了存货增加但未付现金。

【例13-4】承例13-1、表13-4、表13-6。该企业购买商品、接受劳务支付的现金计算方法为:

购买商品、接受劳务支付的现金=营业成本5 840 000+进项税额61 100-存货(11 064 000-7 864 000)+应付票据(460 000-280 000)+应付账款(263 040-78 040)+预付账款(50 000-380 000)-计入存货成本薪酬2 166 000-计入成本折旧费130 000+计提存货跌价准备126 000-应付账款减少未付现金185 000=381 100(元)

(二)计算经营活动现金流量的间接法

从现金流量分类的角度看,构成净利润的因素并非全部来自经营活动,有些是源于投资或筹资活动。因而,在计算经营活动的现金流量时,需将这些非经营活动现金流量从净利润中剔除。间接法就是以企业的净利润为出发点,通过对以下三方面若干项目的调整,最终计算确定经营活动产生的现金流量:一是影响净利润但不会引起现金变动的事项,如当期计提的减值损失、固定资产折旧、无形资产摊销等;二是影响净利润但不属于经营活动的交易或事项,如当期固定资产报废或处置净损益、公允价值变动损益、投资收益、筹资活动发生的财务费用等;三是与净利润无关但影响经营活动现金流量变动,如经营性应收、应付以及存货、递延所得税资产和递延所得税负债的变动。

间接法将净利润调节为经营活动现金流量计算公式如下：

经营活动产生的现金流量净额=净利润+(资产减值准备+固定资产折旧+无形资产摊销+长期待摊费用摊销)+[处置固定资产、无形资产和其他长期资产的损失(收益为"-"号)+固定资产报废损失(收益为"-"号)+公允价值变动损失(收益为"-"号)+财务费用(收益为"-"号)+投资损失(收益为"-"号)+递延所得税资产减少(增加为"-"号)+递延所得税负债增加(减少为"-"号)]+存货的减少(增加为"-"号)+经营性应收项目的减少(增加为"-"号)+经营性应付项目的增加(减少为"-"号)

公式中有关项目计算方法如下：

1.资产减值准备、固定资产折旧和无形资产、长期待摊费用的摊销。企业计提当期的资产减值准备已计入资产减值损失并从净利润中扣除，而计提的固定资产折旧额和无形资产摊销额，可能计入管理费用或制造费用。已计入当期损益的资产减值准备、固定资产折旧额和无形资产摊销额会引起净利润的减少，但未发生现金流出，这两部分需要加回至净利润。计入制造费用并变现的部分，通过销售成本已在净利润中扣除，但未流出现金；计入制造费用而没有变现的部分，虽然不影响当期的净利润，但在调节存货时已从净利润中扣除。这两部分需要加回至净利润。依上述推论，长期待摊费用的摊销额也应加回至净利润。

2.固定资产、无形资产和其他长期资产处置损失或报废损失。企业固定资产、无形资产和其他长期资产发生处置或报废的损益，属于投资活动产生的损益但已计入净利润，需要对净利润调整。如为损失应当加回至净利润；如为收益应当从净利润中扣除。

3.公允价值变动损失。企业发生的公允价值变动损益，已计入净利润，但其属于投资活动损益，并且也不影响企业当期的现金流量。为此，应当将其从净利润中剔除。

4.财务费用。企业发生的财务费用不属于经营活动，应当在将净利润调节为经营活动现金流量时将其加回至净利润。

5.投资损失(减：收益)。企业当期投资活动产生的损益已计入净利润。所以，在将净利润调节为经营活动现金流量时，需要予以剔除。如为净损失应当加回至净利润：如为净收益应当从净利润中扣除。

6.存货的减少(减：增加)。期末存货如果比期初存货减少，减少的部分是企业当期耗用的上期存货。这部分存货本期未支付现金，但已从净利润中扣除，应当加回至净利润。如果期末存货比期初存货增加，增加的部分是当期购入而未耗用剩余的部分，这部分存货本期已支付了现金，但在计算净利润时没有包括在内，需要从净利润中扣除。当然，存货的增减变化过程还涉及应付项目，这一因素在"经营性应付项目的增加(减：减少)"中考虑。如果存货的增减变动与投资活动相关，如在建工程领用存货，应当将这一因素剔除。

7.经营性应收项目的减少(减:增加)。经营性应收项目包括应收票据、应收账款、预付账款以及长期应收款、其他应收款中与经营活动有关的价款、应收的增值税销项税额等。如果经营性应收项目的期末余额小于期初余额,说明本期收回的现金大于利润表中所确认的销售收入,其差额需要加至净利润。经营性应收项目的期末余额大于期初余额,说明本期销售收入中有一部分没有收回现金,但是,在计算净利润时这部分销售收入已包括在内,它们应从净利润中扣除。

8.经营性应付项目的增加(减:减少)。经营性应付项目包括应付票据、应付账款、预收账款、应付职工薪酬、应交税费以及应付利息、长期应付款、其他应付款中与经营活动有关的款项、应付的增值税进项税额等。如果经营性应付项目的期末余额大于期初余额,说明本期购入的存货中有部分未支付现金,这部分已通过销售成本从净利润中扣除,这部分需要加回至净利润;经营性应付项目的期末余额小于期初余额,说明本期支付的现金大于利润表中所确认的销售成本,大于的部分需要从净利润中扣除。

【例 13-5】承例 13-1,经营活动产生的现金流量净额计算结果为:

经营活动产生的现金流量净额=净利润 3 291 900+本期计提坏账准备 387 000+资产减值准备 196 000+本期计提固定资产折旧 180 000+本期无形资产摊销 65 000+本期长期待摊费用摊销 80 000-固定资产处置收益 40 000+处置固定资产损失 150 000+本期筹资或投资活动确认的利息费用 133 200-投资收益 4 210 400+ 本期存货减少 3 200 000-经营性应收项目增加 7 033 200+经营性应付项目增加 1 394 920=-2 205 580(元)

注:经营性应收、应付项目计算方法如下:

(1)经营性应收项目增加额=应收票据 3 222 000(3 418 800-196 800)+应收账款 4141 200(7 993 480-4 239 280+387 000)+预付账款-330 000(50 000-380 000)=7 033 200(元)。

(2)经营性应付项目增加额=应付票据-180 000(280 000-460 000)+应付账款-185 000(78 040-263 040)+预收账款 24 000+合同负债-226 000(274 000-500 000)+应付职工薪酬 150 000(443 280-293 280)+应交税费 1 743 920(2 309 420-565 500)+68 000=1 394 920(元)。

注:68 000 元为其他应付款中属于经营活动部分。

五、现金流量表的编制

(一)现金流量表编制前的准备工作

1.确定报表编制工作的具体目标。为财务报表使用者提供企业一定会计期间内现金和现金等价物流入和流出的信息,是编制现金流量表的具体目标。为此,首先从资产负债表中(一般为"货币资金"项目)确定"现金"期末与期初之间的差额,据以判断当期现金增减变动情况。

2.分析所提供资料的完整性。与编制资产负债表、利润表有所不同,编制现金流量表的依据,除账簿资料外,还要具备资产负债表、利润表资料,以及与现金变动相关的交易或事项资料。

(二)现金流量表编制的工作底稿法(直接法)

工作底稿法是以工作底稿为手段,根据前述对利润表项目、资产负债表上非现金项目的分析,编写一种特殊的分录,被称作"现金流量表调整分录"或"工作底稿分录",通过分录所表现的现金流量,生成编制现金流量表的资料,从而编制现金流量表。工作底稿的格式见表 13.7。该表的结构分为 3 部分,分别为利润表、资产负债表和现金流量表的内容。该表的期初余额栏和期末余额栏分别填列资产负债表期初、期末的数额;经济业务分析栏填列调整分录。当全部调整分录均填列到经济业务分析栏的借方、贷方后,该表上的每个项目便都有了相应的借方或贷方金额。其中,现金流量表项目的借方额即为其现金流入量,贷方额即为其现金流出量,可用以编制正式的现金流量表。

第一步,将资产负债表的期初数和期末数过入工作底稿的期初数栏和期末数栏,见表 13-8。

第二步,对当期业务进行分析并编制调整分录。编制调整分录时,要以利润表项目为基础,从"营业收入"项目开始,结合资产负债表项目逐一进行分析。本例调整分录如下:

(1)分析调整营业收入:

借:经营活动现金流量——销售商品收到的现金　3 333 920
　　应收票据　3 222 000
　　应收账款　3 754 200
　　合同负债　226 000
　贷:预收账款　24 000
　　　营业收入　9 300 000
　　　应交税费　1 212 120

说明:应收票据中包括因贴现应收票据减少 394 000 元,其中有 16 000 元支付了贴现利息,但其减少并未增加现金,在后续中再调整。计提坏账准备减少了应收账款但未增加现金,后续再调整。应交税费仅为经营活动部分。

(2)分析调整营业成本:

借:营业成本　5 840 000
　　应交税费　61 100
　　应付票据　180 000

应付账款　185 000

贷:存货　3 200 000

预付账款　330 000

经营活动现金流量——购买商品支付的现金　2 736 100

(3)本期确认并交纳销售应税产品应交的消费税 300 000 元、城市维护建设税 42 000元、教育费附加 18 000 元。

借:应交税费　360 000

贷:经营活动现金流量——支付的各项税费　360 000

(4)计算销售费用付现:

借:销售费用　1 280 000

管理费用　1 000 000

应交税费　144 400

贷:经营活动现金流量——支付的其他与经营活动有关的现金　2 424 400

利润表中的“管理费用”“销售费用”项目包含着不涉及现金支出的项目,此笔分录先将管理费用全额转入“经营活动现金流量——支付的其他与经营活动有关的现金”项目中,至于不涉及现金支出的项目,后续再分别进行调整,见调整业务(15)。

(5)分析调整财务费用:

借:财务费用　133 200

在建工程　120 000

贷:经营活动现金流量——销售商品收到的现金　16 000

其他应付款——应付利息　237 200

本期增加的财务费用中,有 16 000 元是票据贴现利息,由于在调整应收票据时已全额计入“经营活动现金流量——销售商品收到的现金”,所以要从“经营活动现金流量——销售商品收到的现金”项目内冲回,不能作为现金流出;应付利息 237 000 元中计入财务费用为 133 200、计入工程成本为 120 000 元。

(6)分析调整资产减值损失:

借:信用减值损失　387 000

资产减值损失　196 000

贷:应收账款(坏账准备)　387 000

存货(跌价准备)　126 000

固定资产(减值准备)　70 000

(7)分析调整投资收益:

借:投资活动现金流量——收回投资所收到的现金　520 000

投资活动现金流量——取得投资收益所收到的现金　500 000
长期股权投资　3 600 000
贷:交易性金融资产——成本　380 000
投资收益　4 210 400
应交税费(投资活动)　29 600

(8)分析调整处置损益:

借:投资活动现金流量——处置固定资产收到的现金　271 200
固定资产(累计折旧)　120 000
贷:固定资产　320 000
资产处置损益　40 000
应交税费(投资活动)　31 200

(9)分析调整营业外支出:

借:投资活动现金流量——处置固定资产收到的现金　63 000
固定资产(累计折旧)　1 400 000
营业外支出　150 000
贷:固定资产　1 600 000
应交税费(投资活动)　13 000

(10)分析调整所得税费用:

借:所得税费用　1 097 300
贷:应交税费　1 097 300

(11)分析调整净利润:

借:净利润——本年利润　3 291 900
贷:未分配利润　3 291 900

上述(1)-(11)调整分录是以利润表项目为基础编制的。

(12)分析调整坏账准备:

借:应收账款(坏账准备)　387 000
贷:经营活动现金流量——销售商品收到的现金　387 000

一般来说,应收账款账面价值减少会使现金增加,但计提坏账准备虽引起应收账款账面价值减少,但并没有增加现金。故予以补充调整。

(13)分析调整存货跌价准备:

借:存货(跌价准备)　126 000
贷:经营活动现金流量——购买商品支付的现金　126 000

(14)分析调整持有至到期投资：

借：债权投资 100 000

  贷：投资活动产生的现金流量——投资支付的现金 100 000

(15)分析调整无形资产摊销、经营租赁设备改良支出摊销：

借：经营活动现金流量——支付的其他与经营活动有关的现金 145 000

  贷：无形资产(累计摊销) 65 000

    长期待摊费用 80 000

第(4)笔分录中已全部计入管理费用但有未付现金的管理费用，一是无形资产摊销；二是经营租赁设备改良支出摊销额，予以调整。

(16)分析调整固定资产：

借：固定资产 3 650 000

  应交税费(投资活动) 156 000

  贷：投资活动现金流量——购建固定资产支付的现金 1 356 000

    在建工程 2 450 000

本期固定资产的增加包括两部分，一是购入设备，二是在建工程完工转入。

(17)分析调整累计折旧：

借：经营活动现金流量——支付的其他与经营活动有关的现金 50 000

  经营活动现金流量——购买商品支付的现金 130 000

  贷：固定资产(累计折旧) 180 000

本期计提的折旧180 000元中，计入管理费用的50 000元，计入制造费用的130 000元(原视同购买商品发生的支出)，基于和第(4)(15)笔分录同样的理由，应予以调整。

(18)分析调整在建工程：

借：在建工程 2 450 000

  在建工程(工程物资) 800 000

  应交税费(投资活动) 104 000

  贷：投资活动现金流量——购建固定资产支付的现金 1 204 000

    在建工程(工程物资) 2 000 000

    应付职工薪酬 150 000

本期在建工程的增加原因：一是购买和领用工程物资2 800 000元；二是支付的工程款300 000元；三是予以资本化的职工薪酬171 000元。

(19)分析调整短期借款、长期借款：

借：短期借款 200 000

长期借款　　800 000

贷：筹资活动现金流量——偿还债务所支付的现金　　1 000 000

(20)分析调整应付利息：

借：其他应付款——应付利息　　10 000

贷：筹资活动现金流量——分配股利、利润和偿付利息支付的现金　　10 000

(21)分析调整长期借款：

借：筹资活动现金流量——借款所收到的现金　　1 320 000

贷：长期借款　　1 320 000

(22)分析调整应付职工薪酬：

① 支付薪酬：

借：应付职工薪酬　　2 622 000

贷：经营活动现金流量——支付给职工以及为职工支付的现金　　2 451 000

投资活动现金流量——购建固定资产支付的现金　　171 000

②分配职工薪酬。

借：经营活动现金流量——购买商品支付的现金　　2 166 000

经营活动现金流量——支付的其他与经营活动有关的现金　　285 000

在建工程——研发大楼　　171 000

贷：应付职工薪酬　　2 622 000

(23)分析调整应付债券：

借：筹资活动现金流量——取得借款所收到的现金　　10 000 000

贷：应付债券　　10 000 000

(24)分析调整无法支付的款项：

借：经营活动现金流量——购买商品所支付的现金　　185 000

贷：营业外收入　　185 000

(25)分析调整股本和资本公积：

借：筹资活动现金流量——吸收投资收到的现金　　49 000 000

贷：股本——普通股　　10 000 000

资本公积——股本溢价　　39 000 000

(26)分析调整盈余公积利润分配：

借：未分配利润　　779 910

贷：盈余公积　　329 910

其他应付款——应付股利　　450 000

(27)调整现金净变化额：

借:现金(货币资金项目)　　55 627 620

　贷:现金净增加额　　55 627 620

第三步将调整分录过入工作底稿的相应部分,如表 13-8 所示。

表 13-8　现金流量表工作底稿

2020 年　　金额单位:元

项目	年初余额	调整分录		本期发生额
		借方	贷方	
一、利润表项目				
营业收入			(1)9 300 000	9 300 000
营业成本		(2)5 840 000		5 840 000
税金及附加		(3)360 000		360 000
销售费用		(4)1 280 000		1 280 000
管理费用		(4)1 000 000		1 000 000
财务费用		(5)133 200		133 200
信用减值损失		(6)387 000		387 000
资产减值损失		(6)196 000		196 000
公允价值变动损益				0
投资收益			(7)4 210 400	4 210 400
资产处置损益			(8)40 000	40 000
营业外收入			(24)185 000	185 000
营业外支出		(9)150 000		150 000
所得税费用		(10)1 097 300		1 097 300
净利润		(11)3 291 900		3 291 900
借方、贷方合计		13 735 400	13 735 400	—
二、资产负债表项目				
借方项目				

续表

货币资金	3125 040	(27)55 627 620		58 752 660
交易性金融资产	512 000		(7)380 000	132 000
应收票据	196 800	(1)3 222 000		3 418 800
应收账款	4 239 280	(1)3 754 200 (12)387 000	(6)387 000	7 993 480
预付款项	380 000		(6)330 000	50 000
其他应收款	704 000			704 000
存货	11 064 000	(15)126 000	(2)3 200 000 (6)126 000	7 864 000
债权投资	0	(16)100 000		100 000
其他债权投资	6 500 000			6500 000
长期应收款	160 000			160 000
长期股权投资	15 000 000	(7)3 600 000		18 600 000
固定资产	10 880 000	(8)120 000 (9)1 400 000 (16)3 650 000	(6)70 000 (8)320 000 (9)1 600 000 (17)180 000	13 880 000
在建工程	2 700 000	(5)120 000 (18)1 250 000 (22-②)171 000	(16)2 450 000	1 791 000
无形资产	680 000		(15)65 000	615 000
长期待摊费用	580 000		(15)80 000	500 000
借方项目合计	56 721 120			121 060 940
贷方项目				
短期借款	2 740 000	(19)200 000		2 540 000
应付票据	460 000	(2)180 000		280 000

续表

应付账款	263 040	(2)185 000		78 040
预收款项	0		(1)24 000	24 000
合同负债	500 000	(1)226 000		274 000
应付职工薪酬	293 280	(22-①) 2 622 000	(18)150 000 (22-②)2 622 000	443 280
应交税费	324 000	(2)61 100 (4)144 400 (16)156 000 (18)104 000 (3)360 000	(1)1 212 120 (3)360 000 (7)29 600 (8)31 200 (9)13 000 (10)1 097 300	2 241 720
其他应付款	1 740 800	(20)10 000	(6)237 200 (26)450 000	2 418 000
一年内到期的非流动负债	0			
长期借款	7 280 000	(19)800 000 (19-②)800 000	(21)1 320 000	7 800 000
应付债券	0		(23)10 000 000	10 000 000
长期应付款	3 000 000			3 000 000
负债项目合计	16 601 120			29 099 040
实收资本(或股本)	35 000 000		(25)10 000 000	45 000 000
资本公积	1 000 000		(25)39 000 000	40 000 000
盈余公积	3 080 000		(26)329 190	3 409190
未分配利润	1 040 000	(26)779 190	(11)3 291 900	3 552 710
所有者权益(股东)合计	40 120 000			91 961 900

续表

贷方项目合计	56 721 120		121 060 940
三、现金流量表项目			
(一)经营活动产生的现金流量：			
销售商品、提供劳务收到的现金	(1)3 333 920	(5)16 000 (12)387 000	2 930 920
经营活动现金流入小计			2 930 920
购买商品、接受劳务支付的现金	(17)130 000 (22-②)2 166 000 (24)185 000	(2)2 736 100 (13)126 000	381 100
支付给职工以及为职工支付的现金		(23-①)2 451 000	2 451 000
支付的各项税费		(3)360 000	360 000
支付其他与经营活动有关的现金	(15)145 000 (17)50 000 (22—②)285 000	(4)2 424 400	1 944 400
经营活动现金流出小计			5 136 500
经营活动产生的现金流量净额			-2 205 580
(二)投资活动产生的现金流量：			
收回投资收到的现金	(8)520 000		520 000
取得投资收益收到的现金	(7)500 000		500 000
处置固定资产、无形资产和其他长期资产收回的现金净额	(8)271 200 (9)63 000		334 200

续表

投资活动现金流入小计			1 354 200	
购建固定资产、无形资产和其他长期资产支付的现金		(16)1 356 000 (18)1 204 000 (22-①)171 000	2 731 000	
投资支付的现金		(14)100 000	100 000	
投资活动现金流出小计			2 831 000	
投资活动产生的现金流量净额			—1 476 800	
(三)筹资活动产生的现金流量:				
吸收投资收到的现金	(25)49 000 000		49 000 000	
取得借款收到的现金	(21)1 320 000 (23)10 000 000		11 320 000	
筹资活动现金流入小计			60 320 000	
偿还债务支付的现金		(19)1 000 000	1 000 000	
分配股利、利润或偿付利息支付的现金		(20)10 000	10 000	
筹资活动现金流出小计			1 010 000	
筹资活动产生的现金流量净额			5 9310 000	
(四)现金及现金等价物净增加额		(27)55 627 620	55 627 620	
调整分录借贷合计	163 860 030	163 860 030	—	

第四步，结算工作底稿。以上第(27)笔分录是结算本期现金净流量的调整分录，也需过入工作底稿上的业务分析栏。过入之后，便可结算该栏目的借方、贷方合计，本例中借方、贷方合计均为 163 860 030 元，如表 13-8 所示。

第五步，编制现金流量表。根据工作底稿上现金流量表部分各项目的借方、贷方金额(见经济业务分析栏)，即可编制正式的现金流量表如表 13-9 所示。

表 13-9　现金流量表(直接法)

会企 03 表

编制单位:美华公司　　　　2020 年度　　　　单位:元

项　目	本期金额
一、经营活动产生的现金流量:	
销售商品、提供劳务收到的现金	2 930 920
收到的税费返还	0
收到其他与经营活动有关的现金	0
经营活动现金流入小计	2 930 920
购买商品、接受劳务支付的现金	381 100
支付给职工以及为职工支付的现金	2 451 000
支付的各项税费	280 000
支付其他与经营活动有关的现金	1944 400
经营活动现金流出小计	5 136 500
经营活动产生的现金流量净额	−2 205 580
二、投资活动产生的现金流量:	
收回投资收到的现金	520 000
取得投资收益收到的现金	500 000
处置固定资产、无形资产和其他长期资产收回的现金净额	334 200
处置子公司及其他营业单位收到的现金净额	0
收到其他与投资活动有关的现金	0
投资活动现金流入小计	1 354 200

续表

项 目	本期金额
购建固定资产、无形资产和其他长期资产支付的现金	2 731 000
投资支付的现金	100 000
取得子公司及其他营业单位支付的现金净额	0
支付其他与投资活动有关的现金	0
投资活动现金流出小计	2 831 000
投资活动产生的现金流量净额	-1 476 800
三、筹资活动产生的现金流量:	
吸收投资收到的现金	49 000 000
取得借款收到的现金	11 320 000
收到其他与筹资活动有关的现金	0
筹资活动现金流入小计	60 320 000
偿还债务支付的现金	1 000 000
分配股利、利润或偿付利息支付的现金	10 000
支付其他与筹资活动有关的现金	0
筹资活动现金流出小计	1 010 000
筹资活动产生的现金流量净额	59 310 000
四、汇率变动对现金及现金等价物的影响	0
五、现金及现金等价物净增加额	55 627 620
加:期初现金及现金等价物余额	3 125 040
六、期末现金及现金等价物余额	58 752 660

按直接法编制现金流量表后,还需在附注中揭示净利润与经营活动现金净流量的关系,即如何将企业净利润调整为经营活动的现金净流量,这实际上是“间接法”所要表现的经营活动现金流量的内容,故待介绍间接法时一并说明。

采用直接法编制现金流量表,便于分析经营活动现金收入的来源和现金支出的用途,因而有利于进行各种决策;有利于估计和判断企业未来的现金流量,正确评价企业的偿债能力和变现能力;也较易于理解。这也是很多国家鼓励采用直接法的原因所在。但直接法以利润表每个项目为计算起点,分别对各个项目进行加减调整,不仅编制成本高,而且也很难说明净利润与同期现金增减数之间的差额形成的原因。

(三)编制现金流量表的工作底稿法——间接法

间接法是通过对净利润的调整来确定经营活动所形成的现金流量的方法。用此法编制的现金流量表能够表现企业净利润与经营活动现金净流量的关系。间接法对净利润的调整项目及方法,见本节“四、经营活动现金流量的计算”中的间接法。

采用间接法编制现金流量表,工作底稿格式与直接法的不同在于经营活动现金流量部分是采用“间接法”原理列示的;而投资和筹资活动所形成的现金流量的揭示与直接法相同。

(四)现金流量表附注的编制

现金流量表附注包括三方面内容,如表13-10所示。

表13-10　现金流量表补充资料

项　目	本期金额	上期金额
1. 将净利润调节为经营活动现金流量:		
净利润	3 291 900	
加:信用减值准备	387 000	
资产减值准备	196 000	
固定资产折旧、油气资产折耗、生产性生物资产折旧	180 000	
无形资产摊销	65 000	
长期待摊费用摊销	80 000	
处置固定资产、无形资产和其他长期资产的损失(收益以“-”号填列)	-40 000	
固定资产报废损失(收益以“-”号填列)	150 000	
净敞口套期收益(损失以“-”号填列)		
公允价值变动损失(收益以“-”号填列)		
财务费用(收益以“-”号填列)	133 200	
投资损失(收益以“-”号填列)	-4 210 400	
递延所得税资产减少(增加以“-”号填列)	0	

续表

项　目	本期金额	上期金额
递延所得税负债增加(减少以"-"号填列)	0	
存货的减少(增加以"-"号填列)	3200 000	
经营性应收项目的减少(增加以"-"号填列)	-7 033 200	
经营性应付项目的增加(减少以"-"号填列)	1 394 920	
其他	0	
经营活动产生的现金流量净额	-2 205 580	
2. 不涉及现金收支的重大投资和筹资活动:		
债务转为资本		
一年内到期的可转换公司债券		
融资租入固定资产		
3. 现金及现金等价物净变动情况:		
现金的期末余额	58 752 660	
减:现金的期初余额	3 125 040	
加:现金等价物的期末余额		
减:现金等价物的期初余额		
现金及现金等价物净增加额	55 627 620	

一是将净利润调节为经营活动现金流量。我国会计准则规定企业应采用直接法编制现金流量表,同时,为了更充分地披露信息,要求企业在现金流量表附注中,列示将净利润调节为经营活动现金流量,也就是按间接法计算的经营活动现金流量信息。

二是不涉及现金收支的重大投资和筹资活动。这些投资和筹资活动虽然不涉及当期现金收支,但对以后各期的现金流量有重大影响。例如,企业融资租入设备,并记入"长期应付款"账户,当期并不支付设备款及租金,但以后各期必须为此支付现金,从而在一定期间内形成了一项固定的现金支出。

因此,现金流量表准则规定,企业应当在附注中披露不涉及当期现金收支但影响企业财务状况或在未来可能影响企业现金流量的重大投资和筹资活动,主要包括:①债务转为资本,反映企业本期转为资本的债务金额;②一年内到期的可转换公司债券,反映企业一年内到期的可转换公司债券的本息;③融资租入固定资产,反映企业本期融资租入的固定资产。

三是现金及现金等价物净变动情况。这两部分的填列方法前已述及,不再赘述。

尽管现金流量表具有前述种种其他财务报表不可替代的作用,但也存在一些问题,主要是该报表所反映的现金概念范围太狭窄。虽然现金是最终的交换媒介,但业务往往是在信用经济中进行的,过分强调现金,可能正好掩盖了更有意义的各种流转。若把现金流动看得太绝对,在短期内很可能会发生对重要项目的篡改,从而向报表使用人传递错误的信息。此外,剔除折旧等非现金项目因素而得出的现金净流量,也容易给人以误解,似乎可以不将折旧作为一项计量获利能力的费用而予以扣除,或者说似乎资本的恢复是无关紧要的。这对短时期的或者对较长时期的高度劳动密集型企业来讲也许不会产生重大影响,但没有哪个现代化企业能持续地不补充生产能力而生存下去。就此,曾有人指出:"绝不能把现金流动金额或现金收益金额认为是计量经营结果的指标,用来替代正确地确定的净收益(注:即净利润),或视作净收益的一种发展。"因为"……认为把折旧和计算净收益时应予减去的其他非现金费用简单地省略掉是一个衡量任何工业成绩的可供选择的方法,这在理论上或在实际中都是说不清楚的。"①

第五节　所有者权益变动表

一、所有者权益变动表的作用

所有者权益变动表是反映构成所有者权益的各组成部分当期的增减变动情况的报表。在我国,所有者权益变动表原属于资产负债表的附表。自 2007 年 1 月 1 日起,该表由附表成为主表正式对外呈报,成为与资产负债表、利润表和现金流量表并列披露的第四张财务报表。所有者权益变动表的作用主要表现在以下方面:

(1)反映了构成所有者权益各组成部分的增减变动情况,有利于揭示所有者权益增减变动的原因。所有者权益变动表不仅包括所有者权益总量的增减变动,还包括所有者权益增减变动的重要结构性信息,如直接计入所有者权益的利得和损失、利润分配

① 戴维森主编,徐政旦等译:《现代会计手册》第二册。北京:中国财政经济出版社,1985 年版,第 121、122 页。

项目、利润分配政策以及利润分配趋势等内容，有助于报表使用者准确理解所有者权益增减变动的根据。

(2)反映了企业一定时期的全面收益状况。所有者权益变动表单独列示“净利润”和“其他综合收益”，全面反映了企业一定时期与所有者之外的其他方面进行交易或发生其他事项所引起的净资产的变动情况，有助于报表使用者了解企业全面收益内容，分析全面收益与投入资本、经营业绩之间的关系，便于决策者做出合理的判断。

二、所有者权益变动表的内容

我国的会计准则规定，所有者权益变动表至少应当单独列示反映下列信息的项目：综合收益总额；会计政策变更和前期差错更正的累积影响金额；所有者投入资本和向所有者分配利润等；按照规定提取的盈余公积；所有者权益各组成部分的期初和期末余额及其调节情况。

综合收益和与所有者(或股东，下同)的资本交易导致的所有者权益的变动，应当分别列示。与所有者的资本交易，是指企业与所有者以其所有者身份进行的、导致企业所有者权益变动的交易。

所有者权益变动表的格式如表 13-11 所示。

表 13-11　所有者权益变动表

编制单位：　　　　2020 年度　　　　会企 04 表

单位：元

项目	本年金额						
	实收资本(或股本)	资本公积	减：库存股	其他综合收益	盈余公积	未分配利润	所有者权益合计
一、上年年末余额	35 000 000	1 000 000	0	0	3 080 000	1 040 000	40 120 000
加：会计政策变更							0
前期差错更正							0
二、本年年初余额	35 000 000	1 000 000	0	0	3 080 000	1 040 000	40 120 000
三、本年增减变动金额(减少以“-”号填列)							
(一)综合收益总额						3 291 900	0

续表

项目	本年金额						
	实收资本（或股本）	资本公积	减：库存股	其他综合收益	盈余公积	未分配利润	所有者权益合计
(二)所有者投入和减少资本							0
1.所有者投入资本	10 000 000	39 000 000					0
2.股份支付计入所有者权益的金额							0
3.其他							0
(三)利润分配							0
1.提取盈余公积					329 190	−329 190	0
2.对所有者(或股东)的分配						−450 000	−450 000
3.其他							0
(四)所有者权益内部结转							0
1.资本公积转增资本(或股本)							0
2.盈余公积转增资本(或股本)							0
3.盈余公积弥补亏损							0
4.其他							0
四、本年年末余额	45 000 000	40 000 0 00	0	0	3 409 190	3 552 710	91 961 900

需要说明的是,所有者权益变动表金额栏分为“本年金额”和“上年金额”两栏,两栏项目相同,本书仅列示了“上年金额”栏。

三、所有者权益变动表的编制

企业应当根据所有者权益类账户和损益类有关账户的发生额分析填列所有者权益变动表“本年金额”栏:

第一,“上年年末余额”项目,应根据上年资产负债表中“实收资本(或股本)”“资本公积”“其他综合收益”“盈余公积”“未分配利润”等项目的年末余额填列。

第二,“会计政策变更”和“前期差错更正”项目,应根据“盈余公积”“利润分配”

"以前年度损益调整"等账户的发生额分析填列,并在"上年年末余额"的基础上调整得出"本年年初金额"项目。

第三,"本年增减变动额"项目分别反映如下内容:

(1)"综合收益总额"项目,反映企业当年的综合收益总额,应根据当年利润表中"其他综合收益的税后净额"和"净利润"项目填列,并对应列在"其他综合收益"和"未分配利润"栏。

(2)"所有者投入和减少资本"项目,反映企业当年所有者投入的资本和减少的资本,其中:

"所有者投入资本"项目,反映企业接受投资者投入形成的实收资本(或股本)和资本公积,应根据"实收资本""资本公积"等账户的发生额分析填列,并对应列在"实收资本"和"资本公积"栏。

"股份支付计入所有者权益的金额"项目,反映企业处于等待期中的权益结算的股份支付当年计入资本公积的金额,应根据"资本公积"账户所属的"其他资本公积"二级账户的发生额分析填列,并对应列在"资本公积"栏。

(3)"利润分配"下各项目,反映当年对所有者(或股东)分配的利润(或股利)金额和按照规定提取的盈余公积金额,并对应列在"未分配利润"和"盈余公积"栏。其中:

"提取盈余公积"项目,反映企业按照规定提取的盈余公积,应根据"盈余公积""利润分配"账户的发生额分析填列。

"对所有者(或股东)的分配"项目,反映对所有者(或股东)分配的利润(或股利)金额,应根据"利润分配"账户的发生额分析填列。

(4)"所有者权益内部结转"下各项目,反映不影响当年所有者权益总额的所有者权益各组成部分之间当年的增减变动,包括资本公积转增资本(或股本)、盈余公积转增资本(或股本)、盈余公积弥补亏损等。其中:

"资本公积转增资本(或股本)"项目,反映企业以资本公积转增资本或股本的金额,应根据"实收资本""资本公积"等账户的发生额分析填列。

"盈余公积转增资本(或股本)"项目,反映企业以盈余公积转增资本或股本的金额,应根据"实收资本""盈余公积"等账户的发生额分析填列。

"盈余公积弥补亏损"项目,反映企业以盈余公积弥补亏损的金额,应根据"盈余公积""利润分配"等账户的发生额分析填列。

企业应当根据上年度所有者权益变动表"本年金额"栏内所列数字填列本年度"上年金额"栏内各项数字。如果上年度所有者权益变动表规定的项目的名称和内容同本年度不一致,应对上年度所有者权益变动表相关项目的名称和金额按本年度的规定进行调整,填入所有者权益变动表"上年金额"栏内。

第六节 财务报表附注

一、财务报表附注的概念与作用

(一)概念

财务报表附注是为了便于财务报表使用者理解财务报表的内容而对财务报表的编制基础、编制依据、编制原则和方法,以及主要项目等所做的解释。为了帮助使用人理解会计报表的内容,对报表有关项目需要做解释的,可附于报告中,称为报表附注。报表附注是报表不可缺少的内容。很多情况只有通过报表附注的文字阐述和其他补充资料,才能对报表做出全面、准确的理解;一些在报表中以表格形式难以表达的内容,也需要靠报表附注加以披露;企业还有一些必须向报告阅读者提供的重要财务陈述,如企业经营的基本情况,对企业财务状况、财务成果、现金流量具有重大影响的事项的特殊说明等,更需要在报表附注中表达。

附注是在保持报表正文简练的基础上,对报表信息进一步地说明、补充或解释,以提高会计报表有用性,使会计报表"表内"以数字为主,"表外"附注以文字注释为主,侧重文字说明,两者相互配合,相得益彰,不但使熟悉会计的专业人士能深刻理解,而且使非会计专业的人士也能明白。

(二)作用

财务报告发展变化的特点之一是附注的作用日益重要,备受人们的重视,起到报表本身不可替代的作用。

1.财务报表附注能够说明企业所采用的会计政策。企业采用某种会计政策,就会形成与之相应的会计核算结果。财务报表使用者看到的不同时期、不同企业的财务报表存在差异,除了外界环境和企业经营管理的原因之外,很大程度上是因为企业采用了不同的会计政策。对此,企业必须给予充分的说明,以使报表使用者能正确地理解会计报表,否则必然误导他们的判断与决策。对会计政策的说明,通常是以财务报表附注的形式完成的。

2.财务报表附注能够说明影响企业财务状况和经营成果的特殊事项。企业在经营中总会遇到某些有别于正常交易的事项,如与具有特殊关系的单位或个人之间的交易(关联方关系及其交易)、对未来可能产生较大影响的不确定事项(或有事项)、企业的改组(企业合并与分立)等。这些事项所带来的财务结果是正常交易情况下所不可能产生的,因而需要通过财务报表附注给予特别说明;否则,亦会对报表使用者产生不利影响。

3.财务报表附注能够突出企业重大事项的信息。与企业相关的重大事项如企业重要资产转让、企业合并与分立等信息,也是财务报表使用者关注的重要内容。通过财务报表附注的说明,便可以帮助报表使用者了解哪些是应当引起注意的重要信息,满足他们这方面的要求。

4.财务报表附注能够补充说明财务报表本身无法表达的情况。财务报表采用的是表格形式,而一些情况无法通过表格表达,或以表格形式表达起来过于复杂,如某些报表项目的详细说明以及上述提到的各种情况。在正式的财务报表之外以附注的形式对这些情况作单独说明,能够表达得很清楚,可以补充财务报表本身表达方式的不足。

二、财务报表附注的内容

按照目前我国会计准则的要求,企业财务报表附注主要应当披露以下内容。

(一)企业的基本情况

1.企业注册地、组织形式和总部地址。

2.企业的业务性质和主要经营活动。

3.母公司以及集团最终母公司的名称。

4.财务报告的批准报出者和财务报告批准报出日。

(二)财务报表的编制基础

(三)遵循企业会计准则的声明

企业应当明确说明编制的财务报表符合企业会计准则体系的要求,真实、公允地反映了企业的财务状况、经营成果和现金流量。

(四)重要会计政策和会计估计

企业应当披露采用的重要的会计政策和会计估计,不重要的会计政策和会计估计可以不披露。在披露重要会计政策和会计估计时,应当披露重要会计政策的确定依据和财务报表项目的计量基础,以及会计估计中所采用的关键假设和不确定因素。

(五)会计政策和会计估计变更以及差错更正的说明

(六)报表重要项目的说明

企业对报表重要项目的说明,应当按照资产负债表、利润表、现金流量表、所有者权益变动表及其项目列示的顺序,采用文字和数字描述相结合的方式进行披露。报表重要项目的明细金额合计,应当与报表项目金额相衔接。

(七)所有权受到限制的资产

应当披露资产所有权受到限制的原因,以及所有权受到限制的各种资产的期初、期末账面余额和本期增减变动额。

(八)或有事项

需披露的与或有事项有关的信息有:

1.预计负债。其中包括:

(1)预计负债的种类、形成原因及其经济利益流出不确定性的说明;

(2)各类预计负债的期初、期末余额和本期变动情况;

(3)与预计负债有关的预期补偿金额和本期已确认的预期补偿金额。

2.或有负债(不包括极小可能导致经济利益流出企业的或有负债)。其中包括:

(1)或有负债的种类及其形成原因,包括对外提供担保等形成的或有负债;

(2)经济利益流出不确定性的说明;

(3)或有负债预计产生的财务影响及其获得补偿的可能性无法预计的,应当说明原因。

3.企业通常不披露或有资产,但或有资产很可能给企业带来经济利益的,应当披露其形成的原因、预计产生的财务影响等。

4.在涉及未决诉讼、未决仲裁的情况下,按相关规定披露全部或部分信息预期将对企业产生重大不利影响的,企业无须披露这些信息,但应当披露未决诉讼、未决仲裁的性质,及其没有披露这些信息的事实和原因。

下列(九)至(十三)项目相关内容,见本系列教材《高级财务会计》。

(九)债务重组

(十)企业合并

(十一)资产负债表日后事项

(十二)分部报告

(十三)关联方披露

案例

1.2020年暑期,某大学理财专业的学生季某家得到一笔政府拆迁款。季某的姑姑知道她是学理财的,也知道她一直在关注可获利的投资机会。近日,姑姑根据季某已将部分资金投资于公司债券的情况,建议她应将剩余资金购买美的尔公司发行的10年期债券,该公司承诺债券的回报率为35%。美的尔公司主打产品为民族服装、服饰项目。

通过短信,季某告诉姑姑,除非她能看到美的尔公司的财务报表,否则不能对这项投资过于乐观。姑姑认为这是个千载难逢的良机,她已经替季某得到一份美的尔公司近期未经审计的年度财务报表复印件。资产负债表显示负债权益比为0.1(负债总额与所有者权益总额之比)。当年公司报告的净利润为4 845 200元。但无法获得与存货计量、折旧方法、贷款合同等有关的重要附注披露。

要求:你作为季某给姑姑写一封信,向她解释为什么根据公司所提供的财务报表进行投资决策是不明智的,重点解释为什么财务报表既不相关也不可靠。

2.2021年1月15日,M会计师事务所主任会计师秦某和助理审计人员袁某应N公司的邀请,前往该公司洽谈业务,参与洽谈业务还有某大学审计专业的A、B和C三名研究生。秦某是一名注册会计师,对N公司业务性质、经营规模和组织结构、经营情况和经营风险、以前年度是否接受过审计、财务会计工作组织等相关内容初步了解之后,双方签订了审计业务约定书。出于对审计实务的好奇,三名研究生希望看看该公司2020年财务报表情况。秦主任会计师与N公司财务经理沟通后,公司会计人员提供了N公司2020年财务报表草表。翻阅财务报表前,秦主任会计师对三名研究生问了几个问题,其中部分问题以及回答情况如下:

(1)从事审计工作,对被审计单位的财务报表实施必要的审计,获取充分、适当的审计证据,并对财务报表发表审计意见,这是审计工作的基本内容。而熟练掌握财务报表的勾稽关系,则是从事审计工作的基本技能。你们三名同学如何认识财务报表的勾稽关系?

A同学回答:财务报表的勾稽关系是指在某一张报表内部一些报表之间存在的相互依存且其在量上能够构成恒等的关系。如资产负债表"资产总计"与"负债及所有者权益总计"相等关系。

B同学回答:首先,他指出A回答的不全面,并认为,财务报表的勾稽关系不仅表现在单个财务报表中,还存在于财务报表之间的一些项目中。其次,他认为勾稽关系是指在单独财务报表内部以及不同报表之间,部分报表项目在数量方面所存在的一定的恒等关系。随后,B同学列举了财务报表内部及财务报表之间报表项目所存在的勾稽关系。

(2)你们分别从公司财务人员和会计师事务所审计人员的角度,谈谈分析、利用财务报表勾稽关系的目的何在?

C同学回答:公司财务人员分析财务报表勾稽关系的目的是检查财务报表编制是否正确,而审计人员分析的目的也是如此。

要求:根据上述资料,分析A、B、C三名同学回答的问题是否正确和全面,指出存在的问题。

本章小结

我国财务报告包括会计报表及其附注和其他应当在财务报告中披露的相关信息和

资料。财务报表是核心,财务报告中最为有用的信息主要是由财务报表提供的。附注是财务报表的一个有机组成部分。报表应当包括资产负债表、利润表、现金流量表等报表。高质量的会计信息是各项行政政策制定者和市场参与者进行经济决策、反映评价各级政府管理层受托责任履行情况的重要依据。

资产负债表在会计报表发展史上运用最早,发挥的作用也最为广泛和持久。它反映了企业某一特定日期的财务状况,其格式主要有账户式和报告式。

利润表是反映企业一定时期经营业绩和全面业绩的报表。收入与费用是利润表的基本要素,而收入与费用配比是该表的灵魂。

现金流量表是相当重要的报表,它反映企业会计期间内经营活动、投资活动和筹资活动对现金及现金等价物的影响。因为无论是投资者还是债权人,企业产生现金流量的能力都是他们最为关注的内容。该表是由经营活动、投资活动和筹资活动搭起的框架。现金流量表的编制过程实质是从权责发生制基础向收付实现制基础的转换,搭起了资产负债表与利润表之间的桥梁和纽带。

所有者权益增减变动表是资产负债表"所有者权益"内容的延伸和扩展。它是对所有者权益增减变动所做的详细解释。所有者权益变动表应当以矩阵的形式列示。一方面,列示导致所有者权益变动的交易或事项,按所有者权益变动的来源对一定时期所有者权益变动情况进行全面反映;另一方面,按照所有者权益各组成部分(包括实收资本、资本公积、盈余公积、未分配利润和库存股)及其总额列示交易或事项对所有者权益的影响。

附注是对财务报表进行的解释和说明,一是对报表信息起到拾遗补漏的作用;二是披露的内容有助于正确理解报表信息,将"表内"的量化信息与"表外"以文字注释为主的非量化说明有机地结合起来,相得益彰。

本章关键词汇(中英文)

财务报告	Financial Reports
财务报表	Financial Statements
资产负债表	Balance Sheet
利润表	Income Statement
现金流量表	Cash Flow Statements
现金等价物	Cash Equivalents
经营活动	Operating Activities

筹资活动	Financing Activities
直接法	Direct Method
间接法	Indirect Method
投资活动	Investing Activies
所有者权益增减变动表	Statement of Changes in Owners' Equity Increase or Decrease
财务报表附注	Foot-notes to Financial Statements

思考题

1.企业财务会计报告有哪些种类？世界上各个国家的企业财务会计报告有何差异？你认为这些差异会影响不同国家间财务会计信息的交流吗？

2.分析资产负债表的格式，试说明我国资产负债表各项目排列的用意。

3.资产负债表表现了现金的结存，利润表又表达了利润的形成，为什么还要单独编制现金流量表？

4.为什么要分类反映引起企业现金变化的经济活动？

5.需要在现金流量表上反映的不涉及现金变动的投资和筹资活动指的是什么？主要有哪些内容？如何反映？

6.你认为将"前期损益调整"列入哪张报表较好？为什么？

7.为何有的企业经营亏损，但经营活动的现金流量为正数；而有的企业盈利，其经营活动的现金流量却为负数？试举例说明。

8.所有者权益变动表与其他财务报表之间有着怎样的关系？

9.本章中介绍了财务报表附注的主要内容。请设想，如果不披露这些内容，会对财务报表的理解造成怎样的障碍？试举几例说明。

练习题

1.某股份有限公司 2020 年 12 月 31 日的有关资料如下：

(1)科目余额情况如"会计科目余额表"所示。

会计科目余额表

2020 年 12 月 31 日　　　　单位：元

会计科目	借方余额	贷方余额	总账科目	借方余额	贷方余额
库存现金	10 000		库存商品	100 000	
银行存款	57 000		固定资产	800 000	

续表

会计科目	借方余额	贷方余额	总账科目	借方余额	贷方余额
应收账款	80 000		累计折旧		300 000
预付账款		30 000	固定资产减值准备		50 000
坏账准备		5 000	应付账款		70 000
原材料	70 000		预收账款		10 000
周转材料	11 000		应付职工薪酬	3 000	
发出商品	90 000		长期借款		80 000
材料成本差异		55 000			

(2)债权债务明细科目余额(金额单位:元)

应收账款明细资料如下:

应收账款——A 公司　　借方余额 100 000

应收账款——B 公司　　贷方余额 20 000

预付账款明细资料如下:

预付账款——C 公司　　借方余额 20 000

预付账款——D 公司　　贷方余额 50 000

应付账款明细资料如下:

应付账款——E 公司　　贷方余额 100 000

应付账款——F 公司　　借方余额 30 000

预收账款明细资料如下:

预收账款——G 公司　　贷方余额 40 000

预收账款——H 公司　　借方余额 30 000

(3)长期借款 80 000 元,其中:第 1 笔 30 000 元,期限为 2020 年 8 月 1 日至 2023 年 8 月 1 日;第 2 笔为 50 000 元,期限为 2019 年 8 月 1 日至 2021 年 8 月 1 日。两笔借款均为到期一次还本、分期付息。

根据上述资料,计算该公司 2020 年 12 月 31 日的资产负债表下列项目的金额:

(1)货币资金　　(2)应收账款

(3)预付账款　　(4)存货

(5)应付账款　　(6)预收账款

(7)长期借款　　(8)应付职工薪酬

(9)一年内到期的非流动负债

2.乙股份有限公司（本题下称“乙公司”）为增值税一般纳税人，适用的增值税税率为17%。乙公司2020年度有关资料如下：

（1）部分账户2020年年初、年末余额或本年发生额如下（单位：万元）：

账户名称	年初余额	年末余额	借方发生额	贷方发生额
现金及银行存	1 250	4 525		
应收账款	2 500	4 800		
坏账准备	25	48		
预付账款	215	320		
原材料	800	500		
库存商品	0	700		
长期待摊费用	240	192		
长期股权投资	800	1030		
固定资产	11 200	11 320		
无形资产	525	120		
短期借款	140	120		
应付账款	380	800		
预收账款	200	300		
应付职业薪酬——工资	285	365		
应付职业薪酬——福利费	142.5	182.5		
应付股利	45	25		
应交税费——应交增值税	0	0		
长期借款	250	1 100		
应付债券	0	1 000		
主营业务收入				8 500
主营业务成本			5 600	
销售费用			253	
管理费用			880	
财务费用			37	

续表

账户名称	年初余额	年末余额	借方发生额	贷方发生额
投资收益				290
营业外收入				10
营业外支出			10	

(2)有关资产业务资料如下：

①应收账款、预收账款的增减变动均为产品销售所引起，且以银行存款结算；本年收回以前年度已核销的应收账款3万元，款项已存入银行。

②原材料的增减变动均为购买原材料和生产领用所引起；库存商品的增减变动均为生产产品和销售产品所引起。

③年末库存商品实际成本700万元，由以下成本项目构成：

原材料成本	385万元
工资及福利费	225万元(以货币资金结算或形成应付债务)
制造费用	90万元(固定资产折旧60万元；折旧费用以外的其他制造费用均以银行存款支付)

④本年销售商品成本(即主营业务成本)5 600万元，由以下成本项目构成：

原材料成本	3 080万元
工资及福利费	1 800万元(以货币资金结算或形成应付债务)
制造费用	720万元(固定资产折旧费用480万元；折旧费用以外的其他制造费用均以银行存款支付)

⑤购买原材料均取得增值税专用发票，销售商品均开出增值税专用发票。本年应交增值税借方发生额为1 360万元，其中购买原材料发生的增值税税额为506.4万元，已交税金为853.6万元；贷方发生额为1 360万元(均为销售商品发生的增值税销项税额)。

⑥待摊销费用年初余额为240万元，为预付公司办公楼租金(经营租赁)。本年以银行存款预付该办公楼租金240万元，本年累计摊销额为288万元。

⑦本年以某商标向丙公司投资，享有丙公司所有者权益的份额为150万元，采用权益法核算。该商标权投出时的账面余额为150万元。本年根据丙公司实现的净利润及持股比例确认投资收益80万元(该投资收益均为投资后实现的，丙公司本年未宣告分派现金股利)。

⑧本年以银行存款350万元购入不需要安装的设备一台。

⑨本年对一台管理用设备进行清理。该设备账面原价为230万元,清理时的累计折旧为185万元。该设备清理过程中,以银行存款支付清理费用3万元,变价收入38万元已存入银行。

⑩本年向丁公司出售一项专利权,价款200万元已存入银行,以银行存款支付增值税等10万元。该专利权出售时的账面余额为180万元。本年摊销无形资产75万元,其中包括:商标权对外投出前的摊销额20万元、专利权出售前的摊销额25万元。

(3)有关负债业务资料如下:

①本年借入短期借款300万元;本年借入长期借款850万元;②12月31日,按面值发行3年期、票面年利率为5%的长期债券1 000万元,款项已收存银行;③应付账款、预付账款的增减变动均为购买原材料所引起,且以银行存款支付;④应付职工薪酬年初数、年末数均与投资活动和筹资活动无关,本年确认的工资及福利费均与投资活动和筹资活动无关。

(4)有关期间费用业务:

①确认的销售费用中,工资及福利费215万元(以银行存款支付或形成应付债务),折旧费用8万元,其他费用30万元(均以银行存款支付)。

②管理费用包括:工资及福利费185万元(以银行存款支付或形成应付债务);折旧费用228万元;无形资产摊销75万元;待摊费用摊销288万元;计提坏账准备20万元;其他管理费用84万元(均以银行存款支付)。

③财务费用包括:支付短期借款利息15万元;支付长期借款利息22万元。

(5)有关投资收益包括:收到丁公司分来的现金股利210万元(乙公司对丁公司的长期股票投资采用成本法核算,分得的现金股利为投资后被投资企业实现净利润的分配额);按照丙公司实现的净利润及持股比例确认的投资收益80万元。

除上述所给资料外,所有债权的增减变动均以货币资金结算。

要求:填列乙公司2020年度现金流量表下列项目的金额。

现金流量表(简表)

编制单位:乙股份有限公司　　　　2015年　　　　单位:元

项　　目	金额
一、经营活动产生的现金流量:	
销售商品、提供劳务收到的现金	
购买商品、接受劳务支付的现金	
支付给职工以及为职工支付的现金	

续表

项　目	金额
支付其他与经营活动有关的现金	
经营活动产生的现金流量净额	
二、投资活动产生的现金流量：	
取得投资收益收到的现金	
处置固定资产、无形资产和其他长期资产收回的现金净额	
购建固定资产、无形资产和其他长期资产支付的现金	
投资活动产生的现金流量净额	
三、筹资活动产生的现金流量：	
吸收投资收到的现金	
取得借款收到的现金	
偿还债务支付的现金	
分配股利、利润或偿付利息支付的现金	
筹资活动产生的现金流量净额	
四、现金及现金等价物净增加额	

参考文献

[1]中华人民共和国财政部. 企业会计准则 2006[M]. 北京:中国财政经济出版社,2006.

[2]中华人民共和国财政部 2014 年发布的企业会计准则[M]. 北京:中国财政经济出版社、经济科学出版社,2014.

[3]中华人民共和国财政部. 企业会计准则:应用指南 2006[M]. 北京:中国财政经济出版社,2007.

[4]财政部会计司. 企业会计准则讲解 2010[M]. 北京:人民出版社,2010.

[5]戴德明,林钢,赵西卜. 财务会计学[M]. 7 版. 北京:中国人民大学出版社,2014.

[6]葛家澍,杜兴强. 中级财务会计学[M]. 北京:中国人民大学出版社,2007.

[7]国际会计准则理事会. 国际财务报告准则 2008[M]. 北京:中国财政经济出版社,2008.

[8]爱普斯顿,莫扎. 国际财务报告准则解释与应用[M]. 曲晓辉,李宗彦,等译. 北京:人民邮电出版社,2008.

[9]格鲁宁,科恩. 国际会计准则实用指南[M]. 北京:中国财政经济出版社,2001.

[10]财政部会计资格评价中心. 中级会计实务[M]. 北京:中国财政经济出版社,2015.

[11]查尔斯,亨格瑞,瓦特,等. 会计学[M]. 3 版. 王化成,等译. 北京:中国人民大学出版社,1997.